文献计量学

(第二版)

Bibliometrics

(Second Edition)

邱均平 著

科学出版社

北京

图书在版编目(CIP)数据

文献计量学/邱均平著. —2版. —北京：科学出版社，2019.6
(计量学研究丛书)
ISBN 978-7-03-061656-2

Ⅰ. ①文… Ⅱ. ①邱… Ⅲ. ①文献计量学 Ⅳ. ①G250.252

中国版本图书馆CIP数据核字(2019)第116809号

责任编辑：邹　聪　赵晓廷　乔丽维 / 责任校对：贾伟娟
责任印制：赵　博 / 封面设计：无极书装
联系电话：010-64035853
电子邮箱：houjunlin@mail.sciencep.com

科学出版社出版
北京东黄城根北街16号
邮政编码：100717
http://www.sciencep.com
北京虎彩文化传播有限公司 印刷
科学出版社发行　各地新华书店经销
*
1988年12月科学技术文献出版社第一版
2019年6月第　二　版　开本：720×1000　B5
2024年2月第五次印刷　印张：24 3/4
字数：494 000

定价：128.00元

“计量学研究丛书”编委会

总　序

20世纪60年代以来，在图书馆学、文献学、科学学、情报学领域相继出现了三个类似的术语：Bibliometrics、Scientometrics和Informetrics，分别代表着三个十分相似的定量性分支学科，即文献计量学、科学计量学和信息计量学（情报计量学）（简称“三计学”）。经过几十年的努力研究和推动，“三计学”都不同程度地取得了一定进展，得到了学术界的广泛承认。“三计学”之间的关系十分密切，尽管它们的研究对象和目的有所不同，但三者的起源相同，并且享有共同的原理、方法和工具，而且随着科学技术的发展和“三计学”的不断拓展，它们之间出现了合流的趋势，还产生了共同的国际学术组织——国际科学计量学与信息计量学学会（International Society for Scientometrics and Informetrics，ISSI）。20世纪90年代以来，随着计算机技术、网络技术的迅速发展和广泛普及，以及知识经济与知识管理的兴起，数字化、网络化和知识化成为信息社会与知识经济时代的显著特征，“三计学”研究的广度和深度不断扩展，信息管理领域又相继出现了以网络信息和数据为计量对象的网络信息计量学或称网络计量学（Webometrics）和以知识单元为计量对象的知识计量学（我们译为Knowledgometrics），与“三计学”一起并称为“五计学”。“五计学”分别以文献、数据、信息（包括网络信息、情报）、知识和科学活动为研究对象，既有共同基础、交叉融合，又各有侧重、自成体系，成为信息管理领域计量研究的五朵奇葩。“五计学”的形成和发展历程反映了信息管理领域定量研究的不断创新及随着时代和社会背景的变化而不断演变的轨迹，既是文献计量学和科学计量学研究的继承和发展，也是信息管理领域定量研究的拓展与创新。

文献计量学（Bibliometrics）是以文献体系和文献计量特征为研究对象，采用数学、统计学等的计量方法，研究文献情报的分布结构、数量关系、变化规律和定量管理，并进而探讨科学技术的结构、特征和规律的一门分支学科。早在 1969 年，英国计算中心的普里查德（A. Pritchard）开创性地提出用 Bibliometrics（文献计量学）这一新名称来代替 Statistical Bibliography（统计书目学）一词，并认为文献计量学是“将数学和统计学的方法运用于图书及其他交流介质研究”的一门学科。文献计量学概念提出后就得到了图书、情报、信息界的积极响应。经过半个世纪的努力，文献计量学已经形成一门独立的科学学科，并得到了国际学术界的广泛承认。

科学计量学是以社会环境为背景，运用数学方法计量科学研究的成果，描述科学的体系结构，分析科学系统的内在运行机制，揭示科学发展的时空特征，探索整个科学活动的定量规律的一门学科，被人们称为“科学的科学”。科学计量学是以科学本身作为对象进行定量研究的学科。这里所指的“科学”，不仅指作为知识体系的科学，而且包括作为社会活动的科学。科学计量学是伴随着科学学在现代科学技术革命的历史背景下孕育形成的。人类对科学本身的定量研究，可以上溯到 19 世纪下半叶，到 20 世纪 60 年代得到广泛的发展。1961 年美国科学史家普赖斯发表了《巴比伦以来的科学》，为科学计量学的诞生奠定了基础。他通过对科学杂志、文献等的统计研究，论证了科学知识指数增长律。由此他被认为是“科学计量学之父”。1963 年，美国费城科学信息研究所的加菲尔德博士创立“科学引文索引”（SCI），为科学计量学研究提供了数据基础。苏联学者弗·纳利莫夫在 1969 年提出了“科学计量学”（Наукометрия）这一术语，转译为英文 Scientometrics。20 世纪 70 年代，我国的科学学工作者开始全面、系统地将国外有关科学计量学的研究成果介绍到国内，使科学计量学研究在我国蓬勃发展起来。它在促进科学学理论研究和影响国家科学政策方面，已经初显身手，并且正在发挥着越来越大的作用。

信息计量学是采用定量方法来描述和研究信息（情报）的现象、过程和规律的一门学科。它是数学和统计学与情报学广泛结合而形成的情报学的一个新兴的定量性分支学科。“信息计量学”（原称“情报计量学”）名称最早出自德文 Informetrie 一词，是由德国学者昂托·纳克（Otto Nacke）最先提出的。在其后的文献中很快就出现了与之对应的英文术语 Informetrics。1980 年 9 月，在德国法兰克福召开了第一次情报计量学（含科学计量学）研讨会，纳克在会上宣传了他提出的“情报计量学”概念。1981 年，在我国期刊上也出现了信息计量学的德文和英文术语，并将其译为情报计量学。Informetrics 一词不仅在英语国家中迅速流传开来，而且得到了国际文献联合会（FID）的认可，标志着一门新兴分支学科的兴起。早在 1980 年，FID 就设立了情报计量学委员会（FID/IM）。1987 年，第一届文献计量学与情报检索理论国际研讨会在比利时举行，著名情报学家布鲁克斯在会上提议，应将 Informetrics 术语补充到拟于 1989 年在加拿大召开的第二届国际学术会议的名称中，得到了与会学者的普遍赞同和支持。但直到 1995 年 6 月，在美国芝加哥召开的“第五届科学计量学与情报计量学国际会议”上才更名，情报计量学替代文献计量学出现在会议名称中，现名为“国际科学计量学与信息计量学学会”（ISSI）。由于在 1987 年以来的有关国际学术会议出版的论文集上都有 Informetrics 标题，因此，国外一些著名情报学家都把 1987 年看成是 Informetrics 被国际情报学界正式承认的一年。

我国学术界对 Informetrie（德文）和 Informetrics（英文）术语及其所代表的学科也及时地作出了反应，并给予了应有的关注和重视。早在 1981 年就有相关论文发表。1988 年，邱均平编著的《文献计量学》不仅详细论述了“三计学”的关系，而且还较早系统地提出了情报（信息）计量学的内容框架。只是到了 1992 年，我国有关部门将 Information 对应的译名“情报”改译为“信息”之后，我们对 Informetrics 的译名“情报计量学”也作了相应的改变，译成为“信息计量学”。

网络信息计量学，也称网络计量学，英文为 Webometrics 或 Cybermetrics。它是采用数学、统计学等定量分析方法，对网上信息的组织、存储、分布、传递、相互引证和开发利用等进行定量描述和统计分析，以揭示其数量特征和内在规律的一门新兴分支学科。网络信息计量学研究始于 20 世纪 90 年代后期，最初表现为文献计量学在网络中的应用。自 1997 年阿曼德等在《文献资料工作杂志》（Journal of Documentation）上发表了《万维网上的信息计量分析：网络信息计量学方法探讨》一文，首次提出了 Webometrics 一词，这一概念很快得到了国际学术界的积极响应，迅速掀起了网络信息计量学研究的热潮，并引起了社会各界的广泛关注。1997 年，以研究网络信息计量学为核心的网络电子期刊 Cybermetrics 在西班牙马德里创刊，标志着网络信息计量学作为一门独立的新兴学科从传统的信息计量学研究中独立出来。随后以 Cybermetrics 和 Webometrics 为主题的研究大量出现。早在 2000 年，在一次国际会议上我们率先发表了《网络信息计量学及其应用研究》一文，首次论述了该学科的由来、概念、产生背景、研究对象、目的、意义、范围和内容等基本问题，后来被学术界广泛认同和引用，在国内外都产生了广泛的学术影响。

网络计量学的研究对象是网络信息。可以分为三个层次：一是以“比特”形态存在的最基本的网络信息单元，其类型包括数字信息、文字信息，以及集文字、图像和声音于一体的多媒体信息等；二是关于网上文献（如数字论文、电子期刊、电子图书等）的信息及其相关特征信息；三是关于网络结构单元的信息，包括以网站、网页、链接、数据库等结构为信息单元的信息资源。网络计量学主要是由网络技术、网络管理、信息资源管理与信息计量学等相互结合、交叉渗透而形成的。其研究的根本目的是通过对网上信息的计量研究，为网上信息的有序化组织和合理分布、为网络信息资源的优化配置和有效利用、为网络管理的规范化和科学化提供必要的定量依据，从而改善网络的组织管理和信息管理，提高其管理水平，促进其经济效益和社会效益的充分发挥。

知识计量学是以整个人类知识体系和知识活动作为研究对象，采用计量学方法对知识载体、知识内容、知识活动及其影响等进行定量研究的一门交叉性学科。20 世纪 90 年代以来，随着科学技术的飞速发展，知识化已成为当前科技、经济和社会发展的重要因素和显著特征。知识经济和知识管理在全球范围内普遍兴起，知识作为社会竞争中一种重要的战略资源和经济资源受到了人类前所未有的重视和关注。从不同的角度和不同的层面出发对知识本身及各种知识活动进行广泛的研究成为知识社会关注的焦点，而其中有关知识及其影响的测度、计量也成为重要的研究课题。虽然许多学科领域都从不同的角度出发间接或直接地对知识计量进行了研究，取得了一定的研究成果。但各自研究的目的和角度不相同，从而使得知识计量研究零碎、分散且不系统。创建知识计量研究这一相对独立的交叉学科，可以集中有关学科的优秀研究成果，从“知识单元”这一共同的角度入手，对不同领域、不同形态的知识计量进行系统的研究和分析，从而在更深的层次上解决知识计量研究的难题。研究表明，从基于知识载体的计量转移到对知识本身的计量，包括知识体系的宏观计量和知识内容本身的数量、质量、价值和关系的计量，成为发展的必然趋势。

从文献计量学引入我国开始，我们研究团队从1980年以来长期、持续地关注信息管理领域的计量学研究，并且率先发表了一系列在国内外都有重要影响力的学术论文，出版了一套反映信息管理领域定量研究成果的“计量学研究丛书”，这不仅在国内信息管理领域是首例，而且在国际上也未见报道。

我们团队在我国率先开展“三计学”的教学与研究，取得了丰硕的研究成果。在过去多年文献计量学教学和研究的基础上，笔者所著的《文献计量学》于1988年在科学技术文献出版社正式出版。该书首次从理论、方法和应用相结合的角度构建了文献计量学的内容体系，是我国出版最早的、为数不多的文献计量学经典著作之一，受到学术界同行的热烈欢迎和好评。它不仅被多所高校采用，作为图书馆学、情报学和信息管理学等学科领域的核心教材，而且被引率至今一直名列前茅，经久不衰。这“无疑是对我国情报学研究和情报学教育的积极贡献，具有开创性的意义”（著名情报学家杨沛霆语）。

之后，我们团队又开展了大量有关“三计学”方面的研究，在国内外产生了重大影响。随着信息技术和信息科学的迅速发展，信息资源电子化、数字化和网络化日益普及，给人类社会、经济、科技和文化等各个领域的发展都带来了巨大的影响和深刻的变革。在这种新的社会环境和技术条件下，文献计量学研究出现了许多新的发展方向和趋势。面对这一新形势、新趋势和新课题，我们团队又在国内率先开展了信息计量学和网络信息计量学研究，并于2000～2001年以“信息计量学”和“网络信息计量学”为题在《情报理论与实践》杂志上发表了系列研究论文，在国内外学术界产生了巨大反响，被引率一直居高不下，成为开展信息计量学和网络信息计量学研究必看的经典系列文章。2007年1月，《信息计量学》一书在武汉大学出版社出版。该书是我们团队长期从事“三计学”教学与研究的结晶，是反映网络信息时代“三计学”发展特征，面向图书馆学、情报学和信息管理学及相关学科领域教学与研究现实需要的产物，被列入“教育部面向21世纪课程教材”和“高等学校信息管理类核心课教材”，被遴选为国家精品课程和国家级“十二五”规划教材。2010年7月，在三项国家自然科学基金项目和两项教育部基金项目资助及大量前期原创性成果积累的基础上，国内第一本以“网络计量学”命名的著作在科学出版社出版，弥补了国内网络计量学领域研究的不足。至此，我国网络计量学研究开始进入系统研究和快速发展时期。

我们团队早在20世纪80年代初就开始关注国外知识计量和知识网络方面的研究动向，并发表了一系列研究成果。著名科学计量学学者赵红州、蒋国华在1995年曾指出：科学计量学和经济计量学两门姊妹学科问题，对于迎接知识经济时代，开展知识经济学研究具有特殊意义。看来很有必要将科学计量学拓展到知识计量学，并与经济计量学结合起来，从宏观和微观上对知识生产和应用、知识投入和产出、知识存量和流量、知识分配和转移、知识价值和价格等，进行广泛的跨学科的综合研究。但是令人遗憾的是，知识计量学在此后很长一段时间并没有得到深入研究和进一步发展。直到2009年，在国家社会科学基金项目“基于知识单元的知识计量研究”（CTQ009）和国家自然科学基金项目“基于作者学术关系的知识交流模式和规律研究”（70973093）的资助下，我们团队在国内发表了一系列具有影响力的原创性研究成果，完成了一系列项目研究报告，并在此基础上有了2014年《知识计量学》一书在科学出版社的出版。

完成“五计学”的系统研究并形成信息管理领域计量学研究的完整体系，一直是我们团队的共同愿望和奋斗目标。在文献计量学、信息计量学、网络计量学和知识计量学研究的雄厚基础之上，《科学计量学》一书的出版被提上研究议程。经过近五年的精心酝酿、组织、研究和写作，《科学计量学》于2016年在科学出版社出版。至此，信息管理领域的“五计学”系列著作的出版已画上了一个圆满的句号。

“计量学研究丛书”的显著特点主要是：①连续性和系统性强。从文献、科学活动的计量，到信息、网络信息的计量，再到知识及知识活动的计量，是一个连续的和不断深入研究的过程，我们为此连续研究了30多年。现在完成和出版的五本计量学的专著形成了一套系列丛书，构建了信息科学领域计量学研究的完整体系。②创新性和原创性强。五本计量学的著作是在多项国家级项目研究成果和发表大量原创性论文的基础上，经过系统化、规范化的总结、归纳、提炼和升华而成的。《文献计量学》是笔者个人专著，是我国早期出版的几部经典著作之一；《信息计量学》《网络计量学》和《知识计量学》都是以这些学科命名的国内的第一部专著；《科学计量学》也是国内计量学领域为数不多的重要著作之一。五本计量学的专著既有某些共同的交叉的内容，也有具有个性特色的内容体系。它们都有各自不同的计量研究对象，计量研究的目的和内容也不一样，有些类似的规律或定律的表现形式和数值大小各有差异和特色。既融入了作者自己的研究成果，形成各自的特色，又反映了国内外的前沿研究成果，构成了一个统一的计量学研究体系。③水平高、学术性强。“计量学研究丛书”的著者都拥有博士学位或高级职称，都是教学、科研第一线的骨干教师或学科带头人，既具有较高的学术水平和雄厚的科研基础，又有撰写著作的经验，从而为打造高水平、高质量的系列著作提供了人才保障。同时，丛书按照理论、方法、应用三结合的思路构建各个著作的内容体系，体现内容上的前瞻性、创新性、科学性、系统性和实用性；注重整套丛书的规范化建设，采用统一版式、统一风格，表现出较高的规范化水平。

从文献计量学、科学计量学到信息计量学，再到网络计量学，最后到知识计量学，既是学科发展深化演变的创新过程，也是我们追随学科发展轨迹孜孜探求的旅程。但愿我们所做的这些科研成果和贡献，能够深入推动“五计学”的不断发展和繁荣。我们站在前人的肩膀上，也愿意成为后人的肩膀。

“计量学研究丛书”的顺利完成和正式出版，首先要感谢各位副主编和编著者的积极参与和配合，还要感谢科学出版社领导的支持和责任编辑邹聪女士的辛勤工作。由于计量学研究的艰巨性、复杂性，“计量学研究丛书”中的不足或偏颇之处在所难免，恳请同行专家和读者批评指正。

邱均平

2014年3月于珞珈山

前　言

文献计量学是图书馆学、情报学的一个重要分支学科。

文献计量学的研究及进展，不仅能够提高情报学的科学性和精确性，不断丰富其理论体系，而且可为文献情报管理的科学化提供必要的定量依据和手段；同时，其理论和方法还能广泛应用于许多相关学科领域。因此，研究、普及和发展文献计量学，具有十分重要的理论意义和实际指导作用。

武汉大学信息管理学院 1981 年首次设立了“文献计量学”课程，由作者编写出《文献计量学》教材，并为情报科学系、图书馆学系和科技情报培训中心的各类学生讲授这门课。1985 年，《文献计量学》曾铅印成书且在图书情报界发行。1988 年作者在之前研究和教学实践的基础上，对 1985 年铅印本进行修改、补充并由科学技术文献出版社正式出版，先后被 20 余家兄弟院校或研究单位采用为教材。这次又在 1988 年版的基础上，结合研究与教学新进展重新整理出版。在这 30 多年中，随着网络技术和计算机技术的蓬勃发展，文献计量的研究对象、内容和应用领域都有了较大程度的拓展，产出了丰硕成果，得到学术界和管理界的广泛关注。在这期间，作者及其指导的研究生紧扣文献计量学的研究热点和最新进展，在国际、国内重要期刊发表相关论文 300 余篇，积累了大量的研究案例，现借此改版机会，将我们积累的研究成果融入，力求系统、新颖地展现文献计量学的核心内容和研究进展。全书共十二章，全面、系统地论述了文献计量学的基本定律和理论基础，详细讨论了引文分析等主要的定量分析方法，还集中阐述了文献计量学在情报学、图书馆学、科学学等学科领域及其定量管理等方面的具体应用。王宏鑫研究馆员、马瑞敏博士为本书的修订提供了帮助，特表谢意。

限于作者水平和时间，书中可能还有疏漏和不足，谨希读者予以指正。

邱均平

2019年3月于杭州电子科技大学

目　录

第一章

绪　论

第一节　文献计量学的产生

科学文献是人类知识的客观记录，是科学技术存在和表现的主要形式，也是获取科学情报的最基本来源和情报工作的物质基础。目前，科学文献已经发展成为数量庞大、品种繁多、功能各异、互为补充的文献情报体系。科学文献体系是整个科学交流系统的重要组成部分。文献具有的认识功能、存储知识的功能和情报交流的功能，决定了文献在科学、经济和社会发展中的重要地位与作用。

科学文献有着悠久的历史。自从有了文献，便产生了以文献收藏和利用为主要任务的文献工作。后来，在文献工作和文献研究实践的基础上又逐渐形成了一个专门学科——文献学。文献学是以文献体系和文献工作系统为研究对象，研究文献情报资源的分布、结构、功能、交流和文献管理及利用的一般规律的科学。在社会实践中不断产生和被利用的各种文献，不仅是文献学的主要研究对象，而且是图书馆学、情报学要探讨的对象之一。这些学科的许多研究工作者围绕“文献”这个共同对象，开展了各个方面的多种形式的研究工作。综观人们对文献的分析研究，主要有两个方面：一是基于文献内容评价的定性分析研究；二是以文献数据为基础的定量分析研究。随着数学理论和统计方法的逐步引入及应用，文献研究的计量化趋势明显加强，并取得了许多重大成果和长足进展。

一般认为，最早的文献计量研究始萌于 20 世纪初，以 1917 年由文献学家科尔(F. T. Cole)和伊尔斯(N. B. Eales)所进行的文献统计研究为起点[1]。1922 年，英国图书馆学家休姆(E. W. Hulme)首次使用了“统计书目学”(Statistical Bibliography)的名称。它代表的是：为了探明图书资料的特性，常用统计方法，从而产生的书目学的一个新的分支学科。20 世纪 50 年代初期，科学学研究人员通过统计科学文献数量的方法来研究科学技术的发展特性，后来逐渐形成一门新的学科——科学计量学(Scientometrics)。这一学科的发展以及与统计书目学的交叉和结合，明显促进了文献计量学的形成和发展。1969 年，英国著名情报学家普里查德(A. Pritchard)首次提出用术语 Bibliometrics 取代 Statistical Bibliography 的名称，他的建议很快得到图书馆学、情报学界的普遍认可。这一术语的出现标志着一个新兴边缘学科——文献计量学的正式诞生。

在图书馆学、文献学、情报学领域内，文献计量学的兴起绝非偶然。它有着崭新的科学背景和特定的条件[2]。

一、社会实践需要是学科产生的根本动力

科学史告诉我们，任何科学的产生和发展都是由社会实践的需要决定的。文献计量学也不例外。在现代科学时期，科学文献的数量一直在迅速增长。这一方面为科学工作者提供了大量可供利用的文献；另一方面也给文献管理、利用带来许多实际困难，即不断增长的巨大的文献量与人们对它的特定需要和管理之间存在矛盾。或者说，文献的数量及其增长已经超过了当时情报信息交流系统的负荷能力，在文献情报总量剧增与社会情报吸收能力缓增之间形成了巨大的“剪刀差”。为了解决或缓和文献工作中的这种基本矛盾，尽量缩小情报交流中的“剪刀差”，以克服“情报危机”，就必须加强对文献规律的研究和提高科学管理的效率。从一定意义上来说，科学管理就是要由定性管理过渡到定量管理。这样，便要求有先进的理论做指导，充分的数据为依据，以建立管理上的科学体系和定量方法。为此，就必须探明文献情报流的动态特性，揭示文献的分布规律，研究文献系统各因素之间的数量关系等，迅速形成和发展文献科学的基础理论，并用于指导新形势下的文献工作。同时，电子计算机及其网络的应用也给图书馆学、情报学研究带来许多新的实际课题，如文献的采购、分编、流通、检索等系统数学模型的建立与评价，书目、作者、引文的定量分析，一些情报概念的数学描述、情报检索语言数学模型和数据结构分析，等等。这些特定的领域和实际课题需要有专门的学科进行研究，都有赖于采用定量分析的方法来解决。总之，由于文献数量的猛增以及计算机和网络技术在图书情报领域的应用，一些前所未有的实际问题接踵而来，一种强大的社会需求出现了。社会实践需要推动着文献工作的发展和文献定量研究的深化，文献工作和定量研究的实践孕育着新的学科。文献计量学就是在这种客观需要的推动下产生的，它是文献工作实践经验和文献定量研究成果的概括与总结。

二、科学数学化的影响

科学发展的历史证明：无论是自然科学还是社会科学，要获得真正的发展，都必须应用数学这一强有力的工具。数学不但在自然科学技术的产生和发展过程中发挥了重要的作用，而且在社会科学中的应用日益广泛。早在 17 世纪，德国数学家兼哲学家莱布尼茨就提出了社会科学数学化的可能性和设想，并将数学引入社会科学的逻辑学，使逻辑推理代数化，导致“数理逻辑”的诞生。现代科学已经发展到这样一个阶段：由于经典数学、随机数学、模糊数学的发展，数学方法已广泛地应用于各门科学的研究中，使得自然科学，乃至社会科学、思维科

学都普遍处于计量化的过程之中，社会生活的许多方面呈现出日益数学化的趋势。科学知识的数学化是现代科学发展的主要特点之一。

科学知识的数学化有力地促进了科学的高度综合，推动了自然科学与社会科学的相互渗透和合流。这种趋势必然会给图书馆学和情报学的发展带来积极影响。这是因为：一方面，在图书情报领域，如文献评价与管理、文献检索系统、文献规律研究以及图书情报管理等各个方面都有许多概念、关系、过程需要用数学语言或方法来进行定量的描述、论证和计算；另一方面，数学是关于从大量现象中抽取量的特征的科学理论，它提供了采集、集约和处理数据的科学方法，能使人们更深刻、更细微、更准确地观察和描述各种现象及规律。特别是随机数学和模糊数学以及电子计算机技术的发展，能够为解决图书情报领域里的许多问题提供适用的有效工具。许多文献研究工作者借助数学工具，采用定量或半定量的方法来研究文献工作系统中各种现象的特征和规律，并取得了较大的进展，数学对解决文献系统中各类问题发挥着越来越大的作用。这种数学与文献学的广泛结合，不仅促进了文献学与情报学的深入发展，而且正是文献计量学产生的条件和基础。运用数学方法对文献进行定量分析，是文献计量学研究的显著特点之一。因此，文献计量学本身就与数学有着密切的联系，而科学数学化又为这一学科的产生创造了良好的环境，可以说它是文献计量学产生的“温床”。

三、文献研究的定量化趋势

从根本上来说，科学研究(包括文献研究)的方法可分为两大类：一是定性分析方法；二是定量分析方法。定性分析是一门学科的低级阶段的分析，它采用的往往是自然语言，其推理的过程往往是普通逻辑的思维过程，它对规律的描述往往是“全部是什么(或不是什么)”“大部是什么(或不是什么)”这种形式；而定量分析是一门学科的高级阶段的分析，它采用的往往是数学语言，其推理过程除了普通逻辑的思维过程外，还包含数理逻辑的思维过程，它对规律的描述是数学模型、图像等形式。定量分析不满足于“全部”“大部”“影响”之类的表述，它要求指出“多少”、“多多少”或“少多少”等量度。因此，定量分析比定性分析能够更精确地揭示出事物规律的本来面目，对规律描述的深刻性以及它所采用的方法都是定性分析难以比拟的。虽然定性研究也是一种科学研究，但是任何研究工作只有从定性描述发展到定量分析，才能真正成为一种科学。

在科学领域里，人们凭直觉和经验就可以充分认识并掌握的那些对象，一般通过定性的研究就可以达到目的。但是，在现代科学中，那种仅仅进行定性研究就能达到目的的对象却越来越少或几乎没有了。这种客观研究对象的存在和变化，导致了一种普遍的趋势，即科学研究的定量化。

在图书馆学、情报学领域，采用定量分析方法具有重要的理论和现实意义。一方面，图书馆学、情报学所面临的许多新课题或尚未解决的老课题很可能在定量分析中取得突破和进展；另一方面，图书馆学、情报学本身由于在研究中采用了定量分析方法而变得日益成熟起来。这是因为定量分析不仅使图书情报机构的工作方法更精细、更科学，而且从定量的角度揭示了图书馆学、情报学的内在规律，从而在广度和深度上推动图书馆学、情报学的发展。

文献学与情报学的研究对象是一个复杂的系统，不仅文献的数量庞大，而且变化很快；文献既增长又老化；情报服务的对象不仅要求不同，而且吸收情报的能力各异，对情报的需求既是大量的又是随机的；既涉及文献情报本身，又与情报用户的个体意志和选择行为有关；等等。要对如此浩繁的文献情报系统进行全面的研究，精确描述文献的本质特征和揭示其内在规律，仅有定性的研究是远远不够的，必须采用定量或半定量的方法进行研究方能奏效，并使其达到完美的程度。因此，文献学与情报学研究向定量化方向发展是必然的。图书馆学、情报学所面临的新课题的最显著特征是需要进行定量分析。为了改善图书馆的管理工作，必须摆脱仅凭经验办事的习惯，代之以树立“数量”的观点。例如，一个图书馆收藏多少期刊为宜？图书流通量如何计算？读者分布呈现何种规律性？等等，这些都必须从定量的角度来考察和分析。事实上，从当前文献情报工作中提出并研究的一些问题，都能在定量化上汇合起来，例如，在探讨科学文献保存年限问题时，通过一些定量的统计得出了以保存15～20年为宜的结论；在进行计算机情报检索系统设计时，首先要考虑服务范围内的文献分布、文献利用率、情报需求量等统计数据，而缺少定量的数据已成为实现其目标的障碍，在讨论文献工作的经济效果时，提出了定量评价的方案等。这种文献情报研究在定量基点上的汇合不是偶然的，而是定量化趋势的反映[3]。由此可见，对文献的定量化研究已成为文献学与情报学研究的中心课题和重要内容。

文献计量研究的实践已有百年历史。这方面的研究越来越活跃，并取得了不少成果，积累了丰富的资料。人们迫切需要对这些研究成果加以整理、总结，并提高到理论的高度。特别是布拉德福定律等几个基本定律的确立和逐步完善以及在大数据支持下的实证与应用，为文献计量学的诞生和发展奠定了必要的理论基础。文献计量学就是在文献定量研究的基础上逐步形成和发展起来的。

四、文献学、情报学发展的必然产物

科学发展的历史表明，无论是自然科学还是社会科学，在初始阶段都是从定性描述发展起来的；但后来又都向定量阶段过渡，在每一门现代自然科学的发展史上，都可以观察到从定性到定量的转变。在社会科学方面，定量化研究也已经渗透到大部分领域，越来越多的社会科学家都转向用定量的方法研究自己领域中的问题，促使社会科学从定性描述科学向定量精密科学过渡。同时，产生了一些新的分支学科，如社会计量学、科学计量学、经济计量学等。显然，文献学、情报学只停留在定性阶段是不够的，必然要向定量阶段发展，这是学科发展的客观规律所决定的。正如英国著名情报学家布鲁克斯(B. C. Brookes)等在《情报科学基础》一文中所指出的:“情报学如果不实现定量化，它将是一堆支离破碎的技艺，而不会成为科学。”[4]

具体地说，任何一门学科的形成和发展，大体要经历三个阶段：①产生阶段，亦称实验性描述阶段，这一阶段是把观察和实验所得的素材进行分析研究，力求把对结果的陈述用理论和假说的形式表达出来；②发展阶段，亦称理论综合阶段，即把该学科知识分析综合成为通用的理论公式，还要形成本学科的专业语言；③成熟阶段，亦称数理论证阶段，即可用数学公式和数理逻辑来论证它的理论，学科的概念关系已变成数学的概念关系。民主德国的柯布里茨认为，情报学已基本完成了进行实验性描述的第一阶段；同时，它已试图用越来越多的数学和数理逻辑方法来研究情报学的性质和概念。这表明情报学正处在向第三阶段演变的过程中。图书馆学虽然进展较慢，但也在朝着这个方向发展。图书馆学、文献学及情报学面临着需要定量分析的大量新课题，这不仅是飞跃发展的科学技术对这些学科提出的新的要求，而且是文献学、情报学从定性分析的低级阶段向定量分析的高级阶段发展的需要和必然结果。图书馆学、情报学在转折和变革的这个过程中必然会出现新的课题、开拓新的领域、采用新的方法，其研究分工会更细、更专门化，这样必然会分化和衍生出新的分支学科。文献计量学是文献学、情报学深入发展的必然产物。

第二节　文献计量学的名称和概念

一、关于“文献计量学”的名称

现代科学技术发展的重要特点之一是学科之间的相互渗透和交叉。这一特点在学科名称术语上也有所反映。“文献计量学”术语就是其中一例。众所周知，“文献计量学”的英文名称是 Bibliometrics，它是一个复合词术语。从词源上探究，构词成分 Biblio 表示书籍、圣经、书的记事或出版事项等，后来演绎为代表“文献”；-metry 则起始于古希腊文“几何学”，原有测量之意，后来发展为取得数据和对数据进行数学处理的含义，它所合成的复合词，大多是用来命名各学科与数学相结合而产生的分支学科。随着各个领域越来越多地采用测量和数学、统计学的定量方法，英文中出现了一批带-metry(或作为学科名称的-metrics)的复合词术语，如 Sociometrics（社会计量学）、Neurometrics(神经计量学)等。Bibliometrics 也是一例,它是由 Biblio(表示文献)和 metrics (主要表示计量方法)两部分复合而成的。

Bibliometrics 最早出现于 1969 年。但是若追溯其历史沿革，则可以看到它所表示的研究领域已存在了百年之久。Bibliometrics 的前身是 Statistical Bibliography，译作“统计书目学”(或统计目录学)。1922 年，英国专利局的图书馆员休姆最早以此为题在剑桥大学做了两次关于书目学的讲演，并于 1923 年将演讲稿整理成书出版，名为《统计书目学与现代文明发展的关系》(Statistical Bibliography in Relation to the Growth of Modern Civilization)。休姆初次使用“统计书目学”名称的目的是要说明可以用统计文献的方法来阐明科学与技术的进步。此后，在图书馆学和情报学文献中又出现过“图书馆计量学”等名称。后来一些学者就“统计书目学”名称的含义和使用情况进行过调查分析。普里查德调查总结了关于“统计书目学”的不同定义和解释，主要有以下两点：①通过计算和分析各种形式的文字交流，揭示这些文字交流的性质和变化以及某一学科的发展过程；②将统计学运用于图书、期刊等文献，证实历史的发展，确定图书和期刊在全国或世界范围内的研究使用情况。

这两种说法都从不同的侧面反映了“统计书目学”的研究和应用情况，尤其是第二种解释，阐明了统计学的应用。这种应用一般是通过引文的研究、文摘索引的统计计算和对文献使用情况的调查来实现的。

休姆首创并运用的“统计书目学”术语，虽然当时是比较成功的，但后来的研究发现，它有以下几个明显的缺点。

(1)含义不明确。作为描述一个学科的词汇来说，这种表达不明确，不能准确地说明问题，很容易引起误解，与统计本身的或有关统计学的书目相混淆。

(2)不能满足学科发展的要求。20 世纪 60 年代以来，国外在这个领域的研究步伐加快、范围不断扩大、方法不断丰富，已明显超出了“统计”或“目录”的范围。对于这样一个获得迅速发展的领域，若继续使用“统计书目学”术语来表示，已明显地不合时宜了。

(3)使用很少。继休姆之后，较长一段时间内没人使用它。1969 年普里查德调查发现，在四十多年时间里，虽然研究者越来越多，学科进展越来越快，但是“统计书目学”这个术语只在文献中使用过六次，而且很少有人直接使用它。1978 年，威蒂格(G. R. Wittig)对此做了补充，指出使用“统计书目学”术语的共有十几次而不是六次。即使如此，这也是够少的了。

1969 年，英国全国计算中心(曼彻斯特)的普里查德在统计学家肯德尔(M. G. Kendall)的启发下，首次正式提出了 Bibliometrics 术语，以便取代“统计书目学”的名称。普里查德还广泛查阅了大量文献，证明在此之前没有任何人使用过这个词，甚至连《牛津大词典》也未曾收入过。由于“统计书目学”名称具有前面所述的缺点，不能令人满意；而 Bibliometrics 不仅含义明确、比较科学；而且简单明了，便于记忆和社会交流；同时，类似的已被科学界公认的这类学科名词很多，如科学计量学(Scientometrics)、经济计量学(Econometrics)、生物计量学(Biometrics)等。因此，当普里查德在英国《文献资料工作杂志》1969 年第 25 卷中第一次提出 Bibliometrics 这一新的名称之后，马上得到了同行的响应。就在他提出建议的同一期期刊中，费尔桑(R. A. Fairthorne)赞成这个词的用法，并将其用在他自己的关于布拉德福-齐普夫-曼德尔布罗(Bradford-Zipf-Mandelbrot)分布的评论文章的题目中。不仅很多学者在其论文中纷纷采用这一名称，而且英国图书馆协会主编的《图书馆与情报学文摘》(Library & Information Science Abstracts)也于 1970 年开始在主题索引中将它定为正式的主题词。随后，很多国家都开始使用，把它译成各种不同的语言形式，如德语是 Bibliomelrik，法语是 Bibliometrigue，日语则把它译作“计量书志学”，等等。由此可见，Bibliometrics 术语得到了国际图书馆学和情报学界的普遍认可。

在我国，Bibliometrics 基本上有三种不同的译名，即文献计量学、文献统计学、书目计量学(或计量书目学)。我们认为，一个学科的名称应该含义明确、提法科学、能充分表达该学科的研究内容和范围，对于翻译过来的学科名称，既应基本符合原文的原意，又要考虑国内大多数人称呼的习惯。那么，Bibliometrics 的原意是什么呢？普里查德曾明确指出，它的含义是把数学和统计学应用于文献和其他类型信息载体这种特定的研究领域。很明显，书目计量学和文献统计学都有一定的局限性。前者很容易使人理解为这个学科的研究对象只限于“书目”，而且不确切，后者却难以表达数学在文献研究中应用的含义，似乎只运用统计学的方法来研究文献。然而，文献定量研究的方法是多种多样的，这些方法的共同特点是“计量”，而数学方法是文献计量研究中不可缺少的主要方法。从目前国内外文献计量研究的状况来看，这两个名称的不足之处就更加明显了。而“文献计量学”这个名称能直接反映出它的内涵是把数学、统计学等的定量方法应用于各种文献和文献工作，是在情报学理论的基础上加工和处理统计数据。同时，在国内的有关文献中，“文献计量学”的使用相对于之前两个名称要普遍得多。鉴于以上原因，我们建议将 Bibliometrics 一词统一译为文献计量学(或计量文献学)[5]，随着 1988 年《文献计量学》的出版，“文献计量学”一词被广为接受。

二、文献计量学的概念

普里查德把 Bibliometrics 定义为：应用数学和统计学的方法，通过计算和分析书面交流的各个方面，来更清楚地表达书面交流的过程和学科发展的特点及进程，等等。

根据这些叙述和分析，从学科的研究对象、研究方法和研究目的等方面来考虑，我们认为文献计量学的定义可以归纳为：文献计量学是以文献体系和文献计量特征为研究对象，采用数学、统计学等的计量方法，研究文献情报的分布结构、数量关系、变化规律和定量管理，并进而探讨科学技术的某些结构、特征和规律的一门学科。它是情报学的一个重要理论分支学科，也是一门边缘学科。

对于文献计量学的上述定义应从广义上来理解。作为研究对象的文献体系，当然包括文献和文献相关媒介。具体来说，包括一次文献、二次文献和三次文献。同时，既包括原始文献，又包括引用文献；不仅包括图书、期刊以及其他类型的各种信息载体，而且其文献情报也是计量研究的对象之一。这里所说的文献情报主要是指可数情报，在情报学里就是被量化的情报，它是以一件一件可数的文献、数据或情报单元(知识单元)为计量单位的，例如，图书、期刊、会议文献、科技报告、图形、数据等均为可数情报。“文献相关媒介”可以理解为：一切与文献有关的指标、文献工作和管理系统等。文献指标包括文献流通率、借阅率、拒绝率、检全率、检准率、引文率、h 指数、半衰期、文献复制量以及期刊量、作者数和词频等，文献工作和管理系统是指图书馆、情报中心的以文献为主要工作对象的各种系统，如图书流通系统、文献存储与检索系统、文献情报加工与评价系统等。而文献及文献情报都是可以计量的，其数量特征无疑是文献计量学的主要研究对象和基本内容。因此，文献计量学是一门研究范围相当广阔的学科。

从“文献计量学”术语的由来和学科概念来看，可以说它是一门定量的科学，因此必须建立一套具有“量”的规范化的概念。文献工作中的各种现象仍然含有一些既不是数学的也不是统计的问题。但我们用质量问题数量化的研究方法，可以使那些不易计量的现象变成可以计量的因素，再把这些因素之间的关系归纳成一定的数学表达式，从而实现定量化研究。“计量”的概念应有科学性，但计量问题的科学性并不完全等于精确性。因为“量”本身就有精确的与近似的、确定的与随机的、确切的与模糊的区别。文献计量学本身既涉及自然科学，也涉及社会科学；而且影响文献计量过程的既有科学技术等客观因素，也有社会的、心理的等许多人为控制的主观因素，所以它的定量在很多情形下只能是近似的、随机的和模糊的。

第三节　文献计量学的研究对象和内容

一、文献计量学的研究对象

在文献情报工作领域里，存在着特定的基本矛盾，即文献情报累积与利用之间的矛盾。这种基本矛盾中的各种数量关系和规律即是文献计量学总体上的研究对象。具体地说，从计量数据来源和性质来看，文献计量学的分析研究对象主要有以下几个方面。

（一）书目、文摘和索引

在科学技术领域里，某一学科的文献量及其增减变化标志着相应学科的兴衰起伏。也就是说，文献数量的变化是某一学科或技术领域发展变化的晴雨表。如果对文献在数量和内容上的变化进行统计分析，就能追踪某一学科或技术领域的产生、发展、相互渗透及其动向。据此可以调配科研力量，集中突破新兴领域；调节情报管理和服务的重点；考察学科文献的某些重要特性。因此，各个学科和技术领域的各种文献是文献计量学的主要研究对象之一。由于文献的数量相当庞大，对其进行定量分析时，必须利用它的控制工具。而各类文献数据库、检索工具，一般来说具有报道某一学科或技术领域的全部或接近全部文献内容及其主要特征或简要内容，作为统计分析的依据当然是很合适的。文献计量学研究（特别是在初期）大都以书目、文摘和索引为分析研究对象，即从这些检索工具中选取某一学科领域内研究者认为最有价值的项目进行分析，如作者、刊名（书名）、出版年、出版地、出版类型或其他著录项目。

（二）被引文献

众所周知，发表科研成果的论文之间并不是孤立的。一篇发表的论文往往在其末尾列出必要的“引用书目”或“参考文献”。这样，论文与论文之间便形成引证与被引证的关系。这种相互引证的关系反映了科学技术的连续性与继承性及其相互渗透的情况。利用这种被引文献所进行的文献计量学研究称为引文分析。美国科学信息研究所（Information Sciences Institute，ISI）从 1964 年起按年份出版了《科学引文索引》（Science Citation Index，SCI）。如果详细分析该索引的统计资料，就能弄清某一学科或技术领域的来龙去脉。例如，加菲尔德（E. Garfield）曾利用文献的引证关系，阐明脱氧核糖核酸的发展历史。由于 SCI 收集了数千种期刊中的几百万条引文，利用它进行引文分析，在广度和深度上都更趋于准确和完善，从而为文献计量学的研究与应用开拓了更为广阔的前景。

（三）指南和联合目录

文献计量学以指南和联合目录为分析研究对象是20世纪80年代开始出现的。其中利用得最多的是ISI编辑出版的《科学论文作者人名录》(Who is Publishing in Science)，它是报道生命科学、物理学、社会学和应用科学等领域中的科学家的年度国际指南。利用图书和期刊联合目录可以分析某国或某大城市图书馆的馆藏重复情况及发现一些该入藏而还未入藏的书刊。出版商目录汇编也是文献计量学研究的一种数据来源，它可以提供各学科的图书出版、图书价格趋势等方面的资料。

（四）文献指标

从文献利用的角度来说，图书馆或情报单位的阅览数、借阅数、文献复制数、使用者的人数及其分布等文献指标，都可成为文献计量的对象。例如，按出借数据与内容分别统计借出资料的频率，不但可以粗略看出当前的研究方向和攻关重点，还可以帮助图书情报单位有针对性地收集和提供资料。

（五）作者指标

出版物数量与作者数量之间的关系是文献计量学的研究对象之一。《科学论文作者人名录》是进行文献作者分析的一种重要工具，里面列有《现期期刊目次》(Current Contents，CC)所报道的全部图书与期刊论文主要著者的姓名及其地址。因此，可利用它研究各国或各大城市中科学团体的人数及其在一定时期内的增长率，计算各国科学家在本国人口中的比例及地区分布情况。美国情报学家洛特卡(A. J. Lotka)就是通过对文摘杂志上的作者索引进行统计分析，来研究作者与著作量的关系，从而创立了文献计量学上的一个著名定律——洛特卡定律。

（六）读者信息

图书情报单位的管理系统中有大量的读者信息，对这些信息进行计量分析，可以反映读者的来源分布、情报需求的倾向、利用文献的类型、查阅资料的重点以及对文献情报服务的评价等。读者反馈是改善文献情报管理的重要依据。

（七）文献工作系统

图书馆系统、文献数据库、情报检索系统等是文献寄存的主要母体，也是文献周转的通道。这些组织机构的运转效果与文献的数量和特征有着密切的联系。因此，这些与文献相关的工作系统也是文献计量学的研究对象之一。

二、文献计量学的内容体系

文献计量学的研究内容是由它的研究对象和任务所决定的。如前所述，文献计量学的研究对象是相当广泛的。同时，文献计量学既要利用情报学和其他社会科学的成果，又要借鉴数学和其他自然科学的研究方法；而且它的理论和方法还要应用到许多领域中。因此，它的研究内容非常丰富。总的来说，文献计量学研究的基本内容可归纳为三个部分，即文献计量学的理论研究、方法研究和应用研究[6]。

（一）关于文献计量学的理论研究

文献计量学的理论体系尚处在发展之中。文献计量学的理论研究既是文献计量学的重要内容，又是它的基本任务之一。其内容概括起来主要有以下四个方面。

(1) 文献情报体系结构的研究：从定量的角度分析和研究文献情报的体系结构是文献计量学研究的重要内容。文献情报的体系结构是多元结构，按照学科、语种等不同指标(indicator)对科学文献链进行剖析，其体系呈现出相应的不同形态。对这些体系结构进行定量描述和研究，找出其内在规律，无疑会大大提高文献计量学的科学性和文献管理的水平。从某一角度、某一区域、某一段时间来看，文献中所含的情报量都是随机的，似乎没有一定的规律。然而，从整个体系来看，通过全面地大量统计并进行定量分析便可发现，它们是遵循一定规律的，有的量值关系还比较精确地符合某一数学模型，如布拉德福定律等。体系化是文献工作从繁杂、随机、离散事件的数量关系中寻找规律的有效手段。不实现体系化或有序化，文献工作中的许多问题便难以解决。因此，研究文献情报源的分布特征，探讨其体系结构并从中找出规律，用以指导工作，提高文献科学管理的水平，是文献计量学必须探讨的理论课题。

(2) 文献情报流规律的研究：在文献计量研究中发现了文献的一系列统计规律，有的以定律的形式固定下来，这些定律是文献计量学理论的精华和主体。在理论上，进一步探讨文献情报流的特征及内在规律，寻求统一的理论基础和更准确的数学解释，乃是文献计量学最主要和重要的研究内容。属于这方面的研究内容有文献的增长规律、老化规律、布拉德福定律、齐普夫定律、洛特卡定律、文献引用规律的研究以及文献计量学理论基础的探讨等。

(3) 文献情报数量关系的研究：从一定意义上来说，文献计量学主要研究文献及其相关媒介之间的数量关系和规律。因此，从文献情报的各个方面，揭示其数量关系，寻求其数学规律，建立其数学模型，乃是文献计量学贯穿其全过程的主要研究途径和任务。具体来说，其研究内容有以下几个方面：①文献本身的数量关系，如一、二、三次文献之间的数量平衡问题；②文献与所含情报量之间的数量关系；③文献与作者之间的数量关系；④文献与科学(学科)、技术之间的数量关系；⑤文献随时间、国家、语种等分布的数量关系；⑥文献与引用(被引文)及用户之间的数量关系等。文献情报数量关系的研究及其模型的确立，对文献计量学的理论建设和实际应用都具有重要的意义。

(4)文献工作系统的理论研究：文献工作系统也是一种情报交流系统。情报的流通过程是以知识交流活动为主体的。情报工作就是通过各种渠道，完成知识从生产者到使用者的传递。情报工作的作用就是使情报流按照人们的意志进行定向、高速、高效的传输。为此，在探讨情报流的特征及规律的同时，采用定量分析方法从理论上研究整个文献工作系统的规律，进行系统分析，研究系统控制原理与过程，设计合理的情报系统，以最短的时间、最快的速度、最少的物质和能量消耗(成本、经费)将最多的有价值的情报传递给用户，提高文献工作系统的定量管理水平和工作效率等，都是文献计量学理论研究的基本内容之一。

(二)关于文献计量学的方法研究

任何一门科学都有其特定的研究方法。文献计量学的研究方法具有明显的特点：①移植性；②定量性；③综合性。文献计量学的方法大多是把移植数学、统计学、系统科学等自然科学中的方法，应用于文献计量研究中。由于文献计量学具有边缘学科的性质和研究对象的复杂性，它的有些研究方法本身就带有综合性或者在实际运用中往往需要同时采用几种方法进行综合研究，才能收到较好的效果。但是，不管哪一种方法，其最显著的共同特征是定量分析。这是文献计量学的性质和目的所决定的。

文献计量学的研究方法，若按照其研究所依据的文献数据来源和性质划分，则有书目分析法、引文分析法等；若按照研究的手段来分，则有文献统计分析法、数学模型分析法、系统分析法、矩阵分析法、网络分析法等。由于文献计量学所研究的对象主要是文献体系及其工作系统，文献计量学研究的基本目标就是使文献情报系统处于最佳运行状态，以便向情报用户提供最优化的情报服务，对于这类研究最合适的方法莫过于系统科学的方法。因此，系统分析方法也是文献计量学研究的重要方法之一。

(三)关于文献计量学的应用研究

运用文献计量学的理论和方法研究并解决实际工作中的问题，大力开展应用研究，是文献计量学不可缺少的重要内容和发展方向。20 世纪 60 年代以来，文献计量学的研究已由狭隘的理论研究进入广阔的理论与应用并重的研究阶段。

文献计量学应用研究的意义，不仅在于能够应用理论解决实际问题，而且通过实际应用能够验证理论的正确性和适用性。如果将实际应用中获得的大量数据、素材和经验进行系统化归纳与抽象，则可上升为理论，从而使原有的理论得到丰富和发展。文献计量学的应用研究，一方面包括应用方法和技术的研究，以求改进现有的方法和探讨新的研究方法，例如，研究布拉德福定律的应用时，主要是应用和研究等级分布技术、区域分析法和图像分析法等；另一方面包括文献计量学在各个实际领域中的具体应用研究，以便解决实际问题，开拓新的应用领域。其具体内容有：文献计量学在情报学、图书馆学理论研究中的应用；在图书情报管理中的应用；在文献情报工作和情报分析研究中的应用；在科学学、未来学、人才学和科技管理与预测等方面的应用。

第四节　文献计量学的研究目的和意义

一、文献计量学的研究目的

文献计量学研究的基本目的，就是要引进量的概念和定量分析方法，进一步揭示文献情报的体系结构和数量变化规律，从理论上提高情报学的科学性和精确性，促使文献学、情报学向定量阶段发展；同时，为改善文献情报系统提供定量依据，达到高效能的科学管理，使情报交流系统经常处于最佳运行状态，提供最优化的情报服务，以便更好地解决文献情报工作中的基本矛盾，使文献情报工作更有效地为科学技术、经济和社会发展服务。

二、文献计量学的研究意义

总的来说，文献计量学研究的最大意义在于：从理论上总结了各种经验定律，使经验层次上的情报“工作”上升到理论层次上的情报“科学”，从而充实其理论的广度和深度，大大提高情报学的科学性；同时又能为实际工作提供理论指导。

理论的意义全在于应用。文献计量学的理论和方法在不同领域的应用主要有以下方面[7]：

(1) 在情报学理论研究中，文献计量学具有重要的意义。它在情报工作的基础上，可以阐明搜集、整理、分析和利用情报的原理与方法，为文献情报管理的科学化、规范化创造条件，大大提高情报学基础理论研究的科学性。作为认识和研究文献情报量的新方法、新途径，文献计量学已成为情报学基础理论研究的有力工具。

(2) 在情报工作中，利用文献计量方法能阐明文献资料的特性，如文献的增长率、老化系数、价值寿命和分散规律等，据此可以合理确定自动检索中回溯检索的期刊、资料报废期限、累积索引期刊，测定情报的价值和利用率，为情报单位的科学管理提供定量依据等。

(3) 在情报研究中，文献计量学不仅有广泛的应用，而且能够促进其方法论体系的完善和定量化。根据文献计量学的基本原理和方法，加工、整理及实际调查统计所得的资料，从而可以分析和估测某一学科或技术领域的衍生及发展趋势。例如，根据某个学科的成长与相关文献的数量、内容构成和相互引用的关系，可以估测某一学科的产生、发展、分化和相互渗透等动向。在此基础上，可获得学科综述或专题调研等情报研究成果。

(4) 在图书馆工作中，利用文献计量学方法可以确定重点期刊和图书资料利用率，为合理采购和储藏图书资料提供科学依据；确定文献保存年限，优化馆藏，评价书目、文摘、索引的完整性，编制检索语言，改善二次文献服务；核计书刊资源的流通量和拒借率，选择最佳复本数，合理布局书库；确定文献订购量与复制量的经济比例，合理分配资金，促进图书馆的定量管理等。

(5) 在读者工作中，利用文献计量方法可以确定重点文献，为文献报道和指导读者重点阅读提供最佳方案。通过书刊流通率的统计分析，可以了解读者阅读倾向和获取情报资源的习惯，以便有针对性地为读者提供情报服务。

(6) 测定学科的特性和情报源的学科分布。通过文献统计分析，可以测定某一学科的文献分布，从而了解该学科的性质；通过文献引用频率的分析研究还可测定某一学科的影响和某一国家某些学科的重要性；根据文献老化速度则可确定学科的发展速度，为科技管理提供有力依据。

(7) 在科学研究中，通过文献计量分析，可以帮助科技人员获得大量的情报源，了解文献的背景价值，查明文献引用与被引用的行为，掌握科学技术的发展动态与方向，确定与选择科研课题；测定研究课题的吸引力和某种选题的准确性；测定某一研究人员的研究成果和某种研究方法的效果等。

(8) 在科学学与科技管理方面的应用。利用文献计量数据，可以评价科学论文和科研成果的质量，度量科学研究的效率和对科学研究进行评价；研究科学家的分布；评价作者的影响力和名望；还可以为制订科研计划和进行科研管理提供重要依据等。

(9) 在人才学研究方面的应用。识别科学人才是国家科技发展至关重要的社会课题。评价科学人才的客观指标应是科学成果，而科学成果一般是通过研究论文表现出来的。因此，文献计量数据对人才学研究具有重要意义。

(10)在未来学研究中的应用。利用文献计量数据，可以预测某一学科或技术领域的发展动向及未来前景。

(11)在科学史研究中的应用。利用文献计量学方法研究科学发展史，主要是从引文的年份分布(历史图)和引文间的网状关系来进行研究的。

(12)在其他社会学科中的应用。如在历史学、社会学、经济学等领域中的应用。

三、文献计量学的评价

前面已经简单论述了文献计量学研究的重要性。在肯定文献计量学作用的同时，也应该看到它的局限性。

(1)分析数据的限制：文献计量学分析研究的资料数据一般是过去积累的，有些资料可能会不完整或不十分可靠；有些文献数据本身就受到主观因素的影响，统计时也有因人而异的情况，例如，在同样的使用者中间，统计借阅、复印、引用期刊的数据时，其结果可能就有差异。这些都会影响计量分析的准确性。

(2)影响因素的限制：影响情报工作的因素很多，情况复杂，有可测定的必然因素，也有不可测定的偶然因素。这势必会给计量研究造成困难和影响。

(3)所选模型的影响：在文献计量分析中，如果选用的数学模型不能恰当描述研究的客体，也会做出错误的判断，影响文献计量分析的效果。

因此，在进行文献计量学研究时，必须十分重视调查研究和获取数据资料这一环节，使被分析数据具有连续性、系统性和可靠性。在此基础上，综合运用情报学理论、数学和统计学等方法，在明确的预定目标指引下，勤于思考，敢于探索，善于判断，这样才能收到预期的较好效果。

文献计量学的理论和计量分析方法还有待进一步深入探讨。但是，我们深信，文献计量学必将在科学洪流中获得更快的发展，一定会以旺盛的活力和崭新的姿态屹立于世界科学之林。文献计量学在情报学、图书馆学、科学学、未来学、社会学、历史学、科学研究、科技管理与预测等广阔领域内，必将发挥越来越大的作用。

第五节　文献计量学与相关学科

一、文献计量学的相关学科

科学学的研究表明：科学具有统一性。按照科学的统一性原则，科学领域里的每一个学科都或多或少或远或近地与其他学科相关联。科学发展到现在，这种学科之间的彼此联系、交叉和渗透更为深化与普遍。

文献计量学与其他许多学科有一定的联系。首先，从其学科性质来看，它是介于文献学、情报学和图书馆学之间的一个新兴的边缘学科。其次，从影响文献计量过程的因素来看，既有科学技术等客观因素，也有社会的、心理的等许多人为控制的主观因素，因此文献计量学本身既联系自然科学又涉及社会科学。一方面，它需要利用其他学科的知识、成果和方法来促进自身的发展；另一方面，其他一些学科也需要应用文献计量学的某些理论和方法。这样，就使得文献计量学与其他学科的联系日益密切和深入。在文献计量学的相关学科中，关系较为密切的有图书馆学、文献学、情报学、数学、统计学、科学计量学、情报计量学、信息计量学、知识计量学、网络计量学、计算机科学以及科学学、未来学、历史学等[8]。

二、文献计量学与数学

文献计量学与数学有着极为密切的亲缘关系。

首先，从产生过程来看，文献计量学是数学方法应用于文献情报研究领域而形成和发展起来的。在现代科学时期，由于科学研究定量化趋势的影响，文献学、情报学越来越多地采用数学方法来研究和解决问题。纳克(O. Nacke)曾对 589 篇论文进行了统计，有 22 个数学分支在 45 个文献情报工作领域得到了应用。表 1-1 列出了文献计量学所涉及的数学和情报学领域[9]。此表说明，情报学所涉及的数学领域是相当广泛的，几乎在文献情报工作的各个方面都可以不同程度地应用数学方法。而数学与文献学、情报学的这种广泛交叉和结合，正是文献计量学产生的基础和条件。

表 1-1 文献计量学所涉及的数学和情报学领域[9]

所涉及学科	具体领域		
数学	统计学	信息论	线性规划
	分析统计	代数	聚类分析
	试验统计	微分学	排队论
	多元统计	积分学	对策论
	测度论	微分方程	模拟方法
	组合论	向量分析	模糊数学
	概率论	矩阵论	系统论
	集合论和数理逻辑	图论	控制论

续表

所涉及学科	具体领域		
	情报学概论	给号	财务计划
	情报概念	入藏	管理方法
	情报流	工作手段	成本效益分析
	情报渠道	索引	质量分析
	情报加工	目录	缺点分析
	情报传递	分类法	测定值
	工作对象	检索词典	相似度
	一般文献	加工流程	相关度
	期刊	编目	老化度
情报学	专集	上架或入档	文献增长率
	工作系统	情报检索	图书损失指数
	图书馆	查找	情报需求指数
	文献馆	出借	分析方法
	情报系统	复制	文献计量法
	工作过程	翻译	科学计量法
	登记	印刷出版	引文分析法
	选留	工作规划	参考文献分析法
	复本处理	系统设计	
	分类	空间设计	

其次，从研究内容和研究方法来看，文献计量学离不开数学工具。就内容来说，它要研究情报及其载体的各因素之间的数量关系和定量规律。很显然，进行这方面的研究必须依靠数学工具。就方法而言，文献计量学研究的最显著特征是定量分析，而数学正是定量分析最强有力的工具。同时，现代数学的发展，特别是模糊数学、随机数学等分支学科的出现，为数学在图书情报领域里的应用提供了切实的可能性。目前，国际上文献计量学发展的主要趋势之一就是文献学、情报学与数学相结合不断向深度和广度发展，数学方法的应用程度已成为衡量文献计量学发展水平的重要标志。可以说，没有数学在图书情报领域里的应用就不会有文献计量学的诞生，而文献计量学的兴起和发展又为数学提供了新的用武之地，并以其特有的研究材料和成果丰富着数学知识的宝库。

三、文献计量学与科学计量学

科学计量学是科学学的一个专业领域，是非常活跃和很有前途的重要分支学科之一。这一学科术语最早是由苏联著名科学学家纳里莫夫（B. Налимов）等于1969年正式提出来的，其俄文是Наукометрия，并定义为：应用定量方法研究科学学的一门学科。或者说，它是“用以研究科学发展过程的各种定量方法的总和”。

文献计量学与科学计量学既有联系又有区别。从研究目的来看，科学计量学主要是从定量的角度来探讨科学发展的内在规律，最终促进科学技术的进步。而文献计量学的研究目的也在于：一是探明科学文献本身的规律，以提高文献情报管理的科学性；二是通过文献规律的探讨，揭示科学技术的规律性。可见，这两者都是要探讨科学活动之间的内在联系，都把科学发展的特性和规律作为研究的基本任务之一。

从研究对象和方法来看，两者极为类似。文献计量学研究的科学文献及其数量，也是科学计量学的研究对象之一。在方法上，两者都要运用数学和统计学的定量方法，对科学文献进行定量的分析研究。同时，从文献计量入手来开展科学学研究是一种有效的方法和重要的途径。这是因为科学本身的发展遵循一定的规律；而表征这些规律的科学指标的发展变化又集中反映在科学文献的各种变化上。科学史的研究也表明：科学规律的发现往往建立在文献计量的基础之上。例如，科学增长的指数规律就是对科学期刊数量进行统计分析之后才发现和确立的。因此，科学计量学必须运用文献计量的方法，对文献的现状和历史源流做定量分析与比较研究，从而探讨科学技术的发展规律。

在研究内容上，文献计量学与科学计量学在一个相当大的范围内是彼此交叉的。从科学计量学的形成和发展来看，这两个学科之间的紧密联系是显而易见的。早在 20 世纪 50 年代初，科学学研究人员就曾按国家、部门、日期、作者分布等项目统计科学文献，以探明科学技术的发展特性。后来这方面的研究日渐增多。美国学者默顿(R. K. Merton)指出下面两个事件是科学计量学加速发展的里程碑：一是 1961 年耶鲁大学普赖斯(D. Price)教授的专著《巴比伦以来的科学》和 1963 年《小科学・大科学》的出版；二是 1964 年美国 ISI 出版了 SCI。这些事件对文献计量学同样产生了积极的影响。特别是 SCI 的出版为文献计量学的发展提供了有利的条件和工具。他们把文献计量学的工作转向为科学计量学的推动力，并把两者有机地结合起来，从而促进了学科的发展。1977 年，莫拉夫契克教授在《科学数量化的新成就》一文中指出，无论是科学“生产”的投入还是产出，都可以数量化。而在产出方面的数量化，可注重研究以下三个方面的问题：

(1) 论文数量的年度变化；

(2) 论文作者数及其地理分布；

(3) 某些论文或作者的被引用情况。

匈牙利科学院图书馆 1981 年出版的题为“作为计量对象的科学：匈牙利的科学计量学研究”的论文集，不仅总结了科学计量学的研究成果，而且充分反映了匈牙利从文献计量学的角度进行科学学研究的特点。从以上可看出，科学计量学主要是运用文献计量方法，从文献情报量出发来追踪学科的发展历史或预测某一学科或技术领域的发展趋势。而这些课题也是文献计量学研究的重要内容。文献计量学就是通过文献的数量变化规律来反映科学发展规律。因此，文献计量学与科学计量学这两个同时于1969年正式提出其名称概念的学科，有着许多共同的研究内容。它们之间有极为密切的关系，恰似科学大家庭中的一对孪生兄弟。

但是，应当明确指出：文献计量学并不完全等于科学计量学。它们研究的侧重点是不尽相同的；在应用目的上也有一些区别，前者偏重于为文献情报管理和决策服务(有时也为科学研究和决策服务)，后者则偏重于为科学管理和决策服务；同时，科学计量问题的研究，除了文献指标之外，还可以从人才、经费、设备等许多其他指标来进行。从这种意义上说，科学计量学具有更为广泛的研究范围和内容。总之，正如匈牙利著名化学家和科学计量学家布劳温(T. Braun)所指出：上述这两个术语所代表领域的界限，被解释得相当模糊，而且人们常常是把它们作为同义语来使用的。我们认为，文献计量学和科学计量学的方法是非常类似的，有时甚至是完全相同的。不过，人们还是可以依照其所研究的对象和研究目的来区分它们[10]。

四、文献计量学与情报计量学(信息计量学)

“情报计量学”概念是由德国纳克于1929年在德国的《文献工作通报》上首次提出来的，其德文为Informetrie，日本的《情报管理》及苏联的《情报学文摘》将它转写成英文Informetrics。当时，纳克提出“情报计量学”概念，试图用于概括数学在情报学所有领域的应用。后来，情报计量学被定义为：采用定量方法来描述和研究情报的现象、过程与规律的一门学科。它是数学和统计学与情报学广泛结合而形成的情报学的一个新的分支学科。情报计量学的主要内容是应用数学方法来分析和处理情报过程中的各种矛盾，从定量的角度分析和研究情报的动态特性，并找出其中的内在规律。具体地说，包括以下几个方面：①情报计量学若干基本问题的探讨，包括情报概念的数学描述，学科研究的对象、内容、范围与相关学科的关系以及学科的形成和发展等；②情报的基本测度，包括建立“情报量”等一整套测度指标，确定情报计量的准绳，关于比特、知识单元、情报熵、情报场、情报势等计量概念的讨论；③几个基本定律的研究，包括布拉德福定律、齐普夫定律、洛特卡定律等；④情报流模型的研究，如文献增长、老化、离散、引文分布等模型的建立与评价；⑤情报计量化方法的探讨，如等级排序方法、对数透视原理及方法，以及模糊数学、信息论、集合论等的应用；⑥情报利用和效益的定量评价等。

由此可以看出，文献计量学与情报计量学彼此交叉渗透，既有许多共同的研究内容，又有不尽相同的地方。

首先，文献计量学主要以作为情报载体的“文献”为计量对象(有时也涉及文献情报)，情报计量学则着眼于情报本身的计量问题。英国情报学家布鲁克斯根据波普尔(K. Popper)的“世界Ⅲ”理论，认为纯粹的科学文献属于“世界Ⅰ”——客观物理世界；纯粹的科技知识和情报则属于“世界Ⅱ”——精神世界；而文献是科技知识以文献材料为载体存在于“世界Ⅲ”——客观知识世界。文献能以篇、册、本等为计量单位，这些显然是物理量，属于“世界Ⅰ”；而文献所含的知识、情报是精神产品，属于“世界Ⅱ”；但由于文献与所含的情报是紧密联系的、不可分割的，则属于“世界Ⅲ”。其间也存在一定的数量关系。因此，文献计量学就是要对“世界Ⅲ”在“世界Ⅰ”映射的计量单元进行计量来服务于“世界Ⅲ”的建设；而情报计量学还要反映“世界Ⅱ”，由于情报的计量还没有找到适当的标准和方法，人们常常简单地用文献代之。例如，对知识增长规律的定量研究和对情报检索系统效率的评价等都是以文献量来测度的。

其次，情报计量学相对于文献计量学来说，其研究范围更广一些。因为除了文献情报之外，还存在其他形式的情报，如零次情报，即无载体的或处于非正式交流过程中的情报。但毫无疑问，文献情报是整个科学情报的主体。如果对文献情报的计量化问题研究得比较透彻，摸到一些路子，探明一些规律，那么将给整个广义情报的计量化研究打下良好的基础。因此，文献计量学研究的进展也是对情报计量学的贡献和促进。

最后，从任务和方法上来看，情报计量学研究的任务更为艰巨，更难找到恰当的定量方法和途径。这是因为情报这种社会现象涉及人类的认识和判断过程，与人类个体的选择行为及个性密切相关，更多地受到人为控制因素的影响，具有明显的主观性、模糊性，因而其定量研究更加困难，使物理世界普遍采用的一些数学工具和方法显得无能为力，必须重新寻找适合情报特征的新的计量化方法和途径。目前，情报的计量化还没有找到一种比较完善的、有效的方法和途径，一些基本的问题还未涉及或并未解决。

在情报计量学中，为了定量地描述情报的过程和规律，必须建立一整套具有“量”的规定性的科学概念；寻找新的计量化方法和有效途径；其研究范围也应扩展到文献情报之外的广大领域。这样，情报计量学才能逐步发展成为一门完整的定量的学科。但是，正如英国情报学家汉松(C. W. Hanson)所指出：科学情报对许多人来说是文献的同义语[11]。此外，从情报计量学目前的研究内容和成果来看，绝大部分仍然可用“文献计量学”这个术语来概括。例如，1980 年 3 月在法兰克福市召开的第一次国际情报计量学讨论会，其主要议题包括文献增长、老化等方面，而这些课题也正是文献计量学研究的主要内容。因此，在讨论文献计量学与情报计量学的关系时，必须注意到以上这种基本事实。

但是，情报学的定量化是学科发展的必然趋势，因此必须适时地把情报计量化研究的任务提到议事日程上来，知难而进，大胆探索，努力促进情报计量学的发展。

五、文献计量学与网络计量学

网络计量学是在文献计量学的基础上发展起来的，被认为是文献计量学在互联网的发展。一方面，它是参照和借鉴文献计量学的理论与方法，对网络环境中的信息资源进行定量研究；另一方面，由于网络的动态化、无序化，不能简单地套用文献计量学的方法，而是不断开拓创新，形成自己的内容体系和研究方法。例如，基于文献计量学中的布拉德福-齐普夫-洛特卡定律研究网络中的布拉德福-齐普夫-洛特卡定律，基于文献的增长、老化规律探索网络信息的增长和老化规律，基于文献期刊影响因子开发出网络影响因子，基于文献引文理论提出了链接分析理论。从网络计量学内容体系与文献计量学内容体系的比较来看，网络计量学无论是基础理论、工具与方法还是实际应用，都带有文献计量学的影子。

与文献计量学相比，网络计量学有诸多天然优势，但也有许多缺陷，有些缺陷甚至与优势并存。首先，与 ISI 出版物不同，网络上的信息没有经过质量控制，因此网络数据往往质量较低，这意味着网络计量学的研究发现多为指示性的，不能作为依据。其次，网络数据并不规范，因此只能从中抽取最简单的数据，区分各类型的信息显得尤为困难。例如，想辨别网上一篇文章的引用者是来自电子期刊还是网络课程并不容易。因此，网络计量的结果往往混合了价值不等的信息。再次，尽管网络数据的时效性很强，但也有可能找不到它的公布日期，因此网络计量的结果大多混合了或新或旧的网络数据。最后，网络数据在某些方面不完善且不够权威。尽管在网上可以免费获得一些学术文章，但大多数的学术文章并不是免费的。此外，有些学者或学术组织建立了综合性网站，有些则没有。这样，虽然网络计量可以反映网络中的学术研究情况，但其研究结果也只是对研究活动非常有限的反映。通过对网络计量学的缺点进行分析，可认为网络计量学取代文献计量学的可能性不大，但它在某些方面却很有优势。首先，它可以作为先行研究为后续系统的文献计量研究确定研究领域。其次，由于研究人员的网络发表是其成果公布的一个重要方面，可以利用网络计量学评价学者在网络公布方面的成就。再次，网络计量学可以进行学科间及人口统计学方面的相关性分析。最后，网络计量学有助于 Web 2.0 以及社会科学知识库、人类学科研究目标的分析[12]。

六、文献计量学与知识计量学

文献是知识的重要载体，文献计量学以知识的物理载体，即文献(如论文篇数、图书期刊册数或卷数、光盘张数等)为计量单元，从宏观上和整体上研究文献知识总量及其结构的数量变化特征与规律，形成了以五大定律和引文分析法为核心的文献计量学方法体系，并在图书馆管理、情报研究、信息分析与管理、科学研究等领域得到了广泛的应用。然而，文献毕竟只是知识的物质载体，不能直接准确地反映知识内容本身，对文献的计量只是间接地反映了对知识内容的测度与评价。文献单元和知识单元在数量、质量与价值上存在巨大差异。在相当长的时期内，由于知识内容本身无法直接计量和测度，对知识的计量与测度只能通过以文献单元为基本计量单元的方式来进行。因此，文献计量学方法是一种有效的间接计量知识的科学方法。

目前，文献计量学在宏观层次的知识计量方面具有一定优势，但不适用于微观层次的知识计量。文献是科学研究成果的主要表现形式，文献的质量和数量是人才评价、机构评价的重要指标，也是判断一个国家、地区、部门、机构科学技术发展水平的重要指标。通过对科学文献的定量评价，为科学文献建立质量指标，从而研制科学文献指标数据库，建立科学研究绩效评价指标体系，为人才评价、成果评价、项目评价、机构评价、学科评价等提供定量评价依据，为国家、地区及部门评价科技发展水平和预测科技发展趋势服务等，具有重要的研究意义和价值，也成为当今世界各国的普遍趋势和做法。

同时，由于文献计量学是图书馆学、情报学和信息管理学等学科研究中的重要内容，这些学科研究文献计量和知识计量，是将文献计量和知识计量方法引入文献、信息、情报与知识管理研究，以文献计量单元为基础来考察信息、知识的生产、加工、组织、检索、管理与利用及其规律，主要目的是提高文献、信息、情报与知识的组织、存储、检索、管理和利用效率，或者更准确地说，是以文献为基础更好地实现对知识的组织、加工、管理和利用。随着知识经济时代的来临和知识管理的兴起，图书馆学、情报学和信息管理学研究也正在从文献管理阶段向知识管理阶段过渡，知识正在替代文献成为图书馆学和情报学研究的核心概念，对知识的计量与评价也就必然成为文献计量学研究的重要内容之一。对关键词与主题词的统计和计量分析的加强，以及近年来广泛兴起的文献内容分析都表明，文献计量学正在突破过去的研究范围，深入到文献内并开始关注文献知识内容本身，即知识内容的计量研究[13]。

第六节　文献计量学的发展

众所周知，任何一门学科都有自己发生和发展的历史。作为一门学科来研究的文献计量学已走过了百年的历程。回顾文献计量学的发展，弄清我国的研究现状，展望其发展趋势，对于进一步理解文献计量学的性质和任务，明确今后的研究方向，促进文献计量学的发展都具有重要的意义。

一、文献计量学发展的四个阶段

文献计量学的形成和发展大体经历了以下四个阶段。

（一）文献计量学的萌芽时期(1917～1933 年)

在这一时期，文献研究人员首创了文献统计方法，并在一些学科领域进行了文献计量分析的大胆尝试，取得了一定的成果。但是，在这一初始阶段，文献计量研究的特点是比较分散，规模不大，大多是进行某一领域的文献统计的基础工作，缺乏整体上的联系和理论指导。尽管如此，这些研究却拉开了文献计量学的序幕，具有重要的开创性的意义。

1917 年，文献学家科尔和伊尔斯曾在《科学进展》期刊上发表过一篇论文，首次利用文献计量方法分析研究了 1550～1860 年所发表的比较解剖学文献，并论述了对文献进行统计分析的作用。这次分析不但使他们系统地了解了比较解剖学在这一时期的研究重点及发展状况，而且掌握了这一时期的文献在世界各国的分布情况。更为重要的是，用事实说明了文献统计的方法及意义，大大开阔了人们的眼界，为文献计量学研究开创了一条崭新的道路。第二次文献计量研究是英国休姆在 1922 年进行的。他以《国际科学文献目录》(International Catalogue of Scientific Literature)中 7 个部分的期刊著录为基础，对世界各国期刊进行统计分析，并根据其分析结果列出了生理学、细菌学、血清学和生物学这四个学科的期刊序位表。他论述了《国际科学文献目录》中的变化情况，把学科和文献量的变化与国际发展结合起来；同时分析了英国专利的增长情况，把它与英国的社会进步联系起来，并以此来说明用统计文献的方法能够阐明科学技术的进步这一论点。因此，可以说休姆在第一次文献计量研究的基础上又迈进了一步。第三次是 P. L. K. 格罗斯(P. L. K. Gross)和 E. M. 格罗斯(E. M. Gross)于 1927 年对《化学教育杂志》的引文进行的分析。他们根据该学科期刊的被引次数列出了化学教育核心期刊表。这是文献学史上第一次引文分析。

除了上述有代表性的研究成果外，洛特卡定律的创立是这一时期文献计量学领域的又一重大成果。1926 年，由美国洛特卡首创的揭示作者与著作量之间数量关系的定律，是文献计量学诸定律中创立最早的一个。这一定律的创立和发展在情报学、图书馆学界有着深刻的影响，为文献计量学的诞生奠定了一定的基础。

（二）文献计量学的奠定时期(1934～1960 年)

从 1934 年，以布拉德福提出文献分散定律为标志，到 20 世纪 60 年代初的近三十年，是文献计量学理论基础的奠定时期。这一时期，文献计量学发展的显著特点是注重理论研究。一些研究者在文献统计调查的基础上，试图从典型到一般、从部分到整体地发掘出文献的规律，高屋建瓴地归纳出具有普遍指导意义的理论性结论，并取得了许多重要成果。这主要表现在以下几个方面：

(1) 1934 年 1 月，英国著名文献学家布拉德福首次提出文献分散定律的基本思想，并在 1948 年收入他的专著《文献工作》中。这一旨在反映科学论文在科技期刊中分布规律的研究成果，引起了情报学界的广泛关注和研究，后来发展成为著名的文献分布理论。这一定律的确立奠定了文献计量学的理论基础，对文献计量学的形成和发展起了极其重要的作用。因此，布拉德福定律是文献计量学史上具有划时代意义的里程碑。

(2) 1935 年，美国学者齐普夫研究并发现了文献中词频分布的规律，即齐普夫定律。这也是文献计量学的基本定律之一。

(3) 20 世纪 50 年代，人们便开始了对引文索引和文献引用规律的研究。美国著名情报学家加菲尔德在 1955 年就发表过《引文索引用于科学》的论文，系统地提出了用引文索引检索科学文献的方法。这一时期的研究为文献计量学研究的重要工具——SCI 的诞生打下了必要的基础。

(4) 1958 年，贝尔纳(J. D. Bernal)首先提出用“半衰期”这个术语来衡量已发表文章的老化速度。随后有人提出用负指数函数来描述文献老化过程，并给出了数学表达式。这些成果初步揭示了文献老化的规律。

(5) 在这一时期，对文献增长规律的研究也取得了可喜进展，如著名科学学家普赖斯发现并提出了期刊数量呈指数增长的著名图表和结论。

综上所述，在文献计量学的奠定时期，人们发现和建立了许多描述文献动态特征的经验性规律或定律，而这些定律共同构成和奠定了文献计量学的理论基础。

（三）文献计量学的发展时期(1961～1989 年)

文献计量学的发展体现在基础理论的进一步完善和在各个领域的实际推广应用。电子计算机技术在文献情报工作中的应用和 SCI 的相继诞生，为文献计量学从理论研究向应用研究转变创造了较为成熟的条件。20 世纪 60 年代以来，文献计量学已由狭隘的理论研究发展到了广阔的应用研究阶段。在深入进行理论探讨的同时，结合文献工作实际，着重开展应用研究，是这一时期文献计量学发展的突出特点和方向。

在这一阶段，最有影响的成果是 SCI 的研制成功。SCI 的创始人美国的加菲尔德从 20 世纪 50 年代起便开始了有关 SCI 的研究，1961 年他利用计算机编制了“1961 年遗传学引文索引”，后来又发展为多学科的 SCI，并于 1964 年正式出版。

这部大型索引的问世为文献计量学的研究提供了强有力的工具，并为引文分析的发展创造了条件。从此，关于文献计量学的应用研究如雨后春笋蓬勃发展。SCI是文献计量学发展史上又一个新的里程碑。

1969 年，Bibliometrics 术语的正式提出和确立，标志着文献计量学发展到了一个新的阶段，而 1978 年 Scientometrics 的创刊，进一步促进了文献计量学与科学计量学的结合，从而推动了文献计量学的不断发展。

（四）文献计量学的全面发展时期(1990 年以来)

文献计量学的全面发展体现在基础理论、技术方法、实践应用全面推进，文献计量、信息计量、科学计量不断融合互补是这一时期的突出特点和方向。

在这一阶段最有影响的成果是：埃格赫(L. Egghe)提出的信息生产过程(IPP)理论，比较全面地解释了文献信息流规律；赫希(J. E. Hirsch)提出的 h 指数，引起了广泛关注并形成了庞大的 h 指数与类 h 指数体系，成为文献计量方法用于科学评价的新型综合指标。

百年来，文献计量学的先驱者——科尔、伊尔斯、休姆、格罗斯、洛特卡、布拉德福、齐普夫、巴尔顿、贝尔纳、普赖斯、纳里莫夫、普里查德、加菲尔德、维克利、布鲁克斯、鲁索、埃格赫、赫希等都取得了大量的学术成就，为文献计量学的发展做出了巨大贡献。1969 年，普里查德的有关文献计量学的书目就包括了 700 多个款目。由此可见，文献计量学显然已确立为既有一定理论基础，又具有实际应用的一个重要的分支学科。

二、我国文献计量学的兴起和发展

目前可获得的文献资料表明，中国文献计量学相关论文最早出现在 1964 年，张琪玉、王恩光分别在《综合科技动态(第二分册)情报工作》的第 5 期上发表文章，介绍了美国编辑出版的 SCI。但文献计量学在我国的真正兴起和传播是从 20 世纪 70 年代后期才开始的。随着改革开放和我国科学事业的发展，图书馆学和情报学的研究出现了前所未有的活跃局面。我国情报学研究开始步入从经验进入计量、从定性进入定量、从专业走向综合、从量变到质变的重要历史阶段[14]。经过 40 多年的艰苦努力，我国文献计量学的发展已经初具规模，基本上形成了研究、教育和实际应用全面发展的良好局面，并不断取得新的进展，已成为图书情报与科学评价领域中一个重要的分支学科。

根据文献数量的增长变化、研究成果和进展，以及发展的实际情况，我国文献计量学的发展历程可分为四个阶段，即起步阶段、发展初期阶段、蓬勃发展阶段和全面发展阶段，文献分布情况如表 1-2 所示。

表 1-2 中国文献计量学文献数量分期统计表

年限	1979～1982 年	1983～1987 年	1988～2000 年	2001～2016 年
文献量/篇	149	353	2032	10 083
年均文献量/篇	37.3	70.6	156.3	630.2
可比百分数/%	100	189.3	221.4	403.2

1979～1982 年是我国文献计量学的起步阶段。20 世纪 70 年代末期，我国情报学界就有人撰文介绍了文献计量学的研究对象与应用；80 年代初期，又有专门文章做过综述，开始讨论文献计量学的研究对象、范围、性质、任务等问题。同时，国内有人先后介绍了布拉德福定律等文献计量学中几个定律的基本内容及其应用；开始进行情报流理论、文献规律、学科衍生和发展变化趋势等研究。在探讨文献统计规律的理论方面，围绕布拉德福定律的研究者和研究工作较为密集。有的对该定律加以评述或修正；有的探索了该定律的新的应用范围。文献计量学的实际应用研究也开始在国内展开，如确定核心期刊、计算科学文献的半衰期，以及值得注目的引文分析研究等。此外，有关文献工作的经济效益分析和文献管理的优化问题也进行了一些定量分析的尝试。这一阶段的发展特点主要是论文数量较少且异常分散。这一时期只发表了 149 篇论文，年均文献量只有 37.3 篇。从内容来看，主要是翻译、介绍、吸收和引进国外的研究成果，缺乏自主性的系统研究。与国外相比，我国文献计量学的起步阶段很短，只经历短暂的四年之后便迅速进入相对集中的发展阶段，这是我国文献计量学发展的一个显著特点。这不仅为文献计量学在我国的兴起提供了适宜的学术环境和必要的科学条件，而且有力地说明了我国文献计量学的兴起是情报学发展的必然趋势。作为情报学的一个新兴领域的文献计量学，不仅引起了我国图书与情报界的关注，而且获得了应有的承认和发展。

1983～1987 年这五年，我国文献计量学处于发展初期阶段，其主要的标志是将文献计量学搬上了大学的讲坛，一些大学的情报学和图书馆学专业课程中也开始介绍有关文献计量学的内容，开始了正式的专门教育。1983 年，武汉大学为本科生、专科生开设了“文献计量学”课程[15]，并编写了《文献计量学》教材，且在国内图书情报界广泛交流。这对于我国文献计量学的发展和专门人才的培养必将产生深远的积极影响。更为可喜的是，我国已有一批有志于文献计量学的研究者，虽然人数不多，但却是文献计量学领域里一支异常活跃的生力军。他们在不同岗位上从不同角度对文献计量学的许多问题进行了艰苦的探索，并取得了一定的成果。同时，这一时期的研究比较活跃，发表的论文数量增长很快，达到 353

篇，年均文献量为70.6篇，比上一时期增长89.3%；在内容上，既有国外研究成果的介绍和评述，又有结合我国实际情况开展的应用性研究，或者验证文献计量学的理论和方法在中文文献方面的适用性等。所有这些都标志着我国文献计量学研究的兴起，为文献计量学的发展奠定了重要的基础。我国文献计量学研究已初具规模，进入发展初期阶段。这一基本估计主要体现在：每年发表的有关文献达到一定数量，并增长较快；初步形成了本学科的核心情报源；基本上有了一支研究力量；研究选题正在加宽，研究水平也有较大提高[16]。

1988～2000年，我国文献计量学进入了蓬勃发展阶段，其主要特点是理论与应用并重，特别是在科学评价和科技管理方面的应用开始大规模地开展起来，取得了许多标志性的成果。一是在1987年，赵红州等利用美国的SCI进行统计分析，排出了我国主要大学发表论文的名次，引起了社会各界的强烈反响；二是中国科学技术信息研究所承担科技部的资助课题，建立"中国科技论文与引文数据库"，进行更大范围、更系统的文献计量统计分析，对我国科技水平在世界上所处的地位以及主要大学、科研院所的科学生产能力和学术水平做出客观评价；三是《文献计量学》等几部专著或教材相继出版，"把文献计量学的有关知识体系化了，使文献计量学的研究由局部知识的创造进入系统知识体系的形成阶段"。这一进展已经成为我国文献计量学研究和发展历程的重要标志。同时，从表1-2来看，1988～2000年发表的文献量大幅上升，总数达到2032篇，年均文献量为156.3篇，是发展初期阶段的2.21倍。这些都表明我国文献计量学正处于理论研究、实际应用和专业教育蓬勃发展的阶段。

2001年后，我国文献计量学进入了全面发展阶段。其主要特点是理论、方法、应用全面发展，研究进展接近或者与国际同步。随着社会信息化与网络化的发展，强大的信息技术与社会经济基础为文献计量学提供了全面发展的空间。大型文献信息数据库、大数据、云计算、可视化等技术的发展，使文献网络结构、知识图谱能够清晰和简便呈现，使文献内容分析可以实现，因此也使文献计量、科学评价的数据得到充分保障、技术方法更加多样、应用范围更为广泛。这一阶段最具代表性的发展是h指数的提出与广泛研究，并得以广泛应用。

经过近40年的发展，我国文献计量学研究取得了长足发展，引起了国际同行的广泛关注。

(1)确立并提高了文献计量学的学科地位。目前，文献计量学已被公认为国际图书情报领域内最活跃的一个分支学科，成为情报科学研究的主流，体现了当代学科定量化的趋势。随着我国文献计量学知识的普及和研究的不断深入，文献计量学也得到了国内图书情报界的普遍承认和重视，作为情报科学一个分支学科的地位已经确立，并不断得到加强，同时逐步被社会所接受。关于这一点，可以从许多方面得到佐证：①1992年，由国家技术监督局、国家科学技术委员会等单位联合制定的国家标准《学科分类与代码》(GB/T 13745—92)中，正式确认了文献计量学、情报计量学、科学计量学的三级学科地位；②在《中国大百科全书·图书馆学 情报学 档案学》的情报学部分，在“信息”“情报”等大条目之后，紧接着列出的第一个分支学科就是“文献计量学”，并安排 11 个词条进行了较详细的介绍；③一些学术刊物或检索工具开辟专栏，报道文献计量学的研究成果和国外进展，例如，《全国报刊索引》(哲社版)从 1989 年起不定期增设了“文献计量学”栏目，《情报学报》也从 1988 年起不定期设立了“文献计量学”专栏；④在情报学、图书馆学专业教育中，文献计量学早在 1983 年就被正式列入教学计划，成为本专业教学的必修课程，武汉大学还设立了文献计量学与情报计量学研究生方向，招收和培养硕士、博士研究生；⑤在中国科学院的支持下，于 1991 年成立了中国科学学与科技政策研究会科学计量学与情报计量学专业委员会，其工作范围包括文献计量学、科学计量学和情报计量学，其基本任务是确立学科发展目标和策略，制定研究规划、提供研究选题指导，组织研究分工和协作，开展学术和信息交流，宣传和推广研究成果等，这标志着我国文献计量学的发展有了学术组织保证，由分散的个体的研究逐步过渡到有组织、有计划的大规模研究阶段；⑥国家自然科学基金委员会支持文献计量学和科学计量学方面的研究课题，促进其研究上规模、上水平，有力地推动了我国文献计量学的深入发展。

(2)研究范围拓宽，几个主要领域的研究取得的进展使我国文献计量学研究的选题范围不断拓宽，既有理论、方法探讨，又有广泛的应用研究，以及国外研究进展的评价等。特别是其应用的范围很广，远远超出了情报学、文献学、图书馆学的范围，涉及科学学、科技管理、科技史、人才学、预测学、未来学、历史学、社会学等许多学科领域。在具体专业学科领域的应用更广，至少有化学化工、农业科学、采矿冶金、建筑科学等 50 个专业采用文献计量学方法开展过应用研究。具体来说，我国文献计量学研究基本上包括八大主题，这些主题的重点次序是：引文分析与核心期刊、集中与分散定律、文献统计与应用、文献计量学总论、引文分析方法、在科技预测与管理中的应用、在人才评价等方面的应用、文献增长与老化率等。特别值得指出的是，文献计量学的应用研究是其内容体系的重要组成部分，受到广大研究者的重视。其应用范围越来越广，除了图书情报领域的各个方面之外，还广泛应用于科学学、科技管理、预测学甚至科学技术领域。其中一个重要方面就是将文献计量学指针用于评价科学生产率，评价科技人才、成果质量、科研机构(包括大学、研究所、科技产业公司等)乃至整个国家的科技水平与影响力等，从而使决策者能够进行有效的定量化管理。这方面的进展具有重要意义，有利于文献计量学冲破传统的局限，增强其渗透力和辐射力，大步进入“科技圈”“管理圈”“决策圈”，在更大的范围内充分发挥其作用，从而进一步得到社会各界的认可和重视。

(3) 文献计量工具和研究手段现代化取得重要进展。文献计量学是一门定量性、实用性很强的学科，无论是理论研究还是实际应用都必须要有一定规模的资料支持。因此，必须建立系统化、规范化的资料来源工具和原始资料的获取渠道。早在 20 世纪 60 年代初，美国就开始编制 SCI。这一大型索引的出版和发行，为文献计量学研究提供了一种多功能的有力工具，一定程度上提供了引文分析所必需的大量资料，有效地推动了文献计量学的全面发展，被誉为文献计量学史上具有划时代意义的研究成果。可以说，没有 SCI 就没有现代的文献计量学。对于国内的情况来说也是如此。我们早就认识到，如果不利用计算机等现代化的技术手段解决文献计量工具问题，我国的文献计量学就不可能提高和发展。因此，文献计量工具和手段现代化的研究是我们面临的十分紧迫的任务，也得到了国内情报学界的高度重视。20 世纪 80 年代以来，在这些方面进行了大胆探索，取得了一些进展。兰州大学图书馆靖钦恕、钱家秀研究馆员经过艰苦努力，在国内首次编制了《中文自然科学引文索引》。尽管这部索引还有待进一步完善，但它仍然不失为"我国自编中文科学引文索引的可贵的先例"。计算机辅助的文献计量研究是实现文献计量学突破的重要途径，可用计算机辅助文献计量研究来实现文献计量学研究的规模化、模型化和现代化。特别是从 1988 年开始，中国科学技术信息研究所建立了"中国科技论文与引文数据库"，同时利用美国的 SCI、EI 和 ISTP 等工具对中国学者发表的论文与被引用情况进行全面的统计分析，每年发表一本统计分析报告，召开一次新闻发布会，公布其统计分析结果，在社会各界引起了很大反响。此后，中国科学院文献情报中心研制了中国科学引文数据库(CSCD)；南京大学社会科学研究评价中心出版了《中国社会科学引文索引》(CSSCI) 光盘和网络版；清华大学的中国学术期刊网络数据库也具有一定的文献统计分析功能。这些都为我国文献计量学的大规模研究和应用提供了现代化工具，大大推动了我国文献计量学的全面发展。这是我国文献计量学发展的主要标志和重要成就之一。

(4) 文献计量学教育起步很快，并获得了迅速发展。我国文献计量学发展的一个突出特点是，在文献计量学研究开始后不久就很快将其搬上了大学的讲坛，正式开始了我国文献计量学的教学活动。早在 1983 年，武汉大学图书情报学院就率先把"文献计量学"列入了教学计划，为情报学、图书馆学专业的专科生、本科生、研究生等各个层次的学生开设了"文献计量学"、"情报计量学研究"(硕士学位课) 课程，并出版了有关教材。目前，全国大学图书馆学、情报学专业普遍开设了这一课程。武汉大学等单位还招收了这方面的硕士和博士研究生，已经形成了一定的教学规模和合理的层次结构。通过课程教学，既宣讲、普及了文献计量学知识和定量分析方法，又为这一学科培养了专门人才，从而推动了我国文献计量学的发展。

(5)基本形成了一支骨干研究力量。在我国文献计量学的发展过程中，来自不同学科的作者人数一直呈增长趋势。特别是20世纪90年代以来，随着文献计量学教育事业的发展，一大批本科生、硕士研究生和博士研究生加入研究队伍中来，相继涌现出许多核心作者，为我国文献计量学的研究和发展增添了新的活力。目前，一个以中青年为主的文献计量学研究队伍已经基本形成。从作者群的构成来看，他们来自许多不同的专业领域，在知识结构上各具特色和优势，其队伍的整体素质是比较好的。可喜的是，这些核心作者以中青年居多。他们以其敏锐的观察能力和情报意识，从不同角度对文献计量学的许多问题进行各个方面的探索，其研究十分活跃，这是我国文献计量学研究和发展的中坚力量，并且这支队伍人数呈逐步上升的趋势，研究队伍已初具规模，基本形成了一支骨干研究力量。

(6)国际学术交流与合作日益加强。文献计量学与其他学科一样，其研究是一种国际性的科学活动。因此，要发展我国的文献计量学就必须重视国际学术交流与合作。事实上，我国学者早就与国际学术界建立了交流关系，与国外著名的文献计量学专家加菲尔德、布劳温、埃格赫、卢梭等都有通信联系；每两年召开一次的国际文献计量学、科学计量学、情报计量学研讨会从第1届起就有国内学者赴会，参与国际交流；第9届国际科学计量学与信息计量学年会于2003年在北京举行；时隔十多年，2017年在武汉大学举办了第16届国际科学计量学与信息计量学年会。在国内举办的有关国际研讨会也是两年一次，每次会议都有国外代表参加研讨和交流。国际刊物Scientometrics是发表国际文献计量学研究成果的重要学术园地，1993年我国著名科学计量学家赵红州教授被聘为该刊国际编委；《国外情报科学》《国外图书情报工作》等刊物发表了不少文献计量学方面的译文，正式出版了《科学计量学指针》《情报计量学引论》等译著，我国学者与美国、德国、比利时等国学者的合作研究持续发展。这些都促进了我国学者与国外专家之间的相互了解和交流，有利于吸收、借鉴国外的成果和经验，从而推动了我国文献计量学的全面发展。

三、文献计量学的发展趋势

综上所述，文献计量学已发展成为当代图书情报领域内研究最活跃的一个分支学科。世界上许多国家都非常重视文献计量学的研究和发展。国内外许多大学图书情报学院专门开设了“文献计量学”课程；从事文献计量学研究的人员日益增多；有关文献计量学的研究论文和专著大量出版。文献计量学的研究与发展呈现如下一些发展趋势。

（一）科学化趋势

1969年，英国著名情报学家普里查德正式提出了“文献计量学”这一术语，以取代当时已有四十多年历史但很少使用的“统计书目学”(Statistical Bibliography)名称。这一术语的提出标志着文献计量学的正式诞生，真正开始从学科的角度来研究文献计量问题。在其后，国际文献计量学获得了迅速发展，已经成为图书情报领域最活跃的一个分支学科，代表着情报科学的主流方向和学科发展趋势。在这种科学化趋势的影响下，在我国文献计量学研究和发展中，也要特别强调提高文献计量学的科学性和精确性，要确立文献计量学的学科地位。因此，应着力从学科建设的角度来论述文献计量学的学科内容，从理论、方法和应用三个方面构建了文献计量学的学科结构体系。当前，文献计量学发展的科学化趋势主要表现在以下三个方面：一是要继续深化和完善文献计量学的学科结构体系，使之真正成为一门科学化水平较高的学科；二是要在更高的层次上深入研究“计量学”学科群的体系结构，包括文献计量学、信息计量学、科学计量学、知识计量学、网络计量学等“五计学”的关系问题；三是要正确处理好科学理论与实际应用的关系，只有在科学的理论指导下，才会有正确的实际应用，才能合理地、有效地解决实际问题。在当前文献计量学广泛应用之时，更要重视它的学科理论研究和建设，真正实现理论与应用的有机结合，这是文献计量学发展的主要趋势之一。

（二）信息化趋势

信息化趋势，主要是指从文献计量向信息计量发展的趋势。正如文献与情报、文献学与情报学的关系一样，文献计量学与信息(情报)计量学也是密不可分、相辅相成的。可以说，文献计量学是信息(情报)计量学的基础，信息(情报)计量学则是文献计量学的发展方向。情报科学定量化研究的论文可分为四大类：①文献计量学及其应用；②情报检索理论；③情报学理论研究；④情报经济学与情报成果评价。其中有关文献计量学及其应用方面的研究在整个定量化研究工作中占有很大比例。可见，文献计量学是情报信息定量化研究中的一个重要组成部分，而且正在朝着信息(情报)计量学的方向迈进。从计量单元来说，文献计量学已经不仅仅停留在篇、册、本为单位的文献单元的计量上，而开始深入文献的内部对知识单元和文献的相关信息进行计量研究，如题名、主题词、关键词、词频、知识项、引文信息、作者、出版者、日期、语言、格式等都已成为计量的对象。早在1980年，日本科学技术情报中心的小森隆通过对塑料、橡胶和纤维的关键词出现次数的统计分析，成功地预测了高分子材料的产品结构及发展前景。我国陈光祚教授研制的电子出版物具有信息计量功能和知识项聚类功能，为文献计量学开拓了新的应用领域和发展途径。电子出版物作为一种全文数据库，其文本中的任何知识单元甚至每个单字都是可以检索和统计的。这样，就有可能使文献计量学的计量单元从一篇篇文献而演化到文献中的各个知识单元，甚至单字一级，从而使信息计量分析成为可能，并达到新的分析深度。这是一个重要进展，表明文献计量学已经发展到文献信息计量阶段，并继续向信息计量学领域发展。

（三）网络化趋势

随着信息网络化的发展，在有关网络或文献中出现了两个新的英文术语，即Webmetrics和Cybermetrics，可以直译为网络计量学和赛博计量学(或计算机计量学)。但由于计量的对象是网上的信息或计算机控制的信息，而非“网络”或“计算机”本身，可以将此意译为“网络信息计量学”或“网上信息计量学”。1997年，阿曼德(T. C. Almind)等在《万维网上的信息计量分析：网络信息计量学的方法探讨》一文中，首次提出了Webmetrics这一术语，并认为文献计量学的各种方法完全可以用于万维网上的信息计量分析。关于另一个与之十分相似的术语Cybermetrics，在互联网上已出现了以该词命名的电子期刊或学术论坛，这主要是由西班牙科学信息与文献中心(CINDOC)组织和出版的。若从它的研究对象、方法、内容和目标等方面来看，网络信息计量学是采用数学、统计学等各种定量方法，对网上信息的组织、存储、分布、传递、相互引证和开发利用等进行定量描述与统计分析，以便揭示其数量特征和内在规律的一门新兴分支学科。它主要是由网络技术、网络管理、信息资源管理与信息计量学等相互结合、交叉渗透而形成的一门交叉边缘学科，也是信息计量学的一个新的发展方向和重要的研究领域，具有广阔的应用前景。其根本目的主要是通过网上信息的计量研究，为网上信息的有序化组织和合理分布、网络信息资源的优化配置和有效利用、网络管理的规范化和科学化提供必要的定量依据，从而改善网络的组织管理和信息管理，提高其管理水平，促进其经济效益和社会效益的充分发挥。网络信息计量学是在当前特定的科学背景和技术条件下迅速形成与发展起来的。网络信息计量学的研究成果必然会为网络管理的定量化和科学化提供理论指导与定量依据，而网络管理定量化的实践需求又会促进网络信息计量学的全面发展。最后，需要指出的是，当前网络信息计量学中又产生了一个重要的研究分支——替代计量学(Altmetrics)，它主要是试图通过引入网络引用次数、推荐数、提及数等新型指标对学术信息在网络上的影响力进行计量研究，并比较其与传统文献计量学(被引次数、h指数等)指标的差异，分析这种差异产生的机理和原因，提出每种计量学方法的适用条件。当然，由于替代计量学还是一个新生事物，还有很多不成熟之处，理论和方法体系尚不健全，在我国学术界对其译名也存在一定的争议，有的学者建议将其译为补充计量学[17]。总之，网络的发展为文献计量学带来了新的发展机遇，新的计量指标和工具不断涌现，拓展了研究对象和方法体系，并使相关研究得到学术界更为广泛的关注。

（四）自动化趋势

随着计算机的日益普及和信息技术的推广应用，文献计量学的研究手段逐步从手工统计分析向计算机辅助的统计分析过渡，出现了明显的自动化趋势。20 世纪 90 年代以来，对计算机辅助的文献信息计量分析的研究不断增加，取得了不少成果，其应用也越来越广泛。计算机辅助文献计量研究在理论分析的基础上，着重进行了计算机辅助文献计量软件的设计与开发工作，实现了套录资料重组建库以及多种资料统计分析功能；计算机辅助计量分析方法的建立和成熟标志着信息计量研究的方法体系已基本形成，并日趋完善。在我国，科技论文与引文数据库、中国科学引文数据库、中文社会科学引文索引数据库等一批数据库光盘或网络版的研究成功和出版发行，为文献信息的自动化统计和分析提供了必要的工具与条件，将大大促进自动化趋势的进一步加强。

（五）实业化趋势

通过对文献计量学的长期研究、教育、宣传和培训工作，人们对文献计量学的认识和接受程度明显提高，其应用范围也不断扩大，特别是在科技评价、科技管理等方面，其研究成果和计量资料不仅可以为有关部门的管理与决策提供定量依据和支持，而且是衡量一个国家科学文化水平乃至综合国力的一种重要途径与方法，因而受到国家有关领导部门的重视和支持。1987 年，赵红州等利用文献计量方法，排出了我国主要大学发表论文的名次，引起了社会各界的强烈反响，并受到国家科学技术委员会、中国科学院和国家自然科学基金委员会领导的高度重视。国家科学技术委员会专门下达资助课题，要求中国科学技术信息研究所进行更大范围、更系统的文献计量统计分析，对我国科技水平在世界上所处的地位以及主要大学、科研院所的科学生产能力和学术水平做出客观评价，并逐步形成制度，每年召开一次新闻发布会，公布有关统计结果；还有的单位在建立有关数据库的基础上，面向社会开展统计评价和分析咨询服务；有的还成立了具有法人资格的科研定量评价和统计信息咨询服务公司（如美国 CHI 公司、我国武汉金平果科教开发服务有限公司等），发展成为信息咨询服务业的一种新的类型和形式。这一重要进展表明，我国文献计量学的某些内容和方法正在由课题研究向实业化方向发展，成为国家科技文化事业的一个重要组成部分。这种实业化趋势是我国文献计量学未来发展的重要方向之一。

（六）国际化趋势

如前所述，文献计量学的国际合作和交流日益广泛。在经济全球化和网络化的推动下，文献计量学研究和发展的国际化必然会呈现出更加繁盛的趋势。无论是科学研究的选题、研究目标的确立、研究方法的选择，还是研究成果的发表、交流和应用等，都必须立足世界，站在国际前沿和水平上来展开研究工作，切实加强国际合作和交流，推动文献计量学的国际化发展。

综观国内外对文献计量学的研究，基本上可分为两大类型：一是理论研究，大量运用数学、统计学和情报学理论与方法进行文献计量学的深入探讨；二是广泛结合文献情报工作中的各种实际问题和现象开展应用研究。目前，文献计量学总的发展趋势是，文献学、情报学与数学、统计学的结合不断向深度和广度发展；其发展重点将由基础理论研究转向实际应用研究，注重中、外文的文献计量工具的基本建设和开发利用；电子计算机在文献计量研究中的应用将受到重视；文献情报及情报系统的定量管理研究将迅速展开；与科学计量学的联系将得到加强；科学研究中的合作与协调将进一步扩展和国际化。随着文献计量学研究的不断深入和定量分析方法的推广，文献计量学定将应用于更多的学科实际工作领域。可以预料，这一学科必将会越来越显示其重要性和强大生命力，从而获得更全面、更迅速的发展。

第二章

科学文献的增长规律

第一节 文献情报流的特性及增长规律研究的意义

一、文献情报流的特性

在文献计量学中，通常把文献所含情报的汇流称为文献情报流。由于文献是情报最基本的载体形式，文献情报流是具有一系列主题特征的科学文献的集合，有时将文献情报流简称为文献流。

文献情报流具有许多特性，归纳起来主要有两个方面，即文献情报流的静态特性和动态特性。在一定时间内科学文献在空间的分布性质，如集中-离散分布、文献按作者分布、词汇在文献中分布、引文分布、序性分布、主题相关分布等的规律性，称为文献情报流的静态特性。文献情报流诸要素序性总和，是指文献情报流诸要素的名称以及科学文献诸要素特征(出版物名称、作者、术语等)的总和。元素名称的序性总和称为等级分布。诸要素序性的排列次序取决于它在科学文献中出现的频率。序性特征决定元素总和构成的统计参数。在对文献情报流的各要素及特征进行统计分析时，通常都要研究序性总和构成的特点。

文献情报流诸元素的主题相关总和，是指某一主题科学文献的集合或其特征值的总和。这种主题相关性决定着文献情报流的整体性。

文献情报流的动态特性是指科学文献随时间的延续而增长和老化的性质。科学文献既增长又老化，在老化之中不断增长；增长是文献情报流的主要趋势。苏联著名情报学家米哈依洛夫(А.И.Михайлов)指出：当前，已发表文章的增长、老化和离散规律，理所当然地被视为标志科学文献发展的最根本的规律[18]。

科学文献增长(growth of scientific literature)主要是指数量，即随着时间的推延文献数量的增长情况(但研究中也涉及其过程)。在现代科学发展时期，对文献增长的基本估计是：科学文献以6%～8%的年率递增，每10年左右科学文献的数量就要翻一番；近20年来发表的文献比历史上两千余年的文献总和还要多。美国《化学文摘》(Chemical Abstracts，CA)连续发表100万篇文摘所用的年数[15]不断缩短：第一个100万篇32年(1907～1938年)，第二个100万篇18年，第三个100万篇8年，第四个100万篇4.75年，第五个100万篇3.3年……这正是科学文献急剧增长的有力佐证。目前，科学文献的数量越来越大，呈现出激增的局面，还有加剧的趋势。

二、文献增长的影响及对策

科学文献迅速增长是一种客观的社会现象，它所带来的影响及其对策是一个值得探讨的重要课题。

（一）文献激增的影响

科学文献的急剧增长给人们带来许多烦恼的问题；给文献的收集、管理和利用以及科学研究的发展造成严重影响。由于科学文献与日俱增，各图书馆和情报机构深感书满为患、经费紧张、人力奇缺，要对馆藏文献进行妥善存储和科学管理非常困难，许多情报服务措施难以实行，直接影响情报工作的效率和情报事业的发展。同时，科技人员查阅文献的时间大大延长，光靠个人的精力已无法查全和读完所需的情报文献。由于文献数量太大，科技人员终究难以查全和查准所需情报，而且阅读文献的语言障碍也增大了，给科学研究带来许多困难，造成很多科研工作的重复和浪费，这不仅造成极大浪费，而且严重影响了科研效率的提高和科学事业的发展。

（二）文献激增的对策

为了适应科学文献的激增局面，人们采取了以下两个方面的基本对策。

(1)理论上，加强对文献规律的研究。科学文献数量将不断增长是造成“情报激增”的主要原因。因此，积极开展文献增长规律、老化规律等方面的研究，以便从理论上探明其内在规律性，是克服情报危机的基本对策之一。这方面的研究能为科学文献管理的科学化、最佳化提供可靠的定量依据，以适当的理论来指导现阶段的科学文献工作，使之更加适应文献激增的新形势。在新的认识基础上，有人还从文献质量概念的角度提出抵制文献增长的对策。例如，1980 年 8 月，在丹麦哥本哈根召开的第 40 届国际文献联合会的年会上，美国文献学家布里伯格(H. R. Brinberg)提出“以少胜多”的情报收集原则，来代替以往那种“多多益善”或百分之百的搜集方法。该建议得到各国图书情报界的普遍响应。西蒙则主张“对内容进行共引分析”，以建立相关专业的再联系。由于学科自身的分化，某专业的文献不会无限制地膨胀。因此，增强专业化程度反而使科技人员减轻对文献增长的负担。

(2)在技术手段上，采用计算机等现代化的先进技术和存储设备来处理、存储和利用文献情报。控制论的创始人维纳首先提出，科学文献的急剧增长给图书馆和情报机构带来巨大的实际困难，应及早采用机器来适当地处理文献资料。在这种设想启发下，20 世纪 50 年代就开始了电子计算机情报检索的试验和研究。目前，世界上许多国家都采用新的高效能的文献加工技术及建立自动化的计算机情报检索系统和存储系统，并取得了明显效果。

三、文献增长规律研究的意义及现状

（一）文献增长规律研究的意义

科学文献增长规律问题是图书馆学和情报学界长期关注的问题，也是文献计量学的主要研究课题之一。

科学文献增长规律的研究，无论是理论上还是实践上都具有重要的意义。确定科学文献数量随时间变化的关系，可以大致地揭示科学发展的某些特点和规律；根据有关文献数量的变化进行科学预测，这是情报分析研究中广泛采用的“情报模型法”。同时，通过科学文献增长规律的研究，还可以预测文献增长的趋势，从而为科学情报工作未来的发展提供决策依据。因此，研究科学文献的增长规律不但是文献计量学必须解决的一个重要理论问题，而且能直接为科学情报工作服务，以利于缓和或克服日益严重的情报危机。正如苏联情报学家马尔沙科娃(И.В.Маршакова)所指出的：文献计量学的研究是利用情报的战略方面，包括揭示整个科学或其单个领域中的那些固有的参数及其规律性。它们不仅在确定和执行整个研究计划期间，对于最优化管理是必需的，而且对于为了适应科学发展而合理地开展情报工作来说也是必需的。而科学文献增长规律的研究也就是从情报理论的战略高度，研究如何在战略上利用科学情报的一个重要问题。

（二）文献增长规律研究的现状

对于科学文献增长规律，人们进行了长期的探索。早在 20 世纪初，就开始了科学文献数量的统计研究，只是到了 20 世纪 40 年代以后，由于图书馆管理的需要，特别是科学史研究以及科学情报工作发展的需要，对科学文献数量增长规律的研究才作为一个理论问题被众多的研究者所注意，并取得了一系列的研究成果，提出了一些描述文献增长规律的理论模型和解释。尤其是普赖斯提出科学文献的指数增长规律以后，这个问题的研究有了突破性进展。

目前，有关科学文献增长规律的研究主要集中在两个方面：一是理论研究，其重点是如何建立准确的数学模型及理论解释，以进一步揭示科学文献的增长规律；二是应用研究，即如何运用文献增长规律指导实际情报工作和情报管理，以及如何将文献数量指标用于度量知识，以揭示科学发展规律等应用问题的研究。著名情报学家米哈依洛夫曾经在这方面进行了较多的研究，并且已经“逐渐揭示出标志着科学出版物与科学发展的内在联系的某些规律，确定已发表的文章数量与科学增长指标间的定量关系”[18]。

第二节　科学知识量的增长与科学文献的增长

科学文献的增长及规律与科学知识量的增长及规律是紧密联系的。因此，在讨论科学文献增长规律时，首先介绍科学知识量的增长规律。这对于人们充分认识文献增长规律及其数学模型，正确理解有关文献增长规律的理论解释，都是非常必要的、有益的。

一、科学知识量的增长规律

第二次世界大战以后，科学技术获得了迅速的发展，并经历了深刻的革命。现在，科学已发展到“大科学”时代，即进入现代科学时期。现代科学的发展非常迅速，其主要表现之一是人类所拥有的知识量迅速增加。据西方国家估计，从公元初到 20 世纪 60 年代，人类拥有的知识量翻了四番。其有关情况如表 2-1 所示。

表 2-1　科学知识量翻番情况

第一次翻番	公元初～1750 年	历时 1750 年
第二次翻番	1750～1900 年	历时 150 年
第三次翻番	1900～1950 年	历时 50 年
第四次翻番	1950～1960 年	历时 10 年

现代科学史表明，科学领域的许多指标都是按指数规律增长的，或者说，各种科学指标的增长速度都是与已有的指标数值成正比的。用数学语言描述，就是

$$W = \alpha e^{\beta t} \tag{2-1}$$

式中，W 为科学指标；α、β 皆为任意常量；t 为时间。

式(2-1)称为科学知识量的指数增长律，也有人把它称为科学发展的加速规律。

科学发展的指数增长律是 20 世纪 40 年代文献计量学和科学学研究中的一项重大发现，其结论主要是建立在科学文献指数增长的基础之上的。在美国赖德(F. Ryder)对科学图书增长率进行统计研究之后，普赖斯研究并发现了科学期刊呈指

数增长的趋势。于是，他在《巴比伦以来的科学》一书中，以科学期刊和学术论文作为知识量的重要量度指标，描述了科学发展速度，得出了科学发展按指数增长的规律[19]。

应当指出，科学发展的指数增长律也引起过学术界的争论。其中一个最主要的质疑，就是科学指标的指数增加如果不停地发展下去，会不会导致诸如科学家人数超过全世界人口总数的荒谬结论。实际上，这种观点是错误的。因为任何科学定律都是在一定条件下近似成立的。离开了一定条件，把具体的规律无限制地夸大，都会走向反面。应当看到，指数增长律是在一定历史时期内成立的规律，而在另一个时期，如科学发展的“非常时期”，就有可能遭到破坏。

图 2-1 清楚地表示了科学发展指数规律遭到破坏的“非常时期”。按重大科学成果数统计，从 1550 年算起，有过两次：第一次是 1670～1740 年；第二次是 1940 年开始，直到近 2000 年还在继续。显然，指数规律在一定历史时期尽管遭到了破坏，但是在另外的一定历史时期，它又是成立的。这是毋庸置疑的历史事实。

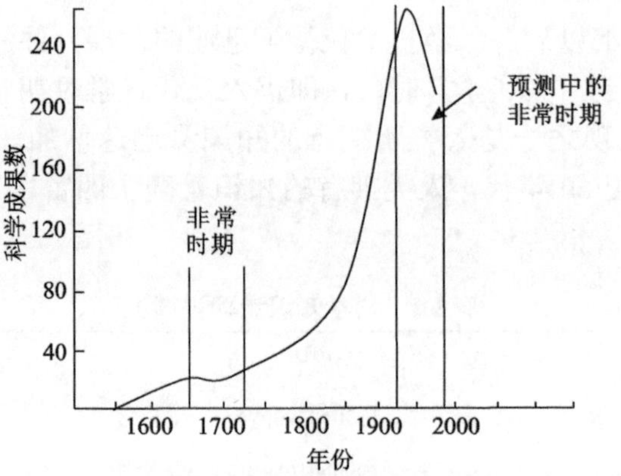

图 2-1　科学发展的指数曲线

指数规律不断成立，又不断破坏，是因为科学在时间轴上的变化要受到积累规范和变革规范的交互作用。前者表现为知识量的积累，即指数发展规律；后者表现为质的飞跃，即科学革命。积累规范和变革规范之间既是对立的，又是统一的。在积累规范起作用的时期，科学发展遵循指数增长律，在变革规范起作用的阶段，指数增长律便失去意义。这样一来，指数增长律的破坏不再是一件不幸的事情了，而是科学革命到来的重要标志之一。

否定指数增长律的另一个质疑，来自科学发展的“饱和现象”，或者说 S 形发展规律。国外一些学者估计到“任何按指数形式出现的增长都必然在某一点上达到平衡状态，否则我们就会走到谬误的一端”，他们把整个科学发展史描绘成一个大 S 形，因此认为，指数发展曲线必然转变为逻辑曲线（图 2-2）。当代正在过这个平衡点，再过 30～45 年，它必然接近饱和极限，到那时，科学增长亦就停止了。

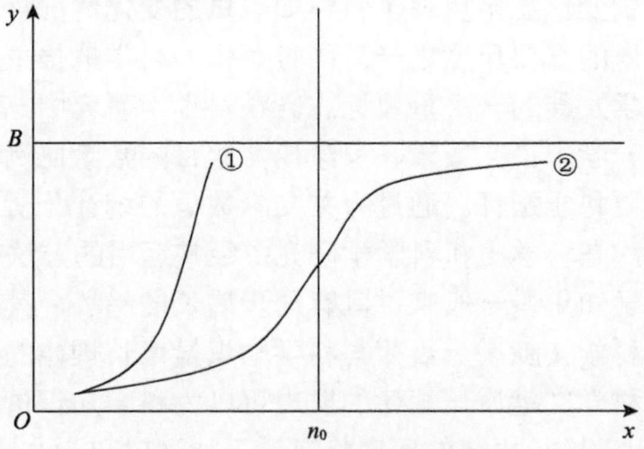

图 2-2　科学发展的逻辑曲线

①-指数曲线；②-逻辑曲线；B-科学增长饱和极限；n_0-逻辑增长曲线拐点年份

我们认为，这个论断也是片面的。科学发展的 S 形现象是历史事实，但它并非横亘于整个历史(时间)轴上。如图 2-1 所示，1670 年前后就有过 S 形现象，出现过指数规律遭到破坏的“非常时期”，但到 18 世纪中叶，科学又昂起了头，按更陡的指数曲线上升。实际上，科学发展中的“饱和现象”并不奇怪，这是自然界和人类社会普遍存在的规律性。它与熔点附近的温度“饱和”现象十分相似。在熔点附近，尽管不断加热，物体温度并不升高，而是不断地改变物质的内部结构。“非常时期”科学成果数下降，并不表明科学家无能，也不是说科学家的劳动无效，恰恰相反，说明科学家的劳动正以一种巨大的“智力潜热”储存到科学体系的内部结构中去。这些“智力潜热”，待到后代科学家继续探索时，必然会以某种形式的智能释放出来，或者提高全部科学家的“精英素质”，或者提高具有高度专业水平的科学家的比例。总之，一次“饱和时期”之后，必然会出现一个以更大加速度为特征的指数增长新时期。加速-饱和-更大加速，这就是阶梯形指数增长律[20]。阶梯形指数增长律不仅表明科学发展中量与质的辩证统一，同时也说明科学技术的发展是波浪式前进的、无止境的。因此，阶梯指数增长率才是正确的指数规律。

二、科学知识量的增长与科学文献增长的关系

众所周知，科学文献是科学知识的客观记录，这是科学文献的基本功能之一。随着科学技术的迅速发展，科学知识量必然会大大增加。而各种科学知识都需要

以文献的形式来记录、保存和传播。因此，科学知识量的急剧增长是科学文献激增的直接的主要原因。

科学文献的数量变化直接反映了科学知识量的变化情况，因此科学文献的数量是衡量科学知识量的重要尺度之一。同时，作为科学情报主要载体的科学文献数量的变化，是科学发展的一个重要标志。在科学学研究中，常常用科技图书数量、科学期刊数量、学术论文数量、科学论文题目的数量比例等文献量作为反映科学发展规律的重要科学指标。通过有关文献数量的统计分析，来揭示科学发展的某些特点和规律，是科学史和科学学研究中经常运用的方法。

科学文献与科学知识量一般来说具有同步增长的趋势，其增长规律也有很大程度上的相似性。科学文献增长规律与科学知识量增长规律的研究往往是相互交叉、相互促进的。科学文献增长规律的发现可以为科学知识量增长规律的研究提供依据，而科学知识量增长规律的研究将有助于加深对科学文献增长规律的认识。例如，普赖斯提出著名的科学知识按指数规律增长的理论，其主要依据之一就是科学文献是按指数规律增长的。由此可见，科学文献的增长与科学知识量的增长有着极为密切的联系。

第三节　科学文献的指数增长规律

一、文献量度指标与方法

在文献定量研究中，首先必须明确文献数量的度量指标与方法。文献计量的指标很多，但可归纳为两类：一类是绝对值指标，另一类是相对值指标。绝对值指标是表示文献数量的，有图书数量、期刊数量、论文数量等；相对值指标是表示不同部分文献数量比例的，有某一部分文献占全部文献的比例、各类型文献的比例、各语种文献的比例等。在上述指标中，又有累积数与非累积数之分。

文献增长（或知识增长）规律的研究一般都是以文献累积数据为依据的。尤其是在研究某一特定学科或知识领域的文献在一定时间范围内的增长规律时，更应如此。这是因为，各年出版的文献逐年相加而得到的文献累积数总是增加的，就有可能趋于某种固定的规律，所得到的结果往往是较为规则的曲线，都能用一个较为准确的函数来描述，因而有利于进行文献的定量分析研究；而非累积数据，即每一年所出版的文献数量，容易受到各种复杂的社会因素的影响，一般来说总是波动的，很难确定它是否近似地趋于某种固定的规律，其结果往往是一些非规则的曲线，难以用某种函数来描述，因而给文献的定量分析带来困难。

目前，衡量科学文献的增长通常有两种方法：一种是以每年出版的文献累积总量为依据，另一种是以每年新出版的文献数量为依据。前者着眼于可以利用的文献总量的增长，后者则从新文献的数量研究每一年文献的增长或减少。研究科学文献增长规律时，大多是从累积数据出发的，但并不排斥利用非累积数据的研究方法。科学文献的增长"表现为新出现的科学出版物数量的不断增加"，因此"通常用每年出版的著作的数量来衡量"文献的增长情况。这种度量方法所得到的增长曲线能直观形象地反映出每年新文献的变化趋势，因此尽管大多数情况下这些非规则的曲线很难用定量模型描述，但在情报分析研究中仍然较常使用这种方法来说明问题。

应当指出，采用不同的文献计量指标和方法来研究科学文献的增长规律时，其结果是不一样的。如果考察特定学科在某个时期出版的期刊总数(累积数)，则呈现出指数增长规律；但是，正如米哈依洛夫所指出的：如果按每年问世的出版物的数量来判断科学文献的增长，那么它的进展甚至连几何性的都不是，而仅仅是算术性的[21]。

二、文献指数增长模型

早在 1944 年，美国韦斯莱大学图书馆馆员弗里蒙特·赖德(Fremont Ryder)对美国有代表性的大学图书馆的藏书增长率进行了研究。他通过大量的统计，发现美国主要大学图书馆的藏书量平均每 16 年递增一倍。之后，世界著名科学学家和情报学家普赖斯把赖德的这一发现推广应用到科学知识的全部领域，并进行了一系列研究。1949 年，他偶然发现，一沓沓的(十年一沓)《哲学汇刊》靠墙竟堆成了一条完美的指数曲线；次年，他发表第一篇有关"指数增长"的研究论文；1959 年，他在耶鲁大学做了"科学指数增长"等问题的系列讲座，其演讲集于 1961 年正式出版，定名为《巴比伦以来的科学》(Science since Babylon)。在这一科学名著中，普赖斯指出，世界最早的科学期刊是 1605 年出版的英国皇家学会的《哲学汇刊》。接着，有三四种类似的期刊在几个欧洲国家科学院出版。1700 年，全世界出版的科学期刊还不到 10 种，1750 年才达到 10 种，到 1800 年就增加到了 100 种，1850 年为 1000 种，1900 年为 1 万种，到现在全世界的科学期刊竟多达 10 万种。这就是说，从 1750 年起，科学期刊的数目大约每 50 年增加 10 倍。同时，普赖斯又对《化学文摘》、《生物学文摘》和《科学文摘》等的增长情况进行了研究，也发现了同样的增长趋势。就在这些研究的基础上，普赖斯得到了一个科学期刊"按指数增长的规律"。他还以《物理学文摘》和其他 30 种文摘杂志为工具统计研究了有关期刊论文数量增长的特点，也得到了相同的结果。因此，普赖斯得出结论：似乎没有理由怀疑任何正常的、日益增长的科学领域内的文献是按指数增加的，每隔 10～15 年时间增加一倍，每年增长 5%～7%。

普赖斯综合分析了大量统计资料，以科学文献量为纵轴，以年份为横轴，把各年份的科学文献量在坐标图上逐点描绘出来，然后以一光滑曲线连接各点，十分近似地表征了科学文献随时间增长的规律。这就是著名的普赖斯曲线(图 2-3)。

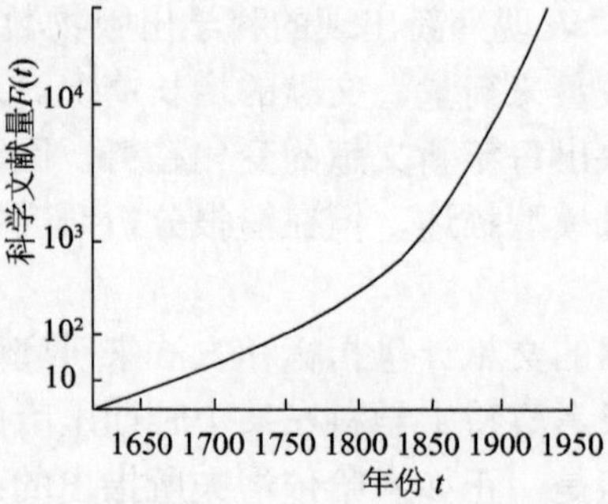

图 2-3　科学文献的指数增长曲线

通过对曲线的分析研究，普赖斯最先注意到科学文献增长与时间呈指数函数关系。如果用 $F(t)$ 表示时刻 t 的文献量，则指数定律可表示为

$$F(t) = a\mathrm{e}^{bt}, \quad a>0, b>0 \tag{2-2}$$

式中，t 为时间，以年为单位；a 为条件常数，即统计初始时刻(t=0)的文献量；e 为自然对数的底(e=2.718…)，可近似地取为 2；b 为时间常数，即持续增长率，指某一年文献的累积增加量与前一年文献累积总数的比值。

例如，在某一初始时刻，科学文献量为 a=10000 件，增长率为 10%，那么 10 年后文献量将是

$$F(10)=10000\mathrm{e}^{0.1\times10}=27189(\text{件})$$

100 年以后的文献量将是

$$F(100)=10000\mathrm{e}^{0.1\times100}=220264660(\text{件})$$

通常用文献增加一倍所需的时间 d 作为评价文献增长速度的定量指标。根据式(2-2)很容易求得计算时间 d 的公式为：$d=\ln2/b$。对于上例，文献量翻倍的时间是：d=6.93 年。

应当指出，不同学科的文献增长速度是不同的。有些学科文献量每几年翻一番，有些学科文献量十几年翻一番。此外，科学文献按指数增长的规律是相对于每一年的文献累积数而言的。每年文献的累积数就是所统计的该年与该年之前各年出版的文献数量之和，即该年可以利用的文献总量。

三、文献指数增长规律的分析

（一）文献指数增长规律的正确性

从数学上来看，普赖斯指数增长方程(2-2)是一个解析函数，且在区间(0, ∞)上具有导数。如果对式(2-2)求一阶导数，则得出曲线增长率为

$$\frac{\mathrm{d}F(t)}{\mathrm{d}t}=ab\mathrm{e}^{bt}=bF(t) \tag{2-3}$$

其相对增长率为

$$\frac{\frac{\mathrm{d}F(t)}{\mathrm{d}t}}{F(t)}=b \tag{2-4}$$

注意到 $a>0$，$b>0$，则有 $\frac{\mathrm{d}F(t)}{\mathrm{d}t}>0$，即(0, ∞)。

其数学意义是，指数函数 $F(t)=a\mathrm{e}^{bt}$ 在区间(0, ∞)上是一个单调增函数。它正是科学文献量随时间而增长的数学表示。

式(2-3)和式(2-4)表明：科学文献增长率为指数函数，仅由所达到的水平($F(t)$)决定；其相对增长率是一个常数。只要注意到 $F(t)$ 表示的是过去或近期内文献的总数，不考虑期刊不断停刊和文献不断老化等因素，以上结论与过去各年份的文献统计结果是符合的。

（二）文献指数增长规律的局限性

文献指数增长规律的局限性主要表现在以下两个方面。

(1)科学文献并不总是按指数函数关系增长。具体地说，普赖斯指数增长模型与所研究的文献的学科和时间有关。大量研究表明，所研究的学科范围越广泛，符合指数增长规律的时间就越长。特别要指出的是，开始统计的时间对文献的增长率有很大影响，统计文献的时间越晚，则统计研究所得到的理论增长率就越大于实际的增长率。因此，并不是所有的学科在任何时期内的文献都是按指数增长规律增加的。事实上，文献指数增长曲线的陡度已有平缓趋势。

(2)指数规律不能预测文献的未来增长趋势。我们试考察式(2-3)所表征的科学文献每年的绝对增长量随时间的变化规律：

$$\Delta F(t)=a\mathrm{e}^{b(t+1)}-a\mathrm{e}^{bt}=a(\mathrm{e}^{b}-1)\mathrm{e}^{bt}$$

当 $t \to \infty$ 时，$\Delta F(t) \to \infty$。

这就是说，随着时间的推移，科学文献的增量会趋向无穷大，这显然是不现实的。因此，若依据预测学中的趋势外推法，利用普赖斯曲线来预测未来某个时候科学文献的总量，而预测期长于十年以上，则很难期望得到可靠的结果。因为尽管影响文献增长的因素很多，但它在很大程度上是科研经费、科研人员增长的结果。如果科学文献始终按指数增长，则势必会有一天，即使世界上人人皆成为科研人员，科研经费占国民总收入的 100%，也难以满足科学文献无限增长的要求。这样，科学文献指数增长规律暴露出了不能据此预测未来科学文献增长趋势的局限。

（三）文献指数增长规律存在局限性的原因

综上所述，科学文献按指数增长的规律，一方面正确地反映了过去各年份科学文献的增长情况，另一方面又暴露出不能据此预测未来科学文献增长趋势的局限。

科学文献的增长是一种非常复杂的社会现象和过程。文献指数增长规律存在局限性的根本原因，就是没有同时考虑许多复杂因素对科学文献增长的影响和限制。具体来说有以下几点：

(1) 对科学文献增长的机理研究不够，因此难以对影响文献增长的各种因素通盘考虑、全面衡量，给出恰如其分的分析和定量描述。

(2) 在确立科学文献的指数增长规律时，普赖斯没有考虑，也难以考虑文献日益严重的老化因素。

(3) 在统计某年的科学期刊累积总数时，普赖斯没有排除已停刊的期刊。米哈依洛夫指出：实际上每出现三种科技期刊，就同时有一种期刊停刊。这种不断停刊的影响是不可忽视的。因此，这使普赖斯的指数增长模型在描述科学文献的增长规律时存在一定的误差。

(4) 普赖斯关于文献指数增长规律的结论只是建立在科学期刊这种出版类型的文献和某些知识领域的文献在他所统计的时间范围内的增长特点的基础上。后来他把这一结论普遍推广到所有知识领域和各种不同形式的文献范围。期刊虽然在科学文献中居于首要地位，但期刊论文量仅占科学文献的 1/3 左右；而 2/3 的是其余类型的文献，其所占的比例正在迅速上升；保密的和内部的文献资料也在急剧增长，而这些文献的增长速度却是很难估计的。不同学科或同一学科不同发展阶段的文献数量变化也有所不同，具体情况应该具体分析。因此，在确立科学文献随时间的变化规律时，把某一局部、某一类型、某一时期文献的研究结论简单地扩大到科学文献的整个领域，其依据是不够充分的，也是不恰当的。因此，科学文献的相对增长速度并不像式 (2-4) 规定的那样总是常数。这意味着科学文献并不总是按指数增长。

然而，任何科学规律都是在一定条件下近似成立的。科学文献指数增长规律也不例外，它在一定条件下近似成立而在另一些条件下却不成立，这是不足为奇的。但鉴于文献指数增长规律的局限性，许多学者仍在探索更为精确的数学模型和更为完善的理论解释。近年，在科学学领域，提出一种科学知识的“阶梯指数增长规律”。我们有理由认为，据此可以较圆满地解释文献指数增长规律的某些质疑，这将促进文献指数增长规律的完善和发展。后面讨论的科学文献的逻辑增长规律以及其他文献增长模型，可以认为是从不同角度对文献指数增长规律的修正。

第四节　科学文献的逻辑增长规律

一、文献逻辑增长模型

在科学文献指数增长规律研究的基础上，不少国家的学者为了进一步寻求更加完善的文献增长模型，曾进行过多方面的努力探索，并提出了一些理论和数学模型，其中影响最大的当首推“文献逻辑增长模型”。

1963 年，美国普赖斯在其《小科学·大科学》[22]一书中，论述了“科学文献和科研人员的指数增长规律和逻辑增长规律”，并认为“指数型规律终将成为逻辑型”。

苏联科学学家纳里莫夫在研究科学文献增长规律时，发现文献的增长是分阶段的，每一阶段的增长模式并不相同。例如，用指数模型来描述 1957～1974 年苏联在系统研究领域的文献，可以将其划分为三个时期，每一时期文献翻倍的时间是不同的。纳里莫夫和弗莱杜茨(Г. Влэдуц)在进行大量研究后认为，科学文献开始要经过一个急剧增长的过程，随后增长速度缓减，指数增长过程变为逻辑曲线增长过程。同时，他们考虑到物质条件、经济来源以及作者智力等方面的因素对科学文献增长速度的影响，在具体的文献统计研究基础上，提出了著名的文献按逻辑曲线增长的理论和模型[23, 24]。其数学表达式为

$$F(t)=\frac{k}{1+a\mathrm{e}^{-kbt}},\quad b>0 \tag{2-5}$$

式中，$F(t)$为 t 年的文献累积量(亦可用 y 表示)；k 为当 $t\to\infty$时的文献累积量，即文献累积量的最大值；a、b 为参数。

若将方程(2-5)对 t 求二阶导数，并令二阶导数为 0，可求得曲线式(2-5)的拐点 A 的坐标为($\ln a/(kb)$，$k/2$)。可见该曲线是关于拐点对称的对称逻辑曲线。

图 2-4 绘出了这一科学文献增长的逻辑曲线。

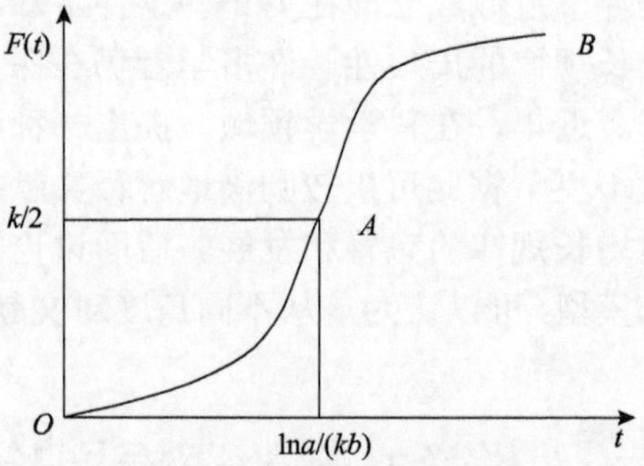

图 2-4　科学文献增长的逻辑曲线

由图 2-4 可知，文献增长将受到限制 $(y<k)$；其相对增长率：$\frac{dy}{dt}\Big/y=b(k-y)$ 是 y 的线性函数。当 $t<\ln a/(kb)$ 时，文献急剧增长，即增长率是渐增的；当 $t>\ln a/(kb)$ 时，文献增长减慢，即增长率是渐减的。但是，增长速度的减慢只有在 y 值快接近 k 时才是明显的。上述过程分别对应于曲线 OA 段和 AB 段。

当 $y\leqslant k$ 时，由式 (2-5) 可近似得到曲线增长率：$dy/dt=kby$，曲线相对增长率：$\frac{dy}{dt}\Big/y=kb=\text{const}$。可见，在科学文献增长的初始阶段，它是符合指数增长规律的，但指数值随着时间 t 的变化而变化，相对速度不一定总是不变的，因此它不能始终保持指数增长的势头。当文献量增至最大值的一半时，其增长率开始变小，最后延缓增长，并趋近于一个极限值 $y=k$。

应当指出，科学文献按逻辑曲线增长也是相对于文献积累数而言的，而且是在某些知识领域或某种类型的文献的较长时间范围内进行统计研究所得到的结论。

二、文献逻辑增长规律的分析

（一）文献逻辑增长规律的正确性

科学发展的逻辑型规律揭示了科学随着时间的延续而经历着一个“前期缓慢发展，中前期加速度发展，中后期减速度发展，直至后期饱和发展”的过程。这种“饱和发展”并不意味着科学发展的终结，而是指科学的发展达到一种系统的动态平衡。显然，科学发展的这一过程与科学文献的逻辑增长过程是对应的、相辅相成的。因此，无论从哲理上还是科学上来说，文献逻辑增长规律具有较大的必然性和合理性。

事实上，科学文献的逻辑增长曲线在描述文献增长规律时取得了一定的成功。如果单独就某一具体学科领域内科学文献的增长而言，逻辑曲线极好地描述了它们的增长规律。弗莱明(D. J. Frame)等所统计的1965～1975年关于煤的气化法方面的文献的增长，能很好地符合逻辑曲线增长模型。关于肥大细胞研究方面的文献增长所出现的几个发展阶段更有力地证明了逻辑曲线增长规律的正确性。

从科学史来看，目前整个科学领域中的每一门学科分别处于诞生、发展、相对成熟等不同历史阶段。统计表明：当学科处于诞生和发展时期时，科学文献呈现指数增长，科学文献的寿命就很短(其寿命与文献增长率成反比)。随着学科研究的深入，进入相对成熟时期，科学文献的增长就不能总保持原有的指数速率，增长率变小，曲线变得平缓，文献寿命相对变长。但是，这里文献增长率变小，绝不意味着科学发展的停滞，而被认为是某一知识领域的研究取得重大进展后进入相对成熟的阶段。同时，这也可能意味着该知识领域正面临新的突破，将产生更新的分支领域，而内容上更新的文献又将进入一个新的急剧增长时期(如呈指数规律增长)，此后又会进入一个稳定时期，文献的增长往往会出现几个急剧增长时期和几个相对稳定时期，呈现出错综复杂的格局。

一般来说，对于不同的学科，描述其文献增长的逻辑曲线中的各个常数(a、b和k)也是不相同的。如果能分别对各门具体学科文献增长状况进行历史的、全面的统计分析，并绘制出相应的逻辑增长曲线，则对评价该门学科所处的阶段、预测其未来的发展、估计该学科不同时期的文献寿命，以及做好相应的文献馆藏和情报服务工作，会有一定的现实指导作用。因此，科学文献逻辑增长规律的研究既具有情报学和科学学上的理论价值，又有实际应用上的指导意义。

（二）文献逻辑增长规律的局限性

科学文献按逻辑增长的理论相对于普赖斯增长理论无疑是一个巨大的进步。逻辑曲线既可用于描述过去的文献增长，也可用于预测未来的文献增长，但是也有一些文献统计研究并没有得到按逻辑曲线增长的结论。逻辑曲线本身仍存在局限。由式(2-5)可知，当$t \to \infty$时，$y \to k$，$dy/dt = by(k-y) \to 0$。它表明当科学发展到一定阶段时，科学文献的增长率趋于零，科学文献总量达到了它不可逾越的最大值。这就意味着某个年份之后，再也没有新的科学文献产生，科学文献作为情报传递的一种手段，将从人类科学交流的领域中隐退。于是，有人认为随着科学的发展，有朝一日科学将达到自己发展的“极限点”，出现“饱和”，科学进步将会停滞甚至“自我窒息”。普赖斯在所著《小科学・大科学》一书中正是这样提出问题的。这显然又走向了另一极端。科学文献数量增长速度的减缓，并不完全意味着科学发展的速度将会下降，因为除了文献这种反映人类科学认识、科学研究及发展水平的知识载体形式以外，必将陆续出现一些新的、更完善的传播科技情报的方法和手段，使我们有可能用以补充或逐步取代现有传统形式的科学文献。

（三）文献逻辑增长规律存在局限性的原因

在利用指数曲线、逻辑曲线(部分符合指数曲线)来预测未来科学文献总量时所遇到的困难，溯其根源，主要有两方面的原因，第一，如前所述，指数增长模型存在一定的局限性；第二，利用上述两种曲线对科学文献增长所做的预测，依据的是预测学中的趋势外推法。但是，科学文献作为科学交流这一复杂系统中的子系统，其增长规律受到许多方面的影响和制约，只有利用系统论的观点对其进行系统分析，才可望获得比较合乎实际的结果。这应该成为修正指数曲线和逻辑曲线、探求新的科学文献增长模型的出发点。

三、文献逻辑增长模型的修正

科学文献的逻辑增长曲线虽然克服了指数曲线“发散性”的缺陷，但也存在着“有界”的局限，还有待进一步完善。在修正文献逻辑增长模型时，必须全面考虑各因素的影响，采取正确的思路和途径。首先，必须弄清科学文献增长的基本过程、机理和趋势。一般认为，在过去和今后相当长一段历史时期内，科学文献的增长将经历两次大的转变：一次是由指数式增长向逻辑式增长转变；另一次是由逻辑式增长向直线式增长转变。其转变形式既可以是渐变的，也可以是跃变的。同时，随着科学技术的发展，科学交流的手段和工具肯定会有各种更新，但科学文献仍然会作为一种交流手段长期存在下去，并达到这样一种平衡：每年文献的绝对增长量会有起伏，但在较长的时间内进行统计平均，每年文献的增长量是一样的。科学文献量基本上随时间匀速增长。其次，必须把科学交流系统作为一个整体来研究。科学文献体系是科学情报交流系统的一个子系统。一般来说，情报交流系统中各子系统间的相互作用是非线性的，科学文献增长模型是一组十分复杂的非线性偏微分方程组的解。再次，必须抓住主要的因素，而忽略其他较为次要的因素的影响。显然，科研经费的增长和科技人员的增加是影响科学文献增长诸因素中两个最强有力的因素。最后，必须确定具体模型的目标和要求。新的数学模型要能克服指数曲线“发散”及逻辑曲线“有界”的困难，应该是描述文献增长规律的更好的近似；当 $t\to\infty$时，科学文献的增长率 $\mathrm{d}y/\mathrm{d}t$ 不是像逻辑曲线那样趋于零，而是趋于一个常数，文献总量也不趋于一个极大值，而是呈时间的一次函数；同时，科学文献每年的增长量在 $t\to\infty$时趋于稳定，表明科学文献将同其他科学交流手段同时存在，并与当时的社会、经济和科技发展水平相适应，在科学交流系统中形成一种相对稳定的“生态平衡”；而且，新模型更要符合科学文献发展的实际过程和趋势，能够对文献增长规律做出较圆满的解释。从以上原则出发，在逻辑曲线的基础上，通过增加二次修正项和常数项的途径，经推理和变换后便可构造出新的描述文献增长规律的更为恰当的数学模型。

第五节　科学文献增长的其他数学模型

一、线性增长模型

（一）线性增长模型的内容

科学文献线性增长的数学模型为

$$F(t) = bt + a \tag{2-6}$$

式中，$F(t)$为t年的文献累积数；b为文献的年增长率；a为$t = 0$时的文献数量。

（二）线性增长模型的分析

科学文献的线性增长模型的正确性是显而易见的。早在1963年，普赖斯在《小科学·大科学》一书中指出，指数规律有可能被破坏，文献的指数增长不可能永远继续下去。实际上，有些知识领域内的文献既不遵循指数曲线增长模式，也不符合逻辑曲线增长模式，而是呈现出直线增长模式。

科学文献线性增长模型不仅适用于描述某些知识领域或某些类型的文献增长，而且科学文献未来的发展将更多地倾向于直线模型。正如勒希尔（N. Rescher）所指出：我们将从文献指数增长的过去迎向线性增长的未来。

二、分级滑动指数模型

（一）分级滑动指数模型的内容

美国科学史家和情报学家勒希尔认为：在一个资源减少的年代里，世界不可能承受文献的指数输入，出版物的增长将呈线性。他还在其所著的《科学的进步》一书中指出：出版物的数量增长与其质量有关，不同质量的出版物的增长速度是不相同的，从而提出了下述描述科学文献增长规律的分级滑动指数模型[25]。

勒希尔引入一个文献的质量等级指标 λ，且 $0 \leqslant \lambda \leqslant 1$。他定义 λ 的具体值和含义如下。

$\lambda=1$：起码是常规文献（实际代表了全部文献）；

$\lambda=3/4$：起码是有意义的文献；

$\lambda=1/2$：起码是重要的文献；

$\lambda=1/4$：起码是非常重要的文献；

$\lambda=0$：第一级（头等重要的）文献。

在不同质量级别上，文献的数量和增长特性是不相同的。如果在时刻 t 的文献总量为 $F(t)$，那么在 λ 级上的文献量则为$[F(t)]^{\lambda}$，对应于各 λ 级的文献增长方程依次为

$$\begin{cases} F(t)_{\lambda=1} = a\mathrm{e}^{bt} \\ F(t)_{\lambda=3/4} = (a\mathrm{e}^{bt})^{3/4} \\ F(t)_{\lambda=1/2} = (a\mathrm{e}^{bt})^{1/2} \\ F(t)_{\lambda=1/4} = (a\mathrm{e}^{bt})^{1/4} \end{cases} \tag{2-7}$$

$$F(t)_{\lambda=0} = \ln a + it \tag{2-8}$$

例如，若文献总数为 100 万篇，根据以上方程计算，则各级文献数量如下：

$\lambda=1$ 的文献为 1000000 篇；

$\lambda=3/4$ 的文献为 31623 篇；

$\lambda=1/2$ 的文献为 1000 篇；

$\lambda=1/4$ 的文献为 32 篇；

$\lambda=0$ 的文献为 14 篇。

由此可以得出：

(1) 第一级即头等重要的文献数量是很少的，只占总数的 0.0014%。

(2) 当 $\lambda=1/2$ 时，即重要文献是所有文献总数的平方根。

(3) 当 $0<\lambda \leqslant 1$ 时，各级文献仍按指数规律增长，只是当人们力求提高文献质量时，随着文献重要性程度的增大，其增长速度逐渐减慢；至 $\lambda=0$ 时，指数规律完全破坏，并且每一周期仅有一个常数增量。这时，文献数量是呈线性函数增长的。

在时刻 t，第一级文献数量：$F(t)_{\lambda=0} = \ln F(t)_{\lambda=1} = \ln(a\mathrm{e}^{bt}) = \ln a + bt$。假定文献年增长率为 10%，则每 10 年才能增加一篇头等重要的文献，这样的增长速度是非常缓慢的。

在这一模型中，如果文献总数翻倍时间为 d，那么质量为 λ 级的文献数量的翻倍时间由式(2-9)决定：

$$d_\lambda = \ln 2 / (b\lambda) = d / \lambda \tag{2-9}$$

例如，在第三节所举的例子中，文献总量翻倍的时间为 6.93 年，那么对应于各 λ 级的文献量翻倍的时间 (d_λ) 如下：

λ=1 时为 6.93 年；

λ=3/4 时为 9.84 年；

λ=1/2 时为 13.86 年；

λ=1/4 时为 27.72 年；

λ=0 时，则要 10 年才能增加一篇第一级的文献。

这充分说明不同质量的文献，其增长速度也不相同。有人把这种文献增长受到质量影响的现象称为质量牵制原则。

（二）分级滑动指数模型的分析

勒希尔的模型说明：不同质量的文献，其增长速度不同，越重要的文献的增长速度越慢。数量较少的高质量的论文总是伴随着大量的一般性的论文而同时出现，这是合乎逻辑的。同时，还可以认为勒希尔模型是从科学文献增长的内部过程出发研究其数量增长规律的一种尝试，但是却很难用具体数据来验证这一模型的正确性。例如，肯尼斯·奥·梅曾将反映新思想和新结果的论文看成头等重要的第一级文献，将应用方面的论文看成重要的文献等，对 1923 年以前的行列式方面的论文分成六类进行统计分析，其结果无法证明勒希尔模型是否正确。

三、超越函数模型

苏联情报学家吉利亚列夫斯基（Р. А. Гиляревский）和希莱德尔（Шремдер）认为：科学期刊论文数量的增长应考虑期刊论文分散这一因素，即若将某一学科或知识领域的期刊按布拉德福分布进行等级排列，则不同等级区域内期刊论文数量的增长是不同的。于是，他们提出一种揭示文献数量增长的新模型，即超越函数方程，或称吉–希增长模型。

这一模型也是试图深入文献增长的内部结构，以揭示不同分布状态的文献的增长规律。但它只是一种专门研究期刊论文数量增长的假说性的理论模型。

（一）舍–布增长模型的内容

科学文献的增长是一个很复杂的过程，不但每一年新增文献的绝对数量不同，而且相对增长速度也是一个变量。普赖斯和勒希尔等早就认为，文献的增加应是“减少的增加”，即相对增长率是随着时间 t 的增加或文献总量 N 的增大而减小的。

1978 年，苏联情报学家舍斯托帕尔（В. М. Шестопал）和布尔曼（П.Н.Бурман）在研究文献情报流增长的定量评价时，从上述观点出发，提出一种新的文献增长模型。

讨论方便起见，先将文献增长方程改写为下列形式：

$$\frac{\mathrm{d}N}{\mathrm{d}t} = qN, \quad q > 0 \tag{2-10}$$

式中，N 为文献的累积总量；q 为文献的相对增长率，可表示为时间 t 的函数，即 $q(t)$，于是由式(2-10)可得

$$\frac{\mathrm{d}N}{\mathrm{d}t} = q(t)N$$

由上式又可得

$$N = N_0 \mathrm{e}^{\int_0^t q(t)\mathrm{d}t}$$

或者

$$\ln N = \ln N_0 + \int_0^t q(t)\mathrm{d}t \tag{2-11}$$

这就是研究文献情报流增长的“总模型”。

（二）舍–布增长模型的分析

舍–布增长模型是从文献增长率 q 作为一个变量出发，来研究文献的增长规律，这是对以往研究的重要修正。式(2-11)实际上既包括文献指数增长模型，也包括线性增长模型和滑动指数模型。因此，这一模型的提出无疑是科学文献增长规律研究的重大进步。但是舍–布增长模型不能包括逻辑曲线增长模式，因此作为一个总模型，式(2-11)显然是不全面的。此外，舍斯托帕尔等运用直接作图法来确定 q 的表达式，这极易造成较大误差，最好采用最小二乘法来近似确定。

第六节　科学文献增长机理的分析

以上讨论了描述科学文献增长规律的六种模式。可见，科学文献的增长有的呈指数规律，有的呈逻辑曲线规律，有的呈线性规律。这的确是一个复杂的过程。

这些不同的模式都说明一个共同点，即科学文献随时间而增长，只是增长的过程和速度不同而已。本节讨论科学文献增长的机理，旨在说明科学文献的数量为什么会增长？而其增长又为什么会呈现出不同的模式？

一、科学文献数量增长的原因

科学文献的增长有多方面的原因，其中最根本的原因是科学技术事业的大规模发展和科技成果的不断涌现。随着科学技术的发展，其研究领域迅速扩大，学科分支越来越多，科研队伍不断壮大，科研经费大大增加，使科研战线不断有所发现、有所发明、有所创造、有所前进。这种科研成果的大量涌现势必导致科学文献的不断增长。具体来说，科学文献迅速增长的原因有以下几个方面。

（一）科研经费和科研人员数量的激增

科学发展的基本指标是科研经费、科研人员和科学文献的数量，后者的增加在很大程度上是前两者增长的结果。根据普赖斯的理论，整个科学系统(资金、人力和物力)的“指数输入”是科学成果(因而造成科学文献)呈“指数输出”的原因。科学史的研究也表明，科研经费和科研人员数量的激增是科学文献数量迅速增长的主要原因。毫无疑问，科研投资和科研人员数量的增加将导致科研成果的增加，而记载和反映这些成果的科学文献数量也势必相应增加。科研经费、科研人员和科学文献数量虽然一般都按指数规律增加，但指数的阶数是不一样的。1966 年，普赖斯发现了它们之间的内在联系，即科学研究的成本与从事科学研究的科学家数量的平方成比例增加，而科学产品的产量仅仅与科学家数量的平方根成比例增加。也就是说，当科学家的人数为 n 时，科研经费为 n^2，而科学文献数量为 $\sqrt{n}$ 。例如，当科学家人数增长 3 倍时，科研经费则增长 9 倍，而科学文献数量约增长 1.7 倍。这个结论可以大致说明科学文献与科研经费和科研人员之间的数量关系。

（二）专业范围的扩大和细分化

目前世界上的学科已有 2300 多个，2015 年世界的总文献量已达 100 多亿件。

（三）学科之间相互渗透

在现代科学中没有一个封闭的学科，一个学科领域中产生的发现或发明会直接影响其他学科领域，或作为其他学科的研究方法，或直接应用于其他学科领域。

（四）科学技术的国际化

一个发明或发现越是重要就越容易成为世界潮流，各地各国会立即对它进行进一步研究，因此人们必须收集全世界的文献与情报，并进行传递和利用。

（五）研究的合作化和组织化

现在，动员几十万人和投入巨额资金的研究项目，以及多国合作开发的项目日益增多，研究的合作化和组织化程度不断加强。

（六）研究的周期缩短、产生成果的速度加快

一般来说，从研究发明到产品商品化需要一个周期，而且这个周期会随着时间推移而变短。

（七）通信、出版技术的改进和情报工作的加强

随着科学技术的发展，通信、出版技术越来越先进，各种文献数据库、联机服务以及“进行中的研究项目”等情报服务日益广泛。所有这些都加速了科学文献的交流，促进了科学文献数量的迅速增长。

但归根结底，科学文献的增长是由社会的需要和一个国家发展科学文化事业的方针政策决定的。因为正是这些本质上的因素决定了科研经费和科研人员等要素组成的科学技术的发展规模和速度，从而对科学文献的增长发挥决定性的作用。

二、科学文献增长规律的解释

科学文献数量增长的规律是由科学发展的客观过程决定的，而科学发展的实际过程主要受两种因素的制约：一是科学自身固有的发展规律；二是科学所处的环境条件。

（一）科学发展规律对文献增长规律的影响

科学学认为，科学文献数量的变化是科学本身发展的重要标志。因此，有理由根据科学发展的模式来分析解释科学文献增长的规律。

著名科学史家和科学学家库恩（T. S. Kuhn）在其所著的《科学革命的结构》一书中提出了科学发展的模式。库恩认为，科学革命（即发展）总会发生，其发展过程简单来说是一个由“原始科学”转变为“常规科学”，以及由一个“常规科学”

过渡到另一个“常规科学”的过程。在科学革命的推动下，整个科学发展过程就这样周而复始地进行着。

在原始科学时期，各种学术流派、越来越多的科学家纷纷撰写文章参加讨论，形成一个百花齐放、百家争鸣的局面。此时科学文献尽管数量不大，但增长很快，其增长率近似一个恒量，在这一时期科学文献呈指数规律增长；也是代表新思想和新成果的最重要的论文出现的时期。

当常规科学出现时，科学已处于成熟和稳定发展时期，这时是新思想和新成果广泛应用并进行教育、普及与推广的时期。因此，科学文献数量庞大，每年增加的文献量也很大，但增长率已减慢，文献总数最后将趋于某一极限值。文献的增长由指数模式转化为逻辑曲线模式。逻辑曲线增长趋于极限，表明该学科或知识领域在长期稳定发展以后正酝酿着新的危机。危机一旦发生，学科范围将发生变动，或者将分化产生出新的学科。随着科学革命的到来，科学文献又重新进入指数增长的阶段。因此，如果所统计的文献的年限正相应于某一知识领域从原始科学到常规科学，或从常规科学到更新的常规科学的整个时期，则将得到逻辑曲线增长模式。

根据库恩关于科学革命的理论，逻辑增长模型应是科学文献增长规律的理想模型。逻辑曲线的前一段与指数曲线近似地符合，而在拐点附近的一段以及在后一段的适当的时间间隔内，都可以近似地看成直线。这样，如果所统计的年限大致相应于上述三个时期中的任何一个，则均可得到直线增长模式。同时，现在大量的科学学科均已由原始科学进入常规科学时期，在这种情况下，许多知识领域内的文献趋于按直线规律增长。

美伊那德(Menard)的研究也表明，一门学科总的文献增长率随不同的时期而变化。他认为，一般可以分为三个阶段：

①稳定界——直线型增长。学科处于诞生时期。

②增长界——以较快的指数型速率增长。学科处于发展时期。

③循环界——稳定和增长交替发生。学科处于成熟时期。

勒希尔认为：科学发展过程并不是追加的，而是一个递减的过程，今天的主要发现是对昨天结论的一个否定。因为从经济学角度分析，情报吸收符合“报酬效应递减律”，文献增长同样如此。随着学科的发展和科学家兴趣的转移，载文分布决不会只呈现指数增长状态，而是受诸多因素制约，具有多种分布态。因此，文献数量的增长呈现出不同的增长模式。

（二）社会环境条件对文献增长规律的影响

科学所处的环境条件，包括政治、经济、文化、教育等社会条件对科学文献数量增长规律的影响是明显的。这些条件决定了科研经费和科研人员的数量与质量，因而也大致决定了科研成果的数量以及反映这些成果的科学文献的数量。社会的需要和所提供的财力、人力和物力往往决定了某门科学的产生与发展。科学文献不仅按科学自身的发展规律所规定的理论模式增长，而且要受到各种社会环境条件的制约。例如，由于第一次和第二次世界大战给科学技术的发展所造成的破坏，整个科学技术的发展出现两个“波谷”时期，而科学文献也相应地出现了两次大规模的下降，使某些学科文献的增长模式由指数规律转变为逻辑曲线规律。在资源短缺的现在，社会已无力给科学系统提供指数输入，出版物的指数增长在20 世纪 70 年代大部分已经成为线性的了；加之常规科学所对应的文献数量增长的特点，使科学文献大都从指数增长的过去走向线性增长的未来。社会环境条件的影响往往使科学文献的增长表现出随机过程的特点，其增长率是不断变化的。此外，科学文献的增长还受到载体技术、出版技术、电子计算机和现代通信技术等众多因素的影响，因而更多地表现为一个随机过程。

第七节 科学文献增长规律的应用

科学文献增长规律的研究在科技史、科学学以及情报学理论和实际工作中都具有重要意义。其应用主要有以下几个方面。

一、在科学学和科技史研究中的应用

通过文献数量的增长变化规律来判断和预测科学知识的增长状况，继而探索整个科学的发展规律，是科技史和科学学研究中常用的方法。在科技史和科学学的大量研究中，一般以科学文献数量增长规律来模拟科学技术的发展过程，并探讨其规律。众所周知的普赖斯关于科学技术呈指数规律增长的结论就正是从揭示科学文献数量按指数规律增长的基础上得出的。因此，科学文献增长规律的研究在科技史和科学学理论研究上的应用是一种有效的途径。

二、在情报研究中的应用

从科学情报学的角度出发，科学文献增长规律的研究是科技人员和情报工作人员开展情报分析研究、掌握科技发展动态、进行科学预测的可靠手段。

科学文献数量的增长可以反映一个国家某项技术发展的过程和水平。在各类

文献中，专利文献是显示科学技术发展的最敏感的指标，因此，人们常常利用专利文献数量的变化来进行情报分析研究。图 2-5 绘出了 1949～1970 年日本在半导体扩散技术方面的专利数和其他国家的专利数的变化曲线。从图中可见，日本在这一领域起步比其他国家晚两年，1964 年赶上其他国家，1968 年便取得了遥遥领先的地位。从技术引进的需要来看，这为我们提供了可靠的决策依据。因此，通过有关文献的数量变化可以掌握某一分支学科或某一技术领域的产生、发展的全过程和未来的趋势，从而为选择科研课题、确定技术方案提供定量依据。

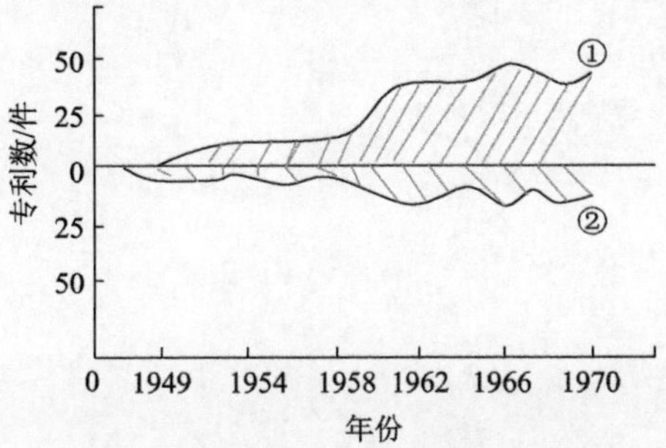

图 2-5　世界半导体扩散技术的专利分布

曲线①和②分别表示日本和世界其他国家有关专利的数量变化情况（1949～1970 年）

三、在图书情报管理中的应用

实际上，科学文献数量增长规律的研究最早就是由研究图书馆的管理开始的。一个图书馆或情报机构确定经费的合理分配、资料搜集的原则、馆藏增加的策略、存储空间扩大的措施、情报加工处理和传递交流新技术的应用等，都要以科学文献的数量及未来的增长趋势作为重要的决策依据。例如，一个文献中心可以通过研究其馆藏的增加规律和趋势，确定经费预算和馆藏发展的规模，直至详细决定应增添的书架的数量和书库扩建的面积等。

但是，目前科学文献增长规律的研究及应用也存在研究工具、数学模型的提炼、研究方法及统计结果的可靠性等方面的问题。

第三章

科学文献的老化规律

随着科学技术的不断进步，科学知识不断更新，新的知识不断产生，旧的知识不断被取代，这是科学发展的客观规律。而作为科学知识记录的科学文献也必然要随之发生新陈代谢。文献老化是一种必然的普遍社会现象。文献老化及其规律是科学计量学与文献计量学的重要课题，也是信息计量学的重要课题[26]。自戈斯内尔(C. F. Gosnell)[27]研究文献老化现象以来，人们围绕文献老化的机理、量度指标、数学模型及其影响因素展开了大量研究。主要是围绕三个方面进行的：一是文献老化理论的研究，进而探索文献信息传播的动态规律；二是对研究方法与定量描述方法的研究，以便准确把握老化规律及其动力机制；三是对文献老化的应用研究，以便更好地指导书刊选购、馆藏优化、排架流通等活动，更快地提高文献利用率和服务效益。

第一节 科学文献老化的概念和量度指标

现代科学技术的发展日新月异，每日每时都有新的发现、发明和创造，亦有着新旧知识的不断更替。而作为科学知识记录的科学文献也必然要随之发生新陈代谢、自然淘汰。在这种新陈代谢过程中，科学文献的老化是一种必然的普遍的社会现象。老化问题及其规律的研究是文献计量学的重要内容之一。

关于科学文献的老化规律，人们进行了长期的探索。最早研究文献老化的是美国纽约大学的戈斯内尔。1943 年，他就以此为题做了博士学位论文，并于次年 3 月发表在美国《大学与研究机构图书馆》(College & Research Libraries) 期刊上，题为《大学图书馆藏书老化率》。但后来这方面的研究论文并不多，一直到 20 世纪 50 年代末，人们才开始寻求描述文献老化的定量指标和方法。将“半衰期”概念引入科学文献领域，是文献老化研究的一个里程碑。60 年代，美国的巴尔顿(R. E. Burton)和凯普勒(R. W. Kebler)对科学文献的“半衰期”问题进行了一系列研究。他们指出了科学文献领域中的“半衰期”的含义，描绘了老化曲线，求出了标准公式，并对 9 个学科领域的文献进行了初步的“半衰期”计算，把文献老化研究大大推进了一步。70 年代以来，由于图书馆面临经费紧缩和库容危机，人们更加重视这方面的研究，以便发现过去和现在的文献利用规律，从而展示将来的发展趋势。莱因(M. B. Line)和桑迪森(A. Sandison)提出了文献使用率和情报价值的关系等理论课题，并在考虑文献增长的前提下开展文献老化的研究。肯特(A. Kent)发表的有关匹兹堡大学文献利用情况的研究论文，为图书馆在改进订购原则、提供文献收藏以及剔除工作的实用标准方面树立了范例。在这些研究成果之后，人们围绕文献老化量度指标、数学模型及其影响因素等问题展开了大量研究，并取得了一定进展。在研究的过程中，人们逐渐形成了对文献老化的不同认识观念和量度指标。

一、文献老化的概念

（一）关于文献老化的基本认识

自从戈斯内尔研究文献老化现象以来，人们对这一现象的研究历史已有 70 余年。研究不断深化，逐渐形成了对文献老化的不同认识观念，可以概括为过程观、状态观、过程状态辩证观。

1. 过程观

过程观认为文献老化是一种过程。这是研究中的主流。戈斯内尔在其博士学位论文《大学图书馆藏书老化率》中指出：在知识的积累（表现为文献的积累）过程中应当注意到问题的另一方面，即随着时间的推移，一切知识或其相应的载体会逐渐失去原有价值，并提出用“文献老化”表示这种文献资料逐渐变得不再有用或不再有效的过程。《文献计量学基础》一书中明确指出：老化是一个过程，是一个动态的概念[28]。对过程观的执着甚至导致对巴尔顿-凯普勒(Burton-Kebler)文献老化测度方法及其测度结果的否定[29]。其实，过程观是历时观察合理性的基础。

2. 状态观

状态观认为文献老化是一种状态。但这种认识似乎还处于潜意识当中，只是在谈到某具体文献是否老化时有意义。但实际上巴尔顿-凯普勒[30]文献老化测度方法是对文献老化状态的描述，但是他们及后来的研究者仍认为是对文献老化过程的描述。其实，状态观也是非常有意义的认识角度，是共时观察合理性的基础。

3. 过程状态辩证观

过程状态辩证观认为文献老化是一个过程，也是一种状态。过程是状态连续变化的过程，状态是过程某一时刻的状态。这就维护了巴尔顿-凯普勒文献老化测度方法[31]。《文献计量学》一书指出：科学文献老化既是一种客观的社会现象，又是一个复杂的动态过程[32]，已经明确地表明了这种观点，这种观点益于深化对文献老化的基本认识。它使历时观察与共时观察都有了合理性的基础。

（二）文献老化与情报老化

一般来说，“老化”问题包括文献老化和情报（信息）老化。科学文献老化是指科学文献随其“年龄”的增长，其内容日益变得陈旧过时，作为情报源的价值不断减小，甚至完全丧失其利用价值。科学文献老化既是一种客观的社会现象，又是一个复杂的动态过程。对此，苏联著名情报学家米哈依洛夫定义为，科学文献随其“年龄”的增长，失去了作为科学情报源的价值，因此越来越少地被科学家和专家利用。老化的不是科学情报本身，而是包含这些情报的文章。关于情报老化的概念，情报学家莱因和桑迪森所作的定义是：情报的有效价值随时间流逝而衰减的现象[33]。而 B. A. Полушкин 则认为，应该采用“文献情报老化”这一提法，并指出情报老化实际上就是文献情报的老化，文献情报老化是一个相对的概念，是相对于情报对象或情报用户而言的。情报对象是指客观存在的物体、事实、现象及其性质和特征等。显然，这些情报对象通常在不断变化着，而文献情报反映的是对象的某种记录状态，具有不变性，因此必然会相应地出现文献情报的老化。对情报用户来说，文献情报若缺乏必要的针对性，或丧失了新颖性、实用性等而变得没有使用价值，便可认为文献情报相对于情报用户发生了老化。可见，由于比较的参照系不同，这两种老化现象有着较大的差异。文献老化和情报老化是两个不同的概念。可以认为，情报老化是相对于情报对象而言的，而文献老化则是相对于情报用户而言的。对图书情报人员来说，所关心的主要是文献的老化问题。

人们对于老化问题存在许多模糊认识：总是企图确认某一件(类)文献或情报是否老化，因为这对图书情报管理人员及用户都是有用的；又企图把握其随时间老化的过程，希望通过时间指标说明其是否老化，这对研究者是有用的。但是，对文献或情报单元来说，又很难说明其是否老化，其老化受到多种因素的影响。实际上，老化是文献群或情报群的可利用性变化倾向与规律，是一种价值判断。

（三）文献老化的精确定义[34]

定义 3-1 设 Ω 是文献空间，χ 是 Ω 上的 σ 域，P 是 χ 上的文献可利用性测度，则称 (Ω, χ, P) 是以 P 为测度的文献空间。Ω 是由所有文献组成的集合，χ 中的元素是文献集。

定义 3-2 设 $X\in\chi$，则 $P(X)$ 为 X 的可利用性测度。

定义 3-3 对给定的 $X\in\chi$，$P_t(X)$ 为 X 在 t 岁的可利用性测度。

定义 3-4 对给定的 $X\in\chi$，$X(t)\subset X$ 是 X 中 t 岁的文献集，则 $P(X(t))$ 是 $X(t)$ 在观测时刻的可利用性测度。

定义 3-5 观察 $P_t(X)$ 随 t 的变化，称对 X 的历时观察。

定义 3-6 观察 $P(X(t))$ 随 t 的变化，称对 X 的共时观察。

定义 3-7 给定的$X \in \chi$，对充分小的$\forall \varepsilon > 0$，如果$\exists T$，使得当$t > T$时$P_t(X) < P_T(X) \leqslant \varepsilon$或$P(X(t)) < P(X(T)) \leqslant \varepsilon$，则称$X$存在老化现象。

若$T = \max\{T \mid P_t(X) < P_T(X) \leqslant \varepsilon\}$，则称$X$在$T$岁后$\varepsilon$老化；

若$T = \max\{T \mid P(X(t)) < P(X(T)) \leqslant \varepsilon\}$，则称$X$在$T$岁后的文献$X(t)\varepsilon$老化。

公理 3-1 对于$\forall X \in \chi$，$\forall \varepsilon > 0$，总有$\exists T$，当$t > T$时，$P_t(X) < P_T(X) \leqslant \varepsilon$或$P(X(t)) < P(X(T)) \leqslant \varepsilon$，该规律称为文献老化公理。前者为历时老化，后者为共时老化。

二、文献老化的量度指标

为了衡量科学文献的老化速度和程度，定量地揭示其老化规律，人们从不同角度进行研究，提出一些量度指标，主要度量指标有半衰期、普赖斯指数、剩余有益性指标等。

（一）半衰期

1. 半衰期的概念

1958 年，科学学家贝尔纳在华盛顿召开的一次情报科学讨论会上，首先提出了用“半衰期”来表征文献情报老化速度，表示已发表的文献情报中有一半已不使用的时间，可以看出，他给出的“半衰期”概念适合于老化的历时观察。1960 年，巴尔顿和凯普勒提出文献情报的“半衰期”概念是指某学科(专业)现时尚在利用的全部文献中较新的一半是在多长一段时间内发表的(共时半衰期)。这与该学科一半文献失效所经历的时间(历时半衰期)大体相当。巴尔顿和凯普勒提出的文献情报的“半衰期”概念也称为“中值引文年限”。美国 SCI 的副产品——《期刊引用报告》(Journal Citation Reports，JCR)综合这两种定义提出引用半衰期(citing half-life)和被引半衰期(cited half-life)。

按照文献老化的精确定义方法也可以对半衰期进行精确定义。

定义 3-8 对$\forall X \in \chi$，如果$P_T(X) = \frac{1}{2}P_0(X)$，则称$T$为$X$的历时半衰期。

定义 3-9 选定某一观测时刻，对$\forall X \in \chi$，$X = \{X(t) \mid t = 0,1,2,\cdots,K\}$，如果$\sum_{t=0}^{T_1} P(X(t)) = \frac{1}{2}\sum_{t=0}^{K} P(X(t))$，则称$T_1$为$X$的平均共时半衰期。如果$P(X(T_2)) = \frac{1}{2}P(X(0))$，则称$T_2$为$X$的分布共时半衰期。

2. 半衰期的适用性

早在 1963 年，美国著名文献计量学家普赖斯在研究中就扩大了半衰期的适用范围，并指出，一篇论文的半衰期大约是 1.5 年，也就是说，引用这篇论文的全部其他论文(引证文献)的 1/2 是在这篇论文发表后的 1.5 年内发表的。可见，某一学科文献情报的半衰期与某一篇(或某一年的)论文的半衰期的含义是不同的，前者是相对于被引文献情报的数量而言的，后者则是相对于引证文献而言的。但很多人的研究证明，期刊论文的半衰期要比这个时间短得多。1970 年，英国巴思技术大学莱因指出，研究半衰期要考虑文献情报增长率的因素，于是他在研究中加进了指数增长率进行计算。1980 年，布朗在考虑文献增长的前提下，对化学期刊文献的“半衰期”进行了研究。从广义上来说，半衰期概念可以推广，例如，相对于不同主体而言，可以分为学科文献半衰期、期刊文献半衰期等；还可从引证与被引证的角度出发，分为引文半衰期和论文(被引)半衰期。不同的老化考察对象适合不同的半衰期概念。共时半衰期通常是评价某一学科或专业文献的老化趋势，而不是指个别文献。而历时半衰期可以是某一学科文献老化的半衰期，也可以是一种期刊，甚至一篇文献老化的半衰期。

3. 半衰期的计算

半衰期的计算要根据上述相应的半衰期定义求得。

(1)作图法。将统计数据制成引文频次分布表，以引文累积量或引文百分累积量为纵坐标，以被引文出版的年龄为横坐标作图，在图中找出与纵坐标上引文累积量或引文百分累积量的对应点的横坐标 T，即为所求结果。

(2)定量模型计算法。对统计数据建立文献老化模型，再根据定义找出半衰期的计算公式，将相应数据代入求得结果。这将在下面讨论文献老化的数学模型及老化指标时进一步讨论。

（二）普赖斯指数

1. 普赖斯指数的概念

1971 年，普赖斯在对 SCI 所做的统计分析中发现，在被调查的一年内所发表文献的全部参考文献中有一半文献是在近 5 年内发表的。受这一结果的启示，普赖斯认为可以用 5 年作为划分文献情报利用程度的标准，出版年限小于 5 年的文献称为“现实有用的”文献，出版年限超过 5 年的称为“档案性”文献，提出了一个衡量各个知识领域文献老化的数量指标，即后人称为的“普赖斯指数”。就是在某一个知识领域内，把对出版年限不超过 5 年的被引文献数量与被引文献总量之比当成普赖斯指数，用以量度文献的老化速度和程度。其计算公式为

$$P_r(\text{普赖斯指数})=\frac{\text{出版年限不超过5年的被引文献数量}}{\text{被引文献总量}}\times 100\%$$

2. 普赖斯指数与半衰期的比较

一般来说，某一学科或领域文献的普赖斯指数越大，半衰期就越短，说明其文献的老化速度就越快。普赖斯指数和半衰期是既有联系又有区别的两个衡量科学文献老化的定量指标。它们都是从文献被利用的角度出发，但以不同的方式来反映文献老化的情况。普赖斯认为，“有现时作用”的引文数量与“档案性”引文数量的比例，是比引文的“一半寿命”更为重要的特征。文献的半衰期只能笼统地衡量某一学科领域全部文献的老化情况，而普赖斯指数既可用于某一领域的全部文献，也可用于评价某种期刊、某一机构，甚至某一作者或某篇文章的老化特点。半衰期概念可以适用于一般情报老化，而普赖斯指数只适用于文献情报。

3. 普赖斯指数概念的推广

普赖斯指数的概念虽然只是从引文统计分析得到的，但也可以按文献老化的精确定义，将普赖斯指数的概念进行推广。

定义 3-10 对 $\forall X\in\chi$，$P_r(X)=\dfrac{\sum_{t=0}^{4}P_t(X)}{\sum_{t=0}^{\infty}P_t(X)}$ 为 X 的历时普赖斯指数。

定义 3-11 选定某一观测时刻，对 $\forall X\in\chi$，$X=\{X(t)\,|\,t=0,1,2,\cdots,K\}$，

$P_r(X)=\dfrac{\sum_{t=0}^{4}P(X(t))}{\sum_{t=0}^{K}P(X(t))}$ 为 X 的共时普赖斯指数。

显然，普赖斯指数的原始定义是符合定义 3-11 的。

（三）剩余有益性指标

1. 剩余有益性指标的概念

英国的布鲁克斯引进了期刊有益性的概念，用期刊的剩余有益性作为评价其老化的指标。某一年份某一期刊被用户所利用的文献数称为期刊有益性。经过若干年后，期刊还保留的有益性——剩余有益性，是期刊老化程度的一种量度。

2. 剩余有益性指标的适用性

采用期刊有益性指标衡量老化程度时，只是对于一定类型和内容的情报需求的几种期刊来说，才是有用的。

3. 剩余有益性指标的计算

用剩余有益性指标作为评价其老化的指标，意味着剩余有益性指标作为文献可利用性测度，并且服从文献老化公理，因此可以建立相应的文献老化定量模型。布鲁克斯假定期刊的有益性满足负指数模型，并假定每年的引文量为选定期刊在该年的有益性度量，则该选定期刊总有益性为

$$U=\sum_{t=0}^{\infty}Ca^t=\frac{C}{1-a}$$

式中，C 为选定期刊在其“生命期”内第一年的引文量；a 为老化系数。那么，i 年后的剩余有益性为

$$U(i)=\sum_{t=i}^{\infty}Ca^t=\frac{Ca^i}{1-a}=Ua^i$$

第二节 科学文献老化的研究方法

一、文献管理统计数据分析方法

文献管理统计数据分析方法适用于给定图书情报单位文献老化情况研究，对指导文献剔除、文献报道有很大用处，适用于“局部的”老化研究。对于相应的统计指标，具体统计方法主要有书刊借阅次数统计分析法和文献流通量统计分析法。另外，还可以根据文献流通数据、文献归架数据、文献复制数据的年份分布频率，综合判断文献老化的情况。对图书情报部门来讲，重要的是馆藏的老化状态，再在长期的监控过程中逐渐把握馆藏的老化动态过程。文献管理数据一定程度上可以客观地反映图书情报中心所拥有的文献的实际利用情况，而且这方面的统计分析可以与文献选购、馆藏剔除等经常性的业务工作结合起来，从而有利于该单位从传统的经验管理向科学的定量管理过渡。

布莱尔(Burrell)在研究图书流通量的混合泊松模型的修正时考虑了老化的负指数规律的影响，还以此研究了以流通频率数据为基础的各种剔旧方法的结果。Goughlin 验证了 Burrell 的模型，Tague 的调研却令人失望，Gelman 展示了 β 二项模型拟合的方法，Burrell 后来承认了 β 二项模型的成功，也指出了其不足。国内也有人用修正泊松模型检验用文献利用频率分布拟合文献老化的不可靠性。但现有的应用都是利用一些较随意的标准进行的，有待完善。目前应该看到，对于网

络化信息的老化定量研究，管理统计数据分析法是一种有用的方法。信息资源网络化系统也具备这种管理统计的功能。

二、引文分析方法

引文分析方法是将所研究的学科领域在一定时间之内的全部文献收集起来，通过统计每一篇文章所附的引文的发表时间及其被引用时间等数据来研究该领域内文献老化的情况。引文分析方法是目前采用最多也最有研究成效的方法，适用于某学科、某专业文献老化的研究，适用于“普遍的”老化研究。这种方法又分为历时法与共时法。

历时法是符合过程观的，共时法是符合状态观的。通常认为两种方法从不同角度描述了文献老化的观点是符合过程状态辩证观的。

从两个角度对文献老化的研究为数不少，但对两个角度的观察是否一致却一直不能达成共识，是否都具有合理性也没有统一认识。

莱因和桑迪森认为：没有理由假设共时法与历时法测度的老化相同。我国有人指出了共时法的不可靠性，甚至彻底否定了共时法。

斯廷森(E. R. Stinson)和兰凯斯特(F. W. Lancaster)[35]证实了共时法的合理性。因此，可以通过数据比较检验共时和历时老化测度，并证明“两种方法有差异，从不同侧面反映了文献老化现象，不可偏废”[36]。

两种方法还有待充分利用定量方法和分析技术进行全方位的比较研究。

(一)历时法

引文分析的历时法，就是对某一确定的文献(集)产生后，其在以后各年被引用数据的统计分析方法。

1. 历时数据的统计方法

历时数据的统计方法就是将某一确定的文献(集)产生后，其在以后各年被引用数据逐年地进行统计，从而客观反映该文献(集)老化的动态过程。显然，这种统计时间跨度会较大，统计数据量较大。

2. 历时数据的分析方法

历时数据的分析方法就是以某一确定的文献(集)为统计观察对象，按一定的时间间隔统计发表后的被引数据，并按引用的时间顺序排列，研究观察时间 t 增加时引文数据的变化。统计分析的指标主要有被引频次和被引率等，分析方法主要有回归分析、相关分析、模型拟合等方法。

（二）共时法

引文分析的共时法，就是在某一确定时间，对过去历年发表的文献被该确定时间发表的文献引用的数据进行统计分析的方法。

1. *共时数据的统计方法*

共时数据的统计方法就是对研究的学科领域，将某一确定时间的所有文献全部收集起来，统计分析过去历年发表的文献被该确定时间引用的数据，从而客观反映该确定时间文献老化的时间分布状态。显然，这种统计时间跨度会较小。JCR每年都对科学文献进行共时观察，这是获得共时数据的最有效、最简捷的方法。

2. *共时数据的分析方法*

共时数据的分析方法就是利用共时观察，以给定的一段时间中不同年限的引文分布情况为对象进行观察，研究观察时间 t 增加时引文时间分布数据的变化。统计分析的指标主要有引文频次和引文率等，分析方法也主要有回归分析、相关分析、模型拟合等方法。

三、数学方法

用数学方法来研究和计量文献老化是一种有效的方法，也是文献计量学最主要的方法。具体应用的数学方法主要集中在数理统计方法和数学模型方法。

（一）数理统计方法

数理统计方法有着广泛的应用，也有待进一步开发利用。1985 年，布莱尔研究了图书流通量的混合泊松模型的修正，同时考虑了老化的负指数规律的影响。1987 年，还以此研究了以流通频率数据为基础的各种剔除方法的结果。1994 年，英国的格兰采尔（W. Glanzel）和舍普林（U. Schoepflin）用非相似产生过程描述了文献引用过程的统计性质，给出了文献情报老化的随机模型，并讨论了其影响因素及应用问题。

（二）数学模型方法

数学模型方法就是运用数学理论和方法，以数学表达式和符号来描述文献老化的各种因素之间的数量关系，从而揭示其规律的一种研究方法。在文献老化研究中有着广泛的应用，并取得了丰硕的成果。例如，负指数模型、巴尔顿-凯普勒老化方程及其修正式、布鲁克斯积累指数模型等已成为研究中的经典。

四、综合统计分析方法

综合统计分析方法是全面考察文献老化的实际情况的一种方法。这种方法以引文数据、流通数据、馆内使用数据、文献归架数据以及文献利用的总数据为基础，吸取上述方法的长处，力求克服引文分析方法和流通统计中的局限性，从各种实际利用文献的角度综合分析文献的利用和老化情况。该方法比较客观和全面，但要求大规模的、多方面的文献统计，因此这种方法一般用于某些专业领域或学科的文献老化的研究。

需要指出的是，上述各种方法还存在一定的局限性。因为情报用户的需求和文献的被利用都是一种随机过程，文献的老化不可避免地要受到人为主观因素的影响。社会的需要、语言的障碍、用户的知识素养、检索工具的优劣、图书情报人员的服务态度、用户的习惯和心理，甚至书的封面颜色等各种偶然的因素均会影响文献的使用。有些问题需要用系统论的观点和方法来进行研究，才有望取得一定的效果。正因为文献老化是一种十分复杂的社会现象，所以对文献老化的研究没有而且也很难找到一种统一的固定模式和方法，这也说明对文献老化的计量学研究的艰巨性和长期性。

第三节　科学文献老化的数学模型

一、经典数学模型及老化指标

经典数学模型有两层含义：一层是指经典作者所建立的模型；另一层是指运用经典的数学方法建立的模型。

（一）几种经典数学模型介绍

研究表明，文献的老化规律可以用某些数学模型来描述，如负指数模型、巴尔顿-凯普勒老化方程、布鲁克斯累积指数模型、阿弗拉米斯库(A. Avramescu)方程等。

1. 负指数模型

贝尔纳早在 1958 年提出的负指数模型是利用共时数据得到的。目前一般采用下列负指数函数：

$$C(t) = Ke^{-at} \tag{3-1}$$

式中，t 为文献的出版年龄（以 10 年为单位）；$C(t)$ 为 t 年所发表的文献的引用频率；K 为常数，随不同学科而异；e 为自然对数的底，等于 2.71828…；a 为文献的老化率。如果以文献的出版年龄为横轴，现时正在使用的文献的相对量为纵轴，可描绘出一条负指数曲线，称为文献的老化曲线（图 3-1）。该曲线能较直观地表达文献的老化过程。从宏观上来说，负指数模型描述了文献老化的规律，反映了文献利用率的衰减现象，基本上符合实际观察结果。然而，在文献交流活动的整个时域中，文献的利用率并非在每一阶段都符合负指数模型的规律，而且该公式也未能将影响文献老化的因素与文献老化的关系直接反映出来，因此，还存在一些不足之处，有待进一步修正和完善。

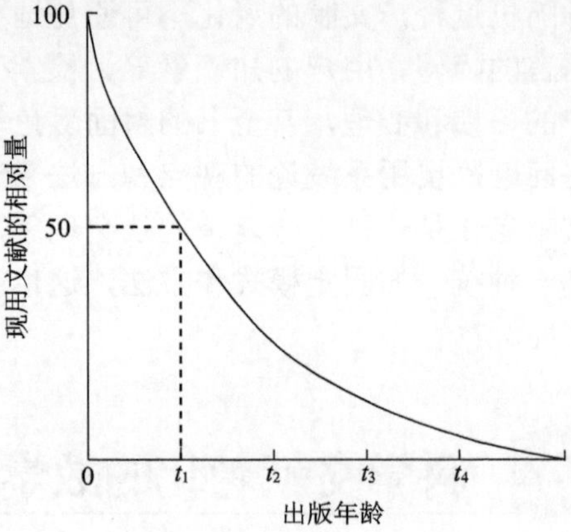

图 3-1　文献的老化曲线

根据半衰期的定义，设 T 为半衰期，由式(3-1)可知

$$\frac{1}{2}=\frac{C(T)}{C(0)}=\mathrm{e}^{-aT}$$

两边取对数，得

$$T=\frac{1}{a}\ln 2 \tag{3-2}$$

式(3-2)给出了半衰期、老化率两个指标及其关系。该模型不能用于描述引文年份分布，因为最大引文年限之内的引文分布明显不适合模型。

2. 巴尔顿-凯普勒老化方程及其修正式

1960 年，美国的图书馆员巴尔顿和物理学家凯普勒合作，对科学文献的老化问题进行了一系列研究。他们选择物理、化学、机械工程等 9 个学科领域的期刊文献进行了引文数据的统计分析和计算，发现按 9 种不同的引文数据所描绘的 9

条曲线竟然在形状上非常相似，同放射性元素铀 235 的衰变曲线一样都是负指数曲线。于是，他们为这些曲线求出了一个标准公式，后来称为巴尔顿-凯普勒老化方程。其解析式如下：

$$y = 1 - \left(\frac{a}{e^{x}} + \frac{b}{e^{2x}}\right) \tag{3-3}$$

式中，$a+b=1$；y 为经过一定时间该学科领域尚在利用的文献的相对数量；x 为时间，以 10 年为单位。

根据式(3-3)，当取 y=0.5 时，可以计算文献的半衰期。巴尔顿等据此算出了所研究的 9 个学科的文献半衰期。在物理学和化学领域里，放射性材料的半衰期与其组成有关。按照这个道理，巴尔顿和凯普勒指出，一个学科的期刊文献是由多方面的内容组成的，很多相关学科都有使用的可能。这样，半衰曲线也必然会受不同内容的文献的支配。已发表的文献的老化速度不仅取决于这些文献所属的学科领域，而且受其他一些因素，特别是文献的类型和性质的影响。由此可见，文献的老化规律受到许多因素的制约，而巴尔顿-凯普勒老化方程并没有完全反映出各种因素之间的关系。此外，这个公式也较复杂，难以进行准确的实际计算。

1980 年，苏联学者莫蒂列夫(В.М.Мотылөв)详细研究了老化方程(3-3)并考察了实际统计数列与理论计算数列的差异，检验表明这种差别非常显著。因此，他对这个公式进行了修正，提出了如下的修正式：

$$y = 1 - \left(\frac{a}{e^{x-0.1}} + \frac{b}{e^{2x-0.2}}\right) \tag{3-4}$$

式中，$a+b=1$；

$$a = \frac{e^{1.8}(1-y_x)-1}{e^{0.9}-1} = 3.4596 - 4.1447y_x \tag{3-5}$$

式中，y_x 为实测 10 年累积引文相对比率(小数)。

$$x_{hl} = 10[\ln(a+\sqrt{a^2+2b})+0.1] \tag{3-6}$$

式中，x_{hl} 为半衰期(年)。

利用该修正式可以实际计算文献的半衰期，且所需的文献引用数据可以自行统计，运算也较为简便易行。

方程(3-3)和方程(3-4)是一致的，只是引文年龄前者规定为 0，而后者规定为 1，或者将修正式看成带文献情报发表时滞的修正。它们也不适合引文年份分布的描述。

3. 布鲁克斯累积指数模型

1970 年，布鲁克斯从历时的角度提出科技期刊文献的被引用数量随时间推移的衰减过程近似服从简单的负指数模型。形式上也和式(3-1)一样，表示为

$$C(t) = K\mathrm{e}^{-at} \tag{3-7}$$

式中，$C(t)$为发表了 t 年的文献的引文频次；K 为常数，随不同学科而异；e 为自然对数的底，等于 2.71828⋯；a 为文献的老化率；t 表示时间。

在引文频次的负指数模型基础上，1971 年布鲁克斯提出了文献老化的累积指数模型，从数学角度上讲，该方程缩小了引文频次统计时的随机误差引起的建模误差。

在式(3-7)中设 $b=\mathrm{e}^{-a}$，则

$$\begin{aligned} Y(t) &= C(t)+C(t+1)+C(t+2)+\cdots \\ &= Kb^t + Kb^{t+1} + Kb^{t+2} + \cdots \\ &= Kb^t(1+b+b^2+\cdots) \end{aligned}$$

设 $M = K(1+b+b^2+\cdots)$，则累积指数模型为

$$Y(t) = Mb^t \tag{3-8}$$

式中，$Y(t)$为引文中 t 年以前(包括 t 年)发表的论文数(被引文献年龄≥t)；M 为常数，等于引文总量；b 为老化系数，$0<b<1$。容易计算出其半衰期为

$$T = -\frac{\ln 2}{\ln b} \tag{3-9}$$

布鲁克斯曾经导出近似计算 b 值的一种很好的方法，具体如下。

在式(3-7)中取 t=0,1,2,3,⋯时，即可得到文献老化的几何递减序列：

$$K, Kb, Kb^2, \cdots, Kb^t$$

然后设 k 为某文献集合中出版年限大于 i 年的引文总量，而 L 为集合中出版年限小于 i 年的引文总量。应用文献老化负指数公式(3-7)可以求出出版年限大于 i 年的引文总量为

$$k = Kb^i + Kb^{i+1} + Kb^{i+2} + \cdots = Kb^i(1+b+b^2+\cdots) = (k+L)b^i$$

从而可以求出

$$b=\left(\frac{k}{k+L}\right)^{\frac{1}{i}}=\sqrt[i]{\frac{k}{k+L}}=\sqrt[i]{\frac{k}{M}} \tag{3-10}$$

因此，只要通过统计得到全部的引文量 M，再适当选取 i 值，便可较准确地计算出 b 值，根据经验，一般可以选取 i=6、7 或 8。

4. 阿弗拉米斯库方程

针对不同质量及不同种类的文献的老化态势，罗马尼亚文献计量学家阿弗拉米斯库进行了研究，并提出了如下的数学模型：

$$Y(t)=C_0(\mathrm{e}^{-\alpha t}-\mathrm{e}^{-mt}),\quad m>\alpha \tag{3-11}$$

式中，$Y(t)$ 为引文频次；C_0 为传播幅度(amplitude)；α 为引文频次年代衰减率；m 为初始增量。

不同的 C_0、α、m 对应不同的文献老化态势。

(1)当 C_0、α 较大，m 较小时，描述文献一经发表就受到高度重视，但很快人们便失去热情，文献迅速老化，总体被使用次数不多(图 3-2 曲线 1)。

(2)当 C_0 较大，α、m 较小时，描述文献广泛接受，老化速度较慢，总体被使用次数较大(图 3-2 曲线 2)。

(3)当 C_0、α、m 较小时，描述文献一直不被多数人所重视，老化速度虽慢，但总体使用次数较小(图 3-2 曲线 3)。

(4)当 m 几乎为 0，α<0 时，描述才华横溢而到后来才被人们认识的论文，开始时没能广泛利用，但后来已经被人们认识，使用量逐渐增大，在相当长时间内不表现为老化(图 3-2 曲线 4)。

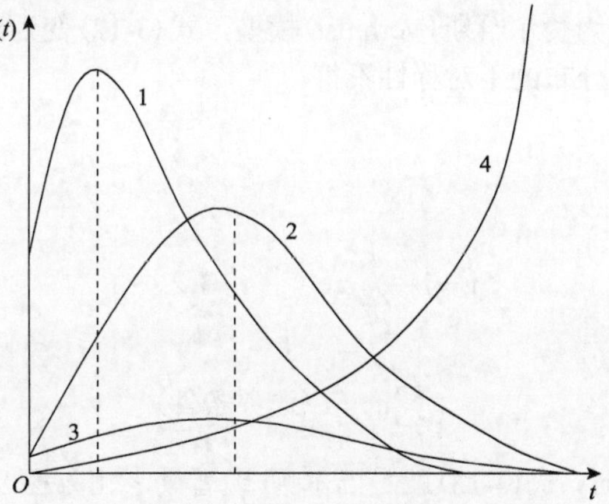

图 3-2 典型引文频次分布

可以看出，阿弗拉米斯库方程描述的是引文频次分布，当 $m \gg \alpha$ 时，有

$$Y(t) \approx C_0 \mathrm{e}^{-\alpha t} = C_0 a^t$$

式中，$a = \mathrm{e}^{-\alpha}$ 为老化系数。

阿弗拉米斯库研究结果的重要性在于，对单篇文献的使用过程进行了详细的考察，揭示出文献使用及老化过程的复杂性和多样性，但其情报传播过程的数学模型还只是理论上的，需要通过大量的统计数据来验证。

（二）国内数学模型研究的评述[37]

国内关于老化数学模型的研究也卓有成效，并提出了一批很有启发意义的模型。

1. 动态微分方程

$$\frac{\mathrm{d}y}{\mathrm{d}t} = ay(t) - by^{\alpha}(t) \tag{3-12}$$

式中，y 为经过一定时间 t，该学科领域尚在利用的文献的相对量；t 为时间，也可称为出版时间；a、b 为常数，且 $a>0$，$b>0$，具体数值与学科特点、文献类型和性质有关；$\alpha>1$；$ay(t)$ 称为繁殖项，$y(t)$ 越大，表明 t 时间出版的引文率越高，影响越大，今后被别人利用的机会就越大，对 $\frac{\mathrm{d}y}{\mathrm{d}t}$ 的影响为正；$-by^{\alpha}(t)$ 称为竞争项。文献增长对文献的利用就会减少。若 t 时间内出版的引文率 y 越高，则这段时间内出版文献情报的知识内容修正、更新越快，$\frac{\mathrm{d}y}{\mathrm{d}t}$ 的影响为负，且 $\alpha>1$。该模型是理论性的，不是建立在引文统计基础上的，原则上不能用于引文年份分布，特别当 $\alpha=2$ 时，变为费尔哈斯（Verhulst）模型，式（3-12）变为抛物线方程，具有对称性，与引文年份分布的不对称性不符。

2. 级数修正式

级数修正式为

$$y = 1 - \sum_{i=1}^{n} a_i \mathrm{e}^{-ix}, \quad i = 1,2,\cdots,n \tag{3-13}$$

$$\sum_{i=1}^{n} a_i = 1 \text{（边界条件）}$$

显然，当 $i=2$ 时，式（3-13）就是巴尔顿-凯普勒老化方程。实际回归数据表明，级数形式的老化方程更接近实际统计结果，有更理想的模拟效果。当然，此式的统计处理需用多项式回归方法，比线性回归要复杂一些。

3. 文献老化公式

科学文献老化规律可以用如下数学模型描述：

$$R(t)=k_0(1-\mathrm{e}^{-\alpha t}) \tag{3-14}$$

式中，t 为年龄；α 为老化常数；$R(t)$ 为文献在 t 年内累积被引频次(引文年龄≤t 年的引文总数)。

4. 引文年份分布数学模型

如果引入了文献传播阻碍因素的影响，即考虑文献从发表到被引用需要一个传递和选择过程，建立了引文年份分布数学模型：

$$R(t)=R_0\left(1-\frac{\beta}{\beta-\lambda}\mathrm{e}^{\lambda t}+\frac{\lambda}{\beta-\lambda}\mathrm{e}^{\beta t}\right) \tag{3-15}$$

式中，λ 和 β 分别为文献老化系数和引文阻碍系数；$R(t)$ 为累积引文量(文献年龄≤t 年的引文量)；R_0 为累积引文总量。

这些模型提出后，对它们的等价性及其关系进行了广泛研究，并针对文献引用延时效应对它们进行了修正。

然而，它们都是经验的或先验的模型，适用性较差，使用比较困难，并且在研究中都没有区分引文年份分布数据与文献老化数据，因而模型存在滥用现象。

(三) 文献老化与引文年份分布数学模型的研究

文献老化与引文年份分布及其定量研究在文献计量学研究中占有重要地位，国内外许多著名情报学家都进行过研究。这两项研究既密切相关又有所区别，难解难分，上述部分也给出了基本梳理，但主要偏重于老化方面，这里拟进一步讨论以下引文年份分布模型的特征。

引文年份分布数学模型除受老化因素影响外，同时还受阻碍老化因素的影响。可以用下列模型描述：

$$R(t)=R-C\mathrm{e}^{-\int f(t)\mathrm{d}t}+D\mathrm{e}^{-\int g(t)\mathrm{d}t} \tag{3-16}$$

式中，R 为累积引文总量；$R(t)$ 为引文中文献年龄小于等于 t 年的累积引文量；$f(t)$ 为老化系数的时间函数；$g(t)$ 为引文阻碍系数的时间函数；C、D 为常数。前一指数项是老化影响函数，后一指数项是阻碍因素影响函数。

当 $f(t)$ 和 $g(t)$ 为常数，即老化系数与引文阻碍系数不随时间变化时，式(3-16)可以进一步简化。

设 $f(t)=\lambda$，$g(t)=\beta$，则式(3-16)变为

$$R(t)=R-C\mathrm{e}^{-\lambda t}+D\mathrm{e}^{-\beta t}$$

设 $\beta/\lambda=d$，通过边界条件

$$\begin{cases}R(t)|_{t=0}=0\\R(t)|_{t=\infty}=0\end{cases},\quad\begin{cases}R'(t)|_{t=0}=0\\R'(t)|_{t=\infty}=0\end{cases}$$

可得 $C=\dfrac{dR}{d-1}$，$D=\dfrac{R}{d-1}$，则引文年份分布模型变为

$$R(t)=R-\frac{dR}{d-1}\mathrm{e}^{-\lambda t}+\frac{R}{d-1}\mathrm{e}^{-d\lambda t}\tag{3-17}$$

某一时刻的引文量应为 $R(t)$ 的导数，即

$$R'(t)=\frac{\lambda Rd}{d-1}(\mathrm{e}^{-\lambda t}-\mathrm{e}^{-d\lambda t})\tag{3-18}$$

式(3-16)是引文年份分布动态数学模型，式(3-17)是引文年份分布静态数学模型，式(3-18)是引文时间分布数学模型。式(3-16)和式(3-17)是累积分布模型，式(3-18)是非累积分布模型。

对式(3-18)求导并令 $R''(t)=0$，则

$$\mathrm{e}^{-\lambda t}-d\mathrm{e}^{-d\lambda t}=0$$

$$\mathrm{e}^{-\lambda t}=d\mathrm{e}^{-d\lambda t}$$

两边取对数可得

$$\lambda=\frac{\ln d}{(d-1)t}\tag{3-19}$$

式(3-19)中的 t 有特殊的意义，它应该是最大引文年限的值，这时引文分布达到极大值。

要确定 λ 与 d 的值还需要一个方程，可以均匀地选点代入模型得到 λ、d 的关系式，分别与式(3-19)联立求得 λ、d，代入模型求得模型拟合分布，以实际统计数据为参考序列进行关联分析，将关联度大的作为最后建立的实际数据拟合模型。

二、灰色模型及老化指标

灰色模型(grey models，GM)是基于文献老化影响因素复杂、信息不完备性的

现实而建立的，是后验的模型，适用性较强。

根据前述文献情报的精确定义及老化公理，这里也可以进一步给出文献情报老化的 GM 及老化指标。

（一）历时观察的老化 GM 及老化指标

对于 $X \in \chi$ 进行历时观察，实际中常确定 X 为 k 岁的文献集。

定理 3-1　对某 k 岁的文献集 $X \in \chi$ 为对象，其在当前的测度是 $P_k(X) = x^{(0)}(1)$，在上一年的测度是 $P_{k-1}(X) = x^{(0)}(2)$，以此类推，可得如下离散函数：

$$x^{(0)} = (x^{(0)}(1), x^{(0)}(2), \cdots, x^{(0)}(k+1))$$

其 1-AGO（一次累加生成）：

$$x^{(1)} = (x^{(1)}(1), x^{(1)}(2), \cdots, x^{(1)}(k+1))$$

式中，$x^{(1)}(k) = \sum_{m=1}^{k} x^{(0)}(m)$。

因此，文献历时老化符合 GM：

$$\mathrm{GM}(1,1)\begin{cases} \hat{x}^{(1)}(k+1) = \left(x^{(0)}(1) - \dfrac{u}{a}\right)\mathrm{e}^{-ak} + \dfrac{u}{a} \\ \hat{x}^{(0)}(k+1) = \hat{x}^{(1)}(k+1) - \hat{x}^{(1)}(k) \\ \alpha = |a|, \quad \text{老化率} \\ T = \dfrac{1}{\alpha}\ln 2, \quad \text{半衰期} \\ u, \quad \text{灰作用量} \end{cases} \tag{3-20}$$

证明　按定理所设条件及文献老化公理，根据 GM 建模方法可得

$$\hat{x}^{(1)}(k+1) = \left(x^{(1)}(1) - \frac{u}{a}\right)\mathrm{e}^{-ak} + \frac{u}{a}$$

$$\hat{x}^{(0)}(k+1) = \left(x^{(1)}(1) - \frac{u}{a}\right)(1 - \mathrm{e}^{a})\mathrm{e}^{-ak}$$

式中，a 反映了 $\hat{x}^{(0)}$、$\hat{x}^{(1)}$ 的变化率，我们确定它的绝对值 $|a| = \alpha$ 为老化率，正好反映了 X 可利用性测度的变化率，是合理的。

设半衰期为 T，根据定义 3-8，则

$$\begin{aligned}\frac{1}{2}\hat{x}^{(0)}(k+1) &= \left(x^{(1)}(1)-\frac{u}{a}\right)(1-\mathrm{e}^{a})\mathrm{e}^{-a(k-T)}\\ &= \left(x^{(1)}(1)-\frac{u}{a}\right)(1-\mathrm{e}^{a})\mathrm{e}^{-ak}\mathrm{e}^{aT}\\ &= \hat{x}^{(0)}(k+1)\mathrm{e}^{aT}\end{aligned}$$

因此，$\mathrm{e}^{aT}=\frac{1}{2}$，$T=\frac{1}{\alpha}\ln 2$。

u 在 GM 中是灰作用量，反映环境对系统的影响强度，这里直接引入，用来反映环境(Ω,χ,P)对观察对象 X 的影响强度，十分恰当。证毕。

（二）共时观察的老化 GM 及老化指标

定理 3-2 选定某一观测时刻和 $X\in\chi$，且 $X=\{X(t)\,|\,t=0,1,2,\cdots,k\}$，$X(t)$ 为 X 中 t 岁的文献集。设 $P(X(k))=x^{(0)}(1)$，$P(X(k-1))=x^{(0)}(2)$，…，$P(X(0))=x^{(0)}(k+1)$，可得如下离散函数：

$$x^{(0)}=(x^{(0)}(1),x^{(0)}(2),\cdots,x^{(0)}(k+1))$$

其 1-AGO（一次累加生成）：

$$x^{(1)}=(x^{(1)}(1),x^{(1)}(2),\cdots,x^{(1)}(k+1))$$

式中，$x^{(1)}(k)=\sum_{m=1}^{k}x^{(0)}(m)$。

因此，文献情报共时老化符合 GM：

$$\mathrm{GM}(1,1)\begin{cases}\hat{x}^{(1)}(k+1)=\left(x^{(0)}(1)-\dfrac{u}{a}\right)\mathrm{e}^{-ak}+\dfrac{u}{a}\\ \hat{x}^{(0)}(k+1)=\hat{x}^{(1)}(k+1)-\hat{x}^{(1)}(k)\\ \alpha=|a|,\quad \text{老化率}\\ T_1=\dfrac{1}{\alpha}\ln 2-\dfrac{1}{\alpha}\ln\left[1-\dfrac{u}{a}\left(x^{(0)}(1)-\dfrac{u}{a}\right)^{-1}\mathrm{e}^{ak}\right],\quad \text{平均共时半衰期}\\ T_2=\dfrac{1}{\alpha}\ln 2,\quad \text{分布共时半衰期}\\ u,\quad \text{灰作用量}\end{cases}\tag{3-21}$$

证明 按定理所设条件及文献老化公理，根据 GM 建模方法可得

$$\hat{x}^{(1)}(k+1)=\left(x^{(1)}(1)-\frac{u}{a}\right)\mathrm{e}^{-ak}+\frac{u}{a}$$

$$\hat{x}^{(0)}(k+1)=\left(x^{(1)}(1)-\frac{u}{a}\right)(1-\mathrm{e}^{a})\mathrm{e}^{-ak}$$

式中，a 反映了 $\hat{x}^{(0)}$、$\hat{x}^{(1)}$ 的变化率，我们确定它的绝对值 $|a|=\alpha$ 为老化率，正好反映了 X 可利用性测度的变化率，是合理的。

根据定义 3-9 有

$$\frac{1}{2}\hat{x}^{(1)}(k+1)=\hat{x}^{(1)}(k-T_1+1)$$

即

$$\frac{1}{2}\left[\left(x^{(1)}(1)-\frac{u}{a}\right)\mathrm{e}^{-ak}+\frac{u}{a}\right]=\left(x^{(1)}(1)-\frac{u}{a}\right)\mathrm{e}^{-a(k-T_1)}+\frac{u}{a}$$

则

$$\mathrm{e}^{aT_1}=\frac{1}{2}\left[1-\frac{u}{a}\left(x^{(0)}(1)-\frac{u}{a}\right)^{-1}\mathrm{e}^{ak}\right]$$

由定理的序列构造与文献老化公理，可得

$$T_1=\frac{1}{\alpha}\ln 2-\frac{1}{\alpha}\ln\left[1-\frac{u}{a}\left(x^{(0)}(1)-\frac{u}{a}\right)^{-1}\mathrm{e}^{ak}\right]$$

仿定理 3-1 中求半衰期的方法得

$$T_2=\frac{1}{\alpha}\ln 2$$

u 在 GM 中是灰作用量，反映环境对系统的影响强度，这里直接引入，用来反映环境$(\Omega,\ \chi,\ P)$对观察对象 X 的影响强度，十分恰当。证毕。

推论 3-1　选定某一观测时刻和 $X\in\chi$，且 $X=\{X(t)\,|\,t=0,1,2,\cdots,k\}$，则对 X 的平均共时半衰期 T_1 与 X 的分布共时半衰期 T_2，满足 $T_2=\lim\limits_{k\to\infty}T_1$。

证明　由定理 3-2 可知

$$\begin{aligned}\lim_{k\to\infty}T_1&=\lim_{k\to\infty}\left\{\frac{1}{\alpha}\ln 2-\frac{1}{\alpha}\ln\left[1-\frac{u}{a}\left(x^{(0)}(1)-\frac{u}{a}\right)^{-1}\mathrm{e}^{ak}\right]\right\}\\&=\frac{1}{\alpha}\ln 2=T_2\end{aligned}$$

证毕。

第四节 文献老化机理的研究与分析

文献老化是一种非常复杂的社会现象，也是一种非常复杂的动态过程。影响因素繁多，机制复杂，多年来进行了许多研究，一般可以从下述几方面进行考察。

一、文献老化的几种类型

（一）静态老化和动态老化

Schreiber-Herbert 区分了静态老化和动态老化，认为是否考虑文献增长因素是区分静态和动态两种不同类型老化的标准。

(1) 静态老化：不考虑文献增长因素影响的老化过程。

(2) 动态老化：考虑文献增长因素影响的老化过程。

对这两种老化的不同认识是表观的、真实的老化测度之争的引线。莱因和桑迪森认为，实际数据为基础的老化曲线只表明“表观的”下降，应对老化进行增长方面的修正。相反，布鲁克斯发现不校正测度反映了老化的真实性，斯廷森和兰凯斯特证实了这点，埃格赫等证明了在共时状况下指标增长导致老化更大，历时情况相反。

（二）局部性老化和普遍性老化

(1) 局部性老化：是指某一图书馆或文献情报单位文献利用率的降低。其研究方法主要运用文献管理统计数据分析方法。

(2) 普遍性老化：是指某一学科或世界范围的老化。其研究方法主要运用引文分析方法。

二、文献老化的几种情形

文献的新陈代谢是一个很现实的问题。由于现代科学技术的迅速发展，随着时间的推移，原来不成熟的理论被比较成熟的理论所代替，不完善的方法被比较完善的方法所补充，不先进的技术被比较先进的技术所更新，错误片面的数据被比较客观的事实所校正，因而旧的文献逐渐失效。随着科学技术的发展，若干年前很有价值的重要文献日益变得陈旧，甚至失去生命力。因此，这种文献的老化是一种普遍现象。从文献利用的角度来说，科学文献的老化有以下几种情形。

（一）文献包含的信息失效

文献内容被以后的文献证明是不可靠的，甚至是错误的，这种文献当然不能再被利用了。

（二）包含情报的文献已老化

文献的情报内容是正确的，但已进入更广泛的社会交流领域，已被人们普遍接受，不需要再利用原来的文献了。

（三）被更新文献替代

文献内容是正确的，但被更新的、内容更全面的新文献所取代，因而随着时间的延长也逐渐很少被用户利用了。

（四）研究兴趣下降引起利用减少

文献内容是正确的，但由于某种原因(如社会需求)引起人们研究兴趣的下降或注意力转移，因而不再被用户利用了。

三、文献老化的影响因素

对老化机理的许多研究表明：科学文献老化的根本原因是科学知识的不断增长和更新。众所周知，科学的发展并非单纯地由一个个事实累积而成，而是由无数有创见性的理论，通过不断地完善、发展和更新，才形成今天的知识宝库。随着人类社会的延续，科学知识增长的过程是由知识叠加和更新两个方面构成的。知识更新的不断发生，必然要造成科学文献的新陈代谢。因此，对于科学文献老化的研究，实质上就是对科学知识修正速度的探索：文献老化系数是科学知识修正速率的反映。文献是一个错综复杂的随机性质的集合体，加之文献计量学又具有非对称性，且对时间不可逆的特征，所以文献老化是一种异常复杂的现象。科学文献的老化要受到许多因素的影响，其机理可从以下五个方面来分析。

（一）文献的增长

在文献的动态规律中，增长与老化是一个事物的两个方面，它们从不同的侧面来阐述科学知识的修正率，即科学的进步，因此文献的老化首先是与文献的增长联系在一起的。众所周知，科学文献大量增加时，意指科学知识的叠加、完善和更新速率加快，科学出现突破；此时原来知识内容不完善、不全面的旧文献逐渐被人们所遗忘，引用频率迅速降低。当然，旧文献包含的知识不会消亡，但其应用价值则逐渐趋向于零，使之成为“档案性”资料。相反，若由于某种原因文献增长缓慢，此时文献老化曲线的梯度会趋于平缓。据普赖斯统计，第一次和第二次世界大战爆发后，基础理论研究文献急剧下降。同样，老化曲线也明显变得平缓，直到战后分别于 1926 年和 1950 年，老化率才又几乎以同样的速度迅速回升，恢复到战前的数值。此外，由于文献情报不断增长，客观上就有更多的文献可供人们引用，而且在实践中人们又往往倾向于引用新文献，故文献的老化率也会出现变化。一般来说，文献增长越快，文献的老化也相应加快。文献增长得越快，文献的半衰期就越短。因此，新文献的涌现和增长是促成文献老化的重要因素。

（二）文献的学科特点

文献内容所属学科的性质和特点不同，其老化率差异甚大。一般来说，基础理论学科的文献半衰期要长，而应用技术学科的文献半衰期相对短一些，其老化也较快；历史悠久的学科的文献半衰期要比新兴学科的文献半衰期长；比较稳定的学科的文献半衰期要比在内容上或技术上正在经历重大变化的学科的文献半衰期长。有些学科，如电子、冶金、化工等领域，由于研究工作活跃，投入人力物力丰富，知识更新快，文献的半衰期也就较短；而另一些学科，如动物分类学、地理学等，其发展主要是知识的积累而不是修正，因此这些领域相对来说要稳定得多。历史的记录可以长期起作用，故其半衰期一般都比较长，老化较慢。而某些学科，如社会学和机械制造学等，迅速老化的文献与档案性文献在数量上大体相当，它们介于前两者之间。

（三）学科不同的发展阶段

在学科发展的整个时域中，每个学科均要经历诞生、发展和相对成熟等不同历史阶段。即使是同一学科不同的发展时期或阶段，文献的半衰期也不尽相同，其老化曲线也并非全部都符合负指数曲线。当学科处于诞生和发展的初期时，由于原始文献较少，文献数量呈指数增长，文献的老化符合负指数函数关系，其对应的老化曲线表现为负指数曲线。随着学科研究的深入，学科发展进入相对成熟时期后，文献的增长就不能再继续保持原有的指数增长，文献的增长速率变小，其相应的老化曲线也变得平缓，半衰期加长。这客观上反映了科学修正的速率减慢，但并不意味着科学研究的停滞。相反，一方面它标志着学科已进入相对成熟阶段，文献的科学价值达到了一定的深度，使文献的利用寿命延长；另一方面也说明此时科学活动的结果主要在于知识的累积而不是修正。知识累积的数量一旦达到一定量，就会出现由量变到质变的飞跃，而使学科进入新的高度和新的层次，也有可能同时派生出新的分支学科，又使文献呈现指数速率增长；而文献老化曲线也恢复到负指数曲线。

（四）文献的类型和性质

文献的老化速度不仅取决于文献的学科内容，而且与文献的类型和性质有关。通常，科学专著的半衰期要比期刊论文、科技报告、会议等长，经典论著的半衰期要比一般论著长，理论性刊物的半衰期要比通讯报道性刊物长，论述性文章的半衰期要比介绍性文章长，评论性文献的老化要比研究论文慢一些，等等。

（五）用户需求及情报环境

文献用户的需求特点及所处的情报环境的质量也是影响文献老化不可忽视的因素。例如，不同素质的用户对文献的要求各不相同。科研工作的骨干对最新文献感兴趣，刚刚踏上研究工作岗位的人员则还需了解历史背景材料，即使同一类读者在不同时期、为了不同的研究目的，对文献的需求也有不同的特点，有些文献对研究者来说无用，但对专业历史工作者来说仍然是有用的。因此，对知识的使用者来说，文献的利用年限则因人而异。不同的国家或地区对文献使用的年限也不完全相同。科学发达的国家对近期发表的新文献感兴趣，而科学较落后的国家则要借鉴别国已有的经验，因而需要查阅前一段时间的文献。

第五节　文献老化规律的应用

文献老化规律是文献信息流的基本规律之一。它从文献利用率随时间流逝而衰减的角度揭示文献情报工作的规律和科学发展的特征。米哈依洛夫认为，文献老化问题的研究是重要的。因为在对已发表的文献老化分析的基础上，可以对未来文献利用情况做出可靠的预测，进而对整个文献的组织都有一定的指导作用。因此，对文献老化规律的研究无论是理论上还是实践上都具有重要的意义。

一、在文献情报管理中的应用

（一）指导剔除，优化馆藏

在文献情报工作中，及时剔除老化的文献，是优化馆藏、提高文献情报服务效率的一个重要环节。做好文献的剔除工作，一方面有利于解决书库空间危机，另一方面可以提高文献检索效率。这是因为把老化的文献从有用的文献中“分离”出来，势必会提高有用文献的检出率。由于科学文献的急剧增长，各个图书情报部门几乎毫无例外地遇到了书库空间拥挤的问题，给流通带来严重困难，剔除老化文献，已成为许多图书馆、情报中心迫在眉睫的任务。因此，“请走”过时的文献情报，腾出宝贵的空间，使有用的文献不致淹没在老化的文献群中，确定文献老化的具体适用年份就至关重要，而文献老化的各项数据在指导文献剔除工作方面具有重要的现实作用。

（二）为制定合理的文献工作原则提供依据

文献老化规律的研究，为制定半衰期不同的各种文献的工作原则提供了科学依据。对半衰期较短的学科或专业，情报工作更要抢时间讲效率；要加强文献报道，开展定题服务；对这些学科的期刊要实行开架阅览；而对老化的文献则实行缩微复制保存或藏入保存书库中。根据老化数据，还可以确定文献开架的年限，合理制定各项管理制度等。

（三）用于评价文献

科学文献的老化指标对于掌握文献的特性、判断文献的时效、确定文献的价值都是十分必要和有益的。

二、在科学学与科技史研究中的应用

文献是科学的一种可以感触到的存在形式，也是科学家最感兴趣并赖以借鉴和利用前人或他人成果的主要情报源。因此，对文献的重要特性——老化规律的研究，可以说明科学发展的速度，揭示科学发展的规律，反映出人类是怎样继承和发展科学知识的。文献的老化与学科性质有关。根据文献老化的指标数据，可以判断学科的性质以及所处的发展阶段。如果对某一技术领域的文献的老化性质进行研究，则可大致确定该项技术的发展速度、适用时间以及在技术上可能被淘汰的年限等。因此，从文献的老化规律研究出发，来揭示科学技术的发展过程和规律，确实是科学学和科技史研究的一个新的重要途径。

第四章

布拉德福定律

第一节 布拉德福定律的产生背景

一、布拉德福定律的创始人——布拉德福

布拉德福(Samuel Clement Bradford，1878—1948)是世界著名的文献学家和化学家。他出生于1878年，毕业于英国伦敦大学，1922年荣获科学博士学位。他创立了布拉德福定律，是文献计量学的主要奠基人。

布拉德福所学虽非图书馆学和文献学，但他热爱这一事业，长期从事图书馆工作。1925年起担任设在南肯辛顿（South Kensington)的科学图书馆馆长，一直到1937年12月退休。该馆后来发展成为全国科技图书馆，是当时世界上最大的科技图书馆之一，也是一个很重要的外借图书馆。

布拉德福积极从事国际图书馆界的活动，曾参加编辑《国际十进分类法》(Universal Decimal Classification，UDC)，并发表过很多文章，热情宣传和推广UDC的使用。后来，他还担任过国际分类法委员会主任。

1927年，布拉德福与波拉德(A. Pollard)等合作，创建了英国国际目录学协会(British Society for International Bibliography，BSIB)，作为国际目录学学会(SIB)的英国分会。布拉德福任该会副会长，1945年任会长。后来SIB改名为FID(国际文献联合会)。BSIB也于1948年与英国专门图书馆和情报机构协会(Aslib)合并。1939年以来，布拉德福就任这个协会会刊的名誉编辑。他是英国图书馆协会的会员，并在其理事会任职多年。同时，他还在英国全国中心图书馆和财政委员会担任领导职务。

布拉德福是一位多产作家。他不仅编辑出版过很多目录，而且著有大量关于分类理论与实践、编目理论的著作，主要有《理论科学与应用科学著作的分类》《分类原理》《科技目录的组织》《图书馆编目》等。他还发表过许多论文，较著名的有《国际十进分类法的起源、目的、结构及其使用》《文献工作五十年》《科学技术的全部文献工作》《专门学科的情报源》等。布拉德福还是一位物理化学家，对液体和溶液的运动理论、胶体理论和玫瑰花的养殖等课题进行了大量的研究，写了很多有关论文。

布拉德福的晚年主要侧重于文献学的研究，于1948年完成其专著《文献工作》[38]，这是他的一部很有影响的著作。在这部著作中，布拉德福对文献工作做了系统的理论总结，探讨了文献工作的性质、起源和目的，阐述了字顺主题索引、UDC、标引工作、文摘工作、图书馆的科技服务以及专业图书馆和专业情报服务

等范围广泛的很多问题，特别是对文献分散定律的系统论述。为文献计量学的诞生做出了巨大贡献。

二、布拉德福定律的产生背景

布拉德福定律的产生并不是偶然的，而是有一定的客观背景。

(1)文献的分散是普遍的客观现象。在科学研究和文献工作中，布拉德福深深感到科学文献的分散。他发现：一个学科的论文分散在其他学科的期刊上是屡见不鲜的。例如，关于控制论的论文会发表在神经科学的期刊上，关于心脏机械的论文会出现在物理学的期刊上，关于遗传学方面的论文则可能分散在农学期刊上，等等。科学文献的分散是显而易见的普遍现象，关键在于如何找出其分散的规律性。他认为，文献分散规律可以在理论上从科学统一性原则出发定性地推导出来，也可以从对相关期刊所载论文的数量统计基础上推导出定量的结果。

(2)科学统一性原则。虽然科学有不同学科之分，但它是一个整体，具有统一性。科学统一性原则是布拉德福定律产生的思想基础。布拉德福认为，按照科学具有统一性的原则，科学技术的每一个学科都或多或少或远或近地与其他任何一个学科相关联，因此才会有一个学科的文献出现在另一个学科的期刊之中这种现象。这一点是布拉德福认识文献分散规律的重要基础。问题在于，学科与学科的相互关系如何影响文献与文献的关系？比例如何？分散的特点怎样？布拉德福在研究这些特点时总结出：一种专门面向一个专业学科的期刊，可以含有对别的学科有用的论文。换句话说，对一个专家有用的论文，不仅会出现在这个专家所在学科的专业期刊上，也可能出现在其他学科的期刊上。这些“其他学科”期刊的数量，随着它们的研究领域与那个“专家所在”学科的关系密切程度的变小，以及关于那个“专家所在”学科的论文在每种期刊中的登载率的减少而变大。这是一个反比关系。例如，有关图书馆自动化的论文，按理说应该刊登在图书馆学方面的期刊中；同时，还有可能出现在有关电子技术、数据处理或现代化技术等其他学科的期刊中。这些“其他学科”期刊数量的大小取决于这些期刊所在的学科与图书馆自动化的关系的密切程度。假设关于图书馆自动化的论文共有 100 篇，如果在图书馆学期刊中占有 60 篇，分散到其他学科期刊中的论文就会有 40 篇。这 40 篇论文到底分布在多少期刊上，就要看这些期刊所在的学科与图书馆自动化的关系如何。如果关系密切，且每种期刊平均登载 4 篇论文，则这 40 篇论文就会分散在 10 种期刊中；如果不太密切，且每种期刊平均只登载 2 篇论文，则这 40 篇论文就会分散在 20 种期刊中，以此类推。但是，这种关系密切与否不仅是相对而言的，而且是多个衡量等级。各种期刊、各个学科的情况都不一样，决定如何分散，还要受到很多因素的影响。

布拉德福还认为，总是会有若干期刊，它们的内容与某个学科更近些；而总会有数量更多的期刊，它们的内容离这个学科更远些；专门面向这个学科的核心期刊，即大量包含这个学科内容的最少数的那一部分期刊，论述这个学科的论文数量一定要多于论述有关学科的论文数量。布拉德福就是按照这个道理产生了将期刊划分为几个区域的思想。他的方法是：按照期刊登载有关某个学科论文的载文率的高低来划分区域，每个区域中的期刊数量随着该区域期刊载文率的减小而增多。这也正好与前面叙述的反比关系相吻合。

(3)文献统计研究是布拉德福定律产生的基础。20 世纪以来，一些学者开展的文献统计研究给布拉德福定律的形成带来了积极影响。布拉德福对文献规律的认识，正是在客观实际需要的推动下，从文献统计研究开始的。30 年代，由于科学文献数量的激增，具有存储、报道、检索文献功能的文摘杂志不断出现，而且其增长很快。但是，这些文摘期刊普遍存在重复和遗漏文献的现象。这一背景引起了布拉德福的深刻思考。文摘杂志的这种不完整性与文献的分散现象是否有联系呢？为了探明这些文献现象的原因及其内在规律，布拉德福开始对文献体系进行全面探索。而且，他果断地采取定量方法来开展研究工作，即从文献统计入手，对数据进行系统归纳和分析，然后导出文献情报流整体上的定量规律。在长期的文献工作和研究中，布拉德福对科学文献进行了大量的统计研究，掌握了文献分散的特点，发现了其中的某些规律性；并在文献统计的基础上经过数学推导，得出了与上述理论推导一致的结论，为布拉德福定律的正式确立奠定了基础。

第二节 布拉德福定律的形成

一、布拉德福定律的提出

关于某一特定课题、学科或领域的论文，这里称为相关论文。相关论文在期刊中不是均匀分布的，而是具有明显的集中与离散规律。对此，人们早有察觉，但从定量的角度进行深入研究，还只是 20 世纪中期的事。英国著名文献学家布拉德福最早发现文献分散(离散)规律，并提出了著名的布拉德福文献分散定律，简称布拉德福定律或布氏定律。

布拉德福选择应用地球物理学和润滑领域为样本，组织他所在的科学图书馆的工作人员逐刊地统计所收集的科技期刊上发表的相关文献，共统计了 490 种期刊，1727 篇论文。其具体分布数据如表 4-1 所示。表 4-1 中，A 为期刊数量，B 为每种期刊的论文数量，C 为 A 项的累积和，D 为 $A\times B$ 的累积和，E 为 $\ln C$。

表 4-1　布拉德福统计的两个学科的文献数据

应用地球物理学					润滑				
A	*B*	*C*	*D*	*E*	*A*	*B*	*C*	*D*	*E*
1	93	1	93	0	1	22	1	22	0
1	86	2	179	0.301	1	18	2	40	0.301
1	56	3	235	0.477	1	15	3	55	0.477
1	48	4	283	0.602	2	13	5	81	0.699
1	46	5	329	0.699	2	10	7	101	0.845
1	35	6	364	0.788	1	9	8	110	0.903
1	28	7	392	0.845	3	8	11	134	1.041
1	20	8	412	0.903	3	7	14	155	1.146
1	17	9	429	0.954	1	6	15	161	1.176
4	16	13	493	1.114	7	5	22	196	1.342
1	15	14	508	1.146	2	4	24	204	1.380
5	14	19	578	1.279	13	3	37	243	1.568
1	12	20	590	1.301	25	2	62	293	1.792
2	11	22	612	1.342	102	1	164	395	2.125
5	10	27	662	1.431					
3	9	30	689	1.477					
8	8	38	753	1.580					
7	7	45	802	1.653					
11	6	56	868	1.748					
12	5	68	928	1.833					
17	4	85	996	1.929					
23	3	108	1065	2.033					
49	2	157	1163	2.196					
169	1	326	1332	2.513					

布拉德福将期刊按照相关论文载文量的多少以递减的顺序排列起来，然后采取三种不同的方法进行了分析。

(1) 区域分析。他按照年平均载文量的多少，把上述两个学科的期刊都分成三个区：①四篇以上的期刊；②多于一篇而少于四篇的期刊；③一篇或不足一篇的期刊。其结果列于表 4-2 中。经过分析，他认为，每个学科期刊的各区相关论文数大体相等，而相继各区的期刊数基本上成等比数列，公比近似等于 5。

表 4-2　两个学科的期刊分区表

分区	期刊载文数量/(篇/年)	应用地球物理学		润滑	
		期刊数量	论文数量	期刊数量	论文数量
1	>4	9	429	8	110
2	1～4	59	499	29	130
3	≥1	258	404	127	152

(2)图像观察。布拉德福以横轴表示期刊累积数的对数、纵轴表示相关论文累积数，描绘了这两个学科的相关论文分布曲线(图 4-1)。他观察这一图像后认为，若略去下部的弯曲部分，则是一条直线；并由此出发，得出了前一个区、前两个区和前三个区的期刊数量也是等比增加的结论。

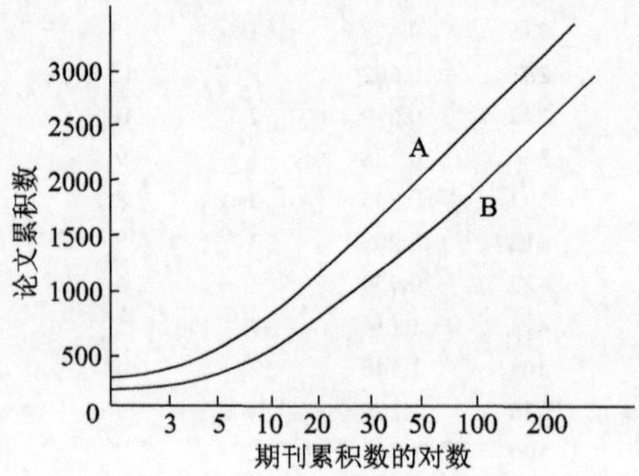

图 4-1　两个学科的相关论文分布曲线

A-应用地球物理学(1929～1932 年)；B-润滑(1931～1932 年)

(3)数学推导。布拉德福对他得到的经验数据及公式进行了数学上的推导。

令 m_1、m_2、m_3 分别为第一、二、三各区期刊刊载的相关论文数，n_1、n_2、n_3 为相应各区的期刊数，r_1、r_2、r_3 为相应各区中每种期刊平均刊载的相关论文数，显然，$r_1=\frac{m_1}{n_1}$，$r_2=\frac{m_2}{n_2}$，$r_3=\frac{m_3}{n_3}$。按照等级排列原则，则有 $r_1>r_2>r_3$，$n_1<n_2<n_3$。

布拉德福在划分区域时，使各区相关论文数相等，即

$$n_1r_1 = n_2r_2 = n_3r_3 = m_1$$

于是，有

$$\frac{n_2}{n_1} = \frac{r_1}{r_2} = a_1$$

$$\frac{n_3}{n_2} = \frac{r_2}{r_3} = a_2$$

式中，a_1 和 a_2 均为大于 1 的常数。但布拉德福假设 $a_1=a_2=a$，于是得到

$$n_2 = a_1n_1 = an,\quad n_3 = a_2n_2 = a_1n_2n_3 = a_1^2n_1 = a^2n_1$$

则有

$$n_1 : n_2 : n_3 = 1 : a : a^2 \tag{4-1}$$

布拉德福认为，经过数学推导的式(4-1)与前面的区域分析结果是一致的。

在以上这些统计研究中，布拉德福发现，尽管学科不同，但它们的论文在相应的期刊中有着同样的分布规律。根据这一带有规律性的事实，布拉德福得出了文献分散规律的研究结论，并于1934年1月在Engineering周刊的“图书与文献”栏目里发表了《专门学科的情报源》(Sources of Information on Specific Subject)一文，首次公开提出了定量描述文献分散规律的经验定律[39]。这是一篇在文献计量学中具有重要历史意义的著名论文。

二、布拉德福定律的确立

虽然布拉德福早在1934年就明确提出了科学文献的分散定律，但是他的研究成果却长期没有引起人们的注意。直到十四年后，即布拉德福去世的1948年，他的专著《文献工作》(Documentation)一书问世，1934年发表的那篇著名论文被全文收入，并扩展成为该书的第Ⅸ章，定名为“文献的紊乱”(Documentary Chaos)。这才引起一些学者特别是维克利(B. C. Vickery)的重视和研究。

维克利是英国的文献学家，当年在英国帝国化学工业公司Butterwick研究实验室工作。他较早研究布拉德福定律，并率先发表论文[40]，不仅充分肯定了布拉德福的研究工作，而且最早将相关论文在期刊中的这种分布称为“布拉德福离散分布”，把布拉德福的上述研究结论称为“布拉德福分散定律”。同时，他还创造性地提出了自己的修正和补充。维克利的研究成果，既使布拉德福文献分布的图像和定律在结构上得到了统一，在形式上更趋于完整，又丰富了布拉德福分布理论的内容，从而为布拉德福定律的确立和发展做出了重要贡献。后来，布拉德福定律获得国际图书馆学和情报学界的普遍承认并被人们广泛接受，维克利的工作无疑起了决定性的作用。因此，如果说定律的发现者是布拉德福，那么这一重要发现的发现以及定律的确立与传播，首先应归功于维克利。

除了维克利之外，还有许多文献学家和情报学家对布拉德福定律进行了深入研究。较为著名的有莱姆库勒(F. F. Leimkuhler)和布鲁克斯(B. C. Brookes)，前者对该定律的区域描述做了重要发展；后者则以数学公式描述了这一定律，发展了图像分析方法。正是许多学者的共同努力和贡献，才使得布拉德福定律从理论上、数学描述上和应用上日趋完善，才使人们认识到它的重要意义，从而使这一定律得以正式确立并迅速发展起来。

第三节　布拉德福定律的基本原理

一、布拉德福定律的基本阐述

一般认为，布拉德福定律的基本原理是由其区域描述和图像描述两个部分组成的。

1. 区域描述

布拉德福在《文献工作》中写道：如果将科学期刊按其登载某个学科的论文数量的大小以渐减顺序排列，那么可以把期刊分为专门面向这个学科的核心区和包含着与核心区同等数量论文的几个区。这时，核心区与相继各区的期刊数量成 $1:a:a^2:\cdots$ 的关系。

布拉德福定律的文字表述结论是建立在将等级排列的期刊进行区域分析的方法之上的。如果将一定时间内（通常一年）的按某学科载文量等级排列的期刊划分为三个区，使每一个区所包含的相关论文数量相等，即恰好等于全部期刊发表的该学科文章总数的三分之一，则可发现，第 1 区（核心区）所涉及的文章来自数量不多但效率最高的 n_1 种期刊；第 2 区（相关区）包括数量较大、效率中等的 n_2 种期刊；第 3 区（外围区）包括数量最大而效率很低的 n_3 种期刊。那么，三个区中的期刊数量有下列关系：

$$n_1:n_2:n_3=1:a:a^2,\quad a>1 \tag{4-2}$$

式中，a 为布拉德福常数，或称比例系数。就布拉德福所分析过的数据而言，a 值大约为 5. 0。经验公式(4-2)即为布拉德福定律的区域表述形式。

假如某一学科领域共有期刊 248 种，共刊载相关论文 660 篇。按照布拉德福论述的文献分散定律，第 1 区中“核心”期刊只有 8 种，第 2 区中的“相关”期刊为 8×5=40 种，第 3 区中的“边远”期刊为 8×25=200 种。而每个区均应刊载 220 篇文章（表 4-3）。

表 4-3　布拉德福定律表示

分区	期刊数量/种	论文数量/篇
1	8	220
2	40	220
3	200	220

从表 4-3 可见，各区的期刊数量是逐区上升的；而每种期刊的载文量则逐区下降。核心区情报密度最高，每种期刊平均载 27.5 篇论文；相关区次之，每种期刊载 5.5 篇论文；外围区情报密度最低，每种期刊仅刊登 1 篇相关论文。

经过维克利的研究，式(4-2)被推广为

$$n_1 : n_2 : n_3 : \cdots = 1 : a : a^2 : \cdots \tag{4-3}$$

即把分三个区讨论的文献离散规律推广到任意多个区的情况。

2. 图像描述

布拉德福定律还可以用图像来描述。如果取上述等级排列的期刊数量的自然对数(ln*n*)为横坐标，以相应的论文累积数 $R(n)$ 为纵坐标进行图像描述，便可得到一条曲线，我们把绘制出的曲线称为布拉德福分散曲线。

早期的布拉德福定律的图形通常表示成图 4-2 的形式。分散曲线 *AB* 由两部分组成：对应核心区上升的一段曲线 *AC* 和对应相继各区的直线 *CB*。后来的研究表明，拐点 *C* 为核心区的分界点。

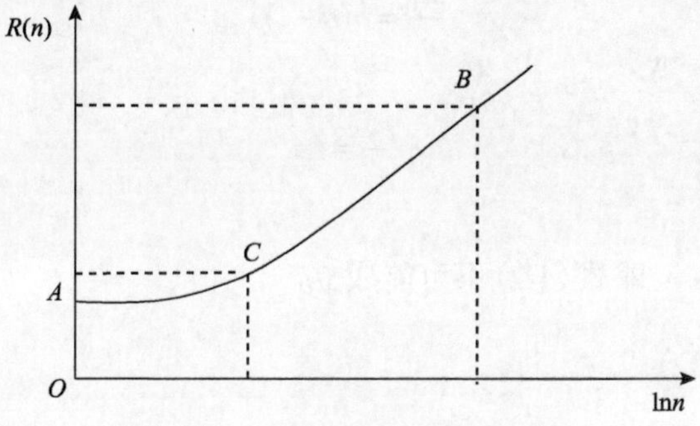

图 4-2　经典布拉德福分散曲线

布拉德福在研究时发现，从图像出发还可以得到另一个结论，即

$$n_1 : (n_1 + n_2) : (n_1 + n_2 + n_3) = 1 : b : b^2$$

记 $n_{1-2} = n_1 + n_2$， $n_{1-3} = n_1 + n_2 + n_3$，则可将上式改写为

$$n_1 : n_{1-2} : n_{1-3} = 1 : b : b^2 \tag{4-4}$$

式中，n_1 为第 1 区的期刊数量；n_{1-2} 为第 1 区和第 2 区中的期刊累积数；n_{1-3} 为全部三个区中的期刊累积数，即期刊总数；b 为分散系数。显然，此处的 b 与式(4-2)中 a 的数值是不同的。

实际上，式(4-4)的应用比式(4-2)还要广泛得多。布鲁克斯描述的布拉德福定律的著名方程可以说是式(4-4)的推广。维克利对布拉德福定律的推论也证明了图像描述结论的正确性。

3. 区域描述和图像描述的比较

在有关布拉德福定律的研究中，维克利和威尔金斯(E. A. Wilkinson)指出，布拉德福定律的两种形式——文字表述(区域描述)和图像描述之间存在不能统一的矛盾。特别是威尔金斯，在1972年经过详细研究后提出了这一观点，并认为图像描述比文字表述的绪论更为准确[41]。国内的有关研究也指出，从数学上分析，区域表达式(4-2)与图像描述的结论式(4-4)不但不可能趋于一致，而且根本不可能同时成立[42]。现用简单的方法证明如下。

首先，若式(4-4)成立，则可得

$$\frac{n_2}{n_1}=b-1$$

$$\frac{n_3}{n_1}=b(b-1)$$

$$\frac{n_3}{n_2}=b$$

显然，$\frac{n_2}{n_1}\neq\frac{n_3}{n_2}$，即式(4-2)不可能成立。

反之，若式(4-2)成立，即

$$\frac{n_3}{n_1}=\frac{n_3}{n_2}=a$$

则可推导出

$$\frac{n_1+n_2}{n_1}=\frac{1+a}{1}=\frac{1+2a+a^2}{1+a}$$

而

$$\frac{n_1+n_2+n_3}{n_1+n_2}=\frac{1+a+a^2}{1+a}$$

显然，有

$$\frac{n_1+n_2}{n_1} \neq \frac{n_1+n_2+n_3}{n_1+n_2}$$

因此，式(4-4)不可能成立。可见，这两种描述形式在数学上是不等价的。

由前面的论述可知，区域描述方法是根据实际统计的具体数据，取近似值而概略地归纳出式(4-2)来的，这是一种近似的经验方法。从许多统计数据中都可以发现，几乎每一组统计数据都近似地满足式(4-2)，而且每一组数据也只能是近似地满足式(4-2)。

图像描述方法所依据的是与区域描述完全相同的统计数据，只是图像描述将统计的期刊数取对数，并利用了三个区中相关论文量相等这一近似条件而得到式(4-4)的结论。因此，从数学观点来看，图像描述是可行的。从实际应用来看，图像描述也非常接近于反映文献的实际分布情况，甚至其近似程度比式(4-2)更为精确。例如，威尔金斯曾用四组经验数据有力地证明了这一点，而区域描述中利用了两个近似条件：一是三个区中的相关论文数近似相等，二是假设相继区域的期刊数量之比近似等于公比值，因而才有式(4-2)成立。显然，这是较为粗略的。但是，文献计量学的规律说明，任何数学模型都只能是对实际情况的一种近似的描述。因此，无论是式(4-2)还是式(4-4)，都不可能精确地符合统计数据，都只能近似地揭示文献分布的规律。

在有关论文和专著中，布拉德福同时阐述了上述显然是互相矛盾的公式，并置图像描述的结论而不顾，坚持式(4-2)为文献分散定律。但他又同时保留了这两种互相矛盾的方法和结论。事实上，这两种表述形式都不同程度上近似与实际情况相符合。因此，人们往往从其有效性和实用性出发，同时将区域描述和图像描述看成布拉德福定律的基本内容，并在实际中同时应用式(4-2)和式(4-4)。

值得注意的是，巴西学者玛雅(M. Maia)等在1984年指出，布拉德福定律的文字表述结论与图形表现形式是一致的，“图形”来源于“文字”。他们从布拉德福本人所作的文字表述出发，推导出一个具有更普遍意义的类似于布鲁克斯的(直线部分)布拉德福定律的经验公式；同时还摘引布拉德福当年所用的两组数据进行了验证，结果表明按布拉德福区域描述公式所产生的理论曲线与图像描述的经验曲线基本上是一致的。这说明该定律两种表现形式之间没有歧异性，而具有一致性[43]。

二、布拉德福定律理论原理与实际的一致性

(1)布拉德福定律的理论解释。科学文献的分布为什么会遵循布拉德福定律

呢？这可以从科学发展和文献活动的规律来进行理论解释。

科学的发展总是遵循一定的规律。现代科学技术一方面互相交叉渗透，另一方面小学科又有向大学科综合的趋势。布拉德福就是从科学的统一性规律出发总结出文献的分散定律的。当一门新学科问世之后，第一批文献就刊载在为数不多的几种期刊上。随着研究工作的深入发展，这几种期刊就会吸引越来越多的文献。这时又会有新的期刊相继问世，可供待发表的文献选择。经过一段时间的发展、巩固、竞争和淘汰之后，总会出现一定数量的期刊，它们专门面向该学科，刊载该学科的文献量最大，质量也较高，作者也愿意将自己的文献刊登在这些期刊上，从而出现了“核心期刊”。在布拉德福分布图形中则表现为上升的幂函数曲线。这种现象就是文献分布中的“堆加效应”。与此同时，有关这一学科的论文也在数量很大的其他期刊上发表，这就产生了文献的集中与分散现象。这是因为事物的发展往往并不是单因素作用的。由于科学技术的相互交叉渗透，此时便会有许多新学科和其他边缘学科也竞相将其文献发表在这些期刊上。为了抑制核心期刊数量的无限增加，客观上也由于期刊篇幅有限，此时必然会有一种“限定因素”开始起作用。编辑人员为了照顾各方面文献的平衡，不得不制定出出版计划和方针，控制文献的数量。为了适应日益增长的文献需要，许多新的期刊又会相继诞生。因此，随着时间的流逝，刊登该学科文献的期刊品种数与相关论文数成正比增加，使布拉德福定律的图形呈直线上升。以上说明，曲线与直线分界点的产生正是反映了客观上的这种“限定因素”的作用，否则，布拉德福定律的图形就会一直按曲线上升。

(2)格鲁斯下垂。1967 年，格鲁斯(O. V. Groos)通过对基南-阿瑟顿(Keenan-Atherton)数据的分析指出[44]，布拉德福曲线在进入直线部分后，并非无休止地直伸下去，后来总要弯曲下垂，因而使布拉德福定律的图形变为明显的三个部分：上升的曲线部分、直线部分、弯曲下垂部分，如图 4-3 所示。对于弯曲下垂部分 *BD*，我们称为格鲁斯下垂。

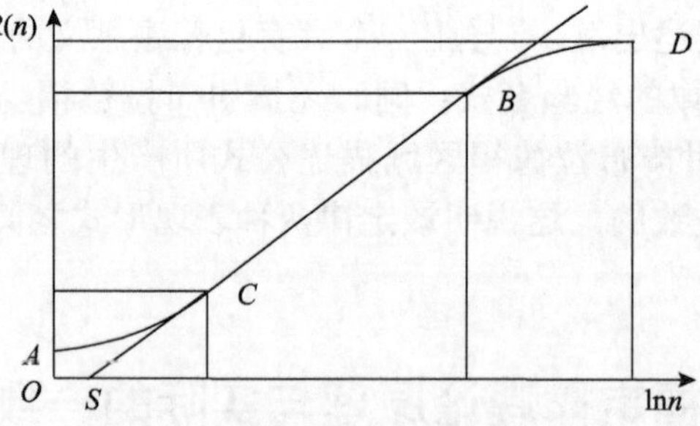

图 4-3　现代布拉德福分散曲线

加拿大的波普(A. Pope)借助美国系统发展公司蒙尼(S. Monica)编纂的《情报

科学和技术书目》(A Bibliography on Information Science and Technology)，对 1964 年 9 月至 1970 年 1 月所收录的 1011 种期刊所发表的 7368 篇文献进行了统计，绘制出 $R(n)$ 与 $\ln n$ 的对应图形，也证明图形由三部分构成。当 $1 \leqslant n \leqslant 10$ 时，得 $R(n)=an^{\beta}$ 的曲线 AC；当 $10<n \leqslant 200$ 时，得 $R(n)=K\ln(n/s)$ 的直线 CB；当 $n>200$ 时，直线部分开始弯曲下垂，得到曲线 BD。关于下垂的问题，目前学术界仍在从理论上探讨其所表示的实际意义。

从图 4-3 中可以得到有关数据，如果将其代入布鲁克斯公式 $R(n)=K\ln(n/s)$ 计算，《情报科学和技术书目》所收录的有关全部期刊应为 1418 种(而不是 1011 种)，全部相关论文应为 8900 篇(而不是 7386 篇)。可见，波普实际统计的期刊数和文献数都小于理论计算值，分别只有理论值的 72%和 83%。因此，布拉德福曲线最后会弯曲下垂，正是由于期刊数和文献量统计不足，未能代表全部文献。而格鲁斯下垂恰好反映了这种理论值与实际值之间的差异。

(3) 理论与实际存在差异的原因。许多研究表明，布拉德福定律与文献分布的实际具有较好的一致性，但也存在一定的差异。我们认为，理论与实际存在差异的根本原因无外乎两个方面：一是理论本身的缺陷；二是对客观实际的、反映的失真问题。由于存在“格鲁斯下垂”，布拉德福定律的文献分散曲线有呈 S 形之势。布鲁克斯的数学公式仅由两部分组成，只对应上升的曲线部分和直线部分，而没有包括“下垂部分”的数学描述(或者说误差很大)。可见其本身是近似的，而出现“偏离”倒应该是根本性的。这是随着对布拉德福定律研究的深入而暴露出来的缺陷。我们相信，布拉德福定律的理论及其数学表达式一定会得到不断补充和修正，从而更精确地反映文献分布的客观规律。另外，在实际活动中，相关期刊数和文献数统计不全而使布拉德福图形最后部分弯曲下垂，其原因可能有三个：①运用布拉德福定律时，必须满足其严格的先决条件，学科界限必须经纬分明。但现代科学技术互相交叉渗透，边缘学科越来越多，例如，本应属于情报科学的文献，也有人会从另一角度将其归类于计算机科学，从而造成统计上的误差。②目前应用布拉德福定律时，一般均借助书目、索引、文摘之类的工具书。在编纂这类工具书时，编辑人员都要对原始文献进行选择和加工。“选择和加工”本身就有可能改变事物的本来面目，导致变异的产生。③在实际统计各种数据时，也会遇到干扰，如期刊的更名、停刊、文献的重复发表等，都会造成统计数据的不精确。正是由于这些因素，当到达到一定数值后，就会使图形偏离直线而弯曲下垂，也就是说，使理论与实际发生差异。

第四节 布拉德福定律的理论发展

本节在回顾布拉德福定律发展过程的基础上，从几个重要代表人物的研究工作出发，探讨布拉德福定律及其分布理论的发展问题。

一、布拉德福定律的发展过程

布拉德福定律经历了一个由简单到复杂、由浅显到深入、由局部到全方位的发展过程。从年份和研究状况来看，大体上可分为三个发展阶段。

(1)创立阶段。20 世纪 60 年代以前的创立和传播阶段，是以布拉德福 1934 年发表的那篇重要论文为起点的。但在这一阶段的前期，即 1934～1948 年，布拉德福提出的定律遭到冷落，根本没有引起学术界的注意。1948 年，布拉德福专著《文献工作》的正式出版，使这一定律再次进入人们的视野，并迅速得到学术界的广泛关注。他的理论开始传播，并引起了一些学者的关注和研究。就在其专著发表的当年，英国的维克利最早研究了布拉德福的文献分布理论。虽然布拉德福本人发表的有关论文和专著无疑是这一定律形成的必要基础和重要标志，但维克利的及时发现、修正和创造性的推广，对布拉德福定律的正式确立与广泛传播起了极其重要的推动作用。而在这一阶段的后期，即 1948～1960 年，其研究很不活跃，处于相对沉默阶段。

(2)理论研究阶段。20 世纪 60 年代是布拉德福定律及其分布理论发展的重要历史时期。有关的研究空前活跃、规模日益壮大、论文不断增加，形成了一个令人瞩目的“布拉德福热”。这一时期，布拉德福定律发展的显著特点是，突出理论研究，集中于该定律的检验、修正和完善；并试图寻找更为精确的经验分布公式，旨在充实和提高其科学性和精确度。较为著名的重要研究工作和成果有：1960 年，英国统计学家肯德尔在研究布拉德福定律应用于运筹学书目时，首次提出了布拉德福定律在结构上很类似齐普夫定律的看法，并很快得到学术界的赞同。60 年代中期以来，在理论上对布拉德福定律的讨论更加深入和系统化。1967 年，莱姆库勒分析了一些布拉德福型数据，应用统计学的理论和方法派生出新的分布公式，发展了区域描述方法。同年，格鲁斯的研究完善了布拉德福曲线的结构，指出研究“下垂部分”是很有意义的。1968 年，布鲁克斯探讨了分散定律的实际应用技术，证明布拉德福分布函数实际应为 $R(n)=K\ln n$，发展了图像描述方法，为布拉德福定律的实际应用铺平了道路。随着这个定律研究的不断深入，初步形成了两个学派，即以莱姆库勒、高夫曼(Goffman)为代表的区域派和以布鲁克斯、肯德尔为代表的图像派。

(3)全面发展阶段。20 世纪 60 年代以后，布拉德福定律的发展由纯粹理论研究向广阔的应用领域过渡，出现了理论与应用并举的全面发展的局面。目前，其研究活动正在全方位展开；有关布拉德福定律应用研究的论文大量涌现；同时，其理论研究也仍在继续深入，并逐渐发展成一个内容丰富的、完整的布拉德福分布理论体系。

从整体上来说，布拉德福定律发展的全部进程和前景，都是与整个科学文献系统的发展动态和演变规律相适应的。科学和社会的客观需要是这一理论发展的根本动力。

二、维克利对布拉德福定律的推论

早在 1948 年，维克利就仔细研究了文献分布规律，推广和修正了布拉德福定律，使之更为精确、更具有普遍意义，为布拉德福定律的完善和传播做出了巨大贡献。

(1)维克利的两个推论。在有关布拉德福定律的研究中，维克利不仅指出了其论证过程中的矛盾之处，而且提出了新的独特见解，最早把布拉德福定律推广到更一般的情形。他根据直线分布重新导出了图像描述的结果式(4-4)，指出该式与式(4-2)并不一致，然后，他放弃了式(4-4)，从式(4-2)即布拉德福定律的区域表达式出发，经过逻辑推导，指出布拉德福分布即使不计下部的弯曲，也仍然是一曲线，而不是直线。同时，他还认为布拉德福定律是由其语言描述和图像描述组成的，前者描述其理论，后者则描述了它的观测数据和轨迹。

维克利全面考察了布拉德福定律，发现该定律不只局限于划分为三个区，同样适用于三个区以上的情形，即与选取区域的数量无关；但分区不同，比例系数则要相应地变化。他证明了可将等级排列的期刊划分为任意多个区，同时，得到了类似于布拉德福图像表达式(4-4)的推论：

$$n_1 : n_{1-2} : n_{1-3} : \cdots : n_{1-m} = 1 : v : v^2 : \cdots : v^{m-1} \tag{4-5}$$

式中，$n_{1-k}(k = 2,3,\cdots,m)$为第 1 区到第 k 区的期刊累积数量；m 为划分的区域数；v 为分散系数(或称为维氏系数)。

人们通常称式(4-5)为维氏公式。

与此同时，维克利指出，按照布拉德福定律也应有如下公式成立：

$$n_1 : n_2 : n_3 : \cdots : n_m = 1 : a : a^2 : \cdots : a^{m-1} \tag{4-6}$$

此式即为式(4-2)的推广形式，通常称为布氏公式。

分散系数 a 可以这样来确定。设等级排列的期刊总数为 N，则

$$\begin{aligned} N &= n_1 + n_2 + n_3 + \cdots + n_m \\ &= N_1(a^{m-1} + a^{m-2} + \cdots + a + 1) \\ &= n_1 \frac{a^m - 1}{a - 1} \end{aligned}$$

由上式可得

$$N(a-1) = n_1(a^m - 1) \tag{4-7}$$

从式(4-7)可见，对于给定的一组期刊，N 一定，m 随 n_1 的确定而确定，于是可求 a。此式即说明区域的划分可适宜地多，也说明了确定分散系数 a 的方法。

维克利所得出的式(4-5)和式(4-6)是对布拉德福定律的重要推论，通常称为维氏推论(或维氏修正)；而式(4-6)是维氏公式的一种近似形式(或称布氏近似式)。

(2)维氏公式的证明。从图形出发，利用相似三角形等几何知识，就可证明维氏公式的成立。如果利用斯马里科夫(И. А. Смольков)的统一方程，可以从文献分散的物理过程出发，进一步证明维氏公式(4-5)的正确性。

斯马里科夫的统一方程如下[45]：

$$R(n) = K\ln(q_1 n + q_2 \mathrm{e}^{-\beta n})$$

当 n 充分大时，近似地有

$$R(n) = K\ln(q_1 n)$$

随着 n 增大，图 4-2 中的曲线与直线到 C 点之后渐趋重合，即

$$\lim_{n\to N}\left[R(n) - r(n)\right] = 0$$

即使在 C 点，$R(n)$ 与 $r(n)$ 之差也不大。苏联学者的研究表明，这个差值的相对误差一般均小于 10%，并且曲线曲率越小，这个差值也越小。因此，从 C 点开始，可用近似式代替统一方程。根据等级排列的期刊分区的原则，假设划分为四个区，可得下列方程：

$$\frac{1}{4}R(n) = R(n_{1-4}) - R(n_{1-3}) \approx r(n_{1-4}) - r(n_{1-3}) = K\ln\frac{n_{1-4}}{n_{1-3}}$$

$$\frac{1}{4}R(n) = R(n_{1-3}) - R(n_{1-2}) \approx r(n_{1-3}) - r(n_{1-2}) = K\ln\frac{n_{1-3}}{n_{1-2}}$$

$$\frac{1}{4}R(n) = R(n_{1-2}) - R(n_1) \approx r(n_{1-2}) - r(n_1) = K\ln\frac{n_{1-2}}{n_1}$$

由上述三式可得

$$\frac{n_{1-4}}{n_{1-3}}=\frac{n_{1-3}}{n_{1-2}}=\frac{n_{1-2}}{n_1}$$

令其比值为 v，则有

$$n_1:n_{1-2}:n_{1-3}:n_{1-4}=1:v:v^2:v^3$$

这就是维氏公式。对于 m 个区的情况，也可给以同样的证明。这样，我们就从理论上更进一步验证了布拉德福定律的维氏推论的正确性，从而更进一步说明了图像描述法的正确性。

(3) 维氏公式与布氏公式的比较。前面已经指出，维氏公式(4-5)和布氏公式(4-6)在数学上虽不可同时并存，但都可近似地作为研究期刊论文分散规律的计算公式。事实上，期刊文献的实际分布更服从于式(4-5)的规律，而式(4-6)应是式(4-5)的近似。下面讨论这两个公式之间的理论误差及趋于一致的条件。

根据维氏公式，可得到下列结果：

$$\frac{n_2}{n_1}=v-1$$

$$\frac{n_3}{n_1}=v(v-1)$$

$$\vdots$$

$$\frac{n_m}{n_1}=v^{m-2}(v-1)$$

于是得到

$$n_1:n_2=1:(v-1)$$

$$\begin{aligned}n_2:n_3:\cdots:n_m&=(v-1):v(v-1):\cdots:v^{m-2}(v-1)\\&=1:v:v^2:\cdots:v^{m-2}\end{aligned}$$

显然，有

$$n_2:n_3=n_3:n_4=\cdots=n_{m-1}:n_m\neq n_1:n_2$$

上述结果说明，一般情况下，在核心区之外的各区，式(4-5)与式(4-6)是完全等价的，并且分散系数 $a=v$，但包括核心区在内时，两式就不一样了。实际上，区域描述法与图像描述法不可能同时成立，这正是核心区的特殊情况造成的。

若 $v>1$，即当维氏系数充分大时，则可以认为 $v-1\approx v$，此时显然有

$$n_2:n_3=n_3:n_4=\cdots=n_{m-1}:n_m=n_1:n_2$$

即

$$n_1:n_2:\cdots:n_m=1:v:v^2:\cdots:v^{m-1}\approx 1:a:a^2:\cdots:a^{n-1}$$

这就说明，在 v 充分大时，维氏公式与布氏公式趋于一致，而且分散系数也相等。v 充分大的物理意义是：相关论文高度集中于核心区少数几种期刊，其他各区的平均载文率相差也很大，一区比一区的期刊数量多得多。在这种情况下，起决定作用的是学科因素，而区域的划分仅有一定的影响。

实际上，运用布氏公式(4-6)来代替式(4-5)计算时将会造成一定的误差。这是因为对各专业学科来说，分散系数 v 并不是很大，不少学科期刊论文分布的 v 值均小于 10，难以满足两式趋于一致的条件。这两个公式计算结果的绝对误差和相对误差可由下列式(4-8)和式(4-9)确定。

第 i 区期刊数量的绝对误差为

$$\Delta n_i=n_1v^{i-2} \tag{4-8}$$

相对误差为

$$\delta=\frac{\Delta n_i}{n_i}=\frac{1}{v-1}\times 100\% \tag{4-9}$$

例如，设有一组等级排列的期刊，$v=6$，$n_1=10$，则根据式(4-8)可求得相对于图像描述法来说，区域描述法所造成的绝对误差为 $\Delta n_2=10,\Delta n_3=60,\cdots$。根据式(4-9)可求得相对误差为 $\delta=20\%$。

但一般来说，实际误差要比以上计算误差小一些。

三、莱姆库勒对布拉德福定律的发展

1967 年，莱姆库勒对布拉德福定律进行了探索性研究[46]。他从布拉德福定律的文字叙述出发，运用统计学的理论方法对经验数据进行归纳，推导出按等级排列的期刊中论文分布的规范化公式，从而发展了区域描述法，为布拉德福定律的理论发展做出了重要贡献。

设有一组期刊，按其刊载某一学科的论文数量即载文率递减顺序排列，并分成 m 个区，每个区中所包含的相关论文数相同。设 m 区期刊中每区期刊数量比例

为$d_1,d_2,\cdots,d_m$，其中d_i表示第i区期刊数量在m区期刊总数中所占的比例，则有

$$d_i = a_m d_{i-1} = a_m^{i-1} d_1, \quad i=1,2,\cdots;\ m=2,3,\cdots;\ 0<d_i<1, a_m>1 \tag{4-10}$$

式中，a_m为划分成m区的布拉德福常数。显然，d_i之和等于1，根据式(4-10)，有

$$1 = d_1 + d_2 + \cdots + d_m = d_1(1 + a_m + a_m^2 + \cdots + a_m^{m-1})$$

因为上式括号中的等比级数之和为$\dfrac{a_m^m - 1}{a_m - 1}$，所以有

$$1 = d_1 \frac{a_m^m - 1}{a_m - 1}, \quad d_1 = \frac{a_m - 1}{a_m^m - 1}$$

将其代入式(4-10)得

$$d_i = a_m^{i-1} d_1 = a_m^{i-1} \frac{a_m - 1}{a_m^m - 1} \tag{4-11}$$

根据式(4-11)，前j区期刊在m区期刊中的累积比例$D_{j,m}$为

$$\begin{aligned} D_{j,m} &= \sum_{i=1}^{j} d_i = \sum_{i=1}^{j} \frac{a_m^{i-1}(a_m - 1)}{a_m^m - 1} = \frac{a_m - 1}{a_m^m - 1} \sum a_m^{i-1} \\ &= \frac{a_m - 1}{a_m^m - 1} \frac{a_m^j - 1}{a_m - 1} = \frac{a_m^j - 1}{a_m^m - 1}, \quad j = 1,2,\cdots,m \end{aligned} \tag{4-12}$$

因为m区期刊中各区所含论文数量相等，所以m区期刊前j区中包含论文为全部论文数乘以j/m。

莱姆库勒分m为偶数和奇数两种情况证明了$a_m = a_2^{2/m}$的关系。若引入一个系数b，则可以把方程(4-12)写成更一般的形式。令$b = a_2^2$，则$a_m = a_2^{2/m} = b^{1/m}$，因此有

$$D_{j,m} = \frac{b^{j/m} - 1}{b - 1}, \quad j = 1,2,\cdots,m \tag{4-13}$$

式(4-13)表明，要得到全部论文的j/m，所需期刊数量的最小比例涉及j/m的一个简单指数函数和一个参数b。式(4-13)通常用来定义全部期刊中含某一指定数量相关论文的最少期刊。莱姆库勒将它推广到实际的全部变量值，并对这一关系求反函数，得到了期刊的载文率分布，即布拉德福分布。

令X为全部期刊中载文率最高的那部分期刊的比值，$0 \leqslant X \leqslant 1$；$F(X)$为在$X$部分期刊中所包含的论文对全部论文的比值，那么根据式(4-13)，有

$$X_F=\frac{b^F-1}{b-1},\quad 0\leqslant X\leqslant 1, b>1$$

式中，$F=j/m$。

现在求$F(x)$。因为$F(x)$是X_F的反函数，因此上式可写成$(b-1)X=b^F-1$，移项并取对数，得到$F(x)\ln b=\ln(1+bx-x)$。所以有

$$F(x)=\frac{\ln(1+bx-x)}{\ln b}$$

设$\beta=b-1$，上述方程可简化为

$$F(x)=\frac{\ln(1+\beta x)}{\ln(1+\beta)} \tag{4-14}$$

$F(x)$是布拉德福累积分布函数。连续函数的概率密度可由对累积分布函数微分求出：

$$f(x)=F'(x)=\frac{\beta}{(1+\beta x)\ln(1+\beta)} \tag{4-15}$$

根据式(4-14)和式(4-15)，布拉德福定律推广到了任意多个区的情形。当然，这种推广只是理论上的。实际上，由统计学可知，当分组过多，每区期刊或论文数量太少时，误差将变得很大，因此分区不可能过多。但有任意分区的理论前提，“将论文划成相等的区”这一限制即可取消，布拉德福定律的应用变得十分方便。人们可以任意定出一个比例的论文数，通过式(4-14)求出所需的期刊数。例如，要得到80%的论文，只要将$x=0.8$和相应的β值代入式(4-14)，便可求出$F(x)$，即所需期刊的最少数量。

四、布鲁克斯对布拉德福定律的描述

英国著名情报学家布鲁克斯指出：布拉德福当初发现科学论文分散规律时，指导思想十分明确，但遗憾的是，未能用数学公式进行描述。正是由于这一重大遗憾，人们对其重要性的真正认识延缓了二十年。布鲁克斯抓住这一关键问题进行了研究，并首次用数学公式描述了布拉德福的经验定律，发展了图像描述法，从而完成了布拉德福定律的这一重要的善后工作，受到情报界的普遍赞赏。许多人认为他提出的数学公式“准确地符合”布拉德福定律，“系统而完整”地描述了布拉德福分布。

1968 年，布鲁克斯首先导出布拉德福定律的公式应为：$R(n)=K\ln n$；后来他考虑到期刊序号 n 和载文量的不均匀变化，引入一个参数 S 对上式进行修正，并创造性地提出用下列两个部分组成的数学表达式来描述布拉德福定律[47, 48]，即

$$R(n)=\alpha n^{\beta},\quad 1\leqslant n<c \tag{4-16a}$$

$$R(n)=K\ln\frac{n}{S},\quad c\leqslant n\leqslant N \tag{4-16b}$$

式中，$R(n)$为对应于 n 的相关论文累积数；n 为期刊等级排列的序号(级)；α 为第一级期刊中相关论文数 $R(1)$，也就是载文率最高的期刊中相关文章数；c 为核心区的期刊数，即曲线进入光滑直线部分的交点的 n 值；N 为等级排列的期刊总数；β 为参数，与核心区的期刊数量有关，大小等于分布图中曲线部分的曲率，且 β 总小于 1；K 为参数，等于曲线中直线部分的斜率，可用实验方法求得，当 N 足够大时，$K=N$；S 为参数，其数值等于图形直线部分反向延伸与横轴交点的 n 值(图 4-3)。

这两个方程分别表示图像的曲线部分和直线部分。直线后面的下垂曲线部分(图 4-3)只是近似地满足式(4-16b)。

布鲁克斯深入研究了方程(4-16b)。他认为，因为任何一个学科的期刊都是有限的，而且从载文率最低的期刊算起，最终的增量不能小于 1。对于被计算的期刊，至少要包含一篇相关论文。如果 N 为某一年中只刊登了一篇相关论文的最末一种期刊的序数，则当 N 足够大时，从 $R(N-1)$ 到 $R(N)$ 的增量 $r(n)$ 的期望极限值为 1，即

$$\begin{aligned}r(n)&=R(N)-R(N-1)\\&=K\ln(N/S)-K\ln\left[(N-1)/S\right]\\&=K\ln N-K\ln(N-1)\\&=-K\ln\left(1-\frac{1}{N}\right)\approx\frac{K}{N}=1\end{aligned}$$

这时，$K=N$，也就是直线的斜率在数值上等于期刊的总数。故方程(4-16b)可写成

$$R(n)=N\ln\frac{n}{S},\quad c\leqslant n\leqslant N$$

由此可见，图形中直线的斜率可以从预期论文总数标出。但应当注意，人们绘制布拉德福分布图形的横坐标是对数坐标，纵坐标的密度要大得多。因此，我们不能因某一图形中的斜率为 1，则认为 $N=1$，而应注意图中 $R(i)$ 的标度。

布鲁克斯等发现，随着学科范围的扩大，S 值也增大，且与学科发展阶段有关，因此 S 值可作为比较学科幅度和成熟程度时的参考；同时，c 值与 S 值相关。

布鲁克斯描述布拉德福定律的数学公式亦称为布拉德福定律的图形表述形式。这一公式的提出，不仅使布拉德福定律理论上趋于完善，而且为其实际使用铺平了道路，大大促进了它在图书情报和文献工作中的推广应用。因此，布鲁克斯为布拉德福定律的进一步完善和理论发展做出了巨大贡献。

五、斯马里科夫的统一方程

1977 年，苏联情报学家斯马里科夫曾提出一个统一方程来代替布鲁克斯的两个公式，以揭示期刊论文的分散规律。

在等级排列的期刊中，离核心区越远的期刊，其所载相关论文数量越少，所以可将文献在等级排列的期刊中的分散过程看成一个衰减的物理过程。在这一过程中，随着期刊等级 n 的增大，相关论文总数的增量 $\Delta R(n)$ 在逐渐减小。为此，假设

$$\Delta R(n) = \varphi(n)\Delta n \tag{4-17}$$

式中，$\varphi(n)$ 为以期刊数量(即等级) n 为变量的函数，当 n 充分大时，它接近于一个常数；Δn 为期刊增量(即等级增量)。

当 n 很小时，类似于“马太效应”的文献密集效应在起作用，其物理过程是相关论文将别的学科的论文从期刊中排挤出去。随着 n 的增大，这种作用减弱了。为此，可造就一个反映这种密集作用的函数 $\varphi(n)$，并令其为

$$\varphi(n) \propto c_1 - c_2 e^{-\beta n}$$

式中，c_1、c_2 为常数；β 为密集效应的衰减系数。

显见，这一函数具有以下特点：当 n=1 时有最小值，即衰减作用不明显；当 n 增大时，$\varphi(n)$ 逐渐增大，最后趋于一个恒值 c_1，即衰减作用逐渐增大至一定值，又考虑到 $\Delta R(n)$ 随 $R(n)$ 的增大而减小，并且这种减小是一个衰减的过程，所以 $\Delta R(n)$ 又与指数函数 $e^{-rR(n)}$ 成比例，其中 r 是文献分散的衰减系数。

根据上述讨论，忽略比 Δn 更高阶的小量，则可得到微分方程：

$$\frac{dR(n)}{dn} = Ae^{-rR(n)}(c_1 - c_2 e^{-\beta n}) \tag{4-18}$$

式中，A 为比例系数。

积分式(4-18)，并取对数得

$$R(n) = K_1 \ln(q_1 n + q_2 e^{-\beta n} + q_3) \tag{4-19}$$

式中，$K_1=1/r$；$q_1=rAc_1$；$q_2=rAc_2/\beta$；$q_3=rAc_3$（c_3为积分常数）。

将式(4-19)转换为常用对数，得

$$R(n) = K \ln(q_1 n + q_2 e^{-\beta n} + q_3) \tag{4-20}$$

式中，$K=K_1/M$（$M=\text{lne}=0.43429$）。

计算表明，q_3的值非常小，一般只占式(4-20)括号中三项之和的0.1%，因此常量完全可忽略。于是就得到方程：

$$R(n) = K\ln(q_1 n + q_2 e^{-\beta n}) \tag{4-21}$$

这就是斯马里科夫提出的描述期刊论文散布的统一方程。

研究表明，根据上述方程所绘制的一些学科专业期刊论文的分布曲线与实际数据能很好地吻合；而且，从这一方程出发，能进一步证明维氏公式的正确性。

六、布拉德福分布理论及发展趋势

期刊是情报的主要载体。图书情报界非常重视科学论文在期刊中分布规律的探讨。继布拉德福提出著名的布拉德福定律之后，人们又陆续提出了十来个经验分布公式；有些学者还运用数理统计理论，从不同的角度，以不同的观点对其进行统计解释，从而形成了一个内容丰富的理论体系，人们称之为布拉德福分布理论[49]。

（一）布拉德福分布理论的基本内容

布拉德福分布理论的基本内容是，研究科学论文在期刊中的分布规律及其应用，目前主要包括一个定律、十来个经验公式和四个数学模型。

布拉德福定律是布拉德福分布理论的核心内容。它有两个基本要点：一是等级排列，形成主体来源(期刊)的有序目录；二是确定相关论文在主体来源中的分布规律。其具体的研究方法包括区域分析法和图像分析法。虽然这两种方法的具体数值并不相等，但它们揭示的都是论文在期刊群中的分布规律。布拉德福定律是布拉德福分布理论的最基本定律，是这一理论赖以存在的必要基础。

其后，人们进一步寻求相关论文与期刊数量之间的解析关系。这就导致了经验分布公式的出现，并先后提出了十来个描述布拉德福分布的经验公式。较为著名的有：布鲁克斯提出的直线分布公式和由两部分组成的数学表达式，肯德尔的“布拉德福-齐普夫定律”的一般公式，莱姆库勒的规范化公式，以及斯马里科夫的统一方程等。

与此同时，不少学者认为，虽然文献的产生和分布是随机的，但也存在一定的统计规律，对此可以运用概率论和数理统计的理论方法进行解释。目前，布拉德福分布存在众多分布模型，其中有代表性的主要有四种：西蒙的随机模型、布鲁克斯的混合泊松分布模型、纳兰南的序性流模型和阿拉麦斯库的科学势扩散模型。

布拉德福分布理论具有明显的特点，主要是所考察的具体对象的绝大多数集中于少数主体来源，其行为规律要受人为控制因素的影响；许多经验分布公式都建立在按具体对象在其主体来源中出现频率排序的基础上。

（二）布拉德福分布理论的发展趋势

从目前的情况来看，其研究工作主要集中在两个方面：一是进行具体统计，验证布拉德福定律，并试图应用于实践。在这方面，许多学者认为定律与统计结果相符，因而该定律得到普遍承认和发展。二是寻求普遍而精确的经验分布公式和理论解释，并取得了较大进展。但也存在一些问题，如公式繁多、理论各异，至今尚无统一的定论；理论与实际的结合也很不够等。这些都是该理论不够成熟的表现，也是今后要研究解决的重点。

科学论文的分布要受到很多因素的影响和客观条件的限制，带有主观性和模糊性。这类人为定量规律的数学表现是艰巨的、复杂的。布拉德福分布理论如果取得数学表现上的突破后，就会更加完备、更有普遍的指导意义。因此，今后发展的趋势将是更多地运用概率论、随机过程理论和模糊数学等工具，同时考虑多种因素的综合影响，结合文献工作实际，寻求更为精确、更为普遍适用的分布公式和数学模型。当前研究的主要方向和亟待解决的问题是：

⑴运用大量的统计数据，以严密的数学方法，对布拉德福定律进行严格的检验，比较各公式的优劣，以尽快确立或寻求更为精确的规范化的数学模型。

⑵深入研究布拉德福分布的机理，以寻求科学的统一的理论解释。

⑶分析和研究其适用条件及局限性，并努力结合实际，大力开展应用研究；真正将理论用于指导文献情报工作，以节约经费，节省时间，切实提高文献情报服务的效率。

第五节 布拉德福定律的应用

现代科学的发展，尤其是科学知识的高度分化与综合，使科学文献的分布越来越趋向于复杂化。这一趋势的形成和发展，对科学研究及文献情报工作都将产生重大的影响。因此，对于定量描述文献分布规律的布拉德福定律及其分布理论的研究，具有重要的理论价值和实际意义。这是因为，一方面，对于布拉德福定律及分布理论的研究可以进一步揭示文献情报流的内在规律，并为创立情报学理论体系和新的数学模型提供借鉴，促进文献计量学的理论发展；另一方面，布拉德福定律与文献计量学的其他定律一样，都可以作为图书情报工作科学管理的一种基础理论。从 20 世纪 60 年代后半叶起，情报学界加强了布拉德福定律的应用研究，其范围已拓展到广阔的学科和工作领域。不少研究表明，许多社会现象和事物也符合布拉德福分布，认为它是人类社会的普遍规律之一。因此，布拉德福定律及分布理论不仅在文献计量学中占有重要地位，而且对其他相关领域也有较大影响。这个起源于科学文献领域，却反映人为控制因素起决定作用的普遍现象的分布理论具有广阔的应用前景。

一、布拉德福定律应用的基本方法

现在应用布拉德福定律，主要是应用其等级排列技术和分析方法，因此这个定律虽然是以科学论文在期刊中的分散情况为基础创建的，但可以派生出许多不同的应用。可以说，这些方法是各种应用的楷模。总结各种应用，不管什么类型，基本上都有三大步骤：①选用统计工具并获取原始数据；②等级排列统计数据；③分析统计资料，得出统计分析结果。选用统计工具是根据研究对象和目的的不同而异的；等级排列是按照期刊的载文率大小顺序排列，是整个研究的关键步骤；布拉德福型数据的生成和布拉德福常数的取值，以及最后的分析都依赖于等级排列。不同的应用，只是所选用的数据不同，等级排列的方法都是一样的，这是布拉德福定律应用的主要特点。但是，用等级排列生成布拉德福型数据，不是千篇一律地都要像布拉德福那样列出五栏，而要看采用什么方法进行分析。分析方法不同，等级排列时展开成布拉德福型数据的要求也不一样。

目前所使用的分析方法主要有两种：区域分析法和图像分析法(此外，还有解析式分析法)。两者都是模拟布拉德福的基本方法而逐渐定型，近来似乎已趋于标准化了[50]。

(1) 区域分析法(zone analysis)。这种方法是根据布拉德福把期刊分成三个区域，使每区论文数量大致相等，并且各区期刊数量关系之比为$1:a:a^2$的方法形成的。不过，现在大都采用维克利的方法，不但区域不止三个，而且 a 值也视具体情况而定；区域可以分得很细，直到最后一个区域中的每种期刊都只登载一篇相关论文。这样，其分析结果会比只分三个区更为精确。例如，美国的沃森(D. B. Worthen)采用区域分析法考察了医学部分专业的专著出版情况，从而掌握了这些学科的专著的基本分布，确定了该学科的“核心出版社”[51]。

(2)图像分析法(graphical analysis)。这是按照布拉德福的制图方法，将等级排列的统计数据绘制成图，然后对曲线进行分析。如果采用区域分析法，布拉德福型数据只用 A、B 两栏就可以了，据此划分区域，求出布拉德福常数。如果采用图像分析法，布拉德福型数据则必须要有两组累积数据，即 n 与 $R(n)$ 数据；用 n 的对数作为横坐标，$R(n)$ 作为纵坐标，所得到的图像就是 n 与 $R(n)$ 的对应关系曲线。这是布鲁克斯在理论上已证明过的方法，也是图像分析法一致采用的。加拿大学者波普用图像分析法确定情报科学的核心期刊的应用，便是这种方法的典型例子。

二、布拉德福定律应用的主要领域

布拉德福定律的应用相当广泛，对于确定核心期刊、制定文献采购策略和藏书政策、优化馆藏、检验工作情况、了解读者阅读倾向、检索利用文献等方面都有一定的指导作用。同时，在文献情报工作中，不仅要注意搜集最有情报价值的文献，而且要充分考虑实际经济效益。布拉德福定律在这方面的意义就在于：能够为文献情报部门使用有限资金、获取情报密度最高的情报源提供定量依据，以利于做出科学决策。

(1)确定核心期刊。选择核心期刊是布拉德福定律最基本、最常用的应用之一。这可以直接仿照布拉德福的方法进行。这种应用已被广泛地运用到各个学科的期刊文献工作中，如化学、医学、农业、海洋学和情报科学等。使用区域分析法或图像分析法都能确定特定学科的核心期刊。

(2)用于文献检索。利用布拉德福定律的数学公式，不仅可以预计完全检索 n 种期刊的论文总数，而且可以通过计算来评价文献检索的效率。

(3)考察专著的分布。这是通过统计分析各个出版社关于某个学科或专业的专著出版情况，从而掌握其专著的基本分布，确定这个学科的“核心出版社”。

由于考察对象是出版社与专著，必须选定一个能够较全面地反映该学科著作出版情况的目录进行分析。沃森对 1965～1970 年和 1971 年美国国立医学图书馆(The National Library of Medicine，NLM)的《美国 NLM 最新目录》中五个标题下的专著及其出版者的统计发现，专著数量对其出版者的分布基本上符合布拉德福分布，其研究结果列于表 4-4 的三个表中，说明这六年间对编进目录按出版者排列的专著分布是布拉德福分布。第 1 区中，五个出版者(社)出版 113 部专著，超过了 216 个只出版一部专著的出版者出版总数的一半；第 2 区中，113 部专著是由 10 个出版者出版的；各区的出版者数量的比例系数基本上趋于一个常数。

表 4-4　专著对其出版者的布拉德福分布

标题	出版者/个	专著数/篇
心血管病	179	255
心脏病	154	220
脑血管病	86	127
脉管病	87	105
心律不齐	51	63
合计	557	770

(a) 五个标题出版者与专著数量分布

区	专著数/篇	出版者/个	布拉德福常数
1	113	5	—
2	113	10	2.0
3	111	17	1.7
4	111	28	1.6
5	106	50	1.7
6	96	96	1.9
7	120	120	1.3

(b) 布拉德福分区及常数分布

出版者/个	每个出版者的专著数/篇
1	41
1	20
1	19
1	17
1	16
1	15
1	14
3	11
3	9
2	8
7	7
9	6
8	5
11	4
15	3
44	2
216	1

(c) 出版者专著数分布

这种分布显然可用于指导图书馆的采购工作，使采购人员可以确定在什么地方出版了某一学科的大量专著，从而得到出版商的详细清单。通过实际的统计，发现经验的估计存在着偏差。例如，在美国医学方面的 Saundersi 出版社声誉一直很好，但在统计中它却在布拉德福分布的第 2 区，且处于偏低位置。而公共服务社以前被看成是一个不重要的出版部门，在分布中却处于核心区。此外，这种分布还可以指导读者检索文献。

(4) 动态馆藏的维护。以前，图书馆的馆藏和服务一直都是凭经验进行的，没有量的准确概念。这种量的混乱状态很大程度上是由于不能确定情报源的有用收藏的最小量。运用布拉德福定律确定动态期刊馆藏，能使馆藏合理化。

统计结果表明，某专业图书馆中期刊的流通和期刊读者分布都服从布拉德福定律。表 4-5 是美国 Allen 纪念医学图书馆在 1968 年 3 月(高峰月)的期刊流通和期刊读者的分布。从表中可见，该月流通的期刊有：11 种出借 113 次，16 种出借 108 次，21 种出借 107 次，等等。因此，大致流通相同次数的连续各区的期刊数量构成几何级数 $1:1.4:1.4^2:\cdots:1.4^7$。同时可以看出，3 月在 1、2、3、4 区有

86 个读者，76 种期刊流通。根据前者，可以通过不断统计期刊流通的最小核心和连续区(或每月一次，或每季一次，因图书馆利用密度而异)，而做出每种期刊的流通变化率曲线，以此预测未来一年的流通要求，从而指导采购，建立合适的馆藏。根据后者，可以先建立读者的最小核心，再利用相应的检索工具书的主题标题，确定这一核心中的读者所感兴趣的领域，即找出这些标题下的最新出版物来。然后建立每个由读者核心所表现出的主要主题标题核心。其方法也是应用布拉德福定律来归纳每种标题下期刊论文的分布，从而找到经常被利用的核心期刊，为准确地收藏服务。通过流通期刊的最小核心，再加上核心读者所感兴趣的学科的最小核心，使馆藏保持一种有序态，从而给读者提供最可利用的资料。

表 4-5　期刊流通和期刊读者的布拉德福分布

区	流通次数	期刊数量	布拉德福常数	区	流通次数	读者数量	布拉德福常数
1	113	11	—	1	118	13	—
2	108	16	1.5	2	108	18	1.4
3	107	21	1.3	3	107	24	1.3
4	110	28	1.3	4	109	31	1.3
5	110	38	1.4	5	109	40	1.3
6	110	55	1.4	6	108	54	1.4
7	109	93	1.7	7	108	105	1.9
8	109	109	1.2	8	109	109	1.1

(5) 检索工具完整性的测定。在图书馆管理中，检验文摘、索引、目录等检索工具的完整性是一项极为重要的工作。这对于确定读者检索的完整性和评价馆藏也是很有意义的。利用布拉德福定律的等级排列方法和数学表达式，一方面，可以确定某一遮盖度的文摘索引至少要摘索多少种情报源；另一方面，通过实际统计数据与根据布拉德福定律计算的理论值相比较的方法可以评价某一特定学科的检索工具的完整性，为这些工具的选择和利用提供科学依据。

(6) 学科幅度的比较。根据布拉德福定律，对不同学科的期刊和论文数量进行分析，能得到大小不同的核心区和 S 值。对不同核心区和 S 值进行比较，就可看出学科之间的差别。一般来说，参数 S 可表示一个学科领域范围的大小及发展的成熟程度，可供判断有关学科的幅度时参考。

此外，在两个核心区中出现的期刊数量，还可以作为两门学科重叠程度的判据。凭经验就可以知道，如果对于某一学科来说是很重要的期刊，对另一学科也是重要的，那么这两个学科便有了重叠；如果这种对两个学科都很重要的期刊越多，那么这两个学科的重叠程度也就越高。现在，运用布拉德福定律解决这一问题，使这种判断定量化了。

(7)指导读者利用期刊。布拉德福定律对指导读者阅读文献具有实际意义。用“核心期刊”这种量的概念指导读者，可大大提高读者利用期刊的效率。

(8)指导期刊订购工作。利用布拉德福定律，既可以确定某一学科的“核心期刊”，为期刊选订提供依据；又可以确定哪些期刊必须订购，而哪些期刊可以通过复制其中的论文来解决，从而指导期刊订购工作。这对制定合理的文献搜集政策和经费分配方案都具有指导意义。

由于布拉德福定律是试图用数学模型来说明社会领域中特定现象的一次成功的尝试，它与社会科学中的某些规律极为类似，如二八定律等。加菲尔德对 SCI 的分析得出了表 4-6 中的数据。2200 种期刊中，100 种就占有全部相关论文的 43%，23%的期刊(500 种)占有 70%的论文。这很类似于 19 世纪意大利经济学家帕累托发现的财产分布规律，即 80∶20 规则。

表 4-6　SCI 中的期刊及其论文占有量

期刊数量	论文量/%
20	20
100	43
500	70
2200	100

因此，有些学者提出将布拉德福定律及其等级排列技术的应用扩展到文献工作以外的广大社会领域中。例如，布鲁克斯在纪念布拉德福一百周年诞辰的专刊上，提出了布拉德福的等级排列技术可以应用于一些社会现象的看法；甚至提出以布拉德福理论为基础创立新的学科分支——个体统计学(statistic of individuality)。随着这方面研究的不断深入，必将为布拉德福定律及其分布理论的应用开拓更为广阔的光辉前景。

三、布拉德福定律应用的条件与局限

从布拉德福定律的大量应用研究来看，成功与失败相间。这是由于该定律起初是从经验观测数据得到的，后来虽经发展和完善，但仍存在某些局限性。布拉德福定律只有充分满足下列条件才能成立，其应用也常受到这些因素的限制。主要条件是：

(1)论文的学科、专业领域或课题范围应当清楚地划定。

(2)被分析的相关学科、领域或课题的期刊清单，以及对这些期刊中刊载的相关论文的统计应当是充分的。

(3)被分析的期刊的时间应当清楚限定，以保证有关文献数据统计的一致性。

第五章

齐普夫定律

乔治·金斯利·齐普夫(George Kingsye Zipf)是美国哈佛大学教授，著名语言学家和心理学家。他学识渊博、论著繁多，在很多领域均有建树。1935年，齐普夫用大量的统计数据来验证前人有关词频分布规律的研究成果，并进行了系统的研究，使这一分布定律得以正式形成和确立。为了纪念他的贡献，后来人们以他的名字来指称这一定律。因此，齐普夫是齐普夫定律的主要创始人。1948年4月，46岁的齐普夫完成了他的专著《最省力原则：人类行为生态学导论》(Human Behavior and the Principle of Least Effort：An Introduction to Human Ecology)[52]，并于1949年首次出版。该书50余万字，语言精练、层次清晰、扣题紧凑，引用大量的数据和事实，对“最省力原则”进行了精辟的论述。这部专著影响很大，许多学者称之为“巨著、杰作”。他的这些学术研究和成就与情报学、图书馆学关系密切。齐普夫定律是文献计量学的基本定律之一。

第一节 齐普夫定律的理论基础——最省力原则

在有关研究中齐普夫发现，每一个人在日常生活中都必定要在他所处的环境里进行一定程度的运动。他把这种运动视为走某种道路。然而，人们在自己的环境里所走的道路并非就是他的全部活动。对于一个处于相对静止状态的人来说，他要完成新陈代谢，就要有不断的物质和能的运动，并进行输入、循环、输出等一系列的过程。这个物质和能的运动也是在一定的道路上进行的。可以认为，人的全部机体都可以视为物质的聚合，正以不同的速度在不同的道路上穿过人的系统；而在整个宏观的宇宙世界中，人的系统继而又以一个整体在他的外部环境里，取不同的道路、以不同的速度运动着。

在这里，齐普夫强调的是运动和道路的概念。他的目的是要说明每一个人的运动，不管属于哪种类型，都是在一定的道路上进行的，而且都将受一个简单的基本法则的制约，千方百计地选择一条最省力的途径。在各种运动中，人们也都有意无意地按照这个基本法则行事。齐普夫把这样一个他认为存在的法则称为“最省力原则”(the principle of least effort)。当然，这个“最省力”是带有主观含义的，在客观上各人有各人认为的“最省力”，它们并不是完全相同的。

如何理解齐普夫的“最省力原则”呢？我们举个简单的例子。一个人要从A地到B地去，可以走各种不同的道路，但总得选择一条道路。为此，就得从经济上、安全上、时间上，并结合本人的主观条件(如身体状况)及客观条件(如所处的地区环境)等各种因素考虑，想方设法地选择一条最符合自己条件和要求的道路，使得自己付出的“力”最小。做到了这一点，就可以说他所消耗的力是最省的。做出这种选择的依据就是“最省力原则”。它既是人们愿望的反映，也是行动者努力的结果。在各种人为选择中，人们都自觉或不自觉地共同遵循着这一基本的行为选择法则——最省力原则。

按照齐普夫的说法，当我们用语言表达思想时，我们就像受到两个方向相反的力的作用，即“单一化的力”和“多样化的力”的作用。在谈话或写作时，这两种力表现为一方面希望被对方理解，另一方面希望尽量简短。从这一观点来看，说话者以只用一个词表达所有概念为最省力，而听话者则以每个概念都用一个词表达为最省力。“单一化的力”与“多样化的力”取得平衡，使自然语言词汇的分布呈双曲线。应当指出，这里所说的“力”不同于物理学上的力。

“最省力原则”出现后，国外许多学者纷纷对此进行研究，并把它应用于包括图书情报工作在内的许多领域中。例如，在 20 世纪 60 年代后期，有位学者运用这个法则研究了图书馆或情报中心在一个城市中的合理位置，尽量使所有可能使用它的人平均付出最小的力。还有人运用这个原则研究了书库中图书排列的最佳方案，打破传统的绝对按某种顺序排列的方法，解决如何才能使馆员在索取读者所需要的书时，平均付出的力最省。下面主要讨论与图书情报工作关系更为密切的齐普夫定律。

第二节　齐普夫定律的形成

一、齐普夫定律形成的基础

在文献中，不同词汇的使用和出现频率是有一定规律的。为了发现和揭示这种规律，许多学者进行过探索。这些有关词频分布规律的研究和成果，为齐普夫定律的形成奠定了必要的基础。

早在 1898 年，德国语言学家凯丁（F. W. Kaeding）就编写了世界上第一部频率词典《德语频率词典》（Häufigkeits Wörterbuch der Deutschen Sprache）。凯丁编写这部词典的样本容量为 110 万个词的文句，并统计了每一个词在总样本中的出现次数。20 世纪初，美国教育学家兼心理学家 E. L. Thorndike 先后编写了《教师二万词词书》（Teacher’s Word Book of 20,000 Words）和《教师三万词词书》（Teacher’s Word Book of 30,000 Words），对英语的词汇进行了大量的频率统计工作。目前，世界上的频率词典已有许多品种，其中有普通频率词典，也有专业性频率词典。

频率词典实际上也就是一种词表。对词表中的每一个词都要给出它们在一定长度的文句中出现的频率。随着不同语言中有关词的频率资料的大量积累，人们迫切希望能将这些资料从理论上加以概括。在一部频率词典中，词的出现频率与词的序号是两个最基本的数量指标。它们刻画了一个词在词表中的统计性质，因此人们着重研究了词表中这两个基本数量指标之间的相互关系，以揭示词的频率分布规律[53]。

(1) 艾思杜的发现。1916 年，法国速记学家艾思杜 (J. Estoup) 就发现了在较长文章中，词的出现频率分布的定量化形式。他在从事速记文字体系的改善研究工作中观察到如下规律：假设有一篇包含 N 个词的文献 (N 应该充分大)，按这些词在文献中出现的绝对频率 n 递减的顺序排列，并且按自然数顺序从 1 (绝对频率最大的词) 到 L (绝对频率最小的词) 编上序号，造出这个文句的词表 (表 5-1)。

表 5-1　词的绝对频率与它对应的词的序号

词的序号	1	2	…	r	…	L
词的绝对频率	n_1	n_2	…	n_r	…	n_L

艾恩杜发现，词的绝对频率与它相应的词的序号 r 的乘积大体上稳定于一个常数 K，即

$$n_r r = K \tag{5-1}$$

(2) 贡东的公式。1928 年，美国贝尔电话公司物理学家贡东 (E. Condon) 在研究提高电话线路的通信能力的工作中，根据德韦 (G. Dewey) 和阿叶斯 (X. Ayres) 关于词的频率统计资料，以横坐标表示词的序号的对数即 $\ln r$，纵坐标表示词的绝对频率的对数即 $\ln n_r$，描绘了如图 5-1 所示的图形。

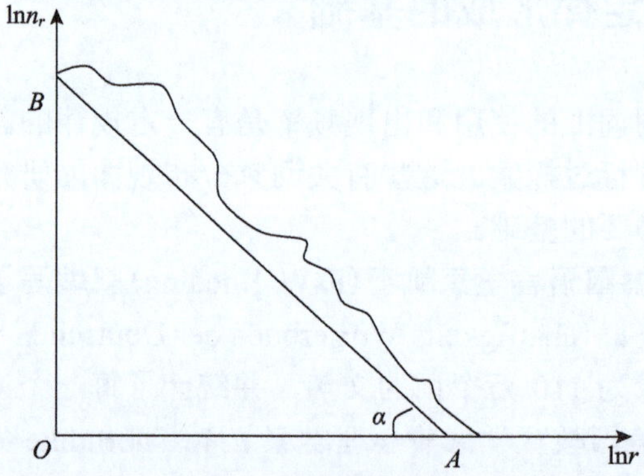

图 5-1　词频分布

贡东发现，$\ln r$ 与 $\ln n_r$ 的分布关系接近于一条直线 AB，AB 与横坐标轴的夹角为 α。

如令 $\tan\alpha=\gamma$，则有

$$\ln(r^{\gamma} n_r)=\ln K$$

式中，K 是一个常数，因而有

$$n_r = \frac{K}{r^{\gamma}}$$

贡东经过多次试验，发现 α=45°，即

$$\gamma=\tan\alpha=\tan 45°=1$$

故上式变为 $n_r = Kr^{-1}$；再用所考察的文句的总长度 N 除等式两边得

$$\frac{n_r}{N} = \frac{K}{N} r^{-1}$$

而 $\frac{n_r}{N} = f_r$（第 r 级词的相对频率），令 $\frac{K}{N} = C$，则得

$$f_r = Cr^{-1} \tag{5-2}$$

这就是贡东提出的定量化公式[54]。

但是，贡东指出：C 是否为一个常数，还需要更多的试验来检验。不过，如果 C 是一个常数，可用如下方法来确定 C 的值。

当试验次数 $t \to \infty$ 时，频率 f_r 就变成了概率 P_r，故公式变为：$P_r = Cr^{-1}$。因为所有词的概率的总和等于 1，即

$$\sum_{r=1}^{L} P_r = 1$$

而对于给定的文句，词表容量 L 是已知的，用 Cr^{-1} 来代替 P_r，则有

$$\sum_{r=1}^{L} Cr^{-1} = C\sum_{r=1}^{L} r^{-1} = 1$$

所以

$$C = \frac{1}{\sum_{r=1}^{L} r^{-1}}$$

由此可求得 C 的值。例如，在德韦的资料中，L=10161，代入上式，求得 C=0.102。

贡东顺利地得到并发表了上述结果，同时还指出，希望人们能用更广泛的试验材料来检验 C 究竟是不是一个常数。可见，贡东虽然提出了定量公式，但他并没有完全确证这一公式。而齐普夫正是在这个基础上，抓住前人还没有解决的问题大胆探索，从而正式创立了词频分布定律。

二、齐普夫定律的确立

1935 年，齐普夫以大量统计数据对词频分布规律进行了系统研究[55]。他首先检验了贡东关系式的可靠性和 C 的性质。齐普夫主要根据汉莱（M. Hanley）为乔伊斯（J. Joyce）的中篇小说《尤利西斯》（Ulysses）一书所编的频率词典来进行工作。由于该词典文句容量为 260432 个词，词典中收词 29899 个，这样，他就有可能在比贡东的规模大得多的基础上来检验贡东的结果，并着重研究 C 是否为一个常数。

起初，齐普夫按公式 $P_r = Cr^{-1}$ 来估计 C 的值。他指出，在此公式中，当 r=1 时，有

$$P_r = Cr^{-1} = C$$

可见，C 就是序号为 1 的那个词的概率。根据试验，齐普夫得出了 C=0.1，因而认为 C 是一个常数。

但是，后来大量的事实说明，大多数欧洲语言中，几乎没有一种语言的序号为 1 的词的相对频率为 0.1，一般小于 0.1。例如，英语中序号为 1 的词是 the，它的 P_r=0.071<0.1。这样，齐普夫对他原先的说法进行了修改，指出 C 不是一个常数，而是一个参数，它的取值区间为 0<C<0.1，对于 $r = 1,2,\cdots,L,$ 这个参数 C 使得

$$\sum_{r=1}^{L} P_r = 1$$

后来，齐普夫还根据其他一些文句中的词频统计得出了类似的结论，从而论证了单参数词频分布公式的 $f_r = Cr^{-1}$（或 $P_r = Cr^{-1}$）的正确性。

由于齐普夫做了大量艰巨的统计和计算工作，确定了 C 的性质，论证了描述词的频率与等级序号之间关系的定量形式，为揭示这种分布规律做出了巨大贡献。因此，人们用他的名字来指称这一定律。在大部分有关情报学和语言学的文献中，上述单参数词频分布定律被称为齐普夫定律。

第三节　齐普夫定律的基本原理

一、齐普夫定律的基本内容

1949 年，齐普夫的杰作《最省力原则：人类行为生态学导论》出版。在这一原则思想的指导下，他首先对人类信息交流的重要工具——语言进行了大量研究，试图证明自然语言词汇的分布服从一个简单的定律，他称这一定律为“最省力原

则”。为此，在他以前研究的基础上又收集了大量统计材料并进行系统的分析，发现在任何一篇文章中，词的出现频率都服从如下规律。

如果把一篇较长文章（约 5000 字）中每个词出现的频次统计起来，按照高频词在前、低频词在后的递减顺序排列，并用自然数给这些词编上等级序号，即频次最高的词等级为 1，频次次之的词等级为 2，……频次最小的词等级为 D（或 L）。若用 f_r 表示频次，r 表示等级序号，则有

$$f_r = Cr^{-1} \tag{5-3}$$

式中，C 为常数。但这里的常数并不是绝对不变的恒量，而是围绕一个中心数值上下波动。式（5-3）与齐普夫以前验证过的定量形式是一致的。人们亦称该式为齐普夫定律（或称齐普夫第一定律）。

齐普夫定律不但可以用词的绝对频数（频次）表示，也可以用词的相对频数（频率）表示，只是式（5-3）两端除以文章所包含的词汇总数 N（词容量）而已。

齐普夫运用其“最省力原则”解释了这个定律。他认为，在任何语言中，凡是使用频率高的词，功能总是不会太大。词义本身在这个场合中价值小，因而传递它们所需要的“力”就不大。因此，词的出现频率与等级序号的乘积基本上稳定于一个常数。

二、齐普夫定律的图像描述

表 5-2 列出了一组词频与等级序号的统计数据。

表 5-2　文献中出现的词频与等级序号的统计数据

r	f	$\ln r$	$\ln f$
1	400	0	2.602 1
2	200	0.301 0	2.301 0
3	133	0.477 1	2.123 9
4	100	0.602 1	2.000 0
5	80	0.699 0	1.903 1
6	66	0.778 2	1.819 5
7	58	0.845 1	1.763 4
8	40	0.903 1	1.699 0
9	44	0.954 2	1.643 5
10	40	1.000 0	1.602 1
…	…	…	…

若建立 f 与 r 的直角坐标系，用横坐标表示词的等级序号 r，纵坐标表示相应的频次 f，就可得到一条双曲线(图 5-2)。

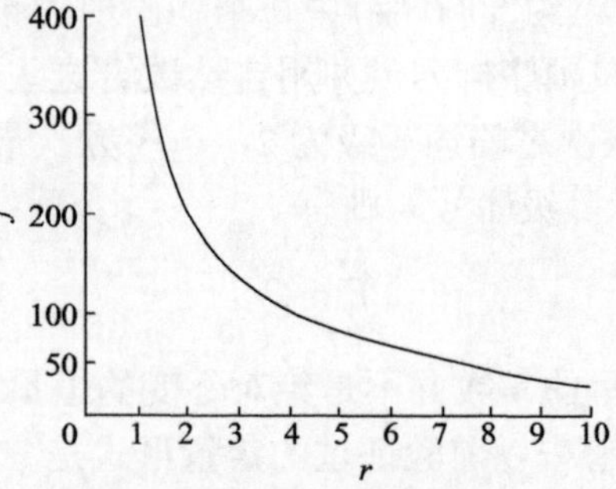

图 5-2　齐普夫分布曲线

如果等级 r 与频次 f 都取对数坐标，则图 5-2 中的图形变成了一条直线(图 5-3)。

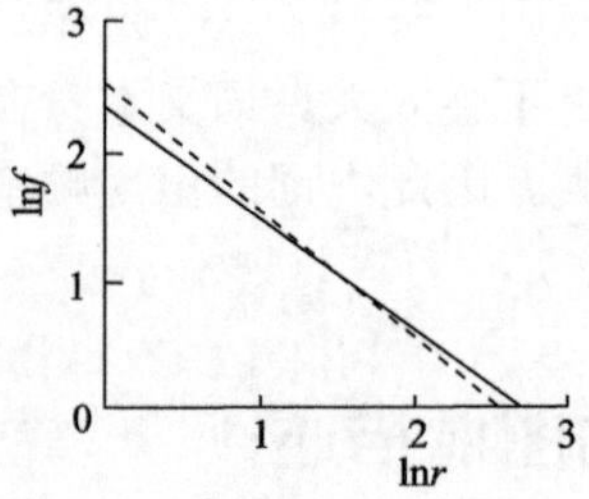

图 5-3　齐普夫分布对数曲线

这种类型的分布，就称为齐普夫分布。

图 5-3 中的图像若用等价的数学式表示，则为

$$\ln r + \ln f = \ln C$$

图 5-3 中虚线表示的是上面方程的图像，它可能是理想化形式。而一般地，由解析几何可知，斜率为 b 的任一直线可表示为

$$b\ln r + \ln f = \ln C$$

这条直线是由图 5-3 中的实线表示的。如果将这一方程改写成类似式(5-3)的形式，则得

$$f_r r^b = C \tag{5-4}$$

若取 $b=1$，则式(5-4)与式(5-3)相同。这与朱斯(M. Joos)提出的齐普夫定律的修正式是一致的，它是齐普夫定律的一般形式。

三、齐普夫定律的局限性

一般来说，齐普夫定律较符合西文文献词频分布的实际情况，并揭示了其定量规律。但词频分布问题是比较复杂的，因此上述公式的适用范围都有一定的局限性，尤其是对出现频次特别高和特别低的词，并不能完整地反映其分布规律。例如，从公式来看，一个 r 值只能对应一个 f_r(或 P_r)值，因而说明文句中不能存在频率相同的词，这与语言的客观事实是不相符的。试验证明，当 $15 < r \leqslant 1500$ 时，频率相同的词群容量不大，但当 $r>1500$，也就是词的频率较小时，频率相同的词群的容量就大大增加了。可见，上述公式都不能恰当描述低频率词的分布情况。实际上，前面的函数图像并不完全是一条直线，而是一条阶梯形的破碎折线(图 5-4)。从图形可以看出，低频率的词，序号相同的很多；而高频率的词，序号相同的词随着频率的增大而越来越少。可以说，序号的雷同数是随着频率的减小而增大的。但是用上述各公式都不能很好地描述这种事实。可见，齐普夫定律对于正确反映词频分布的客观规律，还存在一定的局限性。

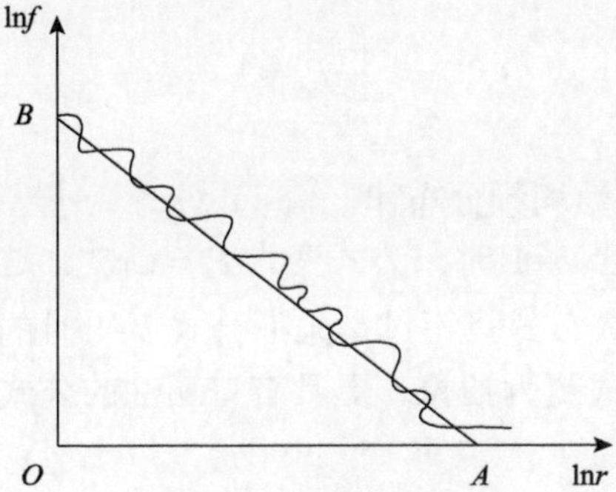

图 5-4　词频分布示意图

当然，这也并不奇怪，因为齐普夫仅仅使用了一般的统计方法，对上述研究结果也没有用数学理论深入研究，该定律是一个纯粹的经验定律。针对这些局限性，后来的研究者进行了探讨，使齐普夫定律获得了应有的发展。

第四节　齐普夫定律的发展

在齐普夫之后，不少学者对齐普夫定律进行了比较广泛而深入的研究。概括地说，其研究主要集中在两个方面；一是通过增加参数，对齐普夫公式进行修正，使之在更普遍的意义上趋于更精确地描述文献中的词频分布规律；二是研究其经验定律和齐普夫分布的理论基础[56]，以及从不同的角度广泛探讨其应用前景。这些研究都有力地促进了齐普夫定律及其分布理论的全面发展。

一、朱斯修正式

1936 年，就在齐普夫发表其成果后不久，美国语言学家朱斯就对齐普夫的单参数分布律提出了修正。朱斯指出，齐普夫公式 $P_r = Cr^{-1}$ 中，不仅 C 是一个参数，而且 r 的负指数（以 γ 表示）也是一个参数。这是因为，当词典收词多时，γ 会增大，即图像中的 α 会增大，当词典收词小时，γ 会减小，即图像中的 α 会变小，可见，γ 并不永远等于 1，α 也并不都是 45°。也就是说，γ 不是一个常数而是一个参数，若令这个参数 $\gamma=b$，则有

$$P_r = Cr^{-b} \tag{5-5}$$

式中，$b>0$，$C>0$。对于 $r = 1,2,\cdots,L$，参数 b、C 要使

$$\sum_{r=1}^{L} P_r = 1$$

式（5-5）就是朱斯的双参数词频分布律。

在朱斯的公式中，当 $b=1$ 时，公式变为 $P_r = Cr^{-1}$。这正是齐普夫的单参数词频分布律。因此，齐普夫公式只不过是朱斯公式 $b=1$ 时的一种特殊情况。可见，朱斯公式是比齐普夫公式更为抽象、更具有普遍性的公式，是对齐普夫公式真正的实质性的修正。

二、芒代尔布罗修正式

1952 年，美籍法国数学家芒代尔布罗（B. Mandelbrot）运用信息论原理和概率论方法来研究词的频率分布规律，重新解释了齐普夫定律，并修正了定律的表达式。芒代尔布罗把词看成由空格隔开的一些有一定顺序的字母序列，并将书面语言和利用模拟或数字表达形式的编码加以比较；把句子看成用词来编码的词的序列，又把文章看成由句子的增消过程而形成的句子的序列。他认为，所有符号都有一定的值，可赋予词汇以先验的概率，以使其总平均值最小而信息量保持不变。从这样的观点出发，芒代尔布罗通过严格的数学推导，从理论上提出了词的三参数频率分布定律。其形式为

$$P_r = C(r+a)^{-b} \tag{5-6}$$

式中，$0 \leqslant a<1$，$b>0$，$C>0$，对于 $r=1,2,\cdots,L$，参数 a、b、C，要使

$$\sum_{r=1}^{L} P_r = 1$$

a、b、C 三个参数的含义如下：

(1) 参数 C 与出现概率最高的词的概率大小有关。

(2) 参数 b 与高概率词的数量的多少有关，对于 $r<50$ 的高概率词，b 是 r 的非减函数，随着 r 的增大，参数 b 并不减小。

(3) 参数 a 与词的数量 n 有关，由于 a 的选择自由度较大，公式的灵活性很大，更能在各种条件下适合测定的数据。

芒代尔布罗修正式既基本上保持了齐普夫定律的原貌，又使公式的适用面更宽广。在式(5-6)中，当 $a=0$ 时，公式形式为 $P_r = Cr^{-b}$，这就是朱斯公式；当 $a=0$、$b=1$ 时，公式形式为 $P_r=Cr^{-1}$，这就是齐普夫公式。可见，朱斯公式和齐普夫公式只不过是芒代尔布罗修正公式的特殊情况。

应当指出，上述研究结果虽然对齐普夫公式进行了修正，但仍有局限性，特别是出现频率很低的词不能完全满足分布公式。因此，词频分布规律还有待进一步加以研究和完善。这就导致了齐普夫第二定律的产生。

三、齐普夫第二定律

有人认为，齐普夫定律是由两大定律组成的，即高频词出现的定律和低频词出现的定律。关于低频词分布的定律称为齐普夫第二定律。

齐普夫第二定律是由布什(B. Booth)首先导出来的。如果设 P_r 为第 r 位词出现的概率，N 为词的总体集合中不同词出现的总次数，n 为第 r 位词出现的次数，则

$$P_r = \frac{n}{N} \tag{5-7}$$

根据齐普夫第一定律，有

$$P_r = Cr^{-1}$$

将其代入式(5-7)可得

$$r = \frac{CN}{n} \tag{5-8}$$

由于存在同频词，我们设定，若出现 n 次的词有多个，其排队顺序任意而连续，并且，至少出现 n 次的词的最后一个词的序号为 r_n，则有

$$r_n = \frac{CN}{n} \tag{5-9}$$

则有 r_n 个词出现 n 次以上，有 r_{n+1} 个词出现 n+1 次以上，因为出现次数为 n+1 次的词要排在出现次数为 n 次的词前面，所以刚好出现 n 次的词的数量为

$$I_n = r_n - r_{n+1} = \frac{CN}{n} - \frac{CN}{n+1} = \frac{CN}{n(n+1)} \tag{5-10}$$

因此，出现一次的词的数量为

$$I_1 = \frac{CN}{1 \times (1+1)} = \frac{CN}{2} \tag{5-11}$$

故

$$\frac{I_n}{I_1} = \frac{CN/[n(n+1)]}{CN/2} = \frac{2}{n(n+1)}, \quad n = 2,3,4,\cdots \tag{5-12}$$

可见，式(5-12)与正文的长度和常数 C 无关，仅与单词的频率有关。式(5-12)即为齐普夫第二定律表达式。

布什检查了四篇英语文章中低频词出现的情况，将这四篇文章中词的数量列于表 5-3。表 5-4 给出了用式(5-12)预测的 I_n/I_1 值与布什实际统计的数值的比较(对第 4 篇文章)。从表 5-3 中可以看出，预测值非常接近于实际值。因此，用式(5-12)预测英文正文中低频词的出现频率是比较可靠的。

表 5-3　布什统计的四篇文章的词频分布

文章	W·R·U·1	W·R·U·2	W·R·U·3	W·R·U·4
总词频(N)	4 325	4 409	8 734	43 989
不同词数(D)	1 001	1 211	1 698	6 002
出现一次的词数(I_1)	541	710	887	2 971
出现两次的词数(I_2)	152	227	273	1 097
出现三次的词数(I_3)	94	91	151	516

续表

文章	W·R·U·1	W·R·U·2	W·R·U·3	W·R·U·4
出现四次的词数(I_4)	56	41	90	294
出现五次的词数(I_5)	36	32	62	212

表 5-4　I_n/I_1 的预测值与实际值的比较

I_n/I_1	I_2/I_1	I_3/I_1	I_4/I_1	I_5/I_1	I_6/I_1	I_7/I_1	I_8/I_1	I_9/I_1	I_{10}/I_1
预测值	0.33	0.17	0.10	0.071	0.048	0.036	0.028	0.022	0.018
实际值	0.36	0.17	0.10	0.070	0.051	0.035	0.028	0.029	0.015

第五节　齐普夫定律的应用

齐普夫定律有着普遍的意义和广泛的应用。齐普夫定律不仅是文献计量学的广义通式，如布拉德福定律、洛特卡定律等都可以转换成齐普夫分布形式；而且在广阔的社会领域，许多现象(如科学文献出版量分布、城市人口分布、地理特征分布、生物种属分布等)都普遍呈现出齐普夫分布形式或特征。因此，齐普夫分布理论无疑是揭示社会科学内在规律的有力武器。它的理论价值已远远超出了文献学、情报学的范围，其应用也正在渗透到语言学、科学学、经济学、社会学乃至整个社会科学中。

在情报学和图书馆学领域内，齐普夫定律的应用不仅仅着眼于“最省力原则”解释，而主要是利用它揭示语言学统计规律和语言文字处理的方法。齐普夫定律对于揭示书目信息特征、设计情报系统、制定标引原则、进行词汇控制、组织检索文档、加强图书情报管理等，都有一定的理论指导意义。下面分三个方面介绍其主要应用。

一、文献标引和词表编制

从统计学角度研究语言文字问题，齐普夫定律是一种强有力的工具。在文献的加工、整理、存储和检索过程中，图书情报工作者首先要与语言文字打交道，这样就有可能应用齐普夫定律。文献标引和词表编制问题是图书情报工作中与语言文字打交道最多的一个问题，最有可能直接或间接地与齐普夫定律发生联系。

(1) 词表编制。由于电子计算机情报检索的出现，传统的分类法和主题法越来越不适应情报的组织与检索。20 世纪 50 年代产生了功能很强的叙词法，使整个情报检索的面貌大为改观，同时也给人们提出了许多新课题，如怎样进行词汇控制、编制多大规模的词表、选用多少词、根据什么选词等，都是亟待解决的问题。为了提高计算机情报检索的效率，叙词表和标引的质量越来越重要。它直接影响情报检索的查全率和查准率以及其他效果指标，这就迫使人们开始用语言学理论和数学方法来研究词表和标引等方面的问题。这种研究必然涉及齐普夫定律。研究者根据齐普夫的频率分布方法，通过标引试验，找出被引文献与叙词使用频率的分布特征，确定合乎需要的参数值。有些词表的编制则全部选用原始文献中的术语，统计其发生频率，研究分布特征，最后决定合乎使用频率的词，编入词表。词表编成后，根据标引实践，再不断反复修改，使词表真正趋于规范和实用。国外 20 世纪 60～70 年代逐渐发展成熟的著名词表中，很多都是经过一定数学方法检验的。这样，就使词表的编制有规律可循并建立在科学方法的基础之上，把词汇控制在一个恰当的范围，从而提高词表的质量。

(2) 自动标引。现在，西方的情报学家正在进行自动标引和自动分类的研究，用计算机处理原文信息，将待处理的原文输入系统后，计算机通过程序控制对每个词的频率进行统计分析，筛选出适于标引的词进行标引；或者与一个特定的分类体系比较，进行分类处理。在整个处理过程中词频起着决定作用。由于频率太高的词和频率太低的词在检索中价值都不会太大，都不能用于标引或表示应入类目，而要选用那些词频适当、功能较强的词来进行标引和分类。

这种研究起源于卢恩的研究。早在 1958 年卢恩就指出，文章中词的出现频率提供了一种决定有效词的好方法，有效词在句中的相对位置提供了一种决定句子效果优良的测定方法。因此，一个句子的有效因素，将建立在两种方法的联合基础上。卢恩将文中给定位置上的词按频率递减顺序排列，得到形如双曲线的齐普夫分布。他当时做了一个假设，可以在 r 轴上找到两个临界点，以确定一个临界区间，排除掉落在区间外的高频词和低频词，保留下来的频率适中的词才是有效词。有效词的分辨力是指词识别文章内容的能力。有效词的分辨力在 r 轴上下两个临界点的中点位置达到最大值，从峰值点向两边减小，在临界点附近达到 0（图 5-5）。

这些假设奠定了情报检索中自动标引的基础。而且，卢恩亲自设计了一种按词的频率自动标引的方法。若文献可以由一个类名来表示，每个类名表示一类发生在论文中的词，那么如果一个有效词作为这个类中一个成员发生，文献就被这个名标引。这样的系统通常由三部分组成：①排除高频词；②去后缀；③找出相应的词干。这样处理后得到的一个类名表，可在检索中表示文献，并能起到索引词或关键词的作用。

(3) 标引加权。在文献标引中，给检索词加权是提高检索效率的一个好方法。琼斯根据齐普夫定律和卢恩的假设，设计了一种很有意义的加权方法。

如上所述，卢恩假设检索词分辨力的变化与它们发生频率的等级函数相应变化，最高分辨力的词恰好是频率中等的词，并建议通过这个模型从文献中找出有效词。显然，同样的数据基础可以用来为文献的各种专门检索词提供一个加权系统。这个系统给每一个索引词分配一个与其在文献中发生频率直接相符的权值。初看起来，这个系统似乎与卢恩假设不符合。但注意到图 5-5，如果上限右移到分辨力曲线峰值点，那么这个系统便与卢恩假设完全一致了。同时，试验数据也说明了这一点。

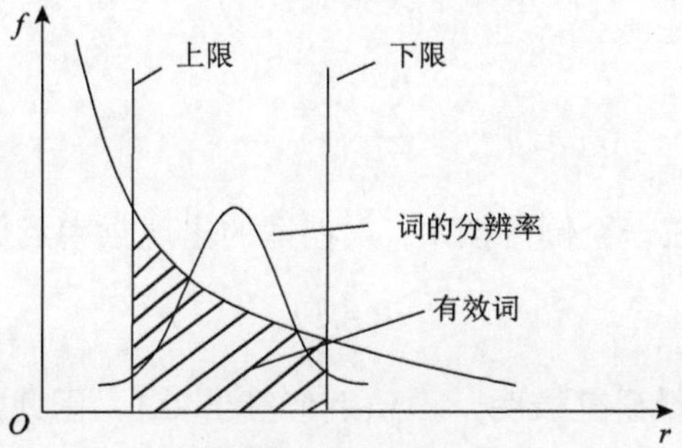

图 5-5　卢恩假设

这种加权法有可能推广到整个文献集，并且有了尝试。一个文献集的词表通常服从齐普夫分布，即如果我们统计每个检索词在多少篇文献中出现的数据并按频率的递减顺序排列这些词，就能得到双曲线图形。琼斯通过试验指出，如果有 N 篇文献，某一个检索词涉及其中的 n 篇，那么给这个词以 $\ln(N/n)+1$ 的权值，将取得较好的检索效果。

二、情报检索

计算机情报检索首先要建立数据库。目前大多数数据库仍是文献型的，由一条条记录所组成。一条记录代表一篇文献，并按文献的不同特征描述分成不同的字段。字段按其属性分为作者字段、篇名字段、主题字段等，无论哪一种字段，都是由词组成的。因此，齐普夫定律与情报检索有着较密切的联系。

情报检索中文档的组织与语言文字有关。在建立情报检索系统时，一般都要建立倒排档(辅助索引)。一个倒排档的大小，取决于同属性字段中不同词的多少以及每个词的出现频率。也就是说，要考虑倒排档中每一个词在不同记录中出现的次数。例如，作者倒排档的大小，不仅取决于所有记录中作者字段内不同作者数量的多少，而且取决于这些作者出现的总次数。事实上，无论何种倒排档，词频都不会完全一致，但我们可以想办法寻找其中的规律。按照齐普夫定律，把每一个描述属性值的词按其出现频率递减顺序排列，形成不同等级。假定在整个数据库中某一种字段共有 D 个不同词汇，总出现次数为 N，则

$$P_r = \frac{r}{N}$$

式中，r 为等级词出现的频次。

也就是说，r 等级词的出现频次等于 NP_r。P_r 是随意从有关字段中抽取的描述 r 等级词属性值的概率，它满足如下关系式：

$$\sum_{r=1}^{D} P_r = 1$$

通过研究发现，在一个倒排档中，入档词的出现频率近似满足这样一个公式：

$$P_r = A/r \tag{5-13}$$

式中，A 为常数。大量研究表明，A 值近似等于 0.1。因此，这个公式与式(5-3)是等价的。这说明文献库中的词频特征与齐普夫定律是一致的。通过计算，便可求出数据库所需的存储量。

三、在图书情报管理中的应用

齐普夫定律不仅可以用于处理与语言文字有关的问题，还可以将“最省力原则”的原理应用于图书情报事业的管理中。例如，以此为指导，可以帮助我们合理地选择图书馆或情报中心的最佳地理位置，使各地用户都能从“最省力”的途径方便到达并利用这些单位的图书情报资料；还可以用来设计图书馆、文献中心资料库的排架，以使出纳员在取存文献时所走的路程最短；运用关键词计量分析的方法进行一个学科领域研究动向的情报跟踪；等等。

第六章

洛特卡定律

洛特卡定律是与布拉德福定律、齐普夫定律齐名的文献计量学三大基本定律之一。它揭示了科学生产率及作者与论文之间的数量关系。

自1926年洛特卡定律提出后，众多学科的科学家对洛特卡定律进行了深入的研究。学者所采用的研究方法主要有经验法、理论法和模型模拟法。比较这三种方法可以得到，利用经验法所进行的验证工作取得了较大的进展，但也存在一些缺点，如不能解释在不同学科领域中作者的分布模型表现各异；理论法在解决不同的作者分布之间的数学关系方面有了一定的进步；而模型模拟法主要应用于科学计量学和文献计量学学科内容的研究。

20世纪60年代以后，在情报学理论高速发展的同时，也掀起了洛特卡定律研究的高潮。人们针对洛特卡定律产生时代的局限性及其经验定律自身需不断修正的特点，从洛特卡分布数据的收集、参数值范围的确定、方程的拟合及检验等诸多方面进行了较为深刻的研究；同时，来自不同领域的科学家利用自身学术优势，对洛特卡定律的发展及修订做出了贡献。

第一节 洛特卡与科学生产率

一、洛特卡定律的创始人——洛特卡

洛特卡(Alfred J. Lotka)是美国的一位著名学者。他1880年出生在奥地利，早期曾在法国、德国和英国读书，并在伯明翰大学获得理学学士学位；尔后在莱比锡大学和康奈尔大学攻读物理学研究生学位。毕业后，他先后在美国化学总公司、国家专利局和国家标准局工作。1924年起，一直在纽约的大都会人寿保险公司供职，1949年去世。

洛特卡擅长统计研究。他在科学上的兴趣，首先集中在生物体总数的动态状况研究，并发展了一种用出生率、死亡率和年龄分布函数表示的“人口分析”理论。1926年，他提出了用一对联立微分方程表示的“竞争增长律”。后来，他又将统计研究的方向转移到科学家与其发表的科学文献之间的数量关系上，并进行了开创性的研究工作。洛特卡还积极从事社会学术活动，曾担任过著名科普杂志《科学美国人》的副刊编辑、美国人口协会理事长和美国统计协会理事长等职务。他不仅出版了巨著《自然生物学基础》，而且发表了《科学生产率的频率分布》等著名论文，创立了洛特卡定律，为文献计量学的诞生和发展做出了创造性的重要贡献。

二、科学生产率概念

一般来说，衡量一门科学的发展，有两个重要的参数指标：一是在这门科学中所发表的文献；二是发表这些文献的科学家。从文献计量的角度探讨科学家的著述规律及其与科学文献之间的数量关系，是文献计量学的重要研究内容之一。

早在1926年，洛特卡最先研究了科学文献数量与作者数量之间的关系，并创造性地首次提出了科学生产率(scientific productivity)的概念。科学生产率是指科学家(科研人员)在科学上所表现出的能力和工作效果，通常用其生产的科学文献的数量来衡量。这与劳动生产率的概念既相类似，又有显著区别。在经济领域里，劳动生产率是指劳动者的生产效果或能力，通常用劳动者在单位劳动时间内所生产的产品数量计算，或用单位产品所消耗的劳动量来衡量。而洛特卡提出的科学生产率的概念却与之不同，它是针对科研人员的科学论文著作的生产量而言的，不属于经济学的范畴。

显然，科学生产率概念具有一定的科学性和合理性。它不仅是衡量科学生产能力的一项定量指标，而且为这方面的深入研究提供了一条可行的重要途径。事实表明，这种科学生产率在各个科学家之间存在明显的不平衡性。六十多年前，洛特卡从科学生产率概念出发，着手统计和分析科研人员的著作数量，从而不仅定量地说明了科学生产率的不平衡性，而且首次揭示了科学文献按作者的分布规律。

第二节　洛特卡定律的形成

一、科学生产率的统计研究

洛特卡定律的形成是建立在对“科学生产率”统计研究的基础之上的。在提出科学生产率概念的同时，洛特卡就围绕这一崭新课题进行了具体的统计研究。当时，他选用的计量研究对象是化学和物理学这两大学科内的科学家及其著作。在化学方面，他统计分析了美国《化学文摘》1907～1916年十年累积索引中的部分作者，分别列出了写过1篇、2篇……一直到写过346篇论文的人数。在选择数据时，他只选用了姓氏以字母A和B开头的6891位作者的统计数据，按照发表论文的数量排列起来。在统计时，凡属合著者，均只取年长者。在物理学方面，洛特卡对德国学者奥尔巴赫(F. Auerbach)编著的《物理学史一览表》(Geschichtstafeln der Physik，1910年莱比锡出版)中的人名索引进行了统计分析，并取全部作者。这部索引收录很全，包括了 1900 年前物理学领域内出现的 1325 位科学家及其著作。洛特卡的统计数据如表 6-1 所示。

表 6-1 洛特卡的统计数据

化学学科				物理学科			
论文数	作者数	作者百分比/%	累积百分比/%	论文数	作者数	作者百分比/%	累积百分比/%
1	3991	57.91	57.91	1	784	59.16	59.16
2	1059	15.36	73.27	2	204	15.39	74.55
3	493	7.15	80.42	3	127	9.58	84.13
4	287	4.16	84.58	4	50	3.77	87.90
5	184	2.67	87.25	5	33	2.49	90.39
6	131	1.90	89.15	6	28	2.11	92.50
7	113	1.63	90.78	7	19	1.43	93.93
8	85	1.23	92.01	8	19	1.43	95.36
9	64	0.92	92.93	9	6	0.45	95.81
10	65	0.94	93.87	10	7	0.52	96.33
11	41	0.59	94.46	11	6	0.45	96.78
12	47	0.68	95.14	12	7	0.52	97.30
13	32	0.46	95.60	13	4	0.30	97.60
14	28	0.40	96.00	14	4	0.30	97.90
15	21	0.30	96.30	15	5	0.37	98.27
16	24	0.34	96.64	16	3	0.22	98.49
17	18	0.26	96.90	17	3	0.22	98.71
18	19	0.27	97.17	18	1	0.07	98.78
19	17	0.24	97.41	21	1	0.07	98.85
20	14	0.20	97.61	22	3	0.22	99.07
21	9	0.13	97.74	24	3	0.22	99.29
22	11	0.15	97.89	25	2	0.15	99.44
23	8	0.11	98.00	26	1	0.07	99.51
24	8	0.11	98.11	27	1	0.07	99.58
25	9	0.13	98.24	30	1	0.07	99.65
26	9	0.13	98.37	31	1	0.07	99.72
27	8	0.11	98.48	34	1	0.07	99.79
28	10	0.14	98.62	37	1	0.07	99.86
29	8	0.11	98.73				
30	7	0.10	98.83				
31	3	0.04	98.87				

续表

化学学科				物理学科			
论文数	作者数	作者百分比/%	累积百分比/%	论文数	作者数	作者百分比/%	累积百分比/%
32	3	0.04	98.91				
33	6	0.08	98.99				
34	4	0.05	99.04				
40	2	0.02	99.06				
41	1	0.01	99.07				
42	2	0.02	99.09				
44	3	0.04	99.13				
45	4	0.05	99.18				
46	2	0.02	99.20				
47	3	0.04	99.24				
49	1	0.01	99.25				
50	2	0.02	99.27				
51	1	0.01	99.28				
52	2	0.02	99.30				
53	2	0.02	99.32				
54	2	0.02	99.34				
55	3	0.02	99.36				
57	1	0.01	99.37				
58	1	0.01	99.38				
61	2	0.02	99.40				
66	1	0.01	99.41				
68	2	0.02	99.43				
73	1	0.01	99.44				
74	1	0.01	99.45				
78	1	0.01	99.46				

在以上有关科学生产率的统计数据的基础上，洛特卡进行了深入分析和归纳，从而得出了规律性的结论，为洛特卡定律的形式奠定了基础。

二、洛特卡定律的确立

在科学生产率的研究过程中，洛特卡发现：在科学领域里，论文的作者频率与论文数量之间存在一定的关系。他找出了其中的规律，并用数学公式进行了描述。

1926 年 6 月 19 日，他在美国颇有影响的学术刊物《华盛顿科学院期刊》(Journal of the Washington Academy of Sciences) 上发表了题为《科学生产率的频率分布》(The Frequency Distribution of Scientific Productivity) 的论文[57]，论述了化学与物理学领域中作者频率与论文数量的分布规律，提出了描述这两者关系的一般公式，同时还阐明了科学生产率的平方反比定律。他的研究结论第一次定量地揭示了作者与文献的数量关系，因此被后人誉为洛特卡定律。

第三节　洛特卡定律的基本原理

一、洛特卡定律的基本内容

从上述洛特卡定律的产生过程可以看出，这个定律的目的和基本内容是：揭示作者频率与文献数量之间的关系，描述科学生产率的频率分布规律。

如果设 $f(x)$ 为写了 x 篇论文的作者数占作者总数的比例，则洛特卡定律可表示为

$$f(x)=\frac{C}{x^a} \tag{6-1}$$

或者写成

$$f(x)x^a = C$$

式中，C 为某主题领域的特征常数。洛特卡统计的数据得到 $a=2$。

当 $a=2$ 时，对于倒幂法则的这个特例，式(6-1)变为

$$f(x)=\frac{C}{x^2} \tag{6-2}$$

这就是科学生产率的平方反比定律的表达式。对于式(6-2)，可以这样来确定常数 C。

对式(6-2)两边求和得

$$\sum_{x=1}^{\infty} f(x)=C\left(1+\frac{1}{2^2}+\frac{1}{3^2}+\cdots+\frac{1}{n^2}+\cdots\right)=C\sum_{x=1}^{\infty}\frac{1}{x^2}$$

由于 $f(x)$ 表示的是作者频率，显然有

$$\sum_{x=1}^{\infty} f(x) = 1$$

因此

$$C = \frac{1}{\sum_{x=1}^{\infty} \frac{1}{x^2}} \tag{6-3}$$

而级数$\sum_{x=1}^{\infty} \frac{1}{x^2}$收敛于$\frac{\pi^2}{6}$，所以有

$$C = \frac{6}{\pi^2} \approx \frac{6}{9.87} \approx 0.6079 = 60.79\%$$

显见，C在数值上等于$f(1)$，所以式(6-2)变为

$$f(x) = \frac{f(1)}{x^2}$$

若在上式两边同乘以统计的作者总数，则有

$$y(x) = \frac{y(1)}{x^2} \tag{6-4}$$

式中，$y(x)$表示写了x篇论文的作者数；$y(1)$表示写了1篇论文的作者数。在实际中，式(6-4)应用起来更为方便。

按照平方反比定律，所有写过1篇论文的作者频率刚刚超过60%(计算值)。洛特卡统计的数据的观察值与上述计算值基本相符。例如，他所取的奥尔巴赫数据中，共有1325位作者，写过1篇论文的有784人，占总数的59.17%，《化学文摘》十年累积索引中，姓氏以A开头的作者共1534人，写过1篇论文的有890人，占58.02%；B字开头的作者共5348人，写过1篇论文的有3101人，占57.98%，两者合计平均为总作者数的57.99%。

根据以上事实和统计分析数据，洛特卡得出了如下规律性的结论：从统计研究的情况来看，写过2篇论文的作者数量大约是写过1篇论文的作者数的$1/2^2=1/4$；写过3篇论文的作者数量大约是写过1篇论文的作者数的$1/3^2=1/9$；写过n篇论文的作者数量则大约是写过1篇论文的作者数的$1/n^2$。所有写过1篇论文的作者所占比例大约是60%。这个结论就是洛特卡定律的文字表述。根据这一定律，如果经统计得知某一学科领域内写过1篇论文的作者数量，那么就很容易计算出写过2篇、3篇、……、n篇论文的作者数量。

二、洛特卡定律的图像描述

根据科学生产率的统计数据，洛特卡用图像描述了作者与论文之间的数量对应关系。以 x 轴表示一个作者所写的论文数量，y 轴表示写了 x 篇论文的作者频率，并以对数刻度描绘其关系曲线。从所得到的数据点来看，其图形基本上是一条直线，如图 6-1 所示。然后用最小二乘法计算该拟合直线的斜率近似为–2。

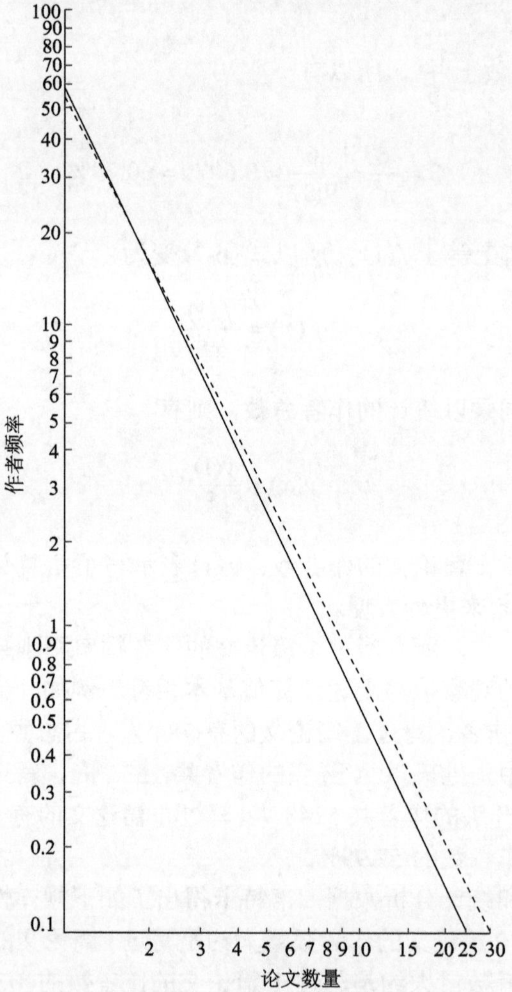

图 6-1　洛特卡分布曲线

图 6-1 中的虚线和实线分别表示化学与物理学两个学科的作者频率与其论文数量的分布关系。

从式(6-1)可得：$\ln f(x)+a\ln x=\ln C$。该式是与图中直线等价的数学表达式。可见，洛特卡定律的实质是 $\ln f(x)$ 与 $\ln x$ 之间具有直线关系。而图 6-1 正是洛特卡定律所揭示的作者频率与论文数量之间分布关系的图像描述。

第四节　洛特卡定律的发展

一、洛特卡定律研究的进展

洛特卡定律提出以来，不少学者从不同角度对洛特卡定律进行了一系列的研究，并取得了一定进展。

1926 年洛特卡发表关于科学生产率的著名文章后，刚开始并未引起学术界的重视。一直到 1949 年，洛特卡的研究结论才被称为洛特卡定律。在《最省力原则：人类行为生态学导论》一书中，齐普夫较早将其称为平方反比定律。20 世纪初期，由于普赖斯的两部重要著作（《巴比伦以来的科学》和《小科学・大科学》）的出版，洛特卡的研究工作和成果随之得以广泛传播，有力地推动了这一定律的研究和发展[58]。1969 年，费尔桑首次将布拉德福、齐普夫以及芒代尔布罗分布同洛特卡的频率分布联系起来，并指出洛特卡的关系式对低产作者来说是适合的。20 世纪 70 年代，研究较为深入和富有成效的当推科尔和弗拉奇(J. Vlachy)。科尔找到了一种判断某组试验数据是否符合洛特卡分布的鉴定方法；弗拉奇则探讨了洛特卡定律的影响因素及作用。20 世纪 80 年代和 90 年代以后的研究主要是从理论和应用两个方面展开的，并取得了一定进展。从研究的目的、内容和成果来看，人们对洛特卡定律的研究主要集中在以下三个方面。

(1)洛特卡分布一般公式的研究。实际上，洛特卡当年的研究仅局限于指数等于 2 的情形，他确立的也只是科学生产率的平方反比定律。后来，一些学者探讨了洛特卡定律的普遍性意义。通过统计研究发现，式(6-1)中的指数 a 并不一定都等于 2，常数 C 也会在 0.6079 附近上下波动。因此，如何确定 a 和 C 的数值便成为洛特卡分布数据拟合的重要任务和关键步骤。

为了估算指数 a 的值，通常采用最小二乘法。其公式如下：

$$a=\frac{N\sum XY-\sum X\sum Y}{N\sum X^2-(\sum X)^2} \tag{6-5}$$

式中，N 为被考察的数据对的数量；X 为 $\ln x$；Y 为 $\ln y$。

弗拉奇的研究表明，a 值在 1.2～3.5 波动。可见，a=2 只是洛特卡倒幂法则一般公式(6-1)的一个特例，而 a 的取值要受到 N 的大小、学科的性质和发展程度等因素的影响。在一定意义上说，特征指数 a 被看成科学论文作者分布不平衡性的量度标准。

对于 a 为任意值的情况，类似于式(6-3)，同样可以推导出

$$C=\frac{1}{\sum_{x=1}^{\infty}\frac{1}{x^{a}}} \tag{6-6}$$

显然，式中 x 为正整数。在 $a>1$ 时，级数 $\sum 1/x^{a}$ 收敛；且当 $a=2$ 时，即为式(6-3)，可以方便地求出 C 值；若 a 为其他非负分数值，则可用下列公式先求出级数之和[57]，然后计算 C 值。

$$\sum_{x=1}^{\infty}\frac{1}{x^{a}}=\sum_{x=1}^{P-1}\frac{1}{x^{a}}+\frac{1}{a-1}P^{a-1}+\frac{1}{2}P^{a}+\frac{a}{24}(P-1)^{a+1} \tag{6-7}$$

如果规定 P=20，则式(6-7)的误差可以忽略不计。

应当注意的是，不同的 a 值将产生一个显著不同的常数 C，而且 a 值的较小变化(特别是在 $a<2$ 时)就会引起 C 值的明显变化。表 6-2 列举了 a 的部分样本值和对应的 C 值，其中常数 C 是通过式(6-7)和式(6-6)计算的。

表 6-2　指数和常数的对应值

指数 a	常数 C	发表过 1 篇论文的作者的理论百分比/%
1.75	0.509 605	50.96
1.80	0.531 288	53.13
1.85	0.551 911	55.19
1.90	0.571 515	57.15
1.95	0.590 173	59.02
2.00	0.607 930	60.79
2.05	0.624 837	62.48
2.10	0.640 939	64.09
2.15	0.656 289	65.63
2.20	0.670 898	67.09
2.40	0.722 888	72.29
2.60	0.766 004	76.60
2.80	0.801 905	80.19
3.00	0.831 908	83.19
3.20	0.857 065	85.71
4.00	0.923 938	92.39

(2)洛特卡定律适用性的研究。洛特卡定律是对两个学科抽样统计的推广，在其他情况下是否适用，这是情报学界普遍关注的重要课题。几十年来，许多学者，如休伯特(Hubert)、德莱斯顿(Dresden)、戴维斯(Davis)等都对此进行过研究，其内容涉及许多不同学科、不同时期、不同国家或单位、不同类型的科学文献的作者分布规律，从不同角度来检验或修正洛特卡定律。有的还深入文献的某些子集，如某一年度的文献或某一类型的文献(如会议文献、图书等)或某一单位收藏的文献等，进行作者分布的探讨，有的则对洛特卡定律提出了修正的可能性，如普赖斯、布克斯坦(A. Bookstein)、阿利森(Allison)等的论著研究了这一课题，特别是普赖斯的研究取得了重要成果。目前，一般认为，在一定统计条件下，洛特卡定律在大多数学科领域是适用的，它能够描述科学文献作者分布规律和科学家著述的行为模式。尤其是洛特卡分布一般公式的确立，更扩大了其适用范围和提高了其适用程度。

为弥补直观统计带来的局限，合理地评价洛特卡定律对其他学科的适用性，情报学家科尔于 1977 年提出用科尔莫戈罗夫–斯米尔诺夫(Kolmogorov-Smirnov，K-S)检验法来进行鉴定，其具体步骤如下：①计算 K-S 值：$1.63/\sqrt{y}$ (y 为统计的作者总数)；②找出最大偏差值 D：$D=\max|F_0(x)-S_n(x)|$，其中 $F_0(x)$ 为累积作者频率的理论值，$S_n(x)$ 为累积作者频率的观察值；③比较 D 值与 K-S 值的大小。若 D 值<K-S 值，则抽样分布符合洛特卡分布；若 D 值>K-S 值，则不符合洛特卡分布。

按照这种方法，科尔首先对洛特卡统计的二项抽样数据进行了鉴定，发现《物理学史一览表》统计的数据严格符合洛特卡定律，而从《化学文摘》统计的数据则不完全符合洛特卡定律。随后，他又对美国国会图书馆和伊利诺伊大学图书馆学院的图书进行了统计研究。美国国会图书馆的统计数据只取自 10 年的机读作者目录，结果不严格符合洛特卡定律；而伊利诺斯大学的数据覆盖了有史以来出现的所有作者及论著，因而严格符合洛特卡定律。

值得指出的是，K-S 检验属于非参数检验，其临界值取决于观测数据范围的大小。其样本的容量越大，则检验的效果越明显。在洛特卡定律的适用性研究和检验方面，K-S 拟合优度检验是一种现行的最有效的检验方法。这一测定方法的提出和运用大大推动了洛特卡定律的深入发展。

(3)洛特卡分布机理的研究。影响洛特卡平方反比定律的因素至少有以下几点：

①学科特征。不同的学科都有其特定的发展特点和内在规律，因此作为统计研究对象的学科的性质、范围、研究特点、发展阶段以及与其他学科的相关程度等都会对洛特卡分布产生本质上的影响。研究事例表明，基础理论学科与应用技术学科之间、比较成熟的学科与新兴学科之间、范围宽广的学科与较窄的学科之

间的文献作者分布呈现出一定的差别。弗拉奇在研究后指出，就物理学而言，a 等于 2 是合理的；对于技术科学、社会科学和人文科学，a 值将增大，而规模较大和科研合作程度较高的学科，a 值会变小。在很长一段时期内，对洛特卡定律的验证基本上是在理论科学领域进行的，大多数情况下符合洛特卡分布。1979 年，加拿大学者将洛特卡定律引入应用科学和工程技术领域，发现存在一定偏差，但他们认为这可能是理论科学和技术科学之间的差异引起的。正如普赖斯所说：在科学领域里，研究论文就是产品本身，而在工业部门，论文就只是一种副产品了。

②统计条件。影响平方反比定律的主要有两个量，即统计研究的时间跨度和作者数量。一般来说，若统计的时间区间较长(如 10 年以上)、作者集合较大(如 1000 人以上)，再加上其他条件的配合，其研究将会得到比较客观的应有结论。

③研究方法。在科学生产率的研究中，洛特卡所采取的方法基本上是可取的，但在选择化学数据时却采用了不正规的抽样方法。后来的研究说明，处理方法上的差异，特别是对合著者和高产作者群的不同处理将会影响其研究结果。高产作者的数据对其直线关系影响颇大，因此，在确定洛特卡分布关系时必须截删一部分高产作者数据。同时，由于科学技术的发展和科学研究出现的新的特点，现在的著述规律与洛特卡那时的情况已大不相同。因此，洛特卡对合著者的处理方法现在就不太合适了[59]，而应该加以改进。在研究和运用洛特卡定律时，如何处理合著者和截删高产作者数据是两个必须解决的重要问题。

对于洛特卡定律的研究，今后的趋势是：一方面扩大其研究规模，利用大量的数据或大型机读数据库对其进行进一步的检验，继续研究其适用性；另一方面加深其研究深度，大力开展其方法论、机理解释和实际应用的研究。

二、普赖斯定律

在洛特卡定律的基础上，普赖斯进一步研究了科学家人数与科学文献数量，以及不同能力层次的科学家之间的定量关系，提出了著名的普赖斯定律和一些其他重要结论。在《小科学·大科学》一书中，普赖斯写道：科学家的总人数，大致是按杰出科学家人数的平方增长的。普赖斯定律，即科学家总人数开平方，所得到的人数撰写了全部科学论文的 50%。如果设最高产的那位科学家所发表的论文数为 n_{max}，将科学家发表论文的总数记为 $x(1, n_{max})$，则普赖斯定律可表示为

$$\frac{1}{2}(1,n_{max})=x(m,n_{max})=x(1,m) \qquad (6\text{-}8)$$

式中，m 为普赖斯假定的这样一个数，即个人的论文数大于 m 的科学家所发表的论文总数恰好等于全部论文总数的一半，而式中 $x(m, n_{max})$ 的意义恰好表征了这一

半论文。

这里的关键是如何确定 m 的值？

若将发表 $n\sim n'$（包括 n 和 n'）篇论文的科学家总数记为 $Y(n,n')$，而式(6-8)应满足

$$\{y(1,n_{\max})\}^{1/2}=y(m,n_{\max}) \tag{6-9}$$

显然，$y(m,n_{\max})$ 为写了 m 篇以上论文的科学家，即普赖斯定义的杰出科学家的数量。

如果设 $y(n)$ 为发表 n 篇论文的科学家人数，$x(n)$ 为每人都发表了 n 篇论文的科学家所发表的论文总数，而 $x(n,n')$ 为每人发表 $n\sim n'$（包括 n 和 n'）篇论文的科学家所发表论文的总数，则显然有

$$x(n)=ny(n) \tag{6-10}$$

$$x(n,n')=\sum_{i=n}^{n'}x(i) \tag{6-11}$$

这时，普赖斯借用了下列数学结论：

设

$$S_j(n,n')=\sum_{i=n}^{n'}\frac{1}{i^j}，\quad n、n'、i、j\text{ 皆为整数}$$

则有

$$S_1(l,n)=\ln n+0.577\cdots+\varepsilon_n \tag{6-12}$$

式中，0.577…为欧拉常数；ε_n 为校正项，随 n 增大而逐渐减小。

再由式(6-11)和式(6-12)可得

$$x(l,n)=\sum_{i=l}^{n}\frac{C}{i}=C(\ln n+0.577\cdots+\varepsilon_n) \tag{6-13}$$

若将式(6-13)代入式(6-8)，则可得

$$\frac{1}{2}C(\ln n_{\max}+0.577\cdots+\varepsilon_{n_{\max}})=C(\ln m+0.577\cdots+\varepsilon_m)$$

或者

$$\ln(n_{\max}^{\frac{1}{2}}/m)=0.289\cdots+\varepsilon_m-\frac{1}{2}\varepsilon_{n_{\max}}$$

则

$$m \approx 0.749 n_{\max}^{0.5} \tag{6-14}$$

这是洛特卡定律的一个重要推论。式(6-14)说明，发表了 $0.749n_{\max}^{0.5}$ 篇以上论文的科学家所发表的论文总数等于全部论文总数的一半；或者说，杰出科学家中最低产的那位科学家所发表的论文数等于最高产科学家发表论文数的平方根的74.9%。

普赖斯还曾试图找出全体科学家总数中杰出科学家的比例关系。经过进一步推导和计算，得出

$$R = \frac{0.812}{n_{\max}^{0.5}} \tag{6-15}$$

式中，R 是杰出科学家人数与全体科学家总数之比[60]。这是普赖斯得出的洛特卡定律的又一个重要推论，它就是普赖斯定律的表达式。因此，普赖斯为洛特卡定律的开发乃至文献计量学的发展做出了令人瞩目的卓越贡献。

总的来说，普赖斯定律在陈述科学家(即文献作者)著述规律时还是一种假说构想的表述。虽然，科学劳动中提出假说是不可缺少的，但尚需把起始的假说经过验证、推理并上升为理论，这样，理论建设才算告一段落。否则假说不是停滞不前，就是徘徊于认识的初级阶段。普赖斯定律不属于这一类型，其作用是宏观、全面地描述了作者与科学论文之间的相对关系，从而指导我们估算高产作者的规模，以及他们的著述能力。在应用普赖斯定律时，应该注意的是，普赖斯定律不能像精密定律那样来理解，否则，其研究将不得要领。

第五节 洛特卡定律的应用与评价

一、洛特卡定律的应用

洛特卡定律是文献计量学中诞生最早的一个著名的基本定律。许多现象的分布表现出洛特卡频率分布特征，因而洛特卡定律有着广泛的适用性。当代有关科学生产率的计量理论都是以洛特卡和普赖斯的研究成果为基础的。因此，研究洛特卡定律的应用，特别是研究科学家的著述特征以及文献按作者分布的规律，具有重要的理论和实际意义。

以洛特卡定律为指引，可以考察科研人员的著述状况和发表论文的数量，研

究具有不同数量论文的作者的分布规律，进而揭示科学工作者生产科学文献的能力，定量地衡量“科学生产率”。或者通过考察科学文献，分析每一篇论文的作者数量，不仅能够揭示不同数量作者的论文的分布规律，而且可以阐明完成一篇科学论文要“占用”多少作者。从这两个不同的角度，都可以揭示科学文献与作者之间的数量关系和分布规律。因此，对洛特卡定律的应用也往往是从这两个方面来展开的。而且，通常是利用其一般公式(6-1)和洛特卡的分析研究方法。

洛特卡定律的应用比较广泛。具体来说，主要有以下三个方面：

(1)在情报学图书馆学方面的应用。一般是用它来预测发表不同数目文章的作者数量和特定学科的文献数量。这样，便于掌握文献的增长趋势，便于进行文献情报的科学管理以及情报学的理论研究等。同时，如果能够比较完整地测定各学科的“文献单元作者系数”和“文献单元作者增量”[61]，那么只要知道某一学科的论文数量，就可以大致估算出对应这些论文的作者人次及变化。这对于合理编制作者索引、规划检索刊物体系等都有一定的参考价值和指导意义。

(2)在预测科学方面的应用。按照洛特卡定律，可以从统计或估算的作者数量来预测文献数量的增长速度和文献流的动向，便于掌握文献的交流规律；同时，从文献计量角度出发，也可预测科学家数量的增长和科技发展的规模及趋势等。

(3)在科学学和人才学方面的应用。可以用它来研究科学家的活动规律，研究人才的著述特征，便于科学学的理论研究和科学史的探讨，从而为整个科学学和人才学的研究提供新的途径和手段。例如，通过比较各个学科的文献单元作者系数及其增量，可以判断各个学科的科研动态，了解科学研究发展规模，甚至可以据此推断各个学科研究的集体化趋势和科研人员的需要情况，有利于制定教育与人才培养规划等。

二、洛特卡定律的局限性及原因

一些研究表明，洛特卡定律存在一定的局限性，其表现在：它只是在一些学科符合；而有些学科的文献作者分布并不完全符合平方反比定律。但必须指出，这种局限大都是相对于平方反比定律而言的，对洛特卡定律的一般形式来说，情况则大为不同。

洛特卡定律存在局限性的原因，除了与所研究的学科领域有关外，主要有以下两点：

(1)定律本身的局限性。洛特卡的平方反比定律只是通过对两个学科领域抽样的简单推广而建立起来的一个通式，是对科学生产率的一般的理论估计，并非一个精确的统计分布。洛特卡定律毕竟是来源于化学和物理学文献系统的直观统计结果，其规律性是否普遍适用，尚需从其他途径严格论证，这样才能使定律本身建立在牢固的基础上。

⑵统计数据的局限性。洛特卡定律的局限性很大程度上来源于统计数据的局限。统计数据由于不够全面和充分，缺乏足够的代表性，所以不能充分反映真实的著述状况。洛特卡所研究的时间跨度很长，作者数目也很大，因此他的研究结果能够近似地表示为平方反比定律。在洛特卡之后，许多人也对作者与文献的数量关系进行过统计研究。但有些人的工作，在统计范围和数据量方面都不能与洛特卡的研究相比拟，因而他们的数据也不太符合平方反比定律。

第七章

文献计量学的理论基础研究

第一节 文献计量学的基础与结构

一、文献计量学的基础

（一）文献计量学的“他律性”基础

1. *人类信息活动发展的历程*

人类信息活动是同人类的产生一样久远的，人类信息活动就是人与环境发生联系的过程，这种过程的自觉性、社会性、组织性和目的性不断加强。从技术上看，人类信息活动的发展历程就是媒体的发展史，从结绳记事、楔形文字、甲骨、竹简、纸张到磁盘、光盘，从烽火狼烟、飞鸽传书到图书报刊、广播、电视、计算机网络，从藏书楼到图书馆、情报信息中心、互联网，信息技术不断进步，推动人类信息活动不断发展。人类信息活动的发展也不断推动社会经济形态进步，从农业经济到工业经济、信息经济再到知识经济，这也是人类信息活动发展水平的体现。

2. *信息基本循环图式的描述*

人类的信息活动与人类的劳动相伴而生，人类劳动越来越表现为社会化的信息劳动，可以表达为

$$\begin{array}{c} W+K'[S] \\ \swarrow \qquad \nwarrow \\ K[S]+\Delta I=K[S+\Delta S] \end{array}$$

我们称其为信息基本循环图式。其中，W 是人们认识改造的对象（劳动对象）；$K'[S]$ 是社会的或（和）他人的主观或（和）客观的知识结构；$K[S]$是人（个人或团体）的知识结构；ΔI 是人从社会实践活动中得到的信息；$K[S+\Delta S]$是 $K[S]$吸收 ΔI 后形成的新的知识结构；“＋”表示作用与联系。整个过程表示人类与世界的关系主要表现在人类知识结构与世界的作用与联系，突出了社会劳动的信息化过程，也突出了社会劳动的科学化过程。主体在活动中获得信息 ΔI 被 $K[S]$吸收同化形成新的有序的知识结构，再反作用于认识改造的对象，从而促进人类对事物的认识获得新的信息。而每一循环都使个体或（和）社会的知识结构发生变化，上升为新型的知识结构，使人们认识和改造世界的能力增强，其参与者也在社会化的过程中使个人劳动转化为社会劳动，而实现自己的价值。这个循环表现为螺旋式上升的形式。

它很好地表示了人与自然及社会之间的新型的本质联系；反映着信息劳动过程，也反映着科学劳动过程和文献交流过程。其循环速度不断加快，是社会信息化进程的根本原因，促进知识经济的形成与发展。

3. 文献计量学逻辑起点

文献计量学起源于信息基本循环图式所描述的文献交流过程的实践，是对这个过程的各个环节、层次、层面的文献信息现象的计量研究并揭示其规律的活动中形成的科学的社会意识形态。从信息基本循环图式的分析可以看出，文献计量学的逻辑起点包括以下几个层次。

第一层次：信息基本循环本身。它是文献计量学最根本的基础。

第二层次：$W+K'[S]$，$K[S]+\Delta I=K[S+\Delta S]$。

第三层次：W，$K'[S]$，$K[S]$，ΔI，$K[S+\Delta S]$。

这样文献的计量问题包括对整个信息循环过程中文献要素本身及其表现与影响的各个层面的计量问题。目前文献计量学局限于信息基本循环的文献信息的交流过程层次的计量研究。网络文献信息的计量是文献计量学的增长点，这是由相应的社会经济基础的性质及其变化所决定的。

（二）文献计量学的“自律性”基础

文献计量学有其“自律性”基础，即被其相对独立的内在发生规律所制约。文献计量学是以文献作为对象进行计量研究的学问，它是采用数学、统计学等各种定量方法，对信息基本循环图式所描述的社会化的信息交流过程中的文献信息组织、存储、分布、传递、相互引用和开发利用等进行定量描述和统计分析，以便揭示社会文献信息交流过程的数量特征内在规律的新兴学科。因此，信息形态、计量方法、社会信息系统的组织与管理等因素的发展变化内在地影响着文献计量学的发展，体现在相关学科与文献计量学的关系上，文献计量学把相关学科的相关结果建构到自己的学科体系中，从而发展自己。另外，文献计量学的“科学共同体”的知识结构也决定着文献计量学的发展方向。

1. 文献计量学的学科基础

对信息基本循环图式的不同层面以及具体的社会组织结构加以限定就可以用于描述社会的科学劳动的过程、文献信息生产交流与反馈过程等。而科学计量学、信息计量学与文献计量学就是分别对这几个循环过程层面的计量学研究，从而形成各有特色的学科。如果把 ΔI 看成文献，那么对这个过程中各种现象的计量研究，从而把握本质规律与意义就构成了文献计量学的主题。由于文献交流过程在科学过程中的重要地位，文献计量学方法与结果成为科学计量学的重要内容；由于文献是信息的重要形式，文献计量学内容也成为信息计量学的重要内容与发展基础；由于文献是知识的重要载体，文献计量学也成为知识计量学的重要内容与发展基础；由于文献是网络信息的重要来源与形式，文献计量学也必然影响网络计量学的产生与发展。这“五计学”相互交叉，相互促进，互为基础。

文献计量学是情报学的分支学科，它是情报学定量化发展的需要和必然产物。因此，文献计量学以情报学的理论、方法为基础。布鲁克斯以其基本方程为基础建立了情报学及其定量化基础，这也是目前文献计量学的基础。然而，我们注意到布鲁克斯的基本方程只是信息基本循环图式的一部分，但随着情报学“大过程观”的确立，一定能在信息基本循环图式基础上建立情报学及其定量化基础，并发展文献计量学。

文献计量学的学科性质决定了它必然以数学、统计学、系统学等学科的理论、方法为自己发展的基础。然而，它也不是生搬硬套地拿来，而是结合自己研究对象的特点创造性地应用，并建立自己的定量化原理体系。例如，对数透视原理、布拉德福定律的机理远远超出了数学、统计学所能解释的范围。

随着信息技术，特别是网络技术的发展，信息形态以及社会信息系统的组织与管理发生了深刻的变化，信息系统管理、信息资源管理、知识管理、网络计量学等学科相继产生，扩大了文献计量学研究的基础。文献计量学是一门发展的开放的学科，它必将不断汲取其他学科的成果，扩大自己的学科基础。

2. 文献计量学的“科学共同体”基础

情报学发展的初期，正逢文献计量学和科学计量学兴起，一些注重定量研究的情报学家便投身于文献计量学或科学计量学的研究，并对文献计量学的研究范围、方法、模型以及应用等方面都进行了扩展。

在情报学与文献计量学研究领域有一大批杰出的学科带头人，他们具有扎实的数理知识，熟悉定量化研究方法，这是文献计量学发展的有利条件和人才保证，如布拉德福、洛特卡、普赖斯、布鲁克斯、加菲尔德、埃格赫等，他们长期致力于信息计量学的研究，并起到了学术带头人的作用，培养和带动一大批研究者投身于信息计量学的研究，形成了文献计量学的“科学共同体”，且“科学共同体”的形成进一步推动了学科的发展。

二、文献计量学的结构

文献计量学的结构是在其基础之上发生和发展的理论、原理、规律等形成的体系结构。内容与形式的辩证统一构成文献计量学的完整体系结构。

（一）文献计量学的现象学、元学、方法学层次结构

在文献计量学发展过程中有三种不同层次的科学动力，它们在学科发展的不同阶段起着不同的作用，形成学科的不同层次体系结构。

1. 文献计量学的现象学层次结构

科学发展的第一层次的动力是经验与科学理论之间的矛盾。它提供一门科学研究的事实根据，指示新理论发展的方向和解决的问题，促使新理论的萌芽和发展，这是认识层次上的动力，促进学科内容的发展，是求真的科学精神的体现，形成现象学层次的学科体系。它主要是对文献计量现象及规律的直观描述。这是大学本科生应学习掌握的层次。

2. 文献计量学的元学层次结构

科学发展的第二层次的动力是科学理论之间的矛盾，主要表现在学科的进一步发展中，各种理论相继产生、发展，促进科学理论向纵深发展，这是逻辑层次的动力，促进学科形式的发展与建设，这是求善的科学精神的体现，形成元学层次的学科体系。

文献计量学的元学层次就是以文献计量学自身为对象的深层研究，是对文献计量学的现象学结构的研究。它是文献计量学的现象学体系的异化和一般化。文献计量学的现象学体系与元学体系的区别只在于，前者是研究对象的理论，它解释文献现象，后者是研究框架的理论，它解释文献计量学自身，因此它有三大特征：①以文献计量学自身为研究对象；②注重文献计量学的深层逻辑结构，以此来检验现象学体系的有效性和正当性；③其研究并不着意建立体系，不以某个统一的标准为模式，而是强调各种不同范式、视界之间的相互理解。这是硕士研究生阶段学习与研究的层次。

3. 文献计量学的方法学层次结构

科学发展的第三层次的动力是科学理论与科学美的感受之间或科学美的形态前后之间的矛盾，这种动力是科学理论得到完善的重要因素，对科学的发展有一定的推动力，这种动力对于进行伟大的科学综合，创立高度抽象化、形式化的理论体系，实现科学的内容与形式的高度统一，起着比前两类动力更大的作用，这是求美的科学精神的体现，是方法层次的动力，形成方法学层次的学科体系。

文献计量学的方法学层次的科学体系，是对现象学与元学结构体系研究的结果。它关注文献计量活动的途径、手段和方式。文献计量学方法不是主观自生的东西，它们来自于文献计量学的现象学、元学研究与认识活动。研究者在这种活动中总要自觉或不自觉地思考自己的行为方式，用所选择的某些行为方式使自己同研究对象发生联系，并终将发现有些行为方式是行之有效的，而有些行为方式

是无效的或错误的。文献计量方法正是研究者不断总结行为方式的经验的产物，它是一种概括性的知识，或者说是一种特殊类型的知识。它一方面使研究者与研究对象相关联，并在两者的运动变化中获得经验材料；另一方面又使研究者能够运用已有的知识概念材料进行思维加工，从而获得新的认识，揭示对象的本质及其发展变化的规律。文献计量学的方法学研究，不仅要提炼总结具体方法，还要研究对方法的区分、评价、开发以及规律性的知识体系，不仅对具体方法分门别类研究，还对各种各样的方法的优劣、关系、功能进行比较、评价、综合的研究，并抽象出一些具有共性的东西，使之上升到更高的层次。具体来讲，文献计量学的方法学结构内容包括：①文献计量学中各种具体的研究方法；②各种研究方法的评价；③方法的移植；④方法体系结构的研究；⑤方法的比较研究；⑥文献计量学的方法学体系与文献计量学体系的关系。这是博士研究生阶段学习与研究的层次。

三个层次的信息计量学结构既区别又相互联系、构成整体，又具有不同的逻辑层次。就本质而言，文献计量学是现象学的，主要是通过对文献信息现象的计量研究来认识和把握文献信息在整个循环图式中的运动规律。

（二）文献计量学的共时结构与历时结构体系

文献信息在循环图式中的运动既有共时的一面又有历时的一面，这就决定了文献计量学有共时结构与历时结构。

1. 文献计量学的共时结构

文献计量学的共时结构是对循环图式某一状态结构下文献信息现象的状态结构的计量研究，最成功的范例是布-齐-洛分布理论及其统一机制、机理和模型的研究。

2. 文献计量学的历时结构

文献计量学的历时结构是对循环图式中文献信息现象的动态结构的计量研究。最成功的范例要算文献增长规律与文献老化规律的研究，主要是对文献信息的发生、传播、解释、接受过程构成的文献信息的历时结构的计量研究。

（三）文献计量学的理论、方法、应用结构

在文献计量学的体系中，理论是基础，方法是手段，应用是目的，三者相辅相成，是文献计量学体系的三个基本构成。在文献计量学的现象学层次中，理论主要是对文献计量现象的对象化描述；方法主要是统计与直观描述；应用主要是在图书情报管理以及一般社会信息系统的管理，并对经验定律与方法进行检验，

为理论的发展提供素材。在文献计量学的元学层次中，理论主要是对其现象学结构的元语言描述；方法主要是逻辑与推理；应用主要是解释文献计量学自身，加强各种不同范式、视界之间的相互理解，指导文献计量学知识的有效应用与正当使用。在文献计量学的方法学层次中，理论主要是对现象学层次、元学层次结构体系的综合研究，关注文献计量活动的途径、手段和方式；方法是比较、评价、分析、综合等；应用主要是创立高度抽象化、形式化的理论体系，实现文献计量学的内容与形式的高度统一，并指导和扩展文献计量学的应用领域，促成文献计量学与其他学科的综合发展，使文献计量学成为一个开放的体系。

总之，文献计量学的基础与结构是联系的整体，结构是建立在基础之上的。我们可以把文献计量学的有序化结构体系描述成：以文献基本循环图式为核心；以文献信息计量为轴；以现象学研究、元学研究、方法学研究为层次结构；以理论研究、方法研究、应用研究为三维坐标；以文献信息及文献信息流的共时结构为经；以文献信息及文献信息流的历时结构为纬；以“双律性”为依据，而不断发展的开放的有序化结构体系。

第二节　文献分布特征、规律及其理论解释

一、文献集中与离散规律

科学文献的分布遵循着一定的规律，反映着科学研究活动及其产品的规律性。因此，研究科学文献的分布规律具有重要的理论和实践意义。长期以来，许多学者对文献分布的特点、结构及规律性进行了探讨。这些研究结果不仅说明了科学论文在期刊中的分布是有一定规律的，而且表明集中与离散规律是文献分布的最普遍的基本规律。

（一）文献集中规律

1. 文献的集中传播

这一规律表现在某一学科的大部分文献高度集中在少数期刊中，原因在于这些学科都存在生产能力很强的核心期刊，表明了科学文献的集中传播规律。依靠少数期刊和传播媒体可以得到大部分所需文献。

2. 文献生产能力的集中

这一规律表现在某一学科的大部分成果是由少数科学家生产的，原因在于这

些学科都存在生产能力很强的核心科学家，表明了文献的集中生产规律。

3. 文献生产资源的集中

这一规律表现在某一学科的大部分资源集中于少数科学家、科学团体以及少数地区。

可以说，文献集中规律表现在文献交流过程的各个环节与各种要素的集中效应上。

（二）文献离散规律

1. 文献的离散传播

这一规律表现在，尽管某一学科的文献在专门期刊中高度集中，但仍有一部分分散在数量很多的相关学科的期刊中，分散的范围与程度取决于该学科与其他学科相互联系和渗透的范围与程度。

2. 文献生产能力的离散

这一规律表现在，尽管某一学科的大部分成果是由少数科学家生产的，但仍有一部分由其他更多的普通科学家生产。

3. 文献生产资源的离散

这一规律表现在，尽管大部分文献资源集中于少数科学家、科学团体以及少数地区，但仍有一部分资源分散于更多的科学家、科学团体和地区。

事实上，文献的集中与离散规律是对立统一的、相互依存的。

二、文献分布规律的理论解释

文献集中与离散规律的机理主要有两个方面。

（一）科学发展客观规律的制约

文献集中与离散规律是文献交流过程内在规律的反映，尤其受到科学发展客观规律的制约。例如，科学期刊产生的本身就是由学科发展的客观需要所决定的。每一学科都有自己的学科和专业性质，它的编辑方针、报道内容、稿件选择、发行对象等都是为相应的学科或专业服务的。因此，这些专业期刊势必会集中报道该学科的文献，也就是说，学科文献集中发表在该学科的专业期刊上；再加上各个专业期刊自身能力和特性的差异，使学科文献高度集中于少数期刊之中，形成文献分布的“堆加效应”。

布拉德福曾经指出，分散不是文献混乱的结果，而是来源于科学的统一性原则。科学技术领域的相互联系和渗透是科学技术向深度和广度发展的必然结果。这种发展的显著特点之一就是，学科越分越细、越分越多，与此同时，各学科之间的联系也越来越紧密、越来越复杂。科学知识的这种相互联系、相互渗透的情况，导致了科学技术文献异常分散的特点。

（二）人为控制主观因素的影响

1. “马太效应”的影响

文献交流过程中的“马太效应”是社会心理对文献集中与离散规律影响的形象概括和称呼。对荣誉的增强使用是马太效应的核心，其结果是带来“成功产生成功”。这种作用表现在文献上，就是著名科学家、著作家的论著能很快进入流通渠道，并且得到畅通的传递，出版上竞相约稿，编辑出版；发行机构积极宣传，打开销路；图书情报部门以作者的名望为重要指标收集文献资料，加大复本量，优先加工，迅速投入阅览、外界、宣传、报道等服务项目；他们的著作容易受到广大读者的信任，大家先睹为快，通常都给予良好的评价，在写作时竞相引用。这种强化荣誉的趋势也被作者和出版商所利用，声誉高的期刊，作者争先投稿，更容易获得大量的高质量的稿件，有更大的选择性，等等。马太效应的影响，形成文献资源的“堆加效应”，出现文献集中现象。

2. “最省力原则”的影响

在文献交流过程中，许多现象要受到人为选择因素的影响，而人的选择要受到“最省力原则”(求近律)的支配。这里的“最省力”有广泛的含义，例如，论文的作者要选择专业相近、声誉较高又“最省力”能发表的期刊投稿；各个期刊都要选择专业相符、质量较高、影响较大的最接近该刊要求的论文发表。在某一新的学科的第一批论文写出后，他们分别被几种合适的期刊选择并在上面发表了，结果这些期刊随着学科的发展吸引并刊登了越来越多这方面的论文。与此同时，其他期刊也开始发表这一学科的论文，但是由于质量、专业、心理及获得的途径等原因，一些期刊总在人们心目中享有较高的威望。于是作者选择期刊发表他们的论文时，总是把他们的文章发表在本专业的发表了高质量和名人文章的那些刊物上。投稿数量的增加，使这些期刊的选择性增大，对论文稿件的质量要求增高，因而期刊的质量和威望也随之增高。由于期刊出版的实际要求和较高的编辑标准而对期刊进行限制，意味着他们要排除本学科刊登的文章。正是这种限制，产生了布拉德福分布核心区的曲线以及被高质量的相关论文所占据的期刊核心。这种人为选择的结果，导致文献分布中的堆加效应，大量专业论文集中于一些具有核心性质的期刊上，它们构成了这一专业的期刊核心。如果把每一次选择看成一次成功，则这种成功的累积势必容易导致新的成功。这种“成功产生成功”的机理被认为是布拉德福定律所描述的文献分布规律的基本原因。

第三节　经典文献计量学定律的数学理论研究

文献计量学是应用数学和统计学等各种定量的方法，对文献交流过程中的文献组织、存储、分布、传播、相互引证和开发利用进行定量描述和统计分析，以便揭示文献交流过程数量特征和内在规律的一门新兴学科。其中，关于文献分布规律的研究是最有成效的。许多国家的不同领域的学者曾进行了研究，并提出了不少文献分布的经验模式。其中最有代表性的有布拉德福定律、洛特卡定律、齐普夫定律等，关于它们的数学研究也不断推进，本节分别给出它们的有代表性的成果。

一、关于齐普夫定律的数学模型研究

关于齐普夫定律的数学模型研究主要有四种理论解释：①齐普夫定律能从不同的随机过程导出，包括希尔(Hill)的玻色-爱因斯坦(Bose-Einstein)模型、布利斯(Bliss)和费希尔(Fesher)的负二项分布以及费希尔的对数连续分布；②许多古典占有率模型推导是能处理双曲线分布，这种解释包括了西蒙的 β 函数和普赖斯的累积优势分布；③尔布罗用信息论方法研究语言的统计结构，对齐普夫定律进行了解释；④海尔登在计算语言学领域中获得的解释。

（一）希尔的推导式

希尔使用玻色-爱因斯坦古典占有率模型，对盒子的随机数推导了齐普夫分布。他证明玻色-爱因斯坦模型能推广成齐普夫定理的形式，其初始条件产生齐普夫定律的形式。他称为“属-种”形式，以区别于“等级-频率”形式。“属-种”形式：使类目恰好有 S 个单位的比例在某种特定意义上近似地与 $S^{-(1+a)}$ 成比例(常数 $a>0$)。这与齐普夫第二定律相一致。“等级-频率”形式：许多量中的第 r 个大的量，在某种特定意义上近似地与 $r^{-(1+a)}$ 成比例，$1\geqslant a>0$ 是在最大利益情况下的一种关系。这相当于齐普夫第一定律。

希尔的模型描述了“属-种”形式与“等级-频率”形式的一致性。他给出了玻色-爱因斯坦推导式的一种简单情况。他和伍德鲁夫(Woodlruffe)还推导了 I_n/n_T 概率的收敛与 n 的函数的更强形式。

设有 T 个单位分配到 n_T 个非空的盒子，第 r 个盒子中有 $f(r)$ 个单位，$f(r)\geqslant 1$，

r=1, 2, ⋯, n_T，并有$\sum_{r=1}^{n_T} f(r) = T$。

这种分配方法是玻色-爱因斯坦形式，其概率为

$$P_r\{f(r) \mid n_T, T\} = \begin{pmatrix} T & -1 \\ n_T & -1 \end{pmatrix}^{-1}$$

式中，$f(r) = [F(1), \cdots, F(n_T)]$。令$I_n$是有$n$个单位的盒数，$\theta$表示具有分布$F(r)$的随机变量，其中$F(r)$是对于给定$T$的$n_T$的随机分布$F_T(x) = P_r\left\{n_T T^{-1} \leqslant x \mid T\right\}$的极限形式。希尔证明了盒子与单位的比例$I_n / n_T$收敛于分布$S^{-(1+a)}\ \theta\,(1-\theta)^{n-1}$，$\theta$在初始单位中具有唯一分布。当$T \to \infty$时，有

$$\theta \in \left\{I_n / n_T \mid T\right\} \to \int_0^1 y(1-y)^{n-1} \mathrm{d}y = [r(r+1)]^{-1} \tag{7-1}$$

这是齐普夫定律特有的和重要的形式。这样，希尔推导了与西蒙和普赖斯的结果类似的等级-频率形式。

（二）普赖斯的累积优势分布

普赖斯描述的累积优势分布可以从多缸模型推导。人们已证明它的公式与西蒙的推导一致，但产生这种分布的方法却是普赖斯独有的。

普赖斯考虑了n_T的总体，它们对r状态的频率是$f(r)$，这里r是成功总数。因此，对于每一个个体，频率之和为

$$\sum_{r=1}^{\infty} f(r) = 1$$

已有成功的平均数为

$$\sum_{r=1}^{\infty} r f(r) = R$$

设总体中增加一个很小的新个体dn，$R\mathrm{d}n_T$个新成功随机分布在所有个体上。每个先前的成功者将有$\mathrm{d}n_T / n_T$个新的成功。对于以前已有r次成功的一类个体$n_T f(r)$，产生进一步的成功只存在于r到r+1的状态变化中，因此新成功的次数将是$r n_T f(r) / n_T$。这时从取得新成功额定值以下的类目中用$rf(r)\mathrm{d}n_T$代替$R\mathrm{d}n_T$，因此，在第r状态中个体数目变成

$$\frac{\mathrm{d}}{\mathrm{d}n_T}n_T f(r)=\begin{cases}-rf(r)+(r-1)f(r-1), & r>1\\ -f(1)+1, & r=1\end{cases}$$

以及

$$n_T\frac{\mathrm{d}}{\mathrm{d}n_T}n_T f(r)=\begin{cases}-(r-1)f(r)+(r-1)f(r-1), & r>1\\ -2f(1)+1, & r=1\end{cases}$$

普赖斯证明，在 $f(r)$ 对 n_T 独立的情况下，对于一个稳定的分布，$n_T\frac{\mathrm{d}}{\mathrm{d}n_T}f(r)=0$，因此解得

$$f(r)=\frac{r-1}{r+1}f(r-1)=\frac{r-1}{r+1}\frac{r-2}{r}\frac{r-3}{r-1}\cdots\frac{1}{3}\frac{1}{2}=\frac{1}{r(r+1)} \tag{7-2}$$

此式与希尔的结果相同。

（三）西蒙的解释

西蒙通过对非对称函数的经验推导，详细地说明了齐普夫定律的基础。他指出，一篇文章中词的分布服从：

$$f(r)=A\beta(r,\rho+1),\quad \sum_{r=1}^{\infty}f(r)=1$$

式中，A 和 ρ 是常数；$\beta(r,\rho+1)$ 是参数为 r 和 $\rho+1$ 的 β 函数：

$$\beta(r,\rho+1)=\int_0^1\lambda^{r-1}(1-\lambda)^{\rho}\,\mathrm{d}\lambda=\frac{\Gamma(r)\Gamma(\rho+1)}{\Gamma(r+\rho+1)},\quad r>0,0<\rho<\infty$$

由 Γ 函数的性质可知，当 $r\to\infty$ 时，对于任何常数 $\rho+1$，$\frac{\Gamma(r)}{\Gamma(r+\rho+1)}\to r^{-(\rho+1)}$，所以

$$f(r)=A\Gamma(\rho+1)r^{-(\rho+1)}$$

若令 $a=\rho+1$，$c=A\Gamma(a)$，就有 $f(r)=\frac{c}{r^a}$，这与齐普夫定律一致。

西蒙研究了正文中词的产生过程，若文章是词的随机序列，他认为，作者选择写在一篇文章中的词的随机过程是一个双重过程。一个过程是作者从他已写下

的单词序列中抽样，称为连带；一个过程是从作者的其他著作或从别人的著作的单词中抽样，称为模仿。设被模仿过程选择的词的比率是 P，被连带过程选择的词的比率是其余数$1-P$，那么已发生 r 次的词将被选择的概率是

$$\frac{(1-P)rf(r,T)}{T}, \quad \text{被连带过程选择}$$

$$\frac{P(r-\omega)f(r,T)}{T}, \quad \text{被模仿过程选择}$$

因此，一个词被选择的总概率是

$$\frac{(r-\omega P)f(r,T)}{T}$$

类似地，该词是新词的概率是

$$\omega P(n_T / T)$$

式中，n_T 是不同词的总数。

根据布什假设：第 1、第 T+1 个词恰好出现 r 次的概率与 $rf(r,T)$ 成正比，即与出现 r 次的词的总出现次数成正比；对于相当大的 T，第 T+1 个词是前 T 个词中没有出现过的新词，其概率是常数 ω。因此，第 T+1 个词的产生取决于下面两条件之一。

(1) 对于 r>1，计算第 r 区间的频率将加上 1，计算第 r–1 区间的频率将减去 1，即

$$f(r,T+1)=f(r,T)+1$$

$$f(r-1,T+1)=f(r-1,T)-1$$

(2) 对发生一次的词增加数目，一个新词将产生：

$$f(1,T+1)=f(1,T)+1, \qquad n_{T+1}=n_T+1$$

对于稳定状态的分布，概率分布的期望值能代替概率。根据上面的假设和条件，经过复杂的推导，西蒙证明了，若 $f(r)$ 对于 T 独立，则在稳定状态条件下，对于所有 r 和 T，存在概率分布：

$$f(r)=\frac{1-\omega\rho}{(r-\omega\rho+1)(r-\omega\rho)} \tag{7-3}$$

西蒙与希尔和普赖斯在最简单情况下推出的齐普夫关系式十分相近。由于已知 $\omega\rho$ 非常小，对于大的 r，$\omega\rho$ 接近于 0，则式(7-3)同式(7-1)和式(7-2)。

西蒙的式(7-3)是对一篇文章中单词分布的 $f(r)$ 的实际值高度简捷的估计。虽然连带和模仿过程是未知的，单词的真实过程产生的分布却给出来了。

西蒙还将式(7-3)推广到更一般的模型。这个一般模型与齐普夫定律的原始形式被平行地推导出来，若 ω 是第 T+1 个词为新词的概率，令 $\rho=1/(1-\omega)$，其一般模型的最终表达式是

$$f(r)=\rho\Gamma(\rho+1)r^{-(\rho+1)} \tag{7-4}$$

参数为 ρ+1 的 Γ 函数为一个常数，因此式(7-4)与齐普夫表达式相同。这个模型没有做模仿过程的假设，只做了连带过程的假设。

西蒙之后，许多学者、专家利用不同的方法，从不同的起点，殊途同归，都导出与西蒙模型类似的概率分布，如希尔、芒代尔布罗、肯德尔、小野寺复生、普赖斯等的统一概率模型。这些例子说明，西蒙的数学模型和分布函数是带有普遍性且具有客观意义的。

（四）芒代尔布罗与布什的解释

芒代尔布罗根据信息论，假定语言的目的是每一个语言符号用最小的努力传播最大的信息。他得到如下关系式：

$$f(r)=k(r+C)^{-\theta} \tag{7-5}$$

式中，$f(r)$ 是词频；r 是词等级；常数 C 的作用是改善公式与小 r 的拟合；常数 θ 的作用是改善公式与大 r 的拟合。

芒代尔布罗进一步说明了式(7-5)与一个词典树一致。他定义一个词典树有 N+1 个树干，树木从 0 到 N，第一个树干对应一个空格(无单词)，其余的树干各对应一个字母。每一个字母干有 N+1 个枝，每个枝对应一个空格和 N 个字母，空格仍无意义，其余的枝再对应 N+1 个字母，等等。这样每一个的末端对应一个给定概率为 $f(r)$ 的单词。

布什用几个公式的推导代替了复杂的芒代尔布罗词典树叙述。他证明了齐普夫定律与芒代尔布罗修正式一致，并进行了统计检验。

（五）海尔登的公式

海尔登–韦林(Herdan-Waring)在其《计量语言学》一书中认为，定量方法在语言学领域应起到一个整体的作用，并提出了其计量分布模型。海尔登在语言学

领域运用积分法则，将语言当成一种由人讲话的语调组成的符号系统，不同的词在词语中被找到；再将声音当成语言的随机样本，并写出了它们的表达式。他还研究了以前的语言——声音关系的一般函数，指出了它们的缺点。然后，海尔登利用韦林展开式，提出了一个叙词表的概率模型。韦林展开式可写为

$$\frac{1}{P-q}=\frac{1}{P}+\frac{q}{P(P+1)}+\frac{q(q+1)}{P(P+1)(P+2)}+\cdots+\frac{q[r]}{P[r+1]}+\cdots,\quad P>q>0$$

式中，$q[r]$表示 q 的升幂阶乘，从 q 乘到 $q+r-1$；$P[r+1]$表示 P 的升幂阶乘，从 P 乘到 $P+r$。等式两边同乘以 $P-q$ 得

$$1=(P-q)\left[\frac{1}{P}+\frac{q}{P(P+1)}+\frac{q(q+1)}{P(P+1)(P+2)}+\cdots+\frac{q[r]}{P[r+1]}+\cdots\right] \tag{7-6}$$

这就是叙词表概率分布，第 r 项表示分布中的 $f(r)$。其期望与方差分别为

$$\mu=\frac{q}{P-q+1},\quad \sigma^2=\frac{q(P-1)(P-q)}{(P-q-1)^2(P-q-2)}$$

海尔登认为这个模型比西蒙模型要好。其实，令 q=1，则

$$f(r)=(P-1)\frac{1[r]}{P[r+1]}=\frac{(P-1)\cdot1\cdot2\cdots(r-2)(r-1)}{P(P+1)(P+2)\cdots(P+r)}$$

再令 $P=1+\rho$，上式便能变成西蒙的表达式(7-3)。因此，一般认为，西蒙公式是海尔登-韦林分布的特殊情况。

二、关于洛特卡定律的数学研究

洛特卡定律描述了科学生产率、作者频率与论文数量之间的关系，其意义可以从多方面理解。从文献计量学方面看，它是指在某一主题领域内文献作者的分布状况。从人类学的角度来理解，它可以表现为在人类发展过程中，具有不同个性的个体之间对人类进步做出贡献的差异，这种差异的机制主要是马太效应。众多科学家对洛特卡定律进行了深入研究，采用的主要方法有经验方法、理论方法和模型方法等。针对洛特卡定律的时代局限性及其经验定律自身需要不断修正的特点，从分布数据的收集、参数值范围的确定、方法的拟合及检验等诸多方面进行了较为深入的研究。来自不同领域的科学家利用自身学术优势，对洛特卡定律的发展及修订做出了贡献，如休伯特、德莱斯顿、戴维斯等都进行过研究，其内

容涉及许多不同学科、时期、地区、类型的科学文献作者分布，从不同角度来检验和修正洛特卡定律，普赖斯、布克斯坦、阿利森等对洛特卡定律提出了修正的可能性。在洛特卡定律的基础上，普赖斯进一步研究了科学家人数与科学文献数量，以及不同能力层次的科学家之间的定量关系，提出了著名的普赖斯定律和一些其他重要结论，他还曾试图找出全体科学家总数中杰出科学家的比例关系，为洛特卡定律的开发乃至文献计量学的发展做出了令人瞩目的卓越贡献；而对普赖斯定律的研究，埃格赫做了大量的工作，他把普赖斯定律的表示分为算术表达法和几何表达法，并得到埃格赫公式。埃格赫还采用数学方法对作者-出版物体系与期刊-论文体系之间存在的结构性差异进行了研究，从单作者论文推导出多作者论文的情况，研究表明，当 $i \geqslant 0$ 时，洛特卡定律 $\Phi(i)=C/(i+1)^{\alpha}$ 在所有 $\alpha=2, 3, 4, \cdots$ 时基本上是稳定的，这个结论给洛特卡定律提供了一种新的内在解释。关于作者分布规律的研究形成了以洛特卡定律和普赖斯定律为核心的研究体系。我国学者也开展了大量研究，从理论上讨论了洛特卡定律，澄清了有关参数所带来的某些数据不满足广义洛特卡分布的问题，并利用分形理论建立了洛特卡定律的统计分形模型。而且提出利用偏态分布的原则来改进普赖斯定律：$Y=\beta x(a\ln x+1)$，这是我国学者在普赖斯定律研究方面开拓性的进展。

（一）西蒙的 β 函数

上述西蒙针对科学出版物论文发生机制提出的 β 函数模型也被用于解释洛特卡定律，只是将假设条件略加改动。

假定 1　第 $T+1$ 篇论文是新作者发表的，其概率为 ω，而在最初的 T 篇论文中没有新作者发表的论文。

假定 2　第 $T+1$ 篇论文由已发表 r 篇论文的作者发表，其概率与 $r f(r,T)$ 成正比，即与恰好发表 r 篇论文的所有作者发表的论文总数成正比。其中，$f(r,T)$ 是在最初发表的论文中恰好发表 r 篇论文的作者数。

因此，已发表 r 篇论文的作者数的期望值应该是

$$f(r)=A\beta(r,\rho+1), \quad r=1, 2, 3,\cdots$$

式中，$\rho=1/(1-\omega)$，A 和 ρ 是常数；$\beta(r,\rho+1)$ 是参数为 r 和 $\rho+1$ 的 β 函数。因此，可以进行与上面相同的推导来描述作者分布。

（二）埃格赫公式[64]

若 $f(r)$ 表示发表 r 篇论文的作者数量，则洛特卡定律可以表示为

$$\frac{f(r)}{\sum f(r)}=\frac{C}{r^2} \quad 或 \quad f(r)=\frac{A}{r^2} \tag{7-7}$$

式中，$A=C\sum f(r)$，其在样本给定时为一个常数。若按作者发表的论文数量做递减顺序排列，则论文总量可表示为$\sum\limits_{r=1}^{r_m} rf(r)$，其中 r_m 代表该统计样本中科学生产率最高的作者所发表的论文数量。则存在下列关系：

$$\theta\sum_{r=1}^{r_m} rf(r)=\sum_{r=r_\theta}^{r_m} rf(r) \tag{7-8}$$

式中，$\theta(0\leqslant\theta\leqslant1)$为发表了 r_θ，$r_{\theta+1}$，…，r_{m-1}，r_m 篇论文的作者所发表论文数量总和占所有发表论文数量的百分比。

于是将式(7-7)代入式(7-8)可得

$$\theta\sum_{r=1}^{r_m}\frac{rA}{r^2}=\sum_{r=r_\theta}^{r_m}\frac{rA}{r^2}$$

即

$$\theta\sum_{r=1}^{r_m}\frac{1}{r}=\sum_{r=r_\theta}^{r_m}\frac{1}{r} \tag{7-9}$$

一般来说，在统计数据比较充分时，r_m 与 r_θ 不会很小，根据关系式：

$$\sum_{r=1}^{k}\frac{1}{r}\approx\int_1^k\frac{\mathrm{d}r}{r}+\gamma, \quad k\text{ 充分大}$$

$$\sum_{r=p}^{q}\frac{1}{r}\approx\int_p^q\frac{\mathrm{d}r}{r}, \quad q、p\text{ 充分大}$$

式中，γ =0.577…为欧拉常数。于是可以得到

$$\theta\left(\int_1^{r_m}\frac{\mathrm{d}r}{r}+\gamma\right)=\int_{r_\theta}^{r_m}\frac{\mathrm{d}r}{r}$$

$$\theta\ln r_m+\theta\gamma=\ln r_m-\ln r_\theta$$

$$\ln r_\theta=(1-\theta)\ln r_m-\theta\gamma$$

$$r_\theta=r_m^{1-\theta}\mathrm{e}^{-\theta\gamma} \tag{7-10}$$

设与 θ 对应的高产作者$(r_\theta \to r_m)$的数量为 $x(\%)$，则

$$\sum_{r=r_\theta}^{r_m} f(r) = x\sum_{r=1}^{r_m} f(r)$$

由于 $f(r)=\dfrac{A}{r^2}$，$\sum\limits_{r=1}^{\infty}\dfrac{1}{r^2}$ 收敛，且 r_m 与 r_θ 一般都比较大，由上式可以得到

$$\int_{r_\theta}^{\infty}\frac{A}{r^2}\mathrm{d}r \approx x\sum_{r=1}^{\infty}\frac{A}{r^2}$$

即

$$\int_{r_\theta}^{\infty}\frac{\mathrm{d}r}{r^2} \approx \frac{\pi^2}{6}x \tag{7-11}$$

将式(7-10)代入式(7-11)可得

$$x \approx \frac{6}{\pi^2}\int_{r_m^{1-\theta}\mathrm{e}^{-\theta\gamma}}^{\infty}\frac{1}{r^2}\mathrm{d}r$$

则

$$x \approx \frac{6}{\pi^2}\frac{1}{r_m^{1-\theta}\mathrm{e}^{-\theta\gamma}} \tag{7-12}$$

由人均论文数的定义知 $\mu=\dfrac{\sum\limits_{r=1}^{r_m} rf(r)}{\sum\limits_{r=1}^{r_m} f(r)}$，则

$$\mu=\frac{\sum\limits_{r=1}^{r_m}\dfrac{1}{r}}{\sum\limits_{r=1}^{r_m}\dfrac{1}{r^2}} \approx \frac{\ln r_m+\gamma}{\dfrac{\pi^2}{6}}$$

进而有

$$r_m = \mathrm{e}^{\frac{\pi^2}{6}\mu-\gamma}$$

将上式代入式(7-12)得埃格赫公式为

$$x=\frac{6}{\pi^2}\frac{1}{\mathrm{e}^{\frac{\pi^2}{6}\mu(1-\theta)-\gamma}} \tag{7-13}$$

埃格赫公式是建立在洛特卡经典公式上的，因此只有当 α=2 或接近 2 时才能直接使用埃格赫公式，当 α 的值与 2 相差较大时公式就不适用了，需要进一步推广。

引理 7-1　若 α>1，则有如下近似等式成立：

$$\sum_{r=1}^{r_m}\frac{1}{r^{\alpha-1}}\approx\int_1^{r_m}\frac{1}{r^{\alpha-1}}\mathrm{d}r+\frac{1}{2} \tag{7-14}$$

证明　如图 7-1 所示，容易证明近似等式：

$$\int_r^{r+1}\frac{1}{r^{\alpha-1}}\mathrm{d}r\approx\frac{1}{2}\left[\frac{1}{r^{\alpha-1}}-\frac{1}{(r+1)^{\alpha-1}}\right]+\frac{1}{(r+1)^{\alpha-1}}$$

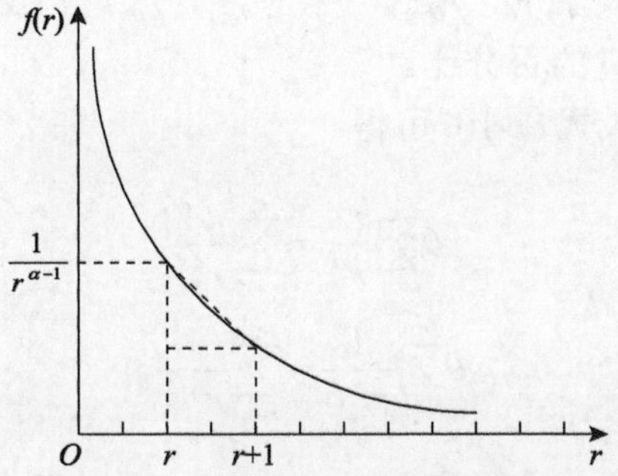

图 7-1　洛特卡等级-频数分布图

则

$$\begin{aligned}\int_1^{r_m}\frac{1}{r^{\alpha-1}}\mathrm{d}r&\approx\sum_{r=1}^{r_m}\frac{1}{(r+1)^{\alpha-1}}+\frac{1}{2}\sum_{r=1}^{r_m}\left[\frac{1}{r^{\alpha-1}}-\frac{1}{(r+1)^{\alpha-1}}\right]\\&=\sum_{r=1}^{r_m}\frac{1}{r^{\alpha-1}}-1+\frac{1}{2}\sum_{r=1}^{r_m}\left[\frac{1}{r^{\alpha-1}}-\frac{1}{(r+1)^{\alpha-1}}\right]\end{aligned}$$

那么

$$\begin{aligned}\sum_{r=1}^{r_m}\frac{1}{r^{\alpha-1}}&\approx1+\int_1^{r_m}\frac{1}{r^{\alpha-1}}\mathrm{d}r-\frac{1}{2}\sum_{r=1}^{r_m}\left[\frac{1}{r^{\alpha-1}}-\frac{1}{(r+1)^{\alpha-1}}\right]\\&=\frac{1}{2}+\int_1^{r_m}\frac{1}{r^{\alpha-1}}\mathrm{d}r+\frac{1}{2(r_m+1)^{\alpha-1}}\end{aligned}$$

式中，r_m 代表最高产作者撰写的论文数，一般较大，故 $\dfrac{1}{2(r_m+1)^{\alpha-1}}$ 可舍去。于是式(7-14)成立。

若 $f(r)$ 表示发表 r 篇论文的作者数量，则广义洛特卡定律可以表示为

$$\frac{f(r)}{\sum f(r)}=\frac{C}{r^{\alpha}} \quad 或 \quad f(r)=\frac{A}{r^{\alpha}} \tag{7-15}$$

式中，$A=C\sum f(r)$，在样本给定时为一个常数。若按作者发表的论文数量做递减顺序排列，则论文总量可表示为 $\sum_{r=1}^{r_m} rf(r)$，其中 r_m 代表该统计样本中科学生产率最高的作者所发表的论文数量。则存在下列关系：

$$\theta\sum_{r=1}^{r_m} rf(r)=\sum_{r=r_\theta}^{r_m} rf(r) \tag{7-16}$$

式中，$\theta(0\leqslant\theta\leqslant 1)$ 为发表了 r_θ，$r_{\theta+1}$，…，r_{m-1}，r_m 篇论文的作者所发表论文数量总和占所有发表论文数量的百分比。

于是将式(7-15)代入式(7-16)可得

$$\theta\sum_{r=1}^{r_m}\frac{rA}{r^{\alpha}}=\sum_{r=r_\theta}^{r_m}\frac{rA}{r^{\alpha}}$$

即

$$\theta\sum_{r=1}^{r_m}\frac{1}{r^{\alpha-1}}=\sum_{r=r_\theta}^{r_m}\frac{1}{r^{\alpha-1}} \tag{7-17}$$

一般来说，在统计数据比较充分时，r_m 与 r_θ 不会很小，根据关系式(7-14)得

$$\theta\left(\int_1^{r_m}\frac{\mathrm{d}r}{r^{\alpha-1}}+\frac{1}{2}\right)=\int_{r_\theta}^{r_m}\frac{\mathrm{d}r}{r^{\alpha-1}}$$

当 $\alpha\neq 2$ 时，有

$$r_\theta=\left[r_m^{2-\alpha}+\left(\frac{1}{2}\alpha-r_m^{2-\alpha}\right)\theta\right]^{\frac{1}{2-\alpha}}$$

即

$$r_\theta=\left[(1-\theta)r_m^{2-\alpha}+\frac{1}{2}\alpha\theta\right]^{\frac{1}{2-\alpha}} \tag{7-18}$$

设与 θ 对应的高产作者($r_\theta\to r_m$)的数量为 x(%)，则

$$\sum_{r=r_\theta}^{r_m} f(r)=x\sum_{r=1}^{r_m} f(r)$$

进而有

$$x\left(\int_1^{r_m}\frac{\mathrm{d}r}{r^\alpha}+\frac{1}{2}\right)=\int_{r_\theta}^{r_m}\frac{\mathrm{d}r}{r^\alpha}$$

当 $\alpha\neq 2$ 时，有

$$x\left(\frac{1}{1-\alpha}r_m^{1-\alpha}-\frac{1}{1-\alpha}+\frac{1}{2}\right)=\frac{1}{1-\alpha}r_m^{1-\alpha}-\frac{1}{1-\alpha}r_\theta^{1-\alpha}$$

于是

$$x=\frac{r_m^{1-\alpha}-r_\theta^{1-\alpha}}{r_m-\frac{1}{2}(1+\alpha)} \tag{7-19}$$

由人均论文数的定义知 $\mu=\dfrac{\sum_{r=1}^{r_m}rf(r)}{\sum_{r=1}^{r_m}f(r)}$，则

$$\mu=\frac{\sum_{r=1}^{r_m}\frac{1}{r^{\alpha-1}}}{\sum_{r=1}^{r_m}\frac{1}{r^\alpha}}=\frac{\frac{1}{2}+\int_1^{r_m}\frac{1}{r^{\alpha-1}}\mathrm{d}r}{\frac{1}{2}+\int_1^{r_m}\frac{1}{r^\alpha}\mathrm{d}r}=\frac{\frac{1}{2}+\frac{1}{2-\alpha}r_m^{2-\alpha}-\frac{1}{2-\alpha}}{\frac{1}{2}+\frac{1}{\alpha-1}}$$

进而有

$$r_m=\left\{\frac{1}{2}\left[\frac{\alpha+1}{\alpha-1}(2-\alpha)\mu+\alpha\right]\right\}^{\frac{1}{2-\alpha}} \tag{7-20}$$

将式(7-18)、式(7-20)代入式(7-19)有

$$x=\frac{\left\{\frac{1}{2}\left[\frac{\alpha+1}{\alpha-1}(2-\alpha)\mu+\alpha\right]\right\}^{\frac{1-\alpha}{2-\alpha}}-\left\{\frac{1}{2}\left[\frac{\alpha+1}{\alpha-1}(2-\alpha)\mu+\alpha\right](1-\theta)+\frac{1}{2}\alpha\theta\right\}^{\frac{1-\alpha}{2-\alpha}}}{\left\{\frac{1}{2}\left[\frac{\alpha+1}{\alpha-1}(2-\alpha)\mu+\alpha\right]\right\}^{\frac{1-\alpha}{2-\alpha}}-\frac{1}{2}(1+\alpha)} \tag{7-21}$$

这是在广义洛特卡定律基础上对埃格赫公式的推广。

三、关于布拉德福定律的信息维分析

埃格赫给出了信息生产过程(IPP)的形式理论[65]。根据IPP的形式理论，布拉德福分布的区域描述可以抽象为：对于源的集合 S 中的元素按所含项数的多少排列，然后分成 N 个区，使每个区中含的项数相等，为 r，存在 y_0 和 $k>1$，使第1区的期刊数为 y_0，第2区的期刊数为 y_0k，第3区的期刊数为 y_0k^2，……直到最后一区所含期刊数为 y_0k^{N-1}。它的主要目标是认识区域差异(即文献的聚散状况)。有差异就有信息，信息是差异的再现。以区域性为特征的布拉德福分布的研究过程实则是文献分布信息的分析过程，为此需要知道系统的信息熵。但熵值的测算并非易事，有时根本难以测量。由于文献分布的无标度性(non-scaling)，测出的信息量常常是一个变化的数值，不能作为系统分析的有效判据。不过，文献分布明显具有分形特征，于是可以运用分形几何学的方法以分维(fractal dimension)代替信息熵，使信息分析与分形研究相关联。下面给出布拉德福分布的信息维测算及其分析范例。

（一）布拉德福分布的信息维模型

1. 香农(Shannon)信息熵与信息量

对于具有 n 种可能的独立结果的随机试验 $X=\{x_i,\ i=1, 2, \cdots, n\}$，在试验前所包含的平均不确定性数量可表示为

$$H=-\sum_{i=1}^{N} P_i \ln P_i \tag{7-22}$$

式中，H 为信息熵；P_i 为 x_i 出现的概率且满足

$$0 \leqslant P_i \leqslant 1\ (i=1, 2, \cdots, N), \qquad \sum_{i=1}^{N} P_i = 1 \tag{7-23}$$

假定试验后，结果是 X 出现，即后验概率分布为

$$P_i=\begin{cases}1, & i=i_0 \\ 0, & i \neq i_0\end{cases} \quad (i=1,2,\cdots,N) \tag{7-24}$$

此时不存在试验不确定性，熵值为零，故该试验所提供的信息量 I 为

$$I=H-0=-\sum_{i=1}^{N} P_i \ln P_i \tag{7-25}$$

可以看出，I与H数值相等，但是两个不同的概念，H表示不确定性，I则表示消除这个不确定性所需要的信息量。

2. 布拉德福分布的信息维

布拉德福分布的区域描述与分形理论运用的网格化方法如出一辙。由于文献分布具有分形特征，改变分区的尺度，测得的信息量是一个变化的值，此时可以将其转化为信息维。

将所有期刊按布拉德福分布区域描述划分成若干区域，每个区所含论文数记为 r(尺度)，考察各个区中期刊出现的概率 P_i，由此可以计算出期刊中文献分布的信息量：

$$I(r)=-\sum_{i=1}^{N(r)}P_i\ln P_i \tag{7-26}$$

式中，$N(r)$为区域的数目；$I(r)$为信息量。改变区域的尺度r，可得到一系列的$I(r)$值。文献分布具有分形性质，满足

$$I(r)\propto r^{-D_1} \tag{7-27}$$

定义的负幂率。式中，D_1为信息维。

实际上，存在一个一般的分维(即广义分维)公式：

$$D_q=\frac{1}{q-1}\lim_{r\to 0}\frac{\ln\sum_{i=1}^{N(r)}P_i^q}{\ln r} \tag{7-28}$$

式中，当 q=0 时，D_0为容量维，即豪斯道夫(Housdorff)维；当 q=1 时，D_1为信息维；当 q=2 时，D_2为关联维，且有 $D_0>D_1>D_2$。改变参数 q，可以定义无穷多种维数，D_q可称为第 q 阶信息维。通常所指的信息维是 D_1，即式(7-26)、式(7-27)定义的分维。式(7-28)可以写成

$$D_q=-\lim_{r\to 0}\frac{I_q(r)}{\ln r} \tag{7-29}$$

式中，

$$I_q(r)=\frac{1}{1-q}\ln\sum_{i=1}^{N(r)}P_i^q \tag{7-30}$$

称为瑞利熵。

根据 $P_i^q = \exp(q \ln P_i)$，当 $q \to 1$ 时，有

$$\lim_{q\to 1}\frac{1}{1-q}\ln\sum_{i=1}^{N(r)}P_i^q = -\sum_{i=1}^{N(r)}P_i\ln P_i \tag{7-31}$$

于是

$$D_1 = \lim_{r\to 0}\frac{\sum_{i=1}^{N(r)}P_i\ln P_i}{\ln r} = -\lim_{r\to 0}\frac{I(r)}{\ln r} \tag{7-32}$$

信息维数的大小可以反映文献分布的聚散程度，当所有论文聚集到一种期刊时，系统为零维，这正好与系统的信息熵对应，分布越均匀，信息熵越高。用信息维代替信息熵进行文献分布的信息维分析，其理论依据之一便在于此。

（二）布拉德福分布的信息维测算

以波普的书目数为例(表 7-1)，进行布拉德福分布的信息维测算。

表 7-1　波普的书目

期刊	相应论文	n	$R(n)$	期刊	相应论文	n	$R(n)$
1	261	1	261	1	78	21	3012
1	259	2	520	1	74	22	3086
1	220	3	740	1	64	23	3150
1	211	4	951	1	63	24	3213
1	205	5	1156	2	60	26	3333
1	176	6	1332	1	59	27	3392
1	168	7	1500	1	53	28	3445
1	164	8	1664	1	52	29	3494
1	155	9	1819	2	51	31	3599
1	134	10	1953	1	45	32	3644
2	120	12	2193	1	44	33	3688
1	115	13	2308	2	42	35	3772
1	105	14	2413	1	40	36	3812
1	102	15	2515	2	38	38	3888
1	96	16	2611	1	36	39	3924
1	85	17	2696	2	33	41	3990
1	80	18	2776	1	32	42	4022
2	79	20	2934	5	31	47	4177

续表

期刊	相应论文	n	$R(n)$	期刊	相应论文	n	$R(n)$
1	30	48	4207	7	14	100	5196
1	29	49	4236	10	13	110	5326
1	28	50	4264	9	12	119	5434
1	27	51	4291	9	11	128	5533
1	25	52	4316	7	10	135	5603
3	24	55	3488	8	9	143	5675
1	23	56	4411	12	8	155	5771
6	22	62	4543	20	7	175	5911
2	21	64	4585	14	6	189	5995
5	20	69	4685	35	5	224	6170
4	19	73	4761	45	4	269	6350
8	18	81	4905	68	3	337	6554
5	17	86	4990	140	2	477	6834
3	16	89	5038	534	1	1011	7368
4	15	93	5098				

设论文总数是 A，期刊总数是 Y，按布拉德福分布划分成 $N(r)$ 个区，这时有

$$r = \frac{A}{N(r)} \tag{7-33}$$

落入第 i 个区中的期刊数目为 $y_i(r)$，于是

$$P_i = \frac{y_i(r)}{Y} \tag{7-34}$$

$$I(r) = -\sum_{i=1}^{N(r)} P_i \ln P_i = -\sum_{i=1}^{N(r)} \frac{y_i(r)}{Y} \ln \frac{y_i(r)}{Y} \tag{7-35}$$

改变 $N(r)$，从而改变 r，得到不同信息量的值 $I(r)$（表 7-2），代入信息维公式(7-32)得

$$D_1 = \lim_{N(r)\to\infty} \frac{\sum_{i=1}^{N(r)} P_i \ln P_i}{\ln \frac{A}{N(r)}} = -\lim_{N(r)\to\infty} \frac{I(r)}{\ln \frac{A}{N(r)}} \tag{7-36}$$

表 7-2　对波普书目数据区所得的统计结果

$N(r)$	$P_i = y_i / Y$ （$Y = 1011$(下面仅列出y_i/)）	$I(r)$	$\ln \frac{A}{N(r)}$
2	33/，978/	0.144	8.211
3	14/，67/，930/	0.316	7.808
4	9/，24/，95/，883/	0.472	7.518
5	7/，13/，36/，117/，838/	0.617	7.293
6	6/，9/，18/，48/，137/，793/	0.750	7.115
7	5/，7/，11/，25/，57/，159/，750/	0.876	6.957
8	4/，5/，9/，15/，32/，63/，173/，710/	0.974	6.826
9	3/，5/，6/，11/，21/，37/，69/，186/，675/	1.089	6.708
10	3/，4/，5/，8/，13/，23/，41/，76/，202/，635/	1.184	6.603
11	3/，3/，4/，7/，10/，15/，27/，44/，83/，214/，601/	1.233	6.507
12	2/，3/，4/，5/，8/，11/，18/，30/，47/，90/，219/，574/	1.351	6.420
13	2/，3/，4/，4/，5/，9/，13/，22/，31/，50/，98/，206/，564/	1.412	6.340
14	2/，2/，3/，5/，5/，7/，10/，15/，24/，30/，55/，103/，220/，531/	1.491	6.265

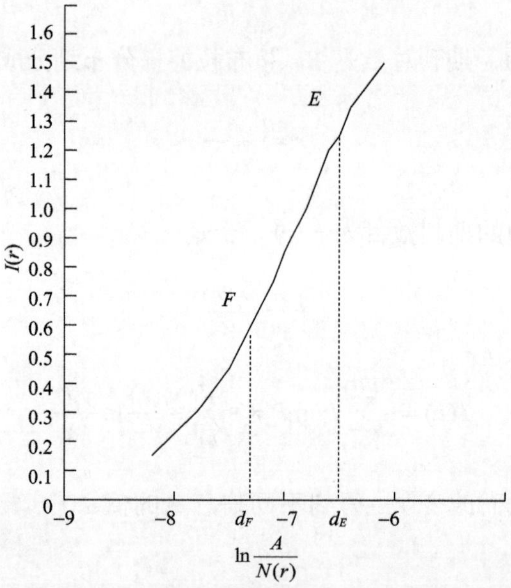

图 7-2　波普书目数据区所得的统计数据分布图

波普书目数据区所得的统计数据分布如图 7-2 所示。可以看出，典型的信息维曲线由具有统计意义的三段构成。其中，中间直线部分的斜率即为所求的信息维 D 值，相应的范围为无标度区(non-scaling range)，两个拐点 E、F 的标度值 d_E、

d_F分别为无标度区的上、下限，计算结果为D_1=0.784。在无标度区以外的区域就构成布拉德福分布的核心区和格鲁斯偏移区。

(1) 当$d_E = \ln \frac{A}{N(r)}$时，$N(r) = \frac{A}{e^{d_E}}$。这时分$N(r)$区时，第$N(r)$的期刊出现格鲁斯偏移。本例中，这时$N(670)$＝ 11，即分 11 个区时，第 11 区(602 种)出现格鲁斯偏移。

(2) 当$d_F = \ln \frac{A}{N(r)}$时，$N(r) = \frac{A}{e^{d_F}}$。这时分$N(r)$区时，第 1 区的期刊为核心区。本例中，$N(1474)$＝5，第 1 区(7 种)为核心区。

可见，通过布拉德福分布的信息维分析可以得到通常所需要的结果，这对认识布拉德福分布的本质特征有一定意义。

第四节　文献计量学分布规律理论体系的研究

一、布-齐-洛定律的一致性研究

(一)布-齐-洛定律一致性研究概况

关于布拉德福分布理论的方法论层次研究，主要集中在布-齐-洛分布理论的统一机制、机理和模型的研究。20 世纪 60 年代初，人们已开始注意到布拉德福定律、齐普夫定律、洛特卡定律在研究方法以及所获结果等方面都存在某些相似之处，肯德尔认为：布拉德福分布其实就是齐普夫分布，更为精确的统计学方法可以解释布拉德福定律的直线部分。1969 年，费尔桑首次将布拉德福分布、齐普夫分布以及芒代尔布罗分布同洛特卡的频率分布联系起来，这三种内容各异的分布实际上属于同一类分布体系，而且人们还进一步认为，文献计量学中的各种分布，如流通量按被借阅图书或期刊的分布规律、引文量按被引期刊或作者等的分布规律也属于这一体系。埃格赫将经验定律及其推论分为两类，并给出了每一类的统一表达式。一类以布拉德福定律的文字描述形式为核心，包括莱姆库勒定律、芒代尔布罗定律、洛特卡定律等，可统一表达为：$R(r)=A\ln(1-Br)$，式中$R(r)$表示从 1 到r的主体来源中所含事件(信息)的累积量，A、B为常数。另一类以齐普夫定律为核心，包括布鲁克斯定律、布拉德福定律的图像描述形式等，可以统一表达为：$R'(r)=A'\ln(B'r)$。实际上，如果把作者发表作品、期刊刊载论文、字词在文章中重复出现、书籍的使用、文章获得引用这一类现象统统视为 IPP，那么就可以将作者、期刊、字词、书籍、文章等称为源，同时将作品、论文、字词的出现、书籍的使用、文章的被引用等称为项，则包括三大定律在内的文献计量学的众多分布规律皆可认为是源与项之间存在的单变量函数关系。这种关系呈现为频次-规模分布和频次-等级分布。

频次-规模分布都可表示为

$$f(r)=\frac{C}{r^{\alpha}}$$

这类分布的突出特点是其分布的不对称性，常用来作为分布集中程度的指标之一。1977 年，普拉特(A. D. Pratt)为了量度文献计量学中等级-频次分布的集中程度，提出了著名的普拉特指标。苏联统计学家哈顿在总结文献计量学及相关领域的各种经验频率分布后指出，所有经验频率分布基本上可分为两大类型：Gaussian 型分布与 Zipfian 型分布。一般认为，自然科学的文献较多符合 Gaussian 型分布；而社会科学的文献则一般符合 Zipfian 型分布。目前的研究认为，齐普夫定律的结构与其他几个分布定律具有一致性。

对于经验定律有多种不同的解释，西蒙于 1955 年提出，但普赖斯又在 1976 年作了简化的成功倍增原理是关于 IPP 中源的增长变化的概率理论，虽然他们没有使用 IPP 这个术语，但是他们的理论足以灵活地应用到 IPP 中。实际上，继西蒙后，芒代尔布罗、肯德尔、希尔及普赖斯等从不同的出发点都导出了 β 函数类型的概率分布，其中普赖斯的累积优势分布最为著名。其推导过程颇具代表性。而 1990 年布克斯坦完整地提出了他的信息计量学的基本理论。与西蒙、普赖斯等不同，他是从函数分析的观点出发，直接证实了普遍存在的经验负幂分布数学形式，而不是由推导出的 β 函数出发，再通过极限才能得到负幂分布的数学形式。1977 年，布鲁克斯提出用复合分布的概念去探讨文献计量学中普遍存在的各种分布现象，提出了混合泊松模型。芒代尔布罗用组合分形理论解释了信息计量学中的一些定律。利用分形理论研究文献计量学的布-齐-洛分布，可以揭示这些定律在数学上的一致性。

关于布-齐-洛分布一致性的研究主要集中于两个方面：①定量表达式的一致性；②关于一致性的理论解释。这两方面相互补充、相互促进，形成了文献信息分布规律的理论体系。关于第一方面，主要使用麦克斯韦-玻尔兹曼(Maxwell-Boltzmann)球-箱模型和普赖斯的缸式模型来解释；关于第二方面，主要归结为马太效应、最小努力原则、成功产生成功等。两方面相得益彰，例如，用马尔可夫链，对马太效应的定量描述等，关于第二方面理论的定量描述，又成为第一方面的内容。

（二）布-齐-洛定律表达式的一致性

布拉德福定律、齐普夫定律、洛特卡定律被认为是文献计量学中最基本的三大定律。它们几乎在相同的时期以不同表达式描述了相似的分布规律；其计量分析单元是共性的；期刊量、单词数、作者群、计量的方法是相似的；通过对文献的调查和统计，取得数据并进行分析归纳来定量地认识文献流。这三个定律最初都是由经验观测得到的，都是按某一具体事项在其主体来源中的出现频率排序而导出来的，其分布函数也彼此相似。实际上，可以认为它们是一种分布规律的不同表现形式。布-齐-洛分布系包括文献计量学中几个非指数分布，即布拉德福定律 $R(n)=k\ln(n/\mathrm{S})$、齐普夫定律 $f(r)=k/r$ 及其修正式 $f(r)=k/r^{\alpha}$、洛特卡定律 $f(x)=k/x^{2}$，诸定律的数学表达式属于同一类型。如果把数学式中的主体看成箱，把某一特定量看成投入箱中的球，那么对于布拉德福分布、齐普夫分布、洛特卡分布，箱好比期刊、词汇、作者，球好比相关论文、单词、作者所写的论文。布拉德福分布是累积分布，$R(n)$ 表示 n 以前的累积数，对 $R(n)=k\ln(n/S)$ 微分得

$$\frac{\mathrm{d}R(n)}{\mathrm{d}n}=\frac{k}{n}$$

这与齐普夫公式一致。

对齐普夫修正式 $f(r)=k/r^{\alpha}$ 进行变换得 $r=\left(\frac{k}{f(r)}\right)^{\frac{1}{\alpha}}$，再微分得

$$\frac{\mathrm{d}r}{\mathrm{d}f}=\frac{k^{\frac{1}{\alpha}}}{\alpha}f^{-(1+\frac{1}{\alpha})}$$

若 $\alpha=1$，即对于狭义的齐普夫形式，与洛特卡定律一致。因此，这种类型的分布可统一表示为

$$f(r)=\frac{C}{r^{\alpha}} \tag{7-37}$$

式中，C、α 为常数，一般来说，$1<\alpha\leqslant 2$；$f(r)$ 为含有 r 个具体事项的主体来源数的分布密度。

布拉德福分布、齐普夫分布、洛特卡分布的一致性是显而易见的。它们描述的是一种普遍存在的社会现象，在许多其他领域，尤其是在社会科学领域内更是一种常见的分布现象，如城市按人口的分布、资本主义国家居民按收入多少的分布、书籍按页数多少的分布、生物按其属种的分布等。只要我们将主体按其具体对象出现的频率排序，就可以得到与式(7-37)相类似的分布形式。这类分布可统称为布-齐-洛分布，简称布-齐分布系，这种一致性有其社会心理物理机制。

（三）布-齐-洛分布的理论解释

1. 布-齐-洛分布的一般理论解释

布-齐-洛分布揭示了某一具体对象在其主体来源中的集中与离散规律，其重要特点是，我们所考察的具体对象的绝大多数集中于少数主体来源；而具体对象的少部分却分散在大多数的主体来源之中。例如，某一主题的科学文献的80%左右集中在不到20%的期刊上，而20%左右的论文却分散在80%以上的期刊中；大多数作者一生只能发表一篇或两篇文章，而为数不多的一些作者却硕果累累，一生发表几十篇或数百篇文章；人们写文章时，总爱选择常用的、传递功能强的词；资本主义国家中大量的财富总是集中于少数人手中，而不多的一点则为大多数人所分享；等等。

在上述分布中为什么会产生这种集中与分散的现象呢？其机理目前仍在探索中。

首先，有的研究者认为，在这方面存在着“马太效应”。他们根据的是马太的这样一个论断：“凡有的，还要加给他，叫他有余。没有的，连他所有的，也要夺过来。”这种对富有的还要再给，使他更富有，对贫穷的还要剥夺，使他一无所有的情形，形象地揭露了分配中的集中与分散现象。社会上普遍存在的“马太效应”的心理对文献分布和交流的影响，已在前面做了讨论。

其次，“成功产生成功”。这是导致这种集中与分散现象的重要原因。这里的“成功”有广泛的含义，如论文的写作与发表、收入的增加、期刊声誉的提高、词汇的被选用等。已取得成功的次数越多，就越容易在此基础上获得新的成功。例如，高产作者发表一篇论文十分容易；百万富翁要增加一点收入毫无困难；声望高的期刊更容易获得高质量的稿件。正如普赖斯所指出：一篇经常被引用的论文比一篇很少被引用的论文更容易再次被引用；一个发表过许多论文的作者比一个很少发表论文的作者更容易再次发表论文；一种经常讨论某一课题的期刊比一种很少讨论这一课题的期刊更容易再次回到这个课题。这是个体自身能力和特性的显示，同时也要受到各种环境条件、社会心理、人为选择等因素的影响。

最后，省力法则支配的人为选择的作用。社会科学方面的现象（如文献情报现象）不同于自然过程，其中人为控制的选择因素起决定性作用。例如，我们对文献情报流进行定量研究时，不仅要处理常规的物理空间的定量测度，而且必须通过人们的思维判断、选择鉴别来领悟精神空间迥然各异的社会行为机理，如学科差异、出版背景、传播范围、期刊名望等。在分析和处理文献情报的过程中，人为选择往往起着主导作用。人的选择要受省力法则支配。在这种选择作用下，当一系列同类对象被选择时，有的经常被选择，有的不常被选择，这种频度不均匀的选择结果实际上表征着被选择对象之间个体特性方面的差异，其本身又可以反过来作为再次选择的依据。如果我们把对象受到一次选择看成一次成功，那么这种成功的累积必然容易导致新的成功。普赖斯用“累积优势分布”描述了这种“成功产生成功”的机理。

2. 布-洛-齐分布的心理物理学机制

我们认为，信息产品首先是主体对客观事物的反映结果，认识决定了主体的心理物理组织。进一步，当个体所产生的信息产品进入社会交流系统后，其传播又要受到社会心理物理组织(即社会的人的心理与社会信息系统所组成的心理、技术、符号系统、组织系统)的影响。而布-洛-齐分布正是对信息产品(文献)在交换环节中的不同方面的描述。因此，其必然可以在心理物理学中得到解释，关于心理物理学的引入，应首推布鲁克斯。

布鲁克斯的对数透视原理实质上源于心理物理学中的韦伯-费希纳律，但是它仅仅是韦伯-费希纳律的特殊形式。他指出：如果我们的感觉机构按某种对数规则工作，那么我们所有的神经系统，包括脑神经系统都可能按某种对数方式工作。在他设想的抽象信息空间中，他用对数透视原理导出了与他给出的布拉德福定律公式类似的公式，他认为是令人惊异的。尽管他的工作肯定了对数透视原理与布拉德福定律的关系，但要解释之，也感到不便。我们还是回到对数透视原理的本源——心理物理学上来探究，可以清楚地看到布-洛-齐分布的一致性的机制。

心理学是研究人脑如何对客观现实做出反应的一门科学，客观现实中的各种对象系统称为“刺激”，而由它引起的心理活动称为“反应”，心理学企图通过控制一定的试验条件，把外界刺激做成可测的系列变量，进而测量由此引起的一系列相应的心理变化。试验表明，在刺激变量和心理反应变量之间存在一定的关系，当心理变量有了适当测试手段之后，这种关系就有可能用一种适当的数学关系式表达出来。这导致了心理物理学的诞生。

在晴朗的夏日夜空，人们很容易看到满天繁星，而白天很难觉察到它们的存在，这个熟悉的现象告诉人们：对于刺激强度的变化($\Delta\varphi$)的观察与原有刺激强度(φ)之间存在某种关系，这种关系被心理学家称为刺激的临界值函数。1834 年，德国科学家韦伯在研究了提重的辨别试验之后发现，在对对象当中的两个物体进行重量辨别时，刚好感觉到有差别所需要的物理差别量，即差别阈，要比在两个相当轻的物体上产生的差别阈要大。进一步的研究表明，差别阈是刺激强度的线性函数，即

$$\Delta\varphi = C\varphi \quad \text{或} \quad \frac{\Delta\varphi}{\varphi} = C \tag{7-38}$$

这就是韦伯律或称为韦伯分数。

1860 年，费希纳在韦伯律的基础上进一步提出了如下假设。

(1)在一定的刺激范围内，所有的最小可觉差(JND)在主观上都是相等的，可

作为感觉量的单位。

(2)反应量可看成若干 JND 单位的总和，这样韦伯律可以表示为

$$\frac{K\mathrm{d}\varphi}{\varphi}=\mathrm{d}r \tag{7-39}$$

式中，K 是一个正常数；$\mathrm{d}r$ 是由 JND 引起的感觉增量，由上述假设可知，各 JND 所引起的 $\mathrm{d}r$ 都是相等的。

解微分方程(7-39)得

$$r=K\ln\varphi+C \tag{7-40}$$

当 φ 取阈限值 R 时，感觉量 r 为 0，即

$$0=K\ln R+C \quad 或 \quad C=-K\ln R \tag{7-41}$$

将式(7-41)代入式(7-40)得

$$r=K(\ln\varphi-\ln R)=K\ln\frac{\varphi}{R} \tag{7-42}$$

若令 R 为单位 1，则有

$$r=K\ln\varphi \tag{7-43}$$

式(7-43)称为费希纳律。

很容易看出，在形式上，布拉德福定律的布鲁克斯公式与费希纳律非常相似。

由式(7-39)得

$$\frac{\mathrm{d}r}{\mathrm{d}\varphi}=\frac{K}{\varphi} \tag{7-44}$$

其形式和齐普夫定律相似。

由式(7-44)得

$$\frac{\mathrm{d}^2r}{\mathrm{d}\varphi^2}=\frac{-K}{\varphi^2} \tag{7-45}$$

其形式与洛特卡定律相似。

这里有必然联系吗？

科学生产率是指科学家在科学上所表现出来的能力和工作效果，通常用其生产的科学文献的数量来衡量。这种衡量说到底是人和社会对科学家的主观评价的客观描述。科学家发表的论文数量(φ)称为科学生产率的刺激的量表，即反映科学生产率这种刺激的强弱(大小)，该刺激在心理上的反应就是科学家生产率高低的

感受(*r*)，它满足式(7-44)，即科学家每发表一篇论文提高的生产率(被社会承认的程度)与他已发表的论文数量成反比。例如，一个高产的大科学家，再发表一篇论文，对他的影响并不大，而低产者，再发表一篇论文，其声望便明显提高。但是式(7-45)有什么意义呢？它的意义就在于使洛特卡定律与心理物理学的联系显现出来，强调了洛特卡定律所反映的社会心理因素。如果说式(7-44)是个体对科学生产率刺激的反应，那么式(7-45)是社会对科学生产率刺激的反应状况的描述。

按照我们的观点，齐普夫定律描述的是什么呢？客观信息对人产生的刺激，通过思维加工(即反应)形成意识形态的信息产品，即对信息反应的结果，而为了交流，这种反应要客观化，便需要符号，这里是词。因此，词频大小的序号给出了信息单元的刺激强弱的客观度量，而词频是对反应的客观化的度量。词频大小的序号(φ)形成了刺激的量表，词频(*r*)形成了反应的量表，它们满足式(7-44)。

而布拉德福定律所描述的是：社会信息系统(这里主要是期刊系统)对特定类别信息刺激——反应关系的定量描述。从用户考虑其合理性，可以从信号检测模型得到解释，对特定的心理需求，期刊作为交流的工具，它向用户提供一种刺激，包含信号和噪声。将期刊按特定类别的载文率高低排序构成期刊的等级，显然期刊等级(φ)给出了特定心理需求刺激强弱的度量，而特定类别载文量相同的期刊可以按非相关论文的载文量排序，相信这将保留更多的有用信息。它满足式(7-39)，从而推出 $r=K\ln\dfrac{\varphi}{R}$ 形式的布拉德福分布公式。

(四)布-齐-洛分布的数学模型

自然科学中的随机现象，或者只受偶然因素支配的一系列现象，都可用二项分布或泊松分布模拟，称为泊松分布系，其特征是指数式的。上述布-齐-洛分布，由于加入了人为的倾向性因素，一般服从双曲线型分布。这是一种按几何增长输入而按算术增长输出所发生的分布，其是在“成功产生成功”的基础上选择一个同类项目的集合时引起的。例如，对于布拉德福分布，期刊数量必须呈几何增加才能得到相关论文按算术的增加。如果使用半对数坐标，线性比例的双曲线则变成直线，这是文献计量学中按规律发生的分布的共同特点。为了推导这类分布的统一表达式，则需要新的概率模型，它描述的对象是负幂函数 $P(x)=C/x^p$，$1<p\leqslant 2$。

设有充分多的箱，总数为 *N*，在这些箱中输入相同的 *R* 个球时，求进入了 *r* 个球的箱的个数 $n(r,R)$。由于布-齐-洛分布的特点，需要做如下两个假设：①新进入的球到达装有 *r* 个球的箱的概率 $P(r,R)$ 与 *r* 成正比，此假设可以写成 $P(r,R)=C_R$，C_R 是只依赖于 *R* 的比例常数；②$n(r,R)$ 可以表示为变量分离型，即 $n(r,R)=r(Rr)\Psi(r)$，其中 $r\geqslant 1$。这种模型描述的显然已不是纯粹的随机事件，而是带有明显倾向性的过程。例如，如果相关论文随机地、无倾向地分散在期刊中，那么它一定服从二项分布或泊松分布。但事实上，它服从负幂型分布，这是因为规模较大的、具有名望的期刊总是较能吸引更多的相关论文。若用箱-球模型说明，就是球被分配到较高级别的箱（已进入了较多的球）的倾向较大。这就是“成功产生成功”机制。

为了推导出负幂型分布 $P(x)=C/x^p$，对于具有 r 个球的箱数 $n(r,R)$，目的是导出 $n(r,R)$ 的表达式。因为有

$$N=\sum_{r=0}^{r_m} n(r,R)\text{，}\quad R=\sum_{r=1}^{r_m} r\cdot n(r,R)$$

式中，r_m 为入箱的最大球数。在此状态下输入 ΔR 个球，考虑分布函数 $n(r,R+\Delta R)$，可以证明，当输入的球以等概率 $P(r,R)=1/N$ 进入各箱时，有

$$n(r,R+\Delta R)=\frac{N}{r!}\exp\left(-\frac{R+\Delta R}{N}\right)\left(\frac{R+\Delta R}{N}\right)^r$$

但实际上，$P(r,R)$ 不会等概率地入箱，而是由假设①决定了要受到已入箱球数 r 的影响，这使 $n(r,R+\Delta R)$ 的方程极难求出。但可以将 $n(r,R+\Delta R)$ 看成 P 的连续函数，把差分换成微分，忽略 ΔR 的二次项以后的各项，通过

$$n(r,R+\Delta R)\approx n(r,R)+\left(\frac{\partial n(r,R)}{\partial R}\right)\Delta R$$

以及前面的结果，解出

$$\frac{\partial n(r,R)}{\partial R}=P(r-1,R)n(r-1,R)-P(r,R)n(r,R) \tag{7-46}$$

利用所有事件概率的和为 1 做一些变换，再求式(7-46)的递推式，得出的 $n(r,R)$ 是 β 函数型分布，即

$$n(r,R)=V(R)\beta(r,p) \tag{7-47}$$

由于 $\beta(r,p)=\dfrac{\Gamma(r)\Gamma(p)}{\Gamma(r+p)}$，$\lim\limits_{r\to\infty}\dfrac{\Gamma(r+p)}{\Gamma(r)}=r^P$，所以

$$n(r,R)=V(R)\beta(r,p)=V(R)\Gamma(R)^{r-P}=Cr^P \tag{7-48}$$

这是负幂型分布。这里给出的推导结果的方法基本上属于以西蒙为代表的古典占有率模型一类。假设进入空箱的概率为 0，而在西蒙的模型中，新输入的球无论

进入空箱还是有球的实箱，都是由一定的概率决定的。显然，西蒙的模型更实际一些。此外，上述模型只考虑了实箱，对空箱在内的总数没有考虑，故只有当$N \to \infty$时才能使用。

（五）布-齐-洛分布的GM拟合

由布-齐-洛分布的心理物理机制可知，布-齐-洛分布定律关于刺激与反应的度量都是间接的、不完备的，实际上只能这样，因为我们对刺激与反应的认识还是灰色的，关于布-齐-洛分布的统计结果也只是刺激-反应的一种白化值。那么，我们能通过GM给出布-齐-洛分布的描述吗？我们的回答是肯定的。根据费希纳的基本假设，JND所引起的dr都是相等的，所以r可以对应于GM中的时间变量，这样就可以引入GM。

由式(7-39)得

$$\frac{\mathrm{d}\varphi}{\mathrm{d}r}=\frac{1}{K}\varphi$$

这个式子实际上只是用于纯心理物理学现象，而布-齐-洛分布明显要受到载体形式、容量等的影响及社会因素的影响，因此用

$$\frac{\mathrm{d}\varphi}{\mathrm{d}r}+a\varphi=u \tag{7-49}$$

来拟合更接近实际，其中u是外驱动量。

进一步以布拉德福定律为例来进行GM拟合，数据选用布拉德福关于应用地球物理学的统计结果(表7-3)。

表7-3　GM原始数据案例

布拉德福统计的应用地球物理文献数据/篇					布鲁克斯公式算出的与C列对应的文献积累数据/篇	GM算出的与C列对应的文献积累数据/篇
A	B $L(n)$	C n	D $R(n)$	E $\ln n$	F $\hat{R}_1(n)$	G $\hat{R}_2(n)$
1	93	1	93	0	93	93
1	86	2	179	0.301	191.135	152.260
1	56	3	235	0.477	248.541	201.188
1	48	4	283	0.602	289.271	242.856
1	46	5	329	0.699	320.864	279.143
1	35	6	364	0.788	346.677	311.282

续表

布拉德福统计的应用地球物理文献数据/篇					布鲁克斯公式算出的与 C 列对应的文献积累数据/篇	GM 算出的与 C 列对应的文献积累数据/篇
A	B $L(n)$	C n	D $R(n)$	E $\ln n$	F $\hat{R}_1(n)$	G $\hat{R}_2(n)$
1	28	7	392	0.845	368.501	340.123
1	20	8	412	0.903	387.407	366.282
1	17	9	429	0.954	404.083	390.215
4	16	13	493	1.114	456.145	469.648
1	15	14	508	1.146	466.637	486.439
5	14	19	578	1.279	509.873	558.013
1	12	20	590	1.301	517.135	570.377
2	11	22	612	1.342	530.629	593.586
5	10	27	662	1.431	559.624	644.404
3	9	30	689	1.477	574.541	671.003
8	8	38	753	1.580	608.009	731.654
7	7	45	802	1.653	631.947	775.753
11	6	56	868	1.748	662.909	833.535
12	5	64	928	1.823	690.397	885.428
17	4	85	996	1.929	721.990	945.638
23	3	108	1 065	2.033	755.896	1010.812
49	2	157	1 163	2.196	808.865	1113.514
169	1	326	1 332	2.513	912.308	1316.162

注：A 列是期刊数；B 列是论文数；C 列是 A 列由上至下的累积，构成期刊的等级排列序号；D 列是 B 列由上至下的累积；F 列是用布鲁克斯公式算出的与 C 列对应的论文积累数；G 列是用 GM 算出的与 C 列对应的论文累积数。

运用 GM 拟合，建模数据允许进行不同取舍，但必须等距、相邻、不得有跳跃。在这里相应的 r 要满足上述等距要求，因此所取数据如表 7-4 所示。

表 7-4　对表 7-3 数据的整理

序号 k	1	2	3	4	5	6	7	8
$r(k)$	93	186	279	372	465	558	651	744
$\varphi(r(k))$	1	2.012	3.916	6.285	11.250	17.571	25.900	36.875

注：$r(k)=R(1)k=93k$；φ 是与 r 对应的作者等级，且 $\varphi(r(k))=n+(r(k)-R(n))/R(n+1)$（当 $R(n)\leqslant r(k)<R(n+1)$ 时）。

据表 7-2 中的数据建立 GM：

$$\frac{\mathrm{d}\varphi}{\mathrm{d}r}+a\varphi=u$$

由最小二乘法得

$$\begin{pmatrix}a\\u\end{pmatrix}=(B^{\mathrm{T}}B)^{-1}B^{\mathrm{T}}Y_N$$

式中，

$$B=\begin{pmatrix}-\frac{1}{2}[\varphi(1)+\varphi(2)] & 1\\ -\frac{1}{2}[\varphi(2)+\varphi(3)] & 1\\ -\frac{1}{2}[\varphi(3)+\varphi(4)] & 1\\ -\frac{1}{2}[\varphi(4)+\varphi(5)] & 1\\ -\frac{1}{2}[\varphi(5)+\varphi(6)] & 1\\ -\frac{1}{2}[\varphi(6)+\varphi(7)] & 1\\ -\frac{1}{2}[\varphi(7)+\varphi(8)] & 1\end{pmatrix}=\begin{pmatrix}-1.506 & 1\\ -2.964 & 1\\ -5.101 & 1\\ -8.767 & 1\\ -14.410 & 1\\ -21.735 & 1\\ -31.387 & 1\end{pmatrix}$$

$$Y_N=\begin{pmatrix}\varphi(2)-\varphi(1)\\ \varphi(3)-\varphi(2)\\ \varphi(4)-\varphi(3)\\ \varphi(5)-\varphi(4)\\ \varphi(6)-\varphi(5)\\ \varphi(7)-\varphi(6)\\ \varphi(8)-\varphi(7)\end{pmatrix}=\begin{pmatrix}1.012\\ 1.904\\ 2.369\\ 4.964\\ 6.321\\ 8.385\\ 10.957\end{pmatrix}$$

则

$$\begin{pmatrix}a\\u\end{pmatrix}=\begin{pmatrix}-0.330\\ 1.079\end{pmatrix}$$

代入上述方程解得

$$\begin{aligned}\hat{\varphi}(r)&=\left[\varphi(1)-\frac{u}{a}\right]\mathrm{e}^{-a\left[\frac{r}{R(1)}-1\right]}+\frac{u}{a}\\&=4.266\mathrm{e}^{0.003(r-93)}-3.266\end{aligned}\tag{7-50}$$

式(7-50)即为GM。

为了和布鲁克斯公式比较，将式(7-50)变形得

$$r=-\frac{R(1)}{a}\ln\frac{\hat{\varphi}(r)-\frac{u}{a}}{\varphi(1)-\frac{u}{a}}+R(1)$$

令 $\hat{\varphi}(r)=n$，则

$$\begin{aligned}\hat{R}_2(n)&=-\frac{R(1)}{a}\ln\frac{n-\frac{u}{a}}{\varphi(1)-\frac{u}{a}}+R(1)\\&=281.445\ln\frac{n+3.266}{4.266}+93\end{aligned}\tag{7-51}$$

式中，$\hat{R}_2(n)$ 表示由式(7-51)算出的数值，以示与布拉德福统计数据的区别。

布鲁克斯公式为

$$\hat{R}_1(n)=N\ln\frac{n}{s}=N\ln n-N\ln s=326\ln n+93\tag{7-52}$$

将由式(7-51)、式(7-52)算出的数据列入表7-3的G、F列。下面对D、F、G列数据进行关联度检验。关联度公式为

$$\xi_i(n)=\frac{\min\limits_i\min\limits_n\left|R(n)-\hat{R}_i(n)\right|+\zeta\max\limits_i\max\limits_n\left|R(n)-\hat{R}_i(n)\right|}{\left|R(n)-R_i(n)\right|+\zeta\max\limits_i\max\limits_n\left|R(n)-\hat{R}_i(n)\right|}$$

令 ζ=0.5，得F、G列对D列的关联系数列分别为

ξ_1 =（1，0.95，0.94，0.97，0.96，0.92，0.90，0.89，0.89，0.85，0.84，0.76，0.73，0.72，0.67，0.65，0.59，0.55，0.50，0.47，0.43，0.40，0.37，0.33）

ξ_2 =（1，0.89，0.86，0.84，0.81，0.80，0.80，0.82，0.84，0.90，0.90，0.91，0.91，0.92，0.92，0.92，0.91，0.89，0.86，0.83，0.81，0.80，0.81，0.93）

由此可看出，ξ_1 的前 9 个数都大于 ξ_2 的前 9 个数，所以当 $n\leqslant 9$ 时布鲁克斯公式拟合得较好，而当 $n>9$ 时布鲁克斯公式没有 GM 拟合得好，且越来越差。

分别求 ξ_1、ξ_2 的算术平均值得 F、G 列对 D 列的关联度分别为

$$\eta_1=\sum_{n=1}^{24}\xi_1(n)=0.72\text{，}\qquad \eta_2=\sum_{n=1}^{24}\xi_2(n)=0.90$$

这更明确地说明布鲁克斯公式没有 GM 拟合得好。

如果据不同精度要求，利用残差模型对已建的 GM 进行修正，拟合精度会更高。齐普夫定律和洛特卡定律也可以这样建立 GM。

关于布-齐-洛分布，人们从不同角度进行过许多探索，从当前的研究来看，有两个明显的特点：一是研究视野逐渐扩大，大多数研究都考虑到它们在理论上和实际中的含义，这些定律已用来描述各种经验关系；二是研究内容不断深化，主要集中在定律公式、参数估计、适用范围以及寻求解释这些关系的基本方法。

关于布-齐-洛分布的心理物理学机制的分析，阐释了它们在理论上和实际上的含义。这一研究奠定了布-齐-洛分布用于其他受心理物理学机制制约的经验关系的基础。关于 GM 拟合的研究很好地解决了参数估计的问题，它采用后验的方法去拟合统计数据，而不像以前用统计数据拟合先验公式的方法。因此，方法上更科学，适用范围也将扩大，同时灰色系统理论方法给出了比较检验各种经验公式拟合精度的方法与途径。

二、文献计量学分布的一般数学模型

（一）“成功产生成功”的机理分析

1. “成功产生成功”的概念

1967 年，布鲁克斯建立了一个描述情报与知识之间关系的基本方程：$K(S)+\Delta I=K(S+\Delta S)$，式中，$K(S)$ 为原有的知识结构，ΔI 为吸收的情报量，$K(S+\Delta S)$ 为新的知识结构。这一方程不仅表明知识是通过情报的获取而增加的，而且说明吸收情报量的大小取决于情报接收者原有的知识。不难理解，一个人已有的知识越多、越广，获取新的知识越容易。布鲁克斯就是在这种思想指导下，于 1969 年提出了“成功产生成功”的概念，即对某一主体来说，已取得的成功越大、次数越多，就越容易获得新的成功。

“成功产生成功”现象是比较普遍的，在图书情报领域也是一种常见的现象。许多文献计量学问题，如一个学科的论文在期刊中的分布，引文对论文的分布或

引文对作者的分布，流通的图书、期刊对图书馆部门或对图书馆读者的分布，出版物对作者的分布等，都是成功产生成功的结果。因此，对“成功产生成功”机制进行研究，是探讨文献计量学理论基础的一个重要途径。

2. “成功产生成功”的概率模型

普赖斯的概率缸模型模拟了成功产生成功现象，其期望数符合齐普夫分布。他首先设计了单缸模型，后来又推广到 N 缸的情形。在初始状况下，单缸中有 r 个红球和 b 个黑球，连续从缸中摸球，如果摸到一个红球，叫一次成功。一次成功后便往缸中加 s 个红球。如果摸到一个黑球，叫一次失败。失败后不往缸中加球。显然，当某种出版物或引文在某些时间区间内进一步出版或被引用的概率增加时，单缸模型是适合的，可以用它来考虑一个作者的文章是否将发表、一种期刊是否将包括某一课题的论文等。多缸模型对 N 个缸而言，摸球方式是：如果一个红球被摸出，加 s 个红球到缸中；如果一个黑球被摸出，停止继续从这个缸中摸球，转入下一个缸，然后重复上述过程。多缸模型对于描述作者、期刊、引文、流通物等一组现象在成功产生成功作用下每一次试验是有用的。以期刊为例，作者将文章投给一家刊物，如果被录用，下次还可能投寄该刊；如果不被录用，就改投他刊。严格地说，文献计量学还需要更一般的模型。它必须模拟以一个或多个处于初始状态的缸中独立地抽样，抽样方法是：从缸中摸出球，一次成功加入 s 个红球，一次失败不影响下一次抽样，直到一个特定的失败数产生，然后过渡到一个新的缸抽样，抽法同前一个缸。仍用上面的例子，则是多次投寄稿件到一家刊物不录用后，才不往该家刊物投稿。普赖斯运用以上模型方法，得出了相应的概率分布函数，即普赖斯多缸模型。与麦克斯韦-玻尔兹曼球-箱输入模型相比，这种缸式模型更具有一般性。以期刊发表某一学科的论文为例，球-箱输入模型的假设是，某刊发表某一学科的文献越多，人们将这一学科的论文投往该刊的可能性越大，这种可能性与该刊发表的相关论文成正比。缸式模型的假设是，某刊发表某一学科的论文，便增加了人们向该刊投寄该学科论文的可能性。这种可能性与该刊发表的相关论文数量可以成正比，也可以是其他函数关系。此外，球-箱模型未考虑一家刊物不用某学科论文时对今后获得该学科论文的影响，而缸式模型却能兼顾这种影响。从理论上讲，缸式模型更充分地考虑了“成功产生成功”现象，因此更具有一般性。

下面运用普赖斯的模型方法，得出相应的概率分布函数。

首先，考虑单缸的情形，若从单缸中进行 n 次抽样取得成功的数目为 x，以 $P_n(x)$ 表示产生 x 的概率，当 r、b、s 均为 1 时，x 的概率函数由下列递推式给出：

$$P_n(X=x)=P_n(x)=\frac{1}{x+2}P_{n-1}(x)+\frac{x}{x+1}P_{n-2}(x-1) \tag{7-53}$$

式(7-53)的计算比较复杂，但对于给定的 N 个缸和 $r=b=s=1$ 的特殊情况，普赖斯求得有 n 次成功的缸的期望值为

$$N(n)=\frac{N}{(n+1)(n+2)}$$

n 次或更多次成功的缸的累积期望值为

$$S(n)=\frac{N}{n+1}$$

单缸的期望是由罗松布朗特给出的。假定缸中最初有 r 个红球和 b 个黑球。当一个红球被摸出时加入 s 个红球，当一个黑球摸出时加入 s' 个黑球。当 $n\to\infty$ 时，其成功数 x 的概率分布以及 $s'\to 0$ 时的极限概率公式都很复杂，这里从略。但其期望值可由式(7-54)求得

$$E(x)=\frac{r}{s}\left(\mathrm{e}^{\frac{sn}{r+b}}-1\right) \tag{7-54}$$

可见，成功数是 $\frac{r}{s}$ 的线性函数，是 $\frac{sn}{r+b}$ 的指数函数。

其次，考虑多缸的情形。如果每个缸中有 r 个红球和 b 个黑球，从一个缸中开始摸球，若摸出一个红球，则加入 s 个红球到该缸中；如果摸出一个黑球，则不加球；直到有 k 个黑球被摸出，转入下一个缸中摸球，其过程同前一个缸。在这个抽样过程中，如果 $r=b=s=k=1$，那么就是普赖斯多缸模型。

由概率论可知，在任意缸中，得到 x 次成功的概率是在第 k 个黑球被摸出前得到 x 个红球的概率。如果令 $\gamma=r/s$，$\alpha=b/s$，$k=1$，经过推导、简化可以得到

$$P(X=x)=\frac{\alpha\gamma^{x}}{(\alpha+\gamma)^{x+1}}$$

这就是概率论中的 Warring 分布，期望值为 $\gamma/(\alpha-1)$。如果 $\gamma=1$，Warring 分布变成普赖斯称为“累积优势分布”的尤尔分布：

$$\begin{aligned}P(X=x)&=\frac{\alpha x!}{(\alpha+1)(\alpha+2)\cdots(\alpha+x+1)}\\&=\frac{\alpha x!\alpha!}{\alpha+x+1}=\beta(x+1,\alpha+1)\end{aligned} \tag{7-55}$$

式中，β 是著名的 β 函数。

最后，求总成功数期望值。令 X_i 是第 i 个缸的成功数，并令 Z 为给定 N 缸的总成功数，即有 $Z=\sum_{i=1}^{n}X_i$，总成功期望值为

$$E(Z)=\sum_{i=1}^{n}E(X_i)=\frac{N_r}{\alpha-1} \tag{7-56}$$

研究表明，当 X_i 之间相互不独立时，式(7-56)也能成立。

但是，为了确定成功数 Z 的实际分布而不是它的期望值，我们必须考虑缸与缸之间的从属性。由于每一个缸的构成相同，每个 X_i 分布相同，均服从 Warring 分布，如果缸数固定为 N 个，那么 X_i 实际上是独立的。由于抽样是从每个缸重新开始，随机过程理论表明，X_i 构成 N 个抽样缸，成功总数为负二项分布：

$$P(Z=z)=\frac{(N+z+1)!}{(N-1)!x!}\left(\frac{\gamma}{\alpha+\gamma}\right)^{z}\left(\frac{\alpha}{\alpha+\gamma}\right)^{N} \tag{7-57}$$

如果 N 变化，则必须得到某个不定成功数 t 的全部抽样缸的概率分布，当 t 充分大时为泊松分布，其期望值是

$$E(Q)=\frac{t\alpha}{\alpha+\gamma} \tag{7-58}$$

而有较大 n 次成功数 Q_n 的概率分布期望可由式(7-59)得出：

$$E(Q_n)=\frac{C}{(\gamma+n)^{\alpha+1}} \tag{7-59}$$

式中，C、γ、α 均为常数。式(7-59)恰好就是齐普夫定律的芒代尔布罗修正式。

（二）布克斯坦的函数解析理论

1990 年，美国情报学家布克斯坦(A. Bookstein)从函数解析理论直接证实了普遍存在的经验负幂分布数学形式。

以 $f(r)$ 表示具有项数为 r 的个体发生源在各类发生源中所占的份数，如果 $f(r)$ 是普遍适用的(即①在情报计量学中，对任何学科领域的有关文献情报群都适用，所不同的只是某些参数值不同；②对不同时期的文献情报群都适用)，那么 $f(r)$ 中必然会有可调参数(adaptable parameters)，所以可以假设 $f(r)$ 是可分离变量：

$$f(r)=B\xi(r) \tag{7-60}$$

式中，B 是一个只与时间变量有关的可调参数，$B>0$；$\xi(r)$ 是一个与时间变量无关但与学科专业等诸因素有关的定态函数(fixed function)，且 $\xi(1)=1$。进一步假设，对同一学科的某类文献情报来说，在 IPP 中对应于时间间隔 t 的 $f(r)$ 与对应于时间间隔 tq 的 $f(qr)$ 在数值上相等，即 $f(r)=f(qr)$。根据式(7-60)可以得到

$$B\xi(r)=B'\xi(qr) \tag{7-61}$$

因为 $\xi(1)=1$，所以有

$$B\xi(1)=B=B'\xi(q) \tag{7-62}$$

将式(7-62)代入式(7-61)得 $B'\xi(q)\xi(r)=B'\xi(qr)$，于是

$$\xi(q)\xi(r)=\xi(qr) \tag{7-63}$$

这是一个函数方程，可以通过下列步骤给出 $\xi(r)$ 的具体形式。

设 $\Delta r>0$ 为一增量，于是有

$$\xi(r+\Delta r)=\xi\left[r\left(1+\frac{\Delta r}{r}\right)\right]=\xi(r)\xi\left(1+\frac{\Delta r}{r}\right)$$

因此

$$\frac{\xi(r+\Delta r)-\xi(r)}{\Delta r}=\frac{\xi(r)\left[\xi\left(1+\frac{\Delta r}{r}\right)-1\right]}{\Delta r}=\frac{\xi(r)}{r}\frac{\xi\left(1+\frac{\Delta r}{r}\right)-1}{\frac{\Delta r}{r}}$$

令 $\Delta r\to 0$，则上式变为

$$\xi'(r)=\frac{\xi(r)}{r}\xi'(1) \tag{7-64}$$

式中，$\xi'(1)$ 是一常数，令 $\xi'(1)=-\alpha$，解微分方程得

$$\xi(r)=C'r^{-\alpha}$$

式中，$C'>0$ 为常数。

于是根据式(7-60)可以得到

$$f(r)=Cn^{-\alpha} \tag{7-65}$$

式中，$C=BC'$，这便是布克斯坦的负幂分布数学模型。

布克斯坦分布模型的一个突出特点就是，在学科选定后，该分部对于实践是稳定的，也就是说，布克斯坦分布的态势不随时间的推移而发生变化，这是一个非常重要的但仍需通过大量统计数据加以证明的问题。费尔松(Fairthorn)曾认为，绝大多数的负幂分布均有这种性质。

（三）混合泊松分布

1977 年，布鲁克斯以布拉德福分布为背景，提出了以复合分布概念探讨情报计量学中普遍存在的各种分布现象。在他看来，对于期刊编委会、读者、文献标引员，论文的发表是一个不可预测的随机过程，可将期刊视为独立的泊松发生器(independent Poisson generator)，即从源到项的映射服从泊松分布，这样有限个源组成的集合实际就是由具有不同生产能力的泊松发生器所组成的集合 $S(n)$。

设 $S(n)=X_1+X_2+\cdots+X_n$，其中 $X_i(i=1, 2,\cdots, n)$ 为一族独立同分布的随机变量，符合泊松分布。并设 n 也是一个符合泊松分布的随机变量，则 $S(n)$ 符合泊松分布。因此，在给定的时间 t 内，上述生产过程可视为一个参量为 $\eta_i t$ 的稳定泊松过程，整个体系的产出量将是一个参量为

$$\sum_{i=1}^{n}\eta_i t = t\sum_{i=1}^{n}\eta_i = tR$$

的泊松分布。式中，η_i 为不同源的产出均值。表明该体系具有泊松分布的可加性。

根据产出越高能，其信息源数量越少的事实，可以给出最简单的数学假设：

$$\mathrm{d}g(\eta)=\frac{k}{\eta}\mathrm{d}\eta\,,\qquad 0\leqslant\eta<m \tag{7-66}$$

即源的数量分布与项的数量的均值成反比。

由于服从泊松分布，单位时间具有产出能力 η 的源在单位取样时间内被观察到的产出项数的概率为

$$P=1-\frac{\eta^k}{k!}\mathrm{e}^{-\eta}=1-\mathrm{e}^{-\eta}\,,\qquad k=0 \tag{7-67}$$

从而均值为 η 的 $\frac{k}{\eta}\mathrm{d}\eta$ 个源被观察到有产出项的数量为

$$(1-\mathrm{e}^{-\eta})\frac{k}{\eta}\mathrm{d}\eta \tag{7-68}$$

对所有可能的 η 值求定积分

$$\int_0^{\infty}(1-\mathrm{e}^{-\eta})\frac{k}{\eta}\mathrm{d}\eta \tag{7-69}$$

便可得到所有被观察到有产出项的源的数量。

在建立了混合泊松模型及假设的基础上，布鲁克斯导出了一个统一的关系式：

$$f(r)=\frac{k}{r!}\mathrm{e}^{-m}\sum_{s=r}^{\infty}\frac{m^s}{s!} \tag{7-70}$$

式中，$f(r)$为第 r 等级源所产出项的数量，$r=1,2,3,\cdots,m>0$，为按照最大等级法定义的等级；k 为因 m 值而异的参数，且具备如下特性：

(1)表达式是频次函数；

(2)具有递减收敛性：

$$f(1)>f(2)>f(3)>\cdots,\quad \lim_{r\to\infty}f(r)=0$$

(3)当 m 比较大时，有

$$F(r)=\sum_{l=1}^{r}f(l)\approx a+b\ln r \tag{7-71}$$

三、信息生产过程

（一）信息生产过程的提出与意义

信息基本循环图式反映的是一般人类信息活动，即情报过程，也就是指信息劳动过程、信息生产过程。埃格赫给出了一个信息生产过程（Information Produce Process，IPP），并讨论了连续的 IPP[64]。对于在实践中遇到的大多数 IPP，连续 IPP 是闭合模型。强有力的无穷小分析理论使连续 IPP 更容易建模，并可用于研究文献计量学规律。因此，有必要在这里较详细地给予介绍。

（二）IPP 的形式理论、机理与对偶性

埃格赫给出了 IPP 的形式理论，并研究了其机理与对偶性。

1. IPP 的定义

定义 7-1 IPP 是一个三元组，其形式为

$$(S, I, V) \tag{7-72}$$

式中，$S=[0, T]$（起点为 0、终点为 T 的闭合区间）；$I=[0, A]$；V 是一个递增可微函数

$$V: S \to I \tag{7-73}$$

使得 $V(0)=0$，$V(T)=A$。

S 的元素称为源，I 的元素称为项。（对于每一个 $r \in S-\{0\}$）$V(r)$ 为所有源 $s \in [T-r, T]$ 中的累计项数。

2. IPP 中的对偶性

令 $(S, I, V)=([0, T], [0, A], V)$ 为任意 IPP，其对偶 IPP 定义为

$$(S, I, U)=([0, A], [0, T], U) \tag{7-74}$$

其中，

$$U(i)=T-V^{-1}(A-i) \tag{7-75}$$

式中，V^{-1} 表示 V 的逆函数。显然，IPP (S,I,U) 的对偶 IPP 是 IPP (S,I,V)。

定义 7-2 对于每一个 $i \in I$，有

$$\sigma(i)=U'(i) \tag{7-76}$$

对于每一个 $r \in S$，有

$$\rho(r)=V'(r) \tag{7-77}$$

式中，U'、V' 分别为 U、V 的导数。

由于 $V(0)=0$，根据式(7-77)得

$$V(r)=\int_0^r \rho(r')\mathrm{d}r'$$

同样，从式(7-75)可以得出 $U(0)=0$，因此利用式(7-76)，对于每一个 $r \in [0, T]$ 和 $i \in [0,A]$，可得

$$U(i)=\int_0^i \sigma(i')\mathrm{d}i'$$

当把 $\rho(r)$ 表示为 IPP (S,I,V) 中的函数时（因此 $i=V(r)$），$\rho(r)$ 变为

$$\rho(i)=V'(V^{-1}(i)) \tag{7-78}$$

这样，有下面的结果。

引理 7-2　对于每一个$i \in I$，有

$$\sigma(i) = \frac{1}{\rho(A-i)} \tag{7-79}$$

证明　对于每一个$i \in I$，由式(7-75)及式(7-78)得

$$U'(i) = \frac{\mathrm{d}U(i)}{\mathrm{d}i} = \frac{1}{V'(V^{-1}(A-i))} = \frac{1}{\rho(A-i)}$$

因此，由式(7-76)得式(7-79)成立(这里由于 V 为严格递增的，所以处处有$\rho \neq 0$)。

函数σ和ρ都在$[0,A]\times[0,T]$上引入一个坐标系，对于σ和ρ，坐标系是不同的。在使用坐标(i, r)时，必须指明它是属于σ坐标系(IPP(S,I,U)：$U(i)=r$)还是属于ρ坐标系(IPP(S, I, V)：$V(r)=i$)。因此，当且仅当$(A-i,T-r)$为ρ坐标系中的一个坐标时，(i, r)才是σ坐标系中的一个坐标(这点可以从式(7-75)看出)。这样，由式(7-78)和式(7-79)可以得到以下推论。

推论 7-1　在 IPP 中，有

(1)在点$A-i \in I$，$\rho(i)$是项(相对于源)的密度函数。

(2)在点$i \in I$，$\sigma(i)$是源(相对于项)的密度函数。

函数σ和ρ可被交替地(和等值地)用来定义 IPP 的函数及它的对偶函数。在研究中只考虑递增函数ρ>0 的 IPP，并假设ρ是连续函数。这样，σ>0 也是递增的连续函数。在研究对偶性 IPP 逼近时，函数σ和ρ是中心工具，函数σ和ρ分别在(S, I, U)和(S, I, V)中起着同样的作用。

定义 7-3　给定一个 IPP，如果存在一个常数C>0，使得对于每一个$i \in I$有

$$\sigma(i) = C\rho(i) \tag{7-80}$$

那么函数σ和ρ有纯对偶性。

定理 7-1　对于每一个$i \in I$，当且仅当$\sigma(i)\sigma(A-i) = C$>0 时，使得对于每一个$i \in I$=[0, A]，有$\sigma(i) = C\rho(i)$。

证明　由式(7-80)、引理 7-1 及式(7-79)可得到证明。

下面讨论适用于一般 IPP 的一般对偶性。

令(S,I,V)为具有对偶函数σ和ρ的任意 IPP，可以引入下列函数：

$$f:[\rho(0), \rho(A)] \to \mathrm{R}^+ \text{(正实数)}$$

$$j \to i(j)$$

式中，$i(j)$ 作为 j 函数的密度函数（相对于 IPP(S,I,V)），因此根据定义，对于每一个 $j\in I$，有

$$\int_{\rho(0)}^{\rho(i)} f(j)\mathrm{d}j$$

表示 $j\in[\rho(0),\rho(i)]$ 的累积函数。同样，在 I 坐标上有

$$i'=\rho^{-1}(j)\in[0,i]$$

由推论 7-1 得

$$\int_0^i \sigma(A-i')\mathrm{d}i'$$

因此，我们有源关系：对于每一个 $i\in I$ 有

$$\int_0^i \sigma(A-i')\mathrm{d}i'=\int_{\rho(0)}^{\rho(i)} f(j)\mathrm{d}j \tag{7-81}$$

这是一个积分方程，是逆滞后的，很难处理，但它与下面容易处理的积分方程是等价的。即有项关系：对于每一个 $i\in I$，有

$$\int_{\rho(0)}^{\rho(i)} f(j)j\mathrm{d}j=i \tag{7-82}$$

因此，对于每一个 $i\in I=[0,A]$，有方程组

$$\begin{cases}\rho(i)=\dfrac{1}{\sigma(A-i)}\\ \displaystyle\int_{\rho(0)}^{\rho(i)} f(j)j\mathrm{d}j=i\end{cases} \tag{7-83}$$

（三）文献计量学分布定律的等价性

文献计量学分布中的频次-规模分布都可表示为

$$f(r)=\frac{C}{r^{\alpha}}$$

这类分布的突出特点是其分布的不对称性，常用来作为分布的集中程度的指标之一。根据 IPP 理论可以给出一些等价定律。

1. 文献计量学分布定律在 α=2 时的等价性

根据式(7-83)，可得出下面的定理。

定理 7-2　令 (S,I,V) 为任意 IPP，(I,S,U) 为其对偶 IPP，那么下列结论是等价的：

(1) IPP 在 $j\in[1,\rho(A)]$ 上满足 α=2 的洛特卡定律。

(2) IPP 满足 β=1 的芒代尔布罗函数：在 IPP (I,S,U) 中，令 $f(r)$ 为 $r\in[0,T]$ 内的密度函数，则

$$f(r)=G(1+Hr)^{-\theta}$$

(3) IPP 满足莱姆库勒函数：在 IPP (I,S,U) 中，对于每一个 $r\in[0,T]=S$，令 $R(r)$ 为源$[0, r]$中的累计项数，则

$$R(r)=a\ln(1+br)$$

式中，a 和 b 为常数，$R=U^{-1}$。

(4) 对于每一个 $P\in N$，$P\geqslant 3$，IPP 满足布拉德福定律：把 I 分成 P 个相等的部分，每一部分的长度是 y_0，这样，对于某一个 r_0 和 $k>1$，在与 V 对应的 S 中，所分各部分的长度为

$$r_0, r_0k, r_0k^2, \cdots, r_0k^{P-1}$$

式中，k 与 P 有关。

(5) IPP 满足任意组布拉德福定律：

$$\sigma(i)=MK^i$$

式中，M、K 均为常数，$K>1$，$i\in[0, A]$。

并且各参数有下列关系：

$$a=\frac{y_0}{\ln K}=\frac{1}{\ln K}, \qquad b=\frac{k-1}{r_0}=\frac{\ln K}{M}$$

$$G=\rho(A)=ab, \quad H=\frac{\rho(A)}{C}=b, \quad K=k(p)^{\frac{p}{A}}$$

$$C=a, \quad y_0=C\ln k, \quad r_0=\frac{C}{\rho(A)}(k-1)$$

2. 文献计量学分布定律在 $\alpha\neq 2$ 时的等价性

这种情况下也可以证明下面的定理。

定理 7-3　令 (S,I,V) 为任意 IPP，那么下列论断是等价的：

(1) 在 $j\in[1,\rho(A)]$，IPP 满足洛特卡定律 $f(j)=C/j^{\alpha}$ $(\alpha\neq 2)$。

(2) IPP 满足芒代尔布罗函数 $f(r)=G(1+Hr)^{-\theta}$（θ 为一般情况）。

(3) IPP 满足莱姆库勒函数：在 IPP (I,S,U) 中，对于每一个 $r\in[0,T]=S$，令 $R(r)$ 为源 $[0,r]$ 中的累计项数，则

$$R(r)=\frac{C}{2-\alpha}\left[\rho(A)^{2-\alpha}-\left(\rho(A)^{1-\alpha}-\frac{1-\alpha}{C}r\right)^{\frac{2-\alpha}{1-\alpha}}\right]$$

$$\rho(A)=\left[\frac{A(2-\alpha)}{C}+1\right]^{\frac{1}{2-\alpha}}$$

(4) 对于每一个 $i\in[0,A]$，IPP 满足布拉德福一般任意组定律：

$$\sigma(i)=\left\{\left[\frac{A(2-\alpha)}{C}+1\right]-i\frac{2-\alpha}{C}\right\}^{\frac{1}{\alpha-2}}$$

第八章

文献统计分析法

第一节 文献统计的意义和一般概念

“统计”一词起源于拉丁语“Status”，意指各种现象的状态和情况。现在提到“统计”，一般是指统计资料、统计工作和统计学这三个既有联系又有区别的概念。统计资料是指反映大量现象的特征和规律性的数字资料，统计工作则是搜集、整理和分析统计资料并进行推论的工作。统计资料是统计工作的结果，而统计学则是整个统计工作在理论上的概括和升华。统计学是一门研究统计原理和方法的学问，其基本内容是对研究对象的数据资料进行调查、归纳、分析和解释，并据以揭示其数量特征和客观规律。就其性质而言，统计学属于应用学科或方法论。一般来说，统计学方法的功能可以概括为三个方面：①认识和改造事物的重要工具；②科学管理的有力武器；③宏观控制和微观调节的必要手段。

一、文献统计及其意义

众所周知，任何事物都是由“量”和“质”构成的，而任何事物的发展规律又都在这两个方面表现出来。统计是从事物的量和质的辩证统一中主要研究其数量方面。因此，统计学有普遍的适用性。目前，它已广泛应用于许多学科领域和工作部门。在文献研究和文献工作领域，统计学方法更是一种常用的传统方法。在人类社会中，自从有了文献，便产生了一个文献计数的问题。文献统计就是从简单的文献计数开始的。

图书馆诞生以后，有关文献统计活动就一直存在于图书馆的日常业务工作中。随着文献数量的逐步增加，文献统计的必要性更加迫切，其任务更加明确，同时范围逐步扩大。近年来，由于图书馆和情报中心科学管理的要求与文献工作的需要，许多图书情报单位更加重视对文献的统计分析。文献统计已经成为文献工作乃至图书情报工作的一个不可缺少的组成部分，文献统计分析法也已发展成为文献计量学的重要研究方法之一。

文献统计是指以某一特定单位对文献或其相关媒介进行统一计量。而文献统计分析法则是利用统计学方法对文献进行统计分析，以数据来描述或揭示文献的数量特征和变化规律，从而达到一定研究目的的一种分析研究方法。它是在统计学原理的指导下，以及在长期的文献统计实践中逐步形成和发展起来的。

在文献计量学研究中，采用文献统计分析法具有普遍的现实意义。这主要表现在以下几个方面。

(1) 文献定量研究的基础和条件。对各个学科、各种类型的文献，以不同方式进行的文献定量分析研究，都离不开文献的统计数据。文献统计是文献研究的基础工作；文献数据是开展文献定量研究的必要条件。

(2) 能揭示文献的量变规律。通过对文献的统计分析，能够反映出文献的增长变化、分布特征、流通状况、利用程度；以数据来揭示文献的数量变化规律。

(3) 能为图书情报单位管理和文献情报管理提供依据。图书馆和情报中心必须加强科学管理，这是客观形势的迫切要求。而文献管理是图书情报管理的一个重要组成部分。科学管理要求管理者的决策建立在对事实的充分了解和透彻分析的基础上，而这又必须用及时、准确的数据来说明；统计学正是人们揭示和分析数据化事实的有力工具。因此，随着统计学在文献工作领域的应用而形成的文献统计分析法便成为管理中的一种重要工具。

二、文献统计中的一般概念

在统计学中，建立了一套能表示数据特征并具有一定功能的基本的统计概念。这些概念在文献统计中经常使用，因此有必要择其要者进行介绍。

(1) 统计总体与总体单位：统计总体是指统计研究对象的整体，而构成统计总体的每个单位就是一个总体单位。例如，统计研究的对象是中文期刊，则所有的中文期刊总数(种) 就构成统计总体，而每一种中文期刊就是一个总体单位。这两个概念是相对而言的，且随统计研究的不同而变化。

(2) 绝对数：也称绝对指标，是某一指标的直接统计量，如期刊总数、相关论文量、流通量等。它是计算相对数、平均数及其他一切统计指标的基础。

(3) 相对数：两个指标数值相除所得的商数，一般以百分比表示。相对指标的最大优点是便于比较分析，便于表明统计对象的相互联系和发展程度。

(4) 平均数：统计总体内性质相同的指标数值的总和除以数值个数所得的商。它包括静态平均指标和动态平均指标两大类。平均指标在一定程度上消除了某些偶然性，代表着总体数据的一般水平，便于对总体数量水平进行比较，因此它是一类十分重要的统计指标。

在文献统计中常用的平均指标主要有以下四种。

①算术平均数：总体标志总量与总体单位总数之比，通常用 x 表示。它有简单算术平均数和加权算术平均数之分；

②几何平均数：n 个数值乘积的 n 次方根，以 M 表示，即

$$M = \sqrt[n]{x_1 x_2 \cdots x_n}$$

几何平均数可用于计算平均发展速度、静态下的某种比率或变量数值之间呈几何

级数关系的变量数，或极不对称的数值分布的平均数；

③中位数：指在一个变量数列中居于中间位置的数值。它不受极端变量值的影响，有时比平均数更能代表实际水平。其计算公式如下：

$$M_d = \begin{cases} x_{\frac{n+1}{2}}, & n\text{为奇数} \\ \dfrac{x_{\frac{n}{2}} + x_{\frac{n}{2}+1}}{2}, & n\text{为偶数} \end{cases}$$

式中，x_1，x_2，…，x_n 是 n 个按顺序排列的数。

④众数：指变量数列中出现次数最多的数值，一般用 $\hat{x}$ 表示。在对某些现象计算平均数没有实际意义时，需要采用众数作为代表值。众数可以这样确定：对于变量数不多的情况，可以直接找到发生次数最多的那个数为众数，若变量数过多，则要分组统计频数，以频数最高的那一组数的组中值作为近似众数。

(5)统计指数：凡是说明同类现象变动情况的比较指标都可称为指数。统计指数属于相对数指标。它可以表明事物变动的方向和程度，反映研究对象各个时期的水平。因此，在计算指数时必然要有两种时期：一个基期和若干个变动期。

由于比较时使用的基期不同，统计指数可分为定基指数和环比指数。指数数列，如果都以同一时期为基期，则称为定基指数，如果其中每一项指数都以其相邻的前一时期作为基期，则称为环比指数。文献统计中的指数能说明文献的增长速度和其他变化趋势。

(6)标志变动度：标志是表明总体单位特征的名称，分为品质标志和数量标志。标志变动度是指总体内各项标志值(变量值)差别大小的程度，又称离散程度或离中程度。它可用来测定和评价平均指标的代表性。一般来说，标志变动度越小，平均数的代表性越强，反之，则代表性越差。其计算方法和指标主要有以下几种。

①全距(极差)：指一个变量数列中最大值与最小值之间的差数。

②平均差：变量数列中各个变量值与其算术平均数或中位数的平均离差。其计算公式如下：

$$\text{平均差} = \frac{\sum |x - \overline{x}|}{n}$$

③标准差：变量数列中各个变量值与其算术平均数离差平方的算术平均数的平方根。其计算公式如下：

$$\text{标准差}\sigma = \sqrt{\frac{\sum (x - \overline{x})^2}{n}}$$

④标志变动系数(离散系数)：变量数列的标准差与其算术平均数之比。它能真正反映不同数列水平的标志变动程度。其计算公式如下：

$$V = \frac{\sigma}{\bar{x}}$$

第二节　文献统计的原则和指标

一、文献统计的原则要求

在进行各种类型的文献统计时，必须遵循一些基本原则，对其数据也有特定的共同要求，这是在文献统计中考虑和处理问题的着眼点。为了达到一定的数据标准和统计目的，首先必须明确统计的学科范围、时间区间、文献类型，以及选用什么工具(如文摘、索引)进行统计等。对文献统计及其数据的原则要求，可归纳为以下几点[66]。

(1)针对性：有的文献统计是图书情报单位的业务统计，有的则是为了某一目的的专题研究的统计。对不同的具体统计项目应有不同的要求，如统计的内容、指标的设置、数据处理的方法等，都要有针对性，不能千篇一律。

(2)准确性：数据和结果的准确性是文献统计的核心要求。只有文献数据准确，才能得出可靠的分析结论。在统计中，许多工作都是为这一目标服务的，如明确规定统计界限，指标含义、统计工具要有代表性，数据来源要广泛等，都是保证数据准确，使之更接近于实际。

(3)代表性：在文献统计中，有的是全面统计，但严格来说，一般都是抽样统计。这样就有一个抽样能否代表总体的问题，只有代表性较强，才能提高统计结果的可靠性和分析结论的可信度。例如，在选择某一工具来统计某学科范围的文献时，必须考虑其代表性。

(4)可比性：文献统计数据是分析判断的基础，而分析时常用比较方法。因此，在设置文献指标和统计数据时，必须注意数据的可比性。这样才便于比较分析，得出有说服力的结论。

(5)累积性：累积数据既可以是绝对数也可以是相对数。在文献统计研究中，常常利用文献的累积数来说明问题，如布拉德福定律研究中的$R(n)$就是指n种期刊中的相关论文累积数，在测定核心期刊时，也有累积百分比法。文献数据的累积时间越长，累积量越大，越有利于提高文献统计的准确性。

以上这些原则要求是互相联系、相辅相成的。在进行文献统计时，必须统筹兼顾，以便获得较好的综合性效果。

二、文献统计的指标体系

统计指标是指反映总体现象的数量概念及具体数值，一般包括指标名称和指标数值两个部分。一系列相互联系的统计指标所形成的整体，就是统计指标体系。在文献统计中，如期刊量、相关论文量、作者量、流通量、馆藏利用率、读者借阅率等，都是常用的统计指标，而这些指标的组合可以形成一个比较完整的指标体系。统计指标是统计发挥其功能的重要手段，是一切统计研究的基础。文献统计研究主要是通过统计指标来实现的。文献统计指标能够反映文献情报活动的规模、水平、分布比例、增长速度等，因此可以揭示文献活动的特征和规律。

科学文献体系是一个发展变化的复杂集合，既存在各特征之间的内在联系，又与许多外部因素相互制约。而每一种统计指标只能反映文献情报的某一个侧面。为了从不同角度对其进行比较全面的描述，并且通过指标间的对比来研究其内在规律，必须设置一系列统计指标，以构成一个科学的指标体系。对于文献情报专题研究项目，虽然其统计指标的设置可以从实际需要出发，灵活掌握，但也要考虑指标间的联系与协调；对于图书情报单位经常性的文献统计，则更应该设计一套能够反映文献各种特征和文献活动规律的指标体系。而文献统计指标的设置、含义、范围、计算方法等都必须统一规定，要努力做到规范化。这是搞好文献统计、大力提高文献情报定量化研究效率的重要环节之一。

（一）统计指标的类型

按照不同的划分方法，统计指标有不同的类型。

(1)按描述对象，统计指标可分为藏书指标、引文指标、作者指标、流通指标、读者指标等。其中，藏书指标包括图书、文献、资料的数量、品种、质量、价格等；流通指标包括各类文献借阅的数量及其与读者数量的比例关系；引文指标包括引文的数量、来源及各种分布；读者指标包括读者的数量、构成等。以上指标是文献统计的主要内容。

(2)按数据形式，统计指标可分为绝对数指标和相对数指标。前者是简单的量，后者是成比例的量。

(3)按管理用途，统计指标可分为工作评价指标和工作控制指标。工作评价指标是人们用于评价系统的工作情况、进行系统之间比较的指标。例如，书刊流通量指标反映了图书情报单位的借阅工作量，流通量越大，则流通的工作量越大；流通率指标反映了书刊利用情况，流通率越高，则书刊利用情况越佳。而工作控制指标是管理者用来调节和控制系统的工作指标。例如，图书馆的各类藏书的比例反映了藏书的构成情况，管理者可以据此制定合理的文献采购方针，调节藏书结构。有的指标既可以用于评价又可以用于控制，例如，拒借率过去一直被当作评价指标，现在运用排队论可以证明，拒借率是管理者控制藏书质量的一个较好指标。

（二）统计指标的设置

在文献统计中，设置统计指标时必须注意以下几点。

⑴指标的设置原则。前面讨论的文献统计的原则要求，也是设置指标时应遵循的原则；同时还应考虑有利于取得准确数据；要尽量简便易行。

⑵指标的概念要明确。对所有统计指标的实质含义和范围都要有明确的规定，以便统计时有一个统一标准。例如，“馆藏量”指标，有的旧书、赠书、因某种原因暂时未被流通借阅的书等，是否包括在“馆藏量”之内？这都必须做出明确而合理的规定。

⑶指标的计算方法要简便。对于一个科学的统计指标，必须要有一种科学而简便的计算方法，以利于提高统计资料的质量和统计分析的效率。

⑷指标的单位要明确。统计指标的数量表现功能是通过一定的计量单位来实现的。在文献统计中，各类指标的单位都要明确规定，而且统计前后要统一。例如，期刊量的单位是“种”还是“册”，在具体统计中必须明确限定。对馆藏量，有时则同时统计其图书种数和册数，以利于全面反映其藏书状况和复本量等。同时，统计指标的计量单位是针对特定的范围和条件而言的。

三、图书情报工作中的统计指标

在长期的图书情报工作中，人们提出了许多文献情报及文献工作的统计指标。它们分别从不同的角度定量地反映了图书情报工作的情况，而且大都是文献计量学中常见的指标概念。有些指标将在有关章节中讨论，这里仅介绍几种常用的文献统计指标。

1. 流通指标

⑴流通量：通常是指某一时间内文献借出的总数。但从广义上来说，凡是通过图书情报单位实现的信息交流，都称为流通，其计量就称为流通量。目前仍以文献册数为其计量单位。

⑵流通率：它是一个相对指标，一般定义为 $p=\frac{N}{M}\times 100\%$，其中 N 为统计时间内借阅的文献数量，M 为投入流通的文献总数。

⑶流通速度：指单位时间内的流通数，其单位为册/时间。

这组指标的作用在于：能够反映流通工作量的大小、文献传递的速度和利用效率。

2. 馆藏利用率

馆藏利用率可表示为

$$s=\frac{\text{全年借出总册数}}{\text{全馆藏书总册数}}\times 100\%$$

3. 图书周转率

图书周转率是指一年中平均每本图书周转的次数，可表示为

$$B=\frac{\text{全年图书借阅总册次数}}{\text{全馆藏书总册数}}\times 100\%$$

4. 读者借阅率

读者借阅率指在统计时间内平均每个读者所借的文献数，可表示为

$$R=\frac{\text{借阅的文献总数}}{\text{借阅的读者人数}}\times 100\%$$

5. 拒绝率

拒绝率一般定义为

$$H=\frac{\text{读者未借到的文献数}}{\text{读者要借到的文献数}}\times 100\%$$

6. 时差系数

时差系数定义为

$$K=\frac{\text{当年文献的文摘条数}}{\text{该年文摘总条数}}$$

显然，K 值越大则时差越小，说明其报道速度越快，可作为二次文献评价和选购的依据之一。

7. 情报吸收系数

情报吸收系数一般定义为

$$I=\frac{N'}{M'}$$

式中，M' 是统计时间内发表的文献总数；N' 是其中被利用的文献数。该系数也可以相对于某一学科的文献或某种刊物而言，它是衡量情报被社会吸收利用的程度指标。

第三节　文献统计的类型和基本步骤

一、文献统计的主要类型

文献统计的对象是文献以及一切与文献相关的媒介指标，如读者、专业术语、书刊购置费、书架长度等。文献的这些相关媒介都能间接地反映文献数量的变化或被利用的情况，因此它们也属于文献统计的范围。由于统计的对象、指标或目的不同，文献统计形成了许多相应的类型。例如，就方法和范围而言，文献统计有文献的全面统计和抽样统计之分；从性质来看，文献统计有文献业务统计和文献专题研究统计之别；按方式来分，文献统计则有文献的直接统计和间接统计。通常，按照统计的对象和内容来划分，文献统计及其数据的类型主要有出版物统计、作者统计、科技用语统计、引文统计等。

1. 出版物统计

出版物是一个广泛的概念，包括图书、期刊、科技报告、专利文献等各种类型的文献。它是文献统计的主要对象，对其数量进行统计分析是文献计量学的重要内容和途径。通常所说的文献统计主要是指出版物统计，它是出现最早的一类文献统计。早在1917年，文献学家科尔和伊尔斯就对解剖学出版物进行了统计分析，并提出了文献情报领域的最初度量；后来大量进行的书目统计也属于这一类型。

在文献计量学领域，出版物统计是应用得最广泛、最基本的一种文献统计类型，它有下列一些情形：

(1) 按国别对书刊等文献量的统计；
(2) 对各出版社(商)的书刊发行量的统计；
(3) 按学科对书刊等文献量的统计；
(4) 按语种对书刊等文献量的统计；
(5) 对科学期刊中登载的某学科的文献量的统计；
(6) 对某学术团体或科研机构发表的专著、论文、专利等文献量的统计；
(7) 对某作者发表的专著、论文、专利等文献量的统计；
(8) 对某地区或某一时期的出版物数量的统计。

2. 作者统计

目前，从文献的作者途径研究文献与作者之间的关系是文献计量学的重要内容之一。统计作者的论文数有利于掌握科技发展的水平，同时也为人才学、科学学研究提供数据。对作者数的统计有以下几种情形：

(1)杰出作者量的统计，在某一段时间内，被引证次数较多的作者被列为杰出作者。国外有些单位还编制了这种杰出作者索引，为文献质量的评价和人才学研究提供依据；

(2)分别统计各学科或专业的文献的作者数比例，以便分析它们的研究峰期及发展趋势，为科学学和未来学的研究提供依据；

(3)分别对不同国家中各学科文献的作者数进行统计，以便分析和比较这些国家在学科研究上的侧重点、发展现状及趋势等。

3. 科技用语统计

专业术语的组成和数量变化在一定程度上可以反映科学技术的交叉渗透、兴衰起伏。因此，对科技用语进行统计和分析也是文献计量学的一种研究方法和途径。1963 年，普赖斯统计过论文的专业术语的逐年变化情况；塔利亚科佐(R. Tagliacozzo)曾通过对科技用语的统计，进行了技术水平的分析。

4. 引文统计

引文统计就是对科学论文或著作所附的被引文献数量进行统计，或者利用引文索引工具来统计有关引文量。以引文数据为基础的引文分析是很重要的、常用的一种计量研究方法。早在 1927 年，格罗斯便进行了文献学史上第一次引文分析。后来有关文献计量研究的论文，大多是属于引文分析的。

5. 其他有关文献利用的统计

其他有关文献利用的统计主要是指图书情报单位的业务统计，包括藏书统计、流通统计、读者统计以及其他文献情报服务项目的数量统计等。

二、文献统计分析法的基本步骤

在文献统计中，尽管文献统计类型有所不同，但有一些基本步骤是相同的，概括起来是：统计调查、统计整理、统计分析。

1. 统计调查

统计调查是统计、搜集研究对象的原始数据和第一手资料。在获取原始数据时，必须考虑以下几点。

(1)确定具体方法。如果是小范围的文献统计，则一般要求采用全面统计调查方法，即对统计对象的全体进行统计，这样获得的数据代表性强，可靠性高。如果是大范围、长时间的统计，则一般采用部分统计方法，如典型调查统计、重点统计或随机抽样统计等。在统计时，根据不同的研究目的、要求和条件，可以分别采用直接统计法或间接统计法。前者是直接统计各类出版物数量或从原始期刊中直接统计文献量和被引文量，后者则是利用文摘、目录、索引等检索工具或引文分析工具间接统计所需的各类文献量。

(2) 选准统计工具。如果要对某一学科的文献进行统计研究，一般选用文摘、索引、目录等检索工具作为统计对象。例如，利用文摘法来确定分析化学的核心期刊时，以选用文摘条目集中、全面的英国《分析文摘》为宜，而不选用美国《化学文摘》作为统计工具。因为后者对分析化学文献的报道不全面，且很分散，不便于统计，所以正确选择具有全面性、代表性的数据来源工具是做好文献统计工作的重要环节之一。

(3) 明确指标项目。根据统计研究的要求，确定数据指标项目。文献统计指标的内容、范围、单位要明确，而且要较为简便易行，便于取得数据。

(4) 统计原始数据。数据要力求准确可靠，尽量避免差错。

2. 统计整理

统计整理亦称统计汇总，即对原始数据资料进行分门别类的加工整理，其工作内容包括以下方面。

(1) 计算。在原始数据基础上，根据需要计算平均数、累积数、百分比、对数值等，以扩大数据项目，为统计分析提供更充分的数据。

(2) 排序。按照一定的要求和规则进行排列，如布拉德福型数据中的等级排列。

(3) 表示。文献统计数据可以用统计表或统计图的形式表示出来，用以说明统计指标之间的关系。统计数据结果用统计表格表示，一般比较醒目，一目了然，若用统计图显示，则比较形象直观。

3. 统计分析

统计分析是整个文献统计分析法的关键步骤，包括统计数据的结论分析和误差分析。前者是从统计数据出发，分析判断出相应的规律性的结论；后者是对结果的准确性和精确度进行分析。一般来说，从数据得出结论的方法有以下几种。

(1) 理论指导下的分析。在文献计量学的某些理论、定律指导下，可以对统计数据进行分析并得出结论。例如，在文献统计的基础上，利用布拉德福定律的区域分析法，能够判断一组统计数据是否符合布拉德福分布。

(2) 数值分析。任何事物都具有某方面的绝对数值以及它在总体中所占的相对数值。这些数值是直接分析事物特性及其与其他事物之间的联系的重要依据。一个事物历年(月、日)数值的对比、多个事物在同一时期的数值的对比、多个事物历年数值的对比等，是文献统计分析中常用的方法。

(3) 图像分析。在文献计量学中，常常把文献统计数据用图像描绘出来，然后对图像进行分析，进而得出相应的研究结论。图像分析的常用方法主要有两种：图像函数值分析和图像斜率分析。

①图像函数值分析：例如，分析一篇论文的作者数量的变化情况，并从中得出相应结论。首先，统计美国《化学文摘》中在研究时间内的化学化工文献的每篇文章的作者数量，获得原始数据；其次，对原始数据进行整理，计算出历年每一篇论文为一个、两个、三个和三个以上作者的文献占文献总数的百分比，以作者相对数量为纵轴、年份为横轴进行图像描述（图 8-1）；最后，进行分析。从图 8-1 可以看出，一个作者的文献的相对数量正逐年减少，两个作者的文献的相对数量在逐年增加，增长最显著的是三个和三个以上作者的文献的相对数量。科学成果主要通过文献反映出来，因此文献的合著性增强能够反映科学劳动的集体性加强。根据这个重要前提和图像的走向，可以得出如下结论：在现代科学时期，科学劳动的集体化趋势明显加强。

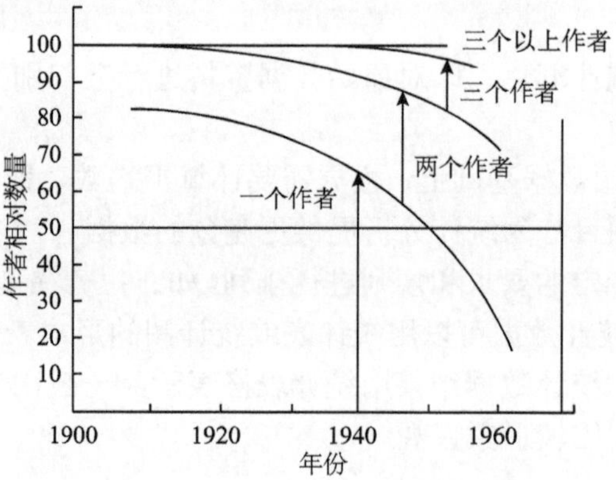

图 8-1　化学化工文献的作者分析图

②图像斜率分析：在数学分析中，图像的斜率（或曲线走向）一般被看成曲线的变化速率的几何量度。因此，在图像分析中，斜率往往是研究事物发展速度与趋向的重要依据。一般来说，图像的斜率越大，说明研究对象的发展速度也越快。情报分析中的外推法就是基于上述思想的一种分析方法。

第四节　文献统计分析法的应用

文献统计分析法的应用是相当广泛的。它既可以提供统计数据，与其他分析方法配合起来使用，又可以作为文献计量研究的一种完整方法单独运用。利用文献统计分析法，不仅可以揭示文献量变化规律、鉴定核心期刊、制定文献搜集与管理策略、确定检查工具的规模及选词原则等，还能进行科学学、预测学方面的一系列研究。这里仅讨论主要的几个方面。

一、在图书情报管理中的应用

图书情报的科学管理必须建立在文献情报数据及定量分析的基础上。通过文献统计分析法，可以获得各项文献数据，如馆藏量、流通量、引文量、历年文献增长量、读者到馆率等。这些文献数据及其变化情况反映了文献工作的实际水平，是衡量文献工作效率的尺度，也是改善图书情报管理的重要依据之一。据此，可以制定合理的文献工作方针、检查各项业务工作的情况、评价和调节各部门工作的进展，以及预测图书情报事业的前景等。另外，还可分析某个图书情报单位作为一个系统的运行状况，具体如下：

⑴采编子系统中，图书期刊的采购方向是否对头，能否基本上满足读者的需求，新书著录是否迅速及时等。

⑵工作岗位的设置是否合理，工作量是否适当，馆员的分工是否符合人尽其才的原则等。

⑶制卡、排卡、图书上架及流通管理的质量如何。

⑷目录使用情况和情报咨询服务效益如何。

⑸读者分析，包括读者构成、情报需求、文献利用及核心读者的分析等。

⑹图书馆自动化效果分析。

⑺行政管理机构，特别是馆长对全体馆员及设备的最佳分配和利用等管理水平的分析，等等。

二、在情报用户和文献利用研究中的应用

文献统计分析法是情报用户（或读者）研究的基本方法之一。目前，在图书馆中普遍进行读者统计，情报中心也形成了类似的用户统计。它们的主要依据是资料借阅卡（或借阅证）、借阅登记数据和解答咨询登记数据等。用户统计资料是情报用户研究的重要素材，这些统计资料和数据反映了用户的构成和数量及其动态变化，提供了用户与文献资料数量的比例关系。通过用户（读者）统计和简单的计算，就可以掌握情报中心直接服务的用户的有关情况，以便在此基础上开展情报用户的分析研究。

对文献利用情况及规律的分析研究更离不开文献统计分析法。以文献利用研究为内容的文献统计分析法主要利用两个方面的统计数据：图书情报中心的文献

资料利用情况的统计和引文统计数据。图书情报中心通过出借、阅览、复制、翻译以及解答咨询等方式向用户提供文献情报资料。文献的被利用情况，是在上述各种服务记录的基础上统计出来的，包括文献资料被利用的数量、被利用文献的学科、文种、类型，以及利用文献的用户人数的分布等。统计表明，流通同样次数的期刊组中的期刊数量近似成等比级数，即形成布拉德福分布(简称布氏分布)。根据期刊的分布，可以经过逐月的统计而建立每种期刊的流通变化曲线，以此预测未来一年的流通要求，指导文献的搜集，建立合理的馆藏。因此，通过文献统计分析，既可以确定不同文献的利用率，还可以为图书情报管理提供科学依据。

三、在文献规律研究中的应用

文献统计分析法已被广泛应用于对文献规律的研究中，如文献增长规律、老化规律、分布规律、被利用规律的研究等。图书情报单位的文献利用情况统计以及引文统计，都反映了不同学科的各种类型文献，以及在不同时期被利用的情况。根据文献逐年被利用情况的统计数据，可以分别描绘出不同学科(或类型、语种等)文献的老化曲线，从而揭示文献的老化规律。在文献规律研究中，文献统计分析法常与其他方法配合使用。

四、在学科发展规律研究中的应用

文献统计分析法在预测学、科学学与科技管理的研究中有着广泛的应用。例如，通过相关文献的统计分析，可以评价和预测某一学科或技术领域的研究水平、发展特点以及变化趋势，测定某一课题的吸引力和某种选题的准确性，分析某一研究人员或机构的研究成就和某种方法的效果等。

通过统计某学科的文献数量及其变化情况，来分析研究该学科的发展及其趋势是文献计量学的基本方法之一。现根据某学科各年份文献数量的统计，可得到如图 8-2 所示的某种曲线图。

从图 8-2 中可以看到，(a)表示该学科正处于诞生阶段；(b)表示该学科已形成，正处于迅速发展时期；(c)表明该学科将趋于成熟；(d)表示该学科已完全进入成熟阶段，文献量达到饱和状态，曲线进入平稳区段；(e)说明该学科可能是产生了新的分支学科，或者是已彻底成熟、出现衰落趋势。由此可见，上述图形较为直观地揭示出一个学科诞生、发展、成熟、分化(或衰落)的整个历史过程，因此为研究学科发展的特点和规律提供了定量依据。

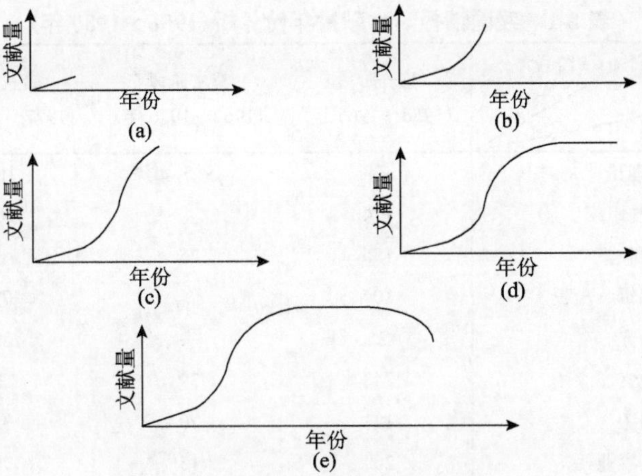

图 8-2　某学科文献量的年份分布曲线

下面再举一个实例，以进一步说明文献统计分析法的基本步骤及其应用。

例：通过文献数量统计，分析我国情报学研究的发展[67]。

1. 统计调查

某研究者对我国情报学文献量进行了统计，他们选用 1956～1980 年的 115 种有关期刊作为统计对象、设计年份、文献篇数、文献类别(专业领域)三个统计指标项目，然后逐刊进行统计。

2. 统计整理

在原始数据统计的基础上，按照需要分项进行整理。

(1)计算：累计总数是 2800 篇，分三个阶段、按文献类别计算文献量。

(2)排列：将文献数据分别按年份次序、按三个阶段、类别进行排列。

(3)表示：取年份与相应的文献绝对量(篇)作图，如图 8-3 所示。

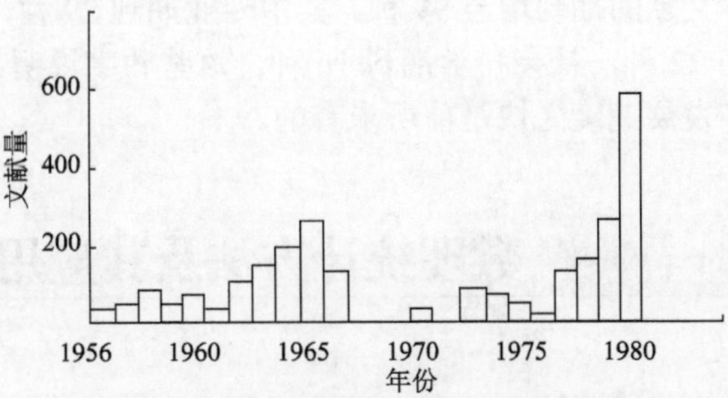

图 8-3　我国情报学文献量的年份分布

按三个阶段、文献类别列表，如表 8-1 所示。

表 8-1　我国情报学文献量年份分析(1956～1980 年)

文献量/篇　阶段　类别	第一阶段(1956～1966 年)	第二阶段(1967～1976 年)	第三阶段(1977～1980 年)	小计
情报学理论	34	5	187	226
工作体制与组织	114	4	162	280
情报资料收集	155	75	165	395
情报资料的编辑、出版	104	3	72	179
情报研究	25	—	82	107
情报检索	243	39	235	517
情报服务	131	20	35	186
中国情报事业	209	15	77	301
世界各国情报事业	168	10	128	306
情报网	107	38	138	283
总计	1290	209	1281	2780

3. 统计分析

从以上情报学文献的统计数据可以看出我国情报学的产生与发展以及今后的趋势。当然，这里有一个重要前提，就是文献量的增长是学科发展的重要标志。根据这个前提和文献量统计数据，可以得出如下结论：我国情报学的发展是分三个阶段进行的。

第一阶段(1956～1966 年)是情报学产生和初步发展阶段；

第二阶段(1967～1976 年)是停滞阶段；

第三阶段(1977～1980 年)是情报学研究全面开展和蓬勃发展时期。这一时期，不仅文献数量急剧上升，而且情报学广泛渗透到社会科学和自然科学的许多领域，登载情报学文献的期刊增至 99 种，其中专业期刊 29 种，相关学科期刊 32 种，自然科学期刊 22 种，社会科学期刊 16 种。这些数字说明，这一时期情报学研究的规模之大和发展速度之快是前所未有的。

第五节　数理统计方法及其应用

一、数理统计方法

一般来说，传统的统计是一种用数字表示事物真实特征的方法，往往强调其数据的全面性和精确性。但在实际中，由于许多客观原因，在很多情况下人们难以对整个总体对象进行统计，即使进行这类统计，所取得的数据也是不完全、不精确的。这时，人们一般不去(也不可能)完全观测总体，而是从总体中任意抽取一部分样本进行观测以取得数据，然后采用一定方法加以整理获得情报、分析研究形成意见，再对总体做出推测性的判断。图 8-4 既表示了这一过程，又说明了统计总体与样本的关系。由于样本是总体的组成部分，根据辩证唯物论原理，局部的样本特征在某种程度上能够反映总体的特性。在这种思想指导下，由于统计实际的客观需要和统计学的发展，逐渐形成了一个新的数学分支——数理统计。

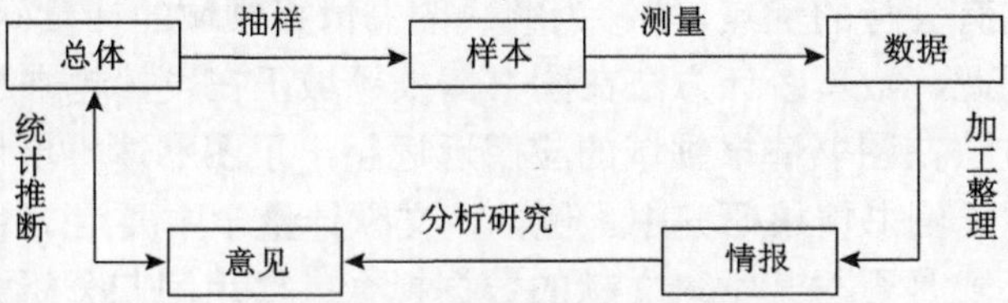

图 8-4　数理统计方法应用过程

数理统计方法，就是以概率论为理论基础，根据试验或观察得到的样本数据，对研究对象总体的客观规律性做出合理的估计和判断的一种新兴的统计方法。数理统计的内容非常丰富，主要包括随机样本、抽样分布、参数估计、假设检验、回归分析和方差分析等。概括起来，数理统计的研究主要有两个方面：一是研究如何从总体中抽出样本，抽多少，怎样抽的问题，即抽样方法问题；二是研究如何对抽样的结果(样本数据)进行合理的分析，做出科学的推断，即统计推断问题。数理统计在一定程度上是由于人们无法对付过多的数据而产生和发展起来的，它是一种通过样本推断总体的新兴方法，适用于处理随机性的统计对象。

二、数理统计方法的应用

由于获取样本数据远比获取总体数据容易，分析局部资料也比分析总体资料要简单得多，数理统计方法的应用相当普遍。在文献情报工作和研究中，应用数理统计方法不仅非常必要，而且是可能的。其应用方法和内容主要有以下两个方面。

(1)抽样统计。在图书情报领域的统计中，为了减轻统计工作量，常常采用抽样统计方法。例如，为了统计全年读者到馆率，比较简单的方法是应用数理统计方法来进行，即将一年划分为若干个时间单位(如周、日、小时等)，从中抽出若干个单位，统计读者到馆人数，计算平均值，然后乘以全年总共的时间单位数，得出全年读者到馆人数。这个简单的方法，就是一个由样本推断总体的过程，而这种方法的理论依据和可靠程度等问题，可由数理统计的理论来解决。

(2)统计预测。对未来的情况是无法统计总体数据的，只能根据以往情况的统计数据来推断未来情况，这就是统计预测问题。例如，某地新建一个公共图书馆，为了确定文理科阅览室规模的合理比例，要根据读者数、阅览量等方面的统计数据做出相应的估计。由于依据的数据只是过去情况的反映，根据这种数据做出的关于未来的推断，只能是样本对总体的推断。为了保证推断可靠，必须借助数理统计的理论和方法。

同时，图书情报领域的统计对象大多是随机事件，而数理统计方法在处理这类对象的统计时有独特的优点，能够为解决图书情报领域的计量问题提供有力的、合适的工具。因此，数理统计方法在图书情报领域正在发挥越来越大的作用。

数理统计方法在图书情报领域的应用远远超出了图书情报单位工作统计的范围，还广泛应用于图书情报研究中。例如，文献计量学中要用 χ^2 检验法分析检验某个文献计量公式是否与某学科文献的数据拟合；要用回归分析方法确定某些公式的系数，回归函数模型也是常用的数学模型之一。在情报研究中，可将回归分析用于情报预测，用 χ^2 检验分析德尔菲法的稳定性。在情报检索领域，符号检验可用于推断两种检索条件下获得的文献样本有无显著性差异等。

在文献计量学中，数理统计方法有着重要的应用，主要包括抽样方法、参数估计、假设检验和回归分析方法的应用等。这里仅举一个实例来说明数理统计方法的应用。

例：某公司测定其情报检索系统(即将出售的)的平均检准率为 0.64，标准差为 0.0613269。一位想购买该系统的用户对 10 个不同提问进行了检索试验，检出相关文献的比例的结果为：0.69，0.58，0.62，0.49，0.59，0.58，0.62，0.68，0.61，0.71。根据这些数据，用户是否能够接受该公司的测定结果？

因此，可运用数理统计检验方法，按下列步骤进行。

(1)建立零假设：$H_0: \mu = 0.64$；$H_1: \mu \neq 0.64$。

(2)确定显著性水平 $\alpha = 0.05$，查表得 $|Z_{\alpha/2}| = 1.96$。

(3)对于样本数据，计算 $\overline{x} = 0.617$。

(4)计算检验统计量，即

$$Z = \frac{\overline{x} - \mu}{\sigma / \sqrt{n}} = \frac{0.617 - 0.64}{0.0613269 / \sqrt{10}} = -1.186$$

(5)由于 $|Z| < |Z_{\alpha/2}|$，接受零假设。也就是说，在 0.05 的显著性水平下，该用户可以接受这个公司的测定结果[68]。

第九章

数学模型分析法

第一节 数学方法及其意义

一、数学方法的概念

数学是一门重要的基础学科。它是随着人类生产、生活中的“数”和“形”的问题而产生的。从公元前数学的萌芽，到后来的常量数学、变量数学，经历了一个漫长的过程。19 世纪以来，数学的发展有了深刻的变化，产生了许多新的分支学科。近几十年来，运筹学科的产生，信息论、系统论、控制论的问世，电子计算机的发明及应用，以及模糊数学的出现等，都大大促进了数学的发展。现在，数学已发展成为分支众多、结构庞大、应用面极广的系统的学科体系。

在各种客观现象和活动中，一切可以抽象出来的“量”以及这些“量”之间的关系，都是数学的研究对象。数学方法，就是以数学理论为指导，采用数字与符号以及逻辑推理，对事物的“量”进行分析和计算，从而揭示其数量特征和规律的一种科学方法。随着科学技术的发展，数学方法已广泛应用于各门学科或各类研究中。

二、数学方法的特征

数学方法具有一些明显的特征，主要有以下几个方面。

1. 定量性

任何客观事物都是由“量”和“质”构成的。采用数学方法进行研究时，则主要是从“量”的角度出发，进行定量描述或计算，来揭示事物的客观规律，从而达到一定的研究目的。

2. 抽象性

数学具有极强的抽象性，即在研究时，先撇开具体的研究对象及其“质”的属性。而只保留它的“量”的属性，并从中归纳出具有普遍指导意义的数学形式和结论。这种抽象性反映着物质多样性中的同一性，把具有同样规律的具体事物联系在一起，是数学能动地反映客观世界的表现之一。

3. 精确性

一方面，它以数的形式保证任何两个对象在某一共同属性上比较的精确性；另一方面，它以严格的逻辑推理保证了结论的正确性。

4. 预测性

数学方法是一种严密的推断方法，它可以从已知的认识和应用的概念公式与结论出发，纯理论性地推导出未知情况的结论。因此，它可以先于人们的实践而获得研究对象的认识，对客观世界的规律具有预测性。

5. 适用性

数学方法的适用性很强，能广泛应用于各个学科和各类研究之中。

三、数学方法应用的意义

在科学技术的各个领域中，数学方法的应用具有重要的意义。在图书情报领域，数学方法正发挥着越来越大的作用。首先，数学是人类认识客观世界的有力武器。数学方法用严密的推理、精确的描述、简洁的形式刻画出事物的规律。因此，较之定性分析方法来说，以数学方法为主的定量分析方法是一种更为精细、更为有效的研究方法。随着现代科学研究的深入和研究对象的复杂化，不仅使一些精密科学(如物理、化学等)越来越离不开数学这一强有力的工具，而且一些过去以描述为主、与数学联系不多的学科(如生物学、经济学、图书馆学情报学等)处在日益数学化的过程之中。其次，一门科学从定性的描述进入定量的分析和计算，是其发展到成熟阶段的重要标志。采用数学方法，是图书馆学情报学本身从定性分析的低级阶段向定量分析的高级阶段发展的必由之路，而科学的这一转折和进步，必然有赖于数学的应用。事实上，情报学采用了大量的数学方法，因此在对规律的分析描述方面比图书馆学要精细得多。例如，它曾经利用数学、统计学方法揭示了文献情报流的几个基本定律，为情报学奠定了理论基础。在当前的情报学基础理论、情报分析、情报预测、情报检索等的研究中，数学仍是一种重要的分析方法和预测方法，是存储和检索理论与方法的主要发明手段和论证手段。因此，数学方法的应用无疑将大大推动图书馆学情报学的发展。

第二节　数学模型分析法原理

模型是理论抽象思维与客观现实之间的中间环节，也是沟通理论与实际的联系桥梁。数学模型法就是运用数学理论和方法，以数学表达的形式和符号来描述研究对象中的各种因素之间的数量关系，从而揭示其规律的一种研究方法。模型不仅说明现在，而且可以预测未来。因此，随着科学的发展，数学模型法已广泛应用于许多学科的研究中。文献计量学具有定量学科的性质和担负着定量分析的任务，因此数学模型法是文献计量学的最基本的重要方法之一，也是一种常用的有效分析研究方法。

在图书情报领域乃至文献计量学中，能够应用数学模型法，首先取决于在本领域具有应用的客观基础；其次要有一定的科学背景；最后是在比较成熟的条件和时机下产生较大的客观需要；同时还要看数学是否具备解决该领域问题的工具和能力。

一、客观基础

情报学是介于自然科学和社会科学之间的综合性边缘学科，具有极强的应用特征和吸收能力。数学模型法能够应用于图书馆学情报学之中，其主要原因在于图书情报客观世界中存在着应用数学方法的客观基础。具体表现在以下几个方面。

1. 图书情报领域中普遍存在数学现象

在图书情报系统和图书情报工作中存在着大量的数学现象。

(1) 情报基础理论研究中数学理论广泛应用。在情报基础理论研究中拟用数学公式定义情报概念，并从中提炼出纯粹的量的关系，如情报量的定义、情报系统的概念等。从宏观的角度研究文献情报流的动态特性，发现其总体上的动态分布呈现出一定的数学规律，从而建立了文献计量学中的五大定律。

(2) 情报检索语言中的数学现象十分明显。首先，任何一种检索语言(分类法、主题法、叙词法等)都有着严密的数学结构，而且可用图论、集合论的模型描述这种结构，并可用于主题词表逻辑错误的检查等。其次，类名和主题词的选定是编制分类表与词表的一个重要问题。要使词表有较大的实用价值，就必须选择那些使用频率适中的词。也就是说，一个词能否入选，与该词在文献中出现的频率有关。研究表明，词频的分布一般呈现双曲线分布，在文献中则服从齐普夫分布。根据这个规律，可以推算词表的体积和与该词有关的文献量。此外，在估计一个分类表或词表的符号系统表达概念的能力大小和一个索引的体积大小时，要用到“组配”的概念。而组配实际上是数学中排列与组合的另一种表达方式。

(3) 情报检索系统中数学方法大量应用。在情报检索系统中，存在着文献集合、标引语言集合、提问集合等。为了提高计算机的检索效率，必须根据标引语言将提问与文献加以形式化，找出它们之间的对应关系，才能提炼出较好的数学模型；目前，检索系统的数学模型很多，如集合论模型、矩阵-向量模型、概率模型和模糊集合论模型等。

(4)书目学，尤其是现代书目学与数学有着密切的联系。书目信息的分布是有一定规律的。在对书目信息进行统计和情报分析时，不仅要用到统计学知识，而且要借助微积分和函数论的方法。对目录之间的“参见”关系或“引用”关系的结构，不仅可以用一个网状图表示出来，而且可以用邻接矩阵对这些关系进行“运算”。书目信息的代码化，实质上就是用最小的符号系统组成尽可能多的书目信息的问题。这是一个明显的数学问题，它涉及代数编码、信息论、数论等分支学科。如何压缩书目信息使之代码化、通用化是机读目录应用研究的重要课题之一。这类问题的研究实际上是对随机现象的研究，而概率论与数理统计是研究随机现象有效的数学工具。

(5)藏书建设和读者研究中，往往要进行各个方面的数量统计，如某类文献的增长速度、各类图书文献的数量比例、某主题的文献分布等。通过统计，人们发现书刊资料的纵向发展和横向分布都有一定规律，读者的人数、职业、情报需求、语种分布，在某个范围内也呈现出一定的规律性。这些数学现象，为在这方面引进数学模型法提供了客观条件。

(6)情报分析和预测中，也存在着数学现象和数量规律。在情报分析和预测中的研究对象，一般需要了解和掌握其数量特征、表现，并要采用数学模型法去研究和解决问题。

2. 图书情报工作中的许多随机现象呈现出规律性

例如，文献增长符合普赖斯曲线，某主题的文献在期刊中分布和馆藏图书利用率的分布服从布拉德福定律；文献中词频的分布服从齐普夫定律；文献作者的分布服从洛特卡定律；读者到馆率服从泊松分布等。

3. 图书情报领域存在可以模拟的系统

这些可用数学模型模拟的系统如计算机检索系统、词表系统、机读目录系统、服务排队系统等，以及呈现规律性分布的随机现象，是应用数学模型法解决图书情报工作中实际问题的基础。

二、科学背景

数学模型法是建立在科学知识数学化的基础之上的。科学知识数学化就是利用数学公理、定理、公式等手段和方法来解决有关科学知识领域内的问题，就是纯粹数学在其他科学知识范围的运用和推广，即数学方法的普遍运用和推广。科学知识数学化是一个十分广泛的概念，不仅包括在各种科学对象的研究中运用已有的数学方法和数学手段，而且要找到那些特殊的数学途径进行研究，得出合乎实际的结论，并在实践中应用所得的结果。数学模型法就是在这种科学知识数学化的背景下形成和发展起来的。

科学知识数学化对于情报学的发展有直接的影响。这是因为一方面数学提供了科学语言最合适的规范化方法，另一方面情报学中的许多问题是与检索系统的设计和利用相关的，而任何一类情报检索系统的主要组成部分，如检索语言、文献标引及相应的逻辑——语义学的规则等，都是最大限度被规范化的。情报学的许多问题(如情报检索)总是离开语言的具体内容，对被规范化的部分进行纯粹的代数(逻辑)运算。这说明，对情报的组成因素进行规范化和有序化，正是情报学运用数学的基本出发点。目前在情报学中，数学的应用主要是对科学的某一范围内所积累的经验资料的数学加工，建立适用于实际现象的数学模型。

三、实际需要

如上所述，图书情报领域中普遍存在的数学现象，需要运用数学方法去研究和解决。特别是学科的发展、文献数量的激增以及电子计算机的引进，使得对应用数学模型法的客观需要越来越迫切了。例如，如何进一步弄清激增中的文献情报流的动态规律，以对付“情报危机”、文献存储中的文字符号长度问题、文献本身的信息化代码化问题、计算机管理系统数学模型的判定、管理和评价问题等。这些问题的提出并解决，都有赖于数学模型法的应用。

随着现代数学的发展，数学作为一门工具性学科不断提高了自身的能力和适用性。对于图书情报领域中的数学现象、数量关系和量变规律，数学能够提供有效的工具和手段，从纷繁复杂的现象中抽象、归纳出相应的数学模型，进而揭示出一般规律性。这样，数学模型法的应用定将使图书馆学情报学的研究不断深化，从而促进其发展。

第三节 数学模型的类型

一、模型及简化模型

在科学研究中，如果两个对象具有某种相似性，则它们之间就存在原型-模型关系。模型方法是一种从现象到本质、从特殊到一般、从无序到有序地寻找规律的有效方法。模型有多种制定方法，也有各种类型。在图书情报工作中使用较多的有以下三类模型。

1. 行为模型

根据所要研究的系统的运动和功能，可以构造其行为模型，如程序设计图、检索步骤及工作流程图，以及情报分析中的“鱼刺图”等。

2. 结构模型

根据系统的结构建立的模型称为结构模型，如机构关系图等。

3. 数学模型

根据系统的整体或部分的内容关系用某种数学语言来描述的模型。

图书情报系统中随机的、人为的因素较多，故在建立模型时很难十全十美地全部考虑进去。当将某些因素忽略或将模型的某些部分删掉，合并而又不太损害模型与原型的相似性时，称这个新模型为简化模型。在图书情报系统中，一般都是简化模型。

二、数学模型的类型

数学模型是用某种数学语言描述系统的结构和行为而构造出来的，它除了从宏观的角度模拟出系统的结构和运动规律外，主要是从微观上、量的方面描述出系统的结构、联系以及运动规律。因此，数学模型具有更为精细和准确的特点。

由于研究对象的复杂性和研究方法、目的的多样性，数学模型存在许多不同的类型。按照不同的划分标准和方法，数学模型的类型结构显示出不同的形态。

1. 按照研究对象的性质来划分

(1) 必然现象的数学模型。常用各种方程，特别是微分方程表达。

(2) 随机现象的数学模型。一般用概率论和数理统计来描述，所以又称为概率模型。

(3) 模糊现象的数学模型。这种模型是用模糊数学理论对没有明晰的数学概念的模糊性客体进行分析研究，做出模糊判断。

(4) 突变现象的数学模型。常用拓扑学奇点理论和结构稳定性理论等数学工具来描述。

2. 按照表达的形式来划分

(1) 解析式和图像模型。通过函数关系或图像可以描述系统的基本性质和运动特征，因此解析式和图像本身就是一个系统的模型，如图书馆读者借阅人数随时间的变化曲线、布拉德福定律的数学表达式和图像描述等。这类模型一般用于只有一两个变量的情形。

⑵方程组模型。方程可以描述系统的结构和运动。当系统存在多个变量，并且这些变量互相制约，使系统最终处于一种“平衡”状态时，可用方程组模型来描述，如情报系统的微分方程组模型。

⑶图表模型。图表可以描述系统的状态变化，当系统发生状态变化时，对应的各种状态值也随之改变，若将这些状态值按一定格式排列起来，就成为该系统某方面特性的图表模型。这类模型较为直观、便于比较，如情报检索系统的检全率和检准率图表模型。

3. 按照描述的方法来划分

⑴集合论模型。如果系统成分可以划分成几类，且各类之间的关系又可以清楚地描述出来，那么这个系统就可以用集合论思想和方法模拟，从而构造出集合论模型，如主题词表系统的集合论模型。

⑵概率模型。概率模型是描述具有随机性的系统的模型，如文献情报流分布的概率模型、情报检索系统概率模型等。

⑶代数模型。代数模型主要是指矩阵-向量模型。如果系统的成分受一系列因素的影响，而每个成分又可以用这些因素的一组值表达出来，那么就可以用矩阵-向量模型来模拟这个系统，如引文系统的矩阵-向量模型等。

第四节　数学模型的建立

一、数学模型法的基本步骤

一般来说，对图书情报系统进行管理和控制要经历以下步骤：首先要确定目标，根据某种理论建立模型，并找出其内部子系统和元件遵循的一般规律，然后找出可利用的信息及其产生的方法和计算方法，并据此确定控制的步骤和措施，最后进行模拟试验，检验模型的功能及可靠性。在整个过程中，建立数学模型是一个重要的关键性环节。

文献计量模型是文献的某些特征依从关系的数学描述，它是建立在对所研究对象的性质、规律及各方面的相互联系进行定性分析的基础上的。经验表明，建立数学模型的基本方法是：对于研究对象，依据有关的科学理论和定性分析的结果确定几个基本量，用所确定的量描述研究对象的状态、特征和变化规律；对这些量进行分析和简化，确定各个量之间的关系，形成一个待解的数学问题，列出数学方程，然后解上述方程，求出数学问题的解，并对数学解做出解释和评价，以形成对所研究的对象的判断和预见。具体来说，数学模型法的基本步骤如下。

1. 确定目标

按照具体项目的研究目的和要求，确定研究的目标，也就是说，通过研究要解决什么问题，达到什么目的。

2. 搜集原始数据(资料)

通过在实际工作中积累或研究时进行统计，搜集所需要的数据。数据要尽量准确、全面，以保证计量结果的正确性。

3. 建立模型

模型是理论抽象思维与客观现实之间的中间环节。模型的质量取决于它反映客观现象及其结构的能力。因此，建立模型是进一步研究的基础，是创立理论的重要阶段。

在建立模型时，首先要对研究对象加以“形式化”，也就是说，先要将系统中的成分及其关系用一些简单的符号和规则表达出来，抽象出各因素之间的数学关系。“形式化”的结果要与系统原型基本上保持一致。其次确定基本的量值和参数，加工成具体的模型。最后检验模型的可靠性和精确度。

文献计量模型的建立和运用，需要以情报学理论为基础，因为构成模型的各个要素以及它们之间的相互联系，要靠理论分析来揭示和阐明，所以模型既是计算文献数量变化的公式，又是严密揭示参与这一模型的各因素之间关系的表达式。分析这些公式，就可以掌握情报工作中各方面、各环节互相制约、互相协调的关系，指示工作方向，寻找最优化工作模式，以取得最佳经济效果。

4. 确定参数

根据一定时期的实际统计或样本资料，运用数理统计方法估算出方程式的各个参数。其参数估计的具体方法将在后面进行讨论。

5. 验证理论模型

根据实际统计观察资料，运用数理统计的假设检验原理，验证已估算参数值的模型所包括的变量(有哪些变量)、变量的结合形式(方程的具体形式)和变量的结合程度(参数的具体数值)能否代表客观情况，从而判断理论模型是否正确反映了客观实际。

6. 预测和决策

预测和决策是密切相关的，也是进行文献计量分析的最终目的。预测和决策是否成功，主要取决于前面几个步骤的基础。

二、建立数学模型举例

1. 建立引文系统模型的步骤

下面以引文系统矩阵模型为例，介绍建立数学模型的方法。

一般来说，科学文献之间总是相互联系和相互引证的，引文索引正是文献之间的这种引证与被引证关系的描述，这就是建立引文系统矩阵模型的出发点。建立引文系统模型的步骤如下。

(1) 找出引文系统的基本成分——文献。

(2) 确定影响这些成分的因素——一系列文献。

(3) 用这些因素的一组值来描述系统成分。

当文献 *A* 引用了文献 *B*，用“1”表示，否则，用“0”表示。这样就可以构造出该引文系统的矩阵模型。例如，若知文献 *A* 被文献 *B*、*C*、*I* 引用，*B* 被 *D*、*F* 引用，*C* 被 *E*、*F*、*G*、*H*、*I* 引用，*E* 被 *G*、*H*、*I* 引用。这时，可用“列”表示系统成分，“行”表示影响因素，则用下面矩阵表示该引文系统。

	A	*B*	*C*	*D*	*E*	*F*	*G*	*H*	*I*
A	0	1	1	0	0	0	0	0	1
B	0	0	0	0	0	1	0	0	0
C	0	0	0	0	1	1	1	1	1
D	0	0	0	0	0	0	0	0	0
E	0	0	0	0	0	0	1	1	1
F	0	0	0	0	0	0	0	0	0
G	0	0	0	0	0	0	0	0	0
H	0	0	0	0	0	0	0	0	0
I	0	0	0	0	0	0	0	0	0

根据以上矩阵，可以得出任意两篇文献的耦合度；还可以进行“滚雪球”式的检索、自动扩检，以及一系列的引文分析。

2. 对图书情报系统建立模型时必须注意的事项

最后应当指出，在对图书情报系统建立模型时必须注意以下几点。

(1) 根据研究对象的性质选用合适的模型。首先要分清所研究的对象属于哪一类现象或可近似地看作哪一类现象，如必然现象、随机现象、模糊现象等，然后有针对性地选用合适的模型。

(2) 要有充分的定性分析作基础。定性分析是认识事物的基础。在建立数学模型时，首先必须对研究课题进行全面深入的调查，弄清本质的和非本质的，必然的和偶然的等因素，去粗取精、去伪存真、综合考虑、系统分析，从而找出事物的属性、特点、实质、发展规律以及事物之间的内在联系，这样才能提炼出一个能够较好反映系统结构和功能的数学模型。

(3)要讲究策略。对于一些较为复杂的研究对象，如图书情报管理系统，由于它不是简单的机械系统，而是一个受到多个复杂的随机因素，尤其是人为因素影响的系统，在建立模型时，不可能把各个因素全部考虑进去，只能抓住关键的因素和基本的关系，而往往要忽略一些次要的因素，尽量排除随机因素的影响，或者建模时暂时不予考虑，待到实施时再补充修正，这是一个策略问题，必须予以注意。

(4)对数学模型的检验不能求全责备。因为数学模型本身只是对系统的模拟，而不是系统的真实写照，因此它不可能无所不包，也不可能是完全精确的，在很多情况下只能是近似的简化模型。对于一个特定系统，一般只能用一种数学模型描述，而在有些情况下，一个系统可以用多种数学模型描述，这完全要根据系统控制的目标以及人们对其中数学现象揭示的程度而定，但根据不同的数学模型对系统加以控制可能有不同的结果。

第五节　数学模型的检验

文献计量模型建立之后，为了判断所建立的模型是否正确反映了客观实际并估计其符合程度，必须对理论模型进行检验。一般来说，这种检验工作应从三个方面进行。首先是理论检验，看模型是否符合情报学和文献计量学的一般理论原则；其次是统计检验，目的在于检验模型参数估计值的可靠程度或分布性质；最后是实际检验，即利用扩大样本的方法或根据样本以外的某一时期和某一范围的实际观察值进行对比检验，以判断模型估计值的稳定性和样本容量变化时的灵敏度以及模型的适用范围等。本节主要讨论数学模型的参数估计和统计检验的方法及其应用问题[69]。

一、参数估计及其应用

1. 数理统计常用的参数指标

在数理统计中，一般常用的参数指标有以下三类。

(1)位置特征参数。例如，均值、中位数、极大值、极小值等中最重要的是均值，其表示总体的平均水平和集中趋势。

(2)散布特征参数。例如，极差、均差、标准差、方差、变异系数等其中最重要的是方差和标准差。前者表示参数值相对于均值的散布程度，后者说明参数值相对于算术均值的平均距离。

(3)分布特征参数。例如，偏度系数和峰度系数等，表示总体密度函数图形的对称程度和凸平度。

参数估计就是根据样本数据得出未知总体的基本参数的数值，主要估计随机变量或总体的均值和方差。在文献及其相关媒介的统计中，当从总体中独立地抽取一批样本时，只要其样本量充分地大，就可当作正态分布处理，如读者每天到馆人数、图书每日拒借数、图书页数、价格、图书出借天数、不限借阅量的图书馆的读者借阅册数的分布等。这样，就需要从样本数据出发，通过参数估计，考察其参数值和分布特征。同时，几乎每一次图书情报统计都涉及平均数的计算，而平均数往往与数学期望及其他参数有着密切关系。因此，数理统计方法的广泛应用，使得参数估计已成为文献统计研究的重要工具和数学模型方法不可缺少的重要环节。

2. 参数估计的方法

参数估计的方法很多，如数字特征法、最小二乘法、矩量法等。参数估计可分为点估计和区间估计。

(1)点估计。如果总体 x 的分布函数的形式为已知，但它的一个或多个参数为未知，若得到了 x 的一组样本观察值 x_1，x_2，…，x_n，会很自然地想到用这组数据来估计总体参数的值。这就是参数的点估计问题，其主要方法有以下几种。

①数字特征法。这是用样本的数字特征来估计与之相宜的总体数字特征的方法。例如，分别用样本平均值与样本方差来估计总体均值与总体方差，即有

$$\hat{\mu} = \hat{\mu}(x_1, x_2, \cdots, x_n) = \frac{1}{n}\sum_{i=1}^{n} x_i = \overline{x}$$

$$\hat{\sigma}^2 = \hat{\sigma}^2(x_1, x_2, \cdots, x_n) = \frac{1}{n-1}\sum_{i=1}^{n} (x_i - \overline{x})^2 = S^2$$

式中，S^2 的正平方根 S 称为样本标准离差。数字特征法的直观意义最明显，是最常用的方法之一。

②顺序统计量法。样本中位数 $\tilde{x}$ 和样本极差 R 的观察值都是由样本实现按大小次序排列而确定的，所以它们都称为顺序统计量。在总体为连续型，且概率密度为对称的情形下，方便起见，常用样本中位数来估计总体均值 μ：$\hat{\mu} = \tilde{x}$。样本极差本身就是衡量总体离散程度的一个尺度。在需要估计正态总体标准差 σ 的场合，可使用样本极差 R 来估计 σ，其关系式如下：

$$\hat{\sigma}=\frac{1}{d_n}R \tag{9-1}$$

式中，d_n 的值可以查表得到。d_n 还可近似地取为 $\frac{1}{d_n}\approx\frac{1}{n}\cdot\sqrt{n-\frac{1}{2}}$，$2\leqslant n\leqslant10$。这种方法因计算量少，使用起来最为方便。但用样本极差 R 来估计 σ，没有用 S 来得可靠(n>2 时)；当 n 越大时，两者可靠程度的差别也越大。当 n>10 时，如果要用 R 来估计 σ，可将数据分成个数相等的组，求出各组数据的极差，然后用这些样本极差的平均值作为式(9-1)中的 R，取得 σ 的点估计 $\hat{\sigma}$。

③极大似然估计法。这种方法的主要思想是：如果在一次观察中一个事件出现了，那么可以认为此事件出现的可能性很大。可以估计一个 $\hat{P}$，使事件的概率达到极大值。一般来说，用频率来估计概率，无疑是合理的。实际上，求仅含一个未知参数 θ 的总体的极大似然估计值 $\hat{\theta}$ 的问题，就是求似然函数 L 上的最大值问题。利用极大似然估计法可求正态分布的参数 μ 的估计值。在图书情报统计中常用样本平均值 x 作为总体均值的估计量，就是这个道理。

样本统计量作为估计量是否正确地反映了总体，有三个评选标准，即一致性、无偏性和有效性。从统计方法要求来看，自然要求一个估计量具有一致性，然而用一致性来衡量估计量好坏时，要求样本容量适当地大，但往往难以办到。无偏性在直观上比较合理，但并不是每一个参数都有无偏估计量，无偏性的直观意义就是没有系统偏差。在第八章中列举的平均数中，算术平均数、中位数等是总体期望 μ 的无偏估计。有效性无论在直观上还是理论上都比较合理，因此它是一个常用的标准。

(2) 区间估计。众所周知，可以用样本平均值 $\bar{x}$ 估计总体 μ，用样本方差 S^2 估计 σ^2，并且这种估计是比较好的。但在图书情报单位的实际统计工作中，尤其在涉及调查研究的结论时，人们往往不以得到近似值为满足，还需要估计误差，确定近似值的精确程度。由于事先并不知道未知参数的真值是多少，只能根据样本的情况，估计出一个范围，并确定这个范围包含未知参数真值的可靠程度。这种形式的估计就称为区间估计。

如果在一个总体平均数 μ 未知，而总体方差 σ^2 已知的正态总体中抽样，样本容量为 n，则得到的随机变量 X 服从一个均值为 μ 和方差为 $\frac{\sigma^2}{n}$ 的正态分布。若以 Z 表示概率值，再经过推导可以确定总体参数落在区间 $\left(\bar{x}-Z_{\frac{\alpha}{2}}\frac{\sigma}{\sqrt{n}},\bar{x}+Z_{\frac{\alpha}{2}}\frac{\sigma}{\sqrt{n}}\right)$ 内的概率是 $1-\alpha$。这个随机区间称为 μ 的 $100(1-\alpha)\%$ 置信区间，区间端点称为 μ 的 $100(1-\alpha)\%$ 置信限，百分数 $100(1-\alpha)\%$ 称为置信度。例如，若取 α 为 0.05，则置

信度为 95%。

但是，怎样对未知方差的情况找到μ的置信区间呢?一个很自然的想法，就是利用样本方差 S^2 代替σ^2，这就涉及随机变量$\dfrac{\overline{x}-\mu}{S/\sqrt{n}}$的分布。经过推导，可以得到有名的$t$分布密度函数。这个分布的函数只与样本容量$n$有关，知道$n$后，$P_n(t)$就完全确定了。$t$分布的概率可以从$t$分布表上查到。对于给定的$\alpha$值一列，自由度$n$–1 一行，给出相应的$t_{\frac{\alpha}{2}}$值。这时$\mu$的区间是$\left(\overline{x}-t_{\frac{\alpha}{2}}\dfrac{S}{\sqrt{n}},\overline{x}+t_{\frac{\alpha}{2}}\dfrac{S}{\sqrt{n}}\right)$。

对于文献计量研究，区间估计的理论和方法有着重要意义。因为区间估计理论说明，由样本可以得到总体参数的估计量，而总体参数的真值在这个估计量的附近，其误差是能计算的。这样，在着手统计工作时，可根据对数据的精度要求和总体的分布情况，找到适当的样本容量。当参数的点估计完成后，可以计算真值所在的区间，如果区间过大，点估计的意义显然不大，这时就要考虑增加样本；另外，对有些无法增大样本的情况，若估计的区间过大，则不应轻率地根据样本对总体做出结论。例如，某一篇调查科技人员利用情报和科研水平的论文中列举了这样的数据：调查 435 个研究机关，研究水平得分的数学期望是 248.7，调查 148 所大专院校，研究水平得分的数学期望是 250；但其调查方法是抽样调查，因此研究水平得分的数学期望必然会有误差。文章作者不加分析地断言“大专院校的科研水平略高于研究机关”，这就十分缺乏说服力。因为 248.7 和 250 这两个估计量非常接近，所以其置信区间很可能出现重叠现象。

二、假设检验及其应用

1. 假设检验的概念与意义

假设检验是统计推断中的两个基本问题之一，也是数学模型法的一个重要步骤。

在统计中，人们把对有关总体特征进行的某种假定称为“假设”，一般又将所要检验的假设称为零假设。根据样本信息去检验(判断)总体某一假设是否成立的工作，就称为假设检验或统计检验。假设检验的基本思想，就是某种带有概率性质的反证法思想。具体地说，为了检验一个假设是否成立，可以先假定其成立并接受它，看是否会导致不合理的结果。如果结果不合理，则拒绝假设，否则就接受假设。导致不合理的结果，就是看是否会导致在一次试验或观测中出现小概率事件。

在文献情报统计研究中，常常需要根据事物的局部资料对其总体情况进行推断，其中都有一个假设检验问题。这些假设检验有着许多不同的类型，如果按总体对象来分，例如，正态总体的检验和非正态总体的检验，其中又分为对一个总体和对两个总体的检验。若就检验指标和目的而论，有参数检验和非参数检验两大类。前者往往是假定总体服从正态分布，而对其均值或方差进行检验，如Z检验、t检验、F检验、χ^2检验等，后者则是检验总体的其他特征，有总体分布检验、拟合程度检验等，如χ^2检验法、概率纸检验法、符号检验法、秩和检验法、相关系数检验法等。

2. 假设检验的基本步骤

尽管假设检验的类型和方法很多，但一般都是按照以下几个基本步骤进行的。

(1) 构造待检验的零假设及其对立假设。

(2) 选取适当的显著性水平值α，确定临界区域的位置。

(3) 选择适合的检验统计量，查表得出其临界值k。

(4) 计算统计量的观察值。

(5) 比较统计量的观察值与临界理论值。

如果其观察值落在临界区域内，则拒绝零假设，否则就接受零假设。

在这里，α ($0<\alpha<1$) 值的选择很重要。因为在样本容量和统计量固定时，选定α后，临界值k就随之确定，然后可以按照统计量观察值大于k还是小于k做出决定。因此，k实际上是检验假设的一个标准，也是估计量的误差限度。α称为检验的显著性水平。拒绝H_0假设的区域(如$\left|\bar{x}-\mu_0\right|>k$)称为检验的拒绝域(临界区域)；拒绝域的边界点称为临界点。

3. 假设检验的方法

假设检验的方法主要包括Z检验法(又称V检验法)、t检验法、χ^2检验法、F检验法等。这里主要介绍χ^2检验法及其应用。在后面还将结合具体实例讨论其假设检验方法。

(1) t检验法。这是用服从t分布的统计量检验正态总体均值的方法。假设样本容量为n，当总体方差为未知时，查自由度为$n-1$的t分布表以确定拒绝域；当总体为已知时，查自由度为∞的分布表，即标准正态分布表，以确定拒绝域。这时检验法又称为V检验法。另外，还可以用t检验法来检验二维正态总体均值差的假设。

(2) F检验法。它是一种用服从F分布的统计量来检验二维正态总体方差的齐性的方法。

(3) χ^2检验法。设样本$x_1,x_2,\cdots,x_n$来自方差σ^2为未知的正态总体$N(\mu,\sigma^2)$，则可利用服从χ^2分布的统计检验σ的各种假设。

(4) 曲线拟合。上述各种参数假设检验法都是在总体分布形式为已知的前提下进行讨论的。但在实际问题中有时不能预知总体服从什么分布，这时就需要根据样本来检验关于总体分布的各种假设。其方法有以下几种。

①正态概率纸：概率纸是一种判断总体分布的简便工具，使用它们既可以很快地判断总体分布的类型，也能粗略地估计总体的数字特征，概率纸的种类很多，如检验总体分布是否为正态的正态概率纸等。

②χ^2 检验法：图书情报研究中的某些随机问题，有的需要检验总体分布的假设，有的则是检验一组观察数据是否符合某种分布形式。例如，为了检验某一学科的文献是否服从布拉德福定律，对这个学科的文献在期刊上的分布进行统计，得到一组样本。由于事件的随机性，不可能设想这一组样本的观察值都恰好等于根据布拉德福定律计算的理论值。即使稍有偏差也是允许的，这种偏差究竟允许多大呢？又如，人们常常用某个给定函数 $F(x)$ 来表示随机变量 X 的分布。但这种分布模型与实际观察值的差异程度如何？这都需要进行拟合检验。拟合程度，是指所建立的模型与观察到的实际情况之间相互符合的程度。检验观察值与理论值之间拟合程度的方法称为拟合优度检验，主要有 χ^2 检验法、R^2 检验法等。

χ^2 检验法是在总体 x 的分布未知时，根据它的 n 个观察值 $x_1, x_2,\cdots, x_n$ 来检验关于总体分布的假设，即检验 H_0：总体 x 的分布函数为 $F(x)$ 的一种方法。若总体分布为离散型，则假设应写成 H_0：总体 x 的分布为 $P\{x=t_i\}=P_i$，$i=1,2,\cdots$；若总体分布为连续型，则假设相当于 H_0：总体 x 的概率密度为 $P(x)$。在检验时，$F(x)$ 的形式及参数必须是已知的。如果参数未知，则先用最大似然法估计参数，然后进行检验。

χ^2 检验法的基本思想是：把随机试验结果的全体分为 K 个不相容的事件且 $A_1, A_2, \cdots, A_n$。于是，在假设 H_0 下，可以计算 $P_i=P(A_i)$，$i=1,2,\cdots,K$。显然，在 n 次试验中，事件 A_i 出现的频率 f_i/n 与 P_i 有差异。一般来说，若 H_0 为真，则这种差异并不显著，若 H_0 为假，则这种差异就显著。基于这种想法，皮尔逊用统计量（该统计量虽然也记作 χ^2，但其定义与 χ^2 分布不同）

$$\chi^2=\frac{(f_i-nP_i)^2}{nP_i} \tag{9-2}$$

作为检验理论概率 nP_i 与观察概率 f_i 相拟合程度的尺度。另外，已证明，若 n 充分大（一般大于 50），则无论总体属于什么分布，统计量式(9-2)总是服从自由度为 $K-r-1$ 的 χ^2 分布，其中 r 是被估计参数的个数。

χ^2 检验法的具体步骤如下。

a. 建立零假设 H_0，$F(x)$ 是 x 总体的分布函数；

b. 对给定的分布 $F(x)$，计算 $P_i=F(\alpha_i+1)-F(\alpha_i)=P\{\alpha_i<x\leqslant\alpha_i+1\}$，并计算 nP_i；

c. 计算 $\chi^2=\sum_{i=1}^{n}\frac{(f_i-nP_i)^2}{nP_i}$；

d. 若 $\chi^2 \geqslant \chi_\alpha^2$，则拒绝 H_0，反之接受 H_0（$\chi_\alpha^2(K-r-1)$ 可以在 χ^2 分布表上查到）。

必须注意的是，χ^2 检验法是在无限增大时推导出来的，所以在使用时必须注意，要足够大和 nP_i 不太小这两个条件。根据计算实践，要求样本容量要大于 50，以及每一个 nP_i 都不小于 5，而且最好能在 10 以上，否则，应适当合并区间，使之满足 nP_i 不小于 5 的要求。区间合并后，自由度（即 $K-1$）则要相应减少为合并后的区间数减 1。

χ^2 函数在图书馆学情报学研究中的作用超出了检验的范围。对于某些社会科学领域，人们提出一个函数描述一组随机事件，有时并不是为了获得某些定量的结果，而是对事物的总轮廓、总趋势做大致的描述。对于这种目的的研究，当然不一定要求观测值数据与函数在某个显著水平下拟合。这时，χ^2 函数可以帮助比较两个函数模型，看哪一个模型更加接近观察数据，也就是说哪一个模型的拟合优度高些。同时对于一个给定的、以函数形式表达的定律，不同对象有不同的拟合情况，这能为人们研究这些对象提供线索和依据。此外，χ^2 检验在测定德尔菲法的稳定性方面具有重要作用。

③判定系数 R^2 检验法：对于回归模型与观察值的拟合程度，常常利用统计量 R^2 来检验。它可根据样本数据（或回归系数）来计算，表示能解释的因变量的离差平方和占因变量的总离差平方和的比例。其计算公式如下：

$$R^2=\frac{\sum\hat{y}^2}{\sum\hat{y}^2}=\frac{\sum y^2-\sum\delta^2}{\sum y^2}=1-\frac{\sum(Y_i-\hat{Y}_i)^2}{\sum(Y_i-\overline{Y})^2} \tag{9-3}$$

式中，R^2 称为量度拟合优度的判定系数。通常在 0～1 取值。R^2 越接近于 1，说明其模型越接近于实际情况，即模型的拟合程度越高。如果 $R^2=0.88$，则说明回归直线与观察值间的拟合是较好的。在实际中有时也用相关系数 R 来衡量，但 R 对两个变量的关系的密切程度有时估计过高，而用 R^2 检验则能得出更为合理的结论。

(5) 符号检验及秩和检验。首先介绍符号检验。

符号检验用于检验一个总体的中位数等于一个指定数的假设。它只需满足两个一般假定就可以运用：①进行抽样的总体是一个连续总体；②该总体有一中位数 M。

假设检验 H_0：$M=M_0$ 及相对的 H_1：$M<M_0$。如果抽样的总体中位数真正是等于 M_0，则期望有一半的观察值大于 M_0，约一半的观察值是小于 M_0 的。也就是说，如果 H_0 成立，则任何给定的观察值超过 M_0 的概率是 1/2（正号与负号一样多）。如果在样本中得到很多的观察值是小于 M_0 的，则将倾向于接受 H_1，

而不接受 H_0。

符号检验不需要很多条件，计算简单，并能用于两个总体的比较。因此，情报检索中常用这类检验来估计系统的性能。但符号检验要求数据成对出现，许多情况下的数据不一定成对出现，这时可采用秩和检验。

秩和检验就是将待检验的两组数据混合，按大小顺序排列，每个数据所对应的序号称为它的“秩”；计算数据较少的那一组数据所对应的秩之和，记为 T，其数据个数记为 n_1，另一组数据的个数记为 n_2，对给定显著性水平 α，查秩和检验表，得秩和下限 T_1、上限 T_2；如果 $T_1<T<T_2$，则认为这两组数据无显著差异，否则就说明它们之间有明显差异。这种检验比较直观、简便，在信息利用方面也比符号检验更充分。

由以上分析可知，由于统计检验的类型和目的不同，解决问题的方法也不相同。因此，在实际检验中，一个重要的问题就是必须选用适合的统计量和方法。统计量的选择是根据所要检验的类型、样本容量以及有关总体参数的信息而定的。例如：

(1) 若 σ^2 为已知，无论总体的正态性和样本容量如何，一个总体或两个总体 $(\sigma_1^2=\sigma_2^2=\sigma_0^2)$ 均可以采用 Z 统计量和标准正态分布进行显著性检验，而 σ^2 未知，但样本容量较大 $(n>30)$ 时，则可利用 Z 统计量来检验一个总体的均值。

(2) 若 σ^2 未知，而样本容量又较小 $(n<30)$，只要总体服从正态分布，则一个总体或两个总体 $(\sigma_1^2=\sigma_2^2)$ 的值都可应用 t 统计量检验。

(3) 一个正态总体的方差可采用 χ^2 统计量检验，而两个正态总体方差的检验可采用 F 统计量来进行。

表 9-1 列举了部分假设检验的基本情况，可供选取适当的检验统计量和方法时参考。

表 9-1 统计检验一览表

分类	分布形式	零假设	已知条件	统计量	拒绝域	统计表	自由度	检验名称
一个总体的参数检验	$N(\mu_1,\sigma^2)$	$\mu=\mu_0$	μ_0,σ_0^2	$u=(\bar{x}-\mu_0)/\dfrac{\sigma_0}{\sqrt{n}}$	$\lvert u\rvert>u_{\frac{\alpha}{2}}$	正态表		$u(z)$ 检验法
		$\mu=\mu_0$	μ_0	$t=(\bar{x}-\mu_0)/\dfrac{S}{\sqrt{n}}$	$\lvert t\rvert>t_{\frac{\alpha}{2}}(n-1)$	t 表	$f=n-1$	t 检验法
		$\sigma^2=\sigma_0^2$	σ_0^2	$\chi^2=\dfrac{1}{\sigma_0^2}\sum_{i=1}^{n}(x_i-\bar{x})^2$	$\chi^2<\chi^2_{1-\frac{\alpha}{2}}(n-1)$ 或 $\chi^2>\chi^2_{\frac{\alpha}{2}}(n-1)$	χ^2 表	$f=n-1$	χ^2 检验法
		$\sigma^2\leqslant\sigma_0^2$	σ_0^2	$\chi^2=\dfrac{1}{\sigma_0^2}\sum_{i=1}^{n}(x_i-\bar{x})^2$	$\chi^2>\chi^2_{\alpha}(n-1)$	χ^2 表	$f=n-1$	χ^2 检验法

续表

分类	分布形式	零假设	已知条件	统计量	拒绝域	统计表	自由度	检验名称
两个总体的参数检验	$N(\mu_1,\sigma_1^2)$ $N(\mu_2,\sigma_2^2)$	$\mu_1=\mu_2$	$\sigma_1^2=\sigma_2^2=\sigma_0^2$	$u=\dfrac{\overline{x}-\overline{y}}{\sigma_0\sqrt{\dfrac{1}{n_1}+\dfrac{1}{n_2}}}$	$\lvert u\rvert>u_{\frac{\alpha}{2}}$	正态表		$u(z)$检验法
		$\mu_1=\mu_2$	$\sigma_1^2=\sigma_2^2$	$t=\dfrac{\overline{x}-\overline{y}}{\dfrac{\sqrt{(n_1-1)S_1^2+(n_2-1)S_2^2}}{n_1+n_2-2}\sqrt{\dfrac{1}{n_1}+\dfrac{1}{n_2}}}$	$\lvert t\rvert>t_{\frac{\alpha}{2}}(n_1+n_2-2)$	t表	$f=n_1+n_2-2$	t检验法
		$\sigma_1^2=\sigma_2^2$		$F=\dfrac{S_1^2}{S_2^2}$	$F<F_{1-\frac{\alpha}{2}}(n_1-1,n_2-1)$ 或 $F>F_{\frac{\alpha}{2}}(n_1-1,n_2-1)$	F表	$f_1=n_1-1$ $f_2=n_2-1$	F检验法
		$\sigma_1^2\leqslant\sigma_2^2$		$F=\dfrac{S_1^2}{S_2^2}$	$F>F_{\alpha}(n_1-1,n_2-1)$	F表	$f_1=n_1-1$ $f_2=n_2-1$	F检验法
总体分布检验		$F(x)$是x总体的分布函数	$F(x)$的形式及参数	$\chi^2=\dfrac{(f_i-nP_i)^2}{nP_i}$	$\chi^2\geqslant\chi_{\alpha}^2(k-r-1)$	χ^2表	$f=k-r-1$	χ^2检验法

第六节　数学模型分析法的应用

数学模型在对研究对象的定量描述、定量分析以及进行定量预测等方面，都有特殊的功能，因此数学模型法在科学研究中被普遍采用。在图书馆学情报学特别是文献计量学领域，数学模型法有着广泛的应用。

在图书情报领域运用数学手段是以文献的计数和图书馆统计为起点的。到 21 世纪初，随着文献数量的不断增长，对文献情报流的研究提上了议事日程，并运用统计学方法发现了文献情报流的一些统计规律，后来人们又力求用数学理论解释这些定律。20 世纪 60 年代以来，电子计算机被引入图书情报领域，使得数学模型法在更广的范围里和更深的程度上应用到图书馆学情报学中来。在应用过程中，往往是先移植已有的数学概念、公式和方法，再根据图书情报工作的特殊环境和条件对其进行限制与修正。同时，图书情报领域的问题往往涉及人为因素，图书情报管理系统是物和人的混合体系，因此应用数学模型法往往有一定的难度，需要从数学方法和情报科学的结合上深入研究，方能取得较好的效果。

目前，数学的主要分支学科，如微积分、线性代数、集合论、概率论与数理统计、运筹学、信息论、系统论、模糊数学等都已不同程度地应用于图书馆学情报学的各个分支领域，并提出了许多有关的数学模型。下面介绍数学模型法主要的应用领域。

一、在图书情报管理中的应用

数学模型法和计算机技术已成为现代图书情报管理的支柱，极大地改变了传统的图书情报管理的概念和技术。在图书情报系统应用数学模型法，首先要对图书情报系统的各种变化因素进行定性分析，确定其内在的联系，找出要进行定量描述的主要因素及其关系，然后选择适当的模型结构来进行描述，从而建立恰当的数学模型。选择模型结构基本上有两种方法，一种是采用统计模型建立方法(如回归法和方差分析法)，通常假定结构是线性模型的，这是最常选用的方法；另一种是根据基本原理推导出模型的结构，例如，在研究大学图书馆流通量是怎样随着学生总数、搜集数量和流通方针等的不同而变化时，可以使用概率理论基础和其他研究成果来确定未来的流通情况，而未来的流通情况是与过去的流通情况线性相关的。在图书情报系统可以建立整体数学模型，但一般都是描述某一方面或某一环节的模型，如图书使用模型、资源分配模型、图书馆网模型、情报系统的微分方程组模型等。

1. 图书使用模型

图书馆的一个基本元素是单独的一本书或一本期刊，而图书使用模型就是描述这一基本元素的一种部件模型，它能够对整个系统模型的建立做出贡献。

莫尔斯(P. M. Morse)提出了一本书在特定的时间周期中的平均流通量同感兴趣的最后一个时间周期中的流通量线性相关。具体地说，他找到了这样一个关系式：

$$y(t)=a+by(t-1)$$

它是同过去图书流通量相关的未来图书流通量的恰当描述。他使用从美国麻省理工学院科学图书馆得到的数据，发现对于五年或不超过五年的图书，其 $a\approx0.40$，$b\approx0.50$，而较陈旧的图书，其 $a\approx0.2$，$b\approx0.5$。由于它的某一时间周期的输出只取决于紧邻的上一时间周期的输出，所以这个模型可以称为马尔可夫模型。后来一些学者的研究发现，不同学科类型的图书馆的参数 a、b 会有不同的数值；比较陈旧的书刊的参数 a 会下降。在获取这些经验结果的过程中，C.陈还通过制定一种处理有偏差的流通数据的方法扩展了莫尔斯模型。

2. 资源分配模型

图书馆管理都可以被看作是把有限资源分配给各种图书馆服务而使总的系统性能达到最大的过程。这就是一般称为资源分配问题的实质。

克拉夫特和希尔把期刊选择作为一个资源分配问题进行了考察。为了把期刊的价值同需求等同起来，他们研究了一种方法，使期刊收藏主题对成本限制的总价值最大。当他们的判定变量只可能有两个值(即 0 代表不选择的期刊，1 代表被选择的期刊)时，便可使用动态规划来解决这个最佳化问题。

3. 图书馆网模型

图书馆网的设计、研究和使用中的问题常常是很复杂的，同时还要涉及大量数额的经费，因此可以根据在提高性能和节省成本方面的可能收益幅度来证明建立模型工作的正确性。

W.B.劳斯和 S.H.劳斯使用图论概念与排队论思想研究了一个图书馆网模型，目的在于预测几个变通的网络工作方针对网络性能的影响。网络工作方针包括服务需求的传送、服务交送和有关几个可供选择的计算机技术和通信技术实现方法的判定。其网络性能包括三个组成部分：①满足一项要求的概率；②从需求提出到得到所希望的服务的平均等待时间；③满足一项需求的平均成本。这种模型方法已在伊利诺斯图书馆和情报网等许多系统中应用。同时，它与资源分配方法结合起来，以便拟订一种能把一些单个图书馆当作网络(系统)表示的方法。

4. 情报系统的微分方程组模型

为了建立一个平衡系统，首先画出情报系统内部信息交流流程图；从情报交流过程中提炼出“量”的交流过程，以此来定义情报系统，并规定各种情报量，然后用一组微分方程模拟情报交流过程，从而制定了一个描述情报系统的微分方程组模型。

二、在情报检索中的应用

数学理论和方法，在情报检索中应用比较早，也较为系统和成熟，因此人们提出了很多数学模型。例如，1967 年的 Swets 的概率论和数理统计模型；1968 年的 G.Salton 的集合论模型；1976 年的 A.Bookes 等的集合论模型；1976 年的 T. Radecki 等的模糊集合模型；1977 年的 van Rijsbergen 等的概率模型；以及矩阵模型、向量模型和线性方程组模型等。此外，针对文献标引问题、检索决策过程问题、检索系统的评价问题等，人们也提出了不少数学模型。这些模型都是在提高计算机检索系统的检索效率的共同目标下提出来的，但其出发点和功能各不相同。集合论模型主要是以检索系统结构的主要部分的分类以及划分出的集合之间的关系为出发点，概率模型是以检索系统中随机事件的概率的揭示为出发点，矩阵向量模型则是以检索系统中抽象出来的“概念空间”作为其出发点的。在使用价值上，它们也各具特色，有的简单实用，有的检索速度快且效果好。但概率模型和模糊集合论模型还处在试验阶段。

1. 集合论模型

目前，图书情报工作中真正能用上集合论思想和方法的还数情报检索系统(包括词表系统、目录系统)。在检索系统中，存在文献集合、标引语言集合、提问集合等。检索系统可以看成不同集合的联合体，而检索过程可以看成这些集合之间的运算过程，实际上就是集合之间关系的数学描述。如果根据标引语言把提问与文献加以形式化，找出它们之间的对应关系，便可提炼出检索系统的数学模型。

2. 矩阵向量模型

检索系统的矩阵向量模型的出发点是每篇文献和提问都有一些可以用概念词表达的揭示其内容的独立属性，而每个属性都可以看成概念空间(属性空间)的一个维数。同时，把整个文献库看成一个向量空间，而提问和命中文献之间的函数关系通过一个矩阵函数式表达出来。这个模型是对检索系统更精细、更本质的描述，提高了检索速度和效率。但它较为复杂，对词表的稳定性和计算机容量要求较高，使用起来较为困难。

三、在文献规律研究中的应用

在文献情报流规律的研究中，数学模型法的应用比较广泛，并取得了不少成果。人们用以描述文献情报流规律的数学模型有文献增长曲线、文献衰老曲线、文献离散分布曲线、文献集合模型、文献分布概率模型、情报流矢量动态模型等。

四、在学科动态研究中的应用

数学模型法可以实际应用于科学学和科技管理的研究中，是揭示科学技术发展规律的一种有效方法。这里，仅举一例来说明数学模型法在这方面的应用及其基本步骤。

众所周知，根据文献数量的变化可以估测学科的衍生、发展等变化趋势。对文献数量与学科发展的这种变化关系建立数学模型，大致要经历以下步骤。

1. 确定目标、搜集原始数据资料

1992～2001 年中国传播学专著文献累积量的具体数据如表 9-2 所示。

表 9-2　1992～2001 年中国传播学专著文献累积量统计表[70]

年份	文献量 y_i	年份编号 t_i	文献量对数值 $\ln y_i$
1992	11	1	1.041 4
1993	14	2	1.146 1
1994	13	3	1.113 9
1995	8	4	0.903 1
1996	11	5	1.041 4
1997	26	6	1.414 1
1998	23	7	1.361 7
1999	28	8	1.447 2
2000	49	9	1.690 2
2001	33	10	1.585 1
	$\sum_{i=1}^{10} y_i = 216$	$\sum_{i=1}^{10} t_i = 55$	$\sum_{i=1}^{10} \ln y_i = 12.744\,2$

2. 建立模型

由于文献情报现象要更多地受到人为主观因素的影响，对它的认识只能靠观察记录而不能进行重复试验。因此，上述问题的计量要靠统计观察资料进行估算，其变化规律可用数学和数理统计方法来体现其过程。现用数理统计学中的如下方程来加以表述：$\hat{y} = ka^{bt}$。

3. 估算参数

从方程式 $\hat{y} = ka^{bt}$ 可以看出，学科衍生、发展及变化的趋势取决于模型中 k、a、b 的值，现取对数进行计算，即有

$$\ln \hat{y} = \ln k + bt \ln a$$

将有关观察数据代入上式，求出 a、k、b 参数值如下：a=1.2317，k=7.4628，b=0.8071；从而得出 $\hat{y}_{11}$=47，即预测出 2002 年的文献量。

4. 验证理论

将预测结果与实际情况进行比较，找出差异，予以修正。一般用标准误差来检验其符合程度，其计算公式如下：

$$标准误差S=\sqrt{\frac{\sum_{i=1}^{n}(i期实数-i期预测数)^2}{n}},\quad i=1, 2,\cdots, n$$

5. 预测和决策

上述计算结果可以用来决定馆藏所必需的物质条件、预测学科的衍生及传统学科的发展动向，确定检索工具的报道量，为合理采购和收藏文献提供依据，并将其向有关情报用户进行宣传介绍，以提高文献情报的利用率。

第七节 回归分析法及其应用

一、回归分析原理

在现实世界中，普遍存在变量之间的关系。这些关系一般分为两大类：确定性关系与非确定性关系。确定性关系的变量之间的关系可用函数关系表达，非确定性关系则不然。例如，文献量与年份的关系，尽管知道文献量的增长与年份呈指数关系，但由于文献产生的随机性，却不能单纯根据一个表达式就确定地知道某一年份的文献量是多少。又如，根据一个学科文献量的增长或减少，可以推想这一学科的兴起或成熟，但这种关系也不是十分确切的、唯一的。图 9-1 中散布的点、两条直线都可以是它们的近似，但又都不能唯一地确定它们。这类关系中至少有一个随机变量在起作用。把变量之间这种相关，但又不能由一个或几个变量之值完全确定出另一个变量之值的非确定性关系称为相关关系。

相关关系虽不是确定的，但在大量观察的情况下，往往呈现出一定的规律性。从观察值的散点图上，一般就可看出变量关系的统计规律。例如，从图 9-1 中可以看到，它们的散点分别大致地围绕一条直线（或曲线）散布。这就是相关关系的变量间统计规律性的一种表现。于是，像图 9-1 中直线（或曲线）的函数表达式 $y=f(x)$，便能够作为观察结果的一种近似描述。也就是说，变量间的相关关系尽管不是函数关系，但仍然可以借助相应的函数近似地表述它们的规律性，这样的函数就称为回归函数。如果回归函数是一个线性函数，则称变量之间是线性相关的。

回归分析就是处理和研究变量之间相关关系的一种数理统计方法。其主要内容有：从相关变量的观测数据出发，确定其定量关系，即回归函数，对回归函数的可信程度进行统计检验，从影响某一变量的许多变量中，分析和判断哪些变量的影响是显著的，哪些是不显著的，利用所求得的回归函数进行决策、预测和控

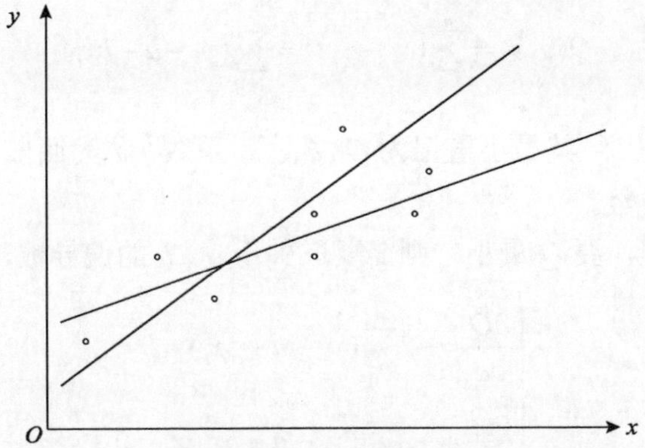

图 9-1　相关关系非确定性

制，以达到一定的研究目的。在文献情报领域，相关关系十分普遍，因此回归分析有着广泛的应用，它能帮助我们从一个变量取得的值，去估计另一个变量的值。另外，可以用于发现规律、验证规律，解决变量间的各种相关关系问题。因此，回归分析是文献计量学中常用的研究方法之一。

从相关关系得到的回归图像有线性的和非线性的。因此，与之对应的回归函数也有线性的和非线性的。但无论是线性回归还是非线性回归，在进行回归分析时都要经历几个基本步骤。下面以一元线性回归为例说明其要点。

1. 分析和确定自变量与随机变量的相关关系，描绘出回归图像

在分析和确定自变量与随机变量的相关关系后，对总体抽样观测，获取一系列样本数据，对其观测数据列表显示并进行必要的计算，以扩充所需数据，根据观测数据描绘出回归图像。

2. 根据回归图像，寻找相应的函数表达式

散点图可以帮助我们粗略地了解用什么形式的函数估计随机变量 y 更合适。如果回归图像近似直线，则可假设相应的函数表达式为

$$\hat{y} = a + bx$$

式中，a、b 为待定系数。

3. 确定系数

确定系数 a、b 是建立回归函数的关键步骤。在 $\hat{y} = a + bx$ 中，a、b 必须符合最小二乘原则。在估计 a、b 时，使 y 的观察值 y_i 与 $a + bx_i$ 偏差的平方和 $Q(a, b)$ 为最小的一种确定回归系数的方法，就称为最小二乘法。它是求经验公式的一种常用方法。

对于总体 (X,Y) 的样本观测值为 (x_i,y_i) $(i=1,2,\cdots,n)$，则偏差的平方和为

$$Q(a,b)=\sum_{i=1}^{n}(y_i-\hat{y}_i)^2=\sum_{i=1}^{n}(y_i-a-bx_i)^2$$

希望 $Q(a,b)$ 最小，其最小值记为 $Q(\hat{a},\hat{b})$，系数 $\hat{b}$ 称为回归系数，则 $\hat{y}=\hat{a}+\hat{b}x$ 就是要求的回归函数。

根据微分原理，要 Q 最小，则需要取关于 a、b 的偏导数，并令其等于零：

$$\begin{cases}\dfrac{\partial Q}{\partial a}=-2\sum\limits_{i=1}^{n}(y_i-a-bx_i)=0\\ \dfrac{\partial Q}{\partial b}=-2\sum\limits_{i=1}^{n}(y_i-a-bx_i)x_i=0\end{cases}$$

解方程组，得 a、b 的估计分别为

$$\hat{a}=\hat{y}-\hat{b}x$$

$$\hat{b}=\frac{\sum\limits_{i=1}^{n}(x_i-\overline{x})(y_i-\overline{y})}{\sum\limits_{i=1}^{n}(x_i-\overline{x})^2}$$

式中，$\overline{x}=\dfrac{1}{n}\sum\limits_{i=1}^{n}x_i$；$\overline{y}=\dfrac{1}{n}\sum\limits_{i=1}^{n}y_i$。

根据 $\hat{a}$、$\hat{b}$ 的计算公式，即可求出 $\hat{a}$ 和 $\hat{b}$，从而确定回归函数。

4. 检验回归函数

检验回归函数主要进行线性假设的显著性检验。其检验的方法很多，如 t 检验、F 检验、相关系数检验、作图检验等。这里只给出 t 检验的计算方法和公式。

如果

$$\frac{|\hat{b}|}{\hat{\sigma}}\sqrt{\sum_{i=1}^{n}(x_i-\overline{x})^2}>t_{\frac{\alpha}{2}}(n-2)$$

式中，

$$\hat{\sigma}=\sqrt{\frac{1}{n-2}\sum_{i=1}^{n}(y_i-\tilde{y}_i)^2}$$

则在显著性水平 α 下拒绝假设 H_0：b=0，认为回归效果是显著的，即 y 与 x 之间存在线性关系 $y=a+bx$；若上式不等号反向，就认为回归效果不显著。其原因可

能有以下方面。

(1)影响 y 的除 x 外，还有其他不可忽略的因素；

(2) y 与 x 的关系不是线性的，而是存在其他的关系；

(3) y 与 x 无关。

如果研究的问题是非线性回归问题，则可以通过某些函数变换为线性回归问题，然后按照上述步骤建立其回归函数，并进行回归分析。

二、一元线性回归分析法及应用

1. 一元线性回归分析法简介

回归分析，包括一元回归分析和多元回归分析。研究两个变量间的相关关系的，称为一元回归分析，研究多个变量间的相关关系的，称为多元回归分析。这里主要讨论一元线性回归分析问题。

设随机变量 y 与变量 x 之间存在某种相关关系，这里 x 是可以控制或可以精确观察的变量，如时间等。因此，x 不作为随机变量，而被当作通常的变量。由于 y 的随机性，对于 x 的每一确定值，y 都有它的分布。因此，若 y 的数学期望存在，则它们的值随 x 取确定值而确定。显然，可以通过一组样本来估计 y 的数学期望，从而可以解决以下两类问题。

(1) 在一定置信度下，当 x 取某一值 x_0 时，估计出随机变量 y 取值的情况，即预测问题。

(2) 在一定置信度下，控制自变量 x 取值的范围是 y 在给定的范围内取值，即控制问题。

随机变量 y 的数学期望是 x 的函数，记作 $\mu=\mu(x)$。这个函数 $\mu(x)$ 称为 y 对 x 的回归。回归分析的基本内容是估计 $\mu(x)$，然后利用估计的结果，做出预测或控制。在文献计量学领域，回归分析大都用于预测、发现或验证规律，而较少涉及控制问题。

2. 一元线性回归分析法的应用

下面结合实例介绍一元线性回归分析法及其主要步骤。

(1) 获取样本数据。对表 9-2 的数据重新整理，得到表 9-3，并进行回归分析，定量地探讨传播学文献的量变规律及发展趋势。

表 9-3　1992～2001 年中国传播学专著文献量统计表

年份	1992	1993	1994	1995	1996	1997	1998	1999	2000	2001	Σ	$\bar{x},\bar{y}$
年份编号 x_i	1	2	3	4	5	6	7	8	9	10	55	5.5
文献量 y_i	11	14	13	8	11	26	23	28	49	33	216	21.6

如何求 y 对 x 的回归呢？先将每对观测值 (x_i, y_i) 标在直角坐标系中，从中可以看到，用 x 的线性函数 $a+bx$ 来估计 y 的数学期望是合理的。用线性函数 $a+bx$ 来估计 y 的数学期望的问题，称为一元线性回归问题。

(2)假设回归函数。假设 y 的期望 $E(y)=a+bx$，且对于 x 的每一个值，$y\sim N(a+bx, \sigma^2)$，其中，a、b、σ^2 都是未知参数，并且不依赖于 x，因此有

$$y = a + bx + \varepsilon \tag{9-4}$$

式中，ε 为随机变量，$\varepsilon\sim N(0, \sigma)$。如果由样本得到的式(9-4)中的 a、b 的估计量为 $\hat{a}$、$\hat{b}$，则对于给定的 x、$a+bx$ 的估计为 $\hat{a}+\hat{b}x$，记作 $\tilde{y}=\hat{a}+\hat{b}x$，而方程

$$\tilde{y} = \hat{a}+\hat{b}x \tag{9-5}$$

称为 y 对 x 的线性回归方程。

(3)估计 a、b 求出线性回归方程。为了求 y 关于 x 的线性回归方程，所需计算数据如表 9-4 所示。

表 9-4　1992～2001 年中国传播学专著文献量统计数据的线性回归分析数据

年份	1992	1993	1994	1995	1996	1997	1998	1999	2000	2001	Σ
x_i	1	2	3	4	5	6	7	8	9	10	55
y_i	11	14	13	8	11	26	23	28	49	33	216
x^2	1	4	9	16	25	36	49	64	81	100	385
y^2	121	196	169	64	121	676	529	784	2401	1089	6150
xy	11	28	39	32	55	156	161	224	441	330	1477

$$n=10,\quad \overline{x}=\frac{1}{n}\sum_{i=1}^{n}x_i=5.5,\quad \overline{y}=\frac{1}{n}\sum_{i=1}^{n}y_i=21.6$$

$$\sum_{i=1}^{n}(x_i-\overline{x})^2=\sum_{i=1}^{n}x_i^{\ 2}-\frac{1}{n}\left(\sum_{i=1}^{n}x_i\right)^2=385-\frac{55^2}{10}=82.5$$

$$\sum_{i=1}^{n}(y_i-\overline{y})^2=\sum_{i=1}^{n}y_i^{\ 2}-\frac{1}{n}\left(\sum_{i=1}^{n}y_i\right)^2=6150-\frac{216^2}{10}=1484.4$$

$$\sum_{i=1}^{n}(x_i-\overline{x})(y_i-\overline{y})=\sum_{i=1}^{n}x_iy_i-\frac{1}{n}\sum_{i=1}^{n}x_i\sum_{i=1}^{n}y_i=1477-\frac{55\times216}{10}=289$$

根据 $\hat{a}$、$\hat{b}$ 的计算公式，由上列数据可得

$$\hat{b}=\frac{\sum_{i=1}^{n}(x_i-\overline{x})(y_i-\overline{y})}{\sum_{i=1}^{n}(x_i-\overline{x})^2}=\frac{289}{82.5}\approx 3.5$$

$$\hat{a}=\overline{y}-\hat{b}\overline{x}=21.6-3.5\times 5.5=2.35$$

故所求的回归方程为

$$\tilde{y}=2.35+3.5x$$

(4)线性假设的显著性检验。由公式得到 $\hat{a}$、$\hat{b}$ 是 a、b 的点估计。对于随机变量，仅有点估计是不够的，任意一组样本 (x_i, y_i) 都可以根据 $\hat{a}$、$\hat{b}$ 的公式确定系数，从而得到一个线性回归方程。y 是否真的与 x 有线性关系呢？这就需要统计检验。

检验 x 与 y 之间的相关性，有多种方法。实际中常用统计量

$$R=\frac{\sum_{i=1}^{n}(x_i-\overline{x})(y_i-\overline{y})}{\sqrt{\sum_{ii=1}^{n}(x_i-\overline{x})^2\sum_{i=1}^{n}(y_i-\overline{y})^2}}$$

检验其相关性。当 $|R|$ 较大时，认为 x 与 y 之间存在线性关系。通过计算 R=0.9，因此可以认为线性相关性是显著的。

如果采用 t 检验法检验回归效果，其计算如下：去显著性水平 α=0.05，因 $\hat{b}$=3.5、$\sum_{i=1}^{n}(x_i-\overline{x})^2=82.5$，故有

$$\sum_{i=1}^{n}(y_i-\tilde{y})^2=\sum_{i=1}^{n}(y_i-\overline{y})^2-\hat{b}^2\sum_{i=1}^{n}(x_i-\overline{x})^2=1484.4-3.5^2\times 82.5\approx 473.78$$

因此，得

$$\frac{|\overline{b}|}{\hat{\sigma}}\sqrt{\sum_{i=1}^{n}(x_i-\overline{x})^2}=|\overline{b}|\sqrt{\frac{n-2}{\sum_{i=1}^{n}(y_i-\overline{y})^2}\sum_{i=1}^{n}(x_i-\overline{x})^2}=3.5\times\sqrt{\frac{8\times 82.5}{473.78}}\approx 4.13$$

从 t 分布表上查 $t_{\alpha/2}(n-2)=t_{0.025}(8)=2.306<4.13$，所以拒绝假设 H_0，即认为回归效果显著。

三、非线性回归分析法及应用

在文献计量学领域，非线性相关问题是很常见的。若已知一批数据接近非相关关系，则如何确定非线性回归方程呢？这是图书情报研究中经常碰到的问题。

当变量之间存在非线性关系时，一般应该用回归曲线来描述，但直接求回归曲线方程是不容易的。然而，在某些特殊场合，非线性问题可以通过变量置换化成线性问题处理。例如，人们认为文献的增长率是年份的指数函数，一般表示为 $y = ae^{bx}$。两边取对数，便有 $\ln y = \ln a + bx$。令 $\ln y = y'$，$\ln a = a'$，则有 $y' = a' + bx$，这是线性方程形式。现在通过实例来说明这类回归方法及其应用。

1946 年《新中华》杂志发表杨家骆根据各种目录整理出的我国古代出版书籍统计数据，如表 9-5 所示。

表 9-5　我国古代出版书籍部数

朝代名称	部数	朝代名称	部数
西汉及汉前	1 033	五代	720
东汉	1 100	宋	11 519
三国	1 722	辽、西夏、金、元	5 970
晋	2 438	明	14 024
南北朝	7 094	清	126 649
隋	10 034		

这里试图根据表 9-5 的数据，证明我国古代文献符合指数增长规律。因此，以百年作为时间 x 的单位，以千部作为书籍 y 的单位，y_i 表示的是对应时间 x_i 的图书累积数。所需数据及计算如表 9-6 所示。

表 9-6　古代文献时间分布表

x	y	y'	x^2	y'^2	xy'
0.25	1.033	0	0.08	0	0
2.20	2.133	0.74	4.84	0.55	1.63
2.80	3.255	1.19	7.84	1.42	3.33
4.20	5.693	1.74	17.64	3.03	7.31
5.89	12.787	2.55	34.81	6.50	15.02
0.07	22.821	3.13	82.81	9.80	28.39
9.60	23.591	3.16	92.16	9.99	30.34
12.79	35.110	3.56	163.58	12.67	45.53
13.68	41.080	3.71	187.14	13.78	50.75

续表

x	y	y'	x^2	y'^2	xy'
16.44	55.104	4.01	270.27	16.08	65.92
19.11	181.653	5.20	365.19	27.04	99.37
Σ96.03	—	28.99	1226.34	100.84	347.59

$$n=11, \quad \overline{x}=\frac{1}{n}\sum_{i=1}^{n}x_i=8.73, \quad \overline{y}'=\frac{1}{n}\sum_{i=1}^{n}y_i'=2.64$$

$$\sum_{i=1}^{n}(x_i-\overline{x})^2=\sum_{i=1}^{n}x_i{}^2-\frac{1}{n}\left(\sum_{i=1}^{n}x_i\right)^2=388.00$$

$$\sum_{i=1}^{n}(y_i-\overline{y})^2=\sum_{i=1}^{n}y_i{}^2-\frac{1}{n}\left(\sum_{i=1}^{n}y_i\right)^2=24.44$$

$$\sum_{i=1}^{n}(x_i-\overline{x})(y_i-\overline{y})=\sum_{i=1}^{n}x_iy_i-\frac{1}{n}\sum_{i=1}^{n}x_i\sum_{i=1}^{n}y_i=94.51$$

将以上数据代入公式，得

$$\hat{b}=\frac{\sum_{i=1}^{n}(x_i-\overline{x})(y_i-\overline{y})}{\sum_{i=1}^{n}(x_i-\overline{x})^2}=\frac{94.51}{388.00}\approx 0.24$$

$$\hat{a}'=\overline{y}'-\hat{b}\overline{x}=2.64-0.24\times 8.73\approx 0.54$$

因此，$\tilde{y}'=0.54+0.24x$，转换为原式，即有

$$\tilde{y}=\mathrm{e}^{0.54}\mathrm{e}^{0.24x}=1.72\mathrm{e}^{0.24x}$$

这样，便得出了各代文献量增长与年份呈指数关系的表达式。

利用相关系数 R 检验上述结果，即有

$$R=\frac{\sum_{i=1}^{n}(x_i-\overline{x})(y_i-\overline{y})}{\sqrt{\sum_{ii=1}^{n}(x_i-\overline{x})^2\sum_{i=1}^{n}(y_i-\overline{y})^2}}=\frac{94.51}{\sqrt{388.00\times 24.44}}\approx 0.97$$

该系数接近于 1，因此可以认为古代图书文献量的增长是指数式的。

第十章

引文分析法

第一节 引文分析与书目分析

引文分析和书目分析是文献计量学中两种基本的分析研究方法。本节介绍这两种分析方法的概念和一般原理，后面将重点讨论引文分析法及其应用。

一、引文分析

（一）引文分析的概念

在科学文献体系中，科学文献之间并不是孤立的，而是相互联系的。科学文献的相互关系突出地表现在文献的相互引用方面。众所周知，一篇文章或一本著作在编写过程中，一般都需要参考其他有关文献。因此，在发表科学论文或著作时，作者往往采用尾注或脚注等形式列出其“参考文献”或“引用书目”。这样就形成了科学文献之间的引用与被引用的关系。引用文献是科学文献的基本属性之一。科学文献的相互引用关系是引文分析的主要依据[71]。

引文分析(citation analysis)，就是利用各种数学及统计学的方法(比较、归纳、抽象、概括等逻辑方法)，对科学期刊、论文、作者等各种分析对象的引用或被引用现象进行分析，以便揭示其数量特征和内在规律的一种文献计量研究方法。

引文分析是 20 世纪 20 年代才出现的。1927 年，格罗斯(P.L.K.Gross)等进行了文献学史上第一次引文分析。他们统计了化学专业的某些期刊论文的参考文献并进行分析，得出化学教育方面的核心期刊。

在后来发表的文献计量学方面的论文中，有关引文分析的论文越来越多。例如，莱因(M. B. Line)和桑迪森(A.Sandison)提出的文献老化问题，巴克兰(M. K. Buckland)讨论的文献老化与文献分散问题等，都是在引文统计的基础上进行的引文分析。由于各个学科、各个地区和各个时期的科学论文之间的引用现象往往有其自己的特征和规律，例如，它们可以反映出一篇论文、一个科学家、一种科学期刊在科学发展过程中所起的作用，反映出科技论文之间、科学家之间、科学期刊之间、科学专业以及科学学科之间的相互联系与区别。因此，引文分析法得到了广泛的重视和应用。实践证明，这种方法可以有效地应用于许多领域，正在发挥着越来越大的作用。

（二）引文分析的基本类型

随着引文分析的广泛应用，其技术方法不断丰富，逐渐完善。从目前情况来看，引文分析大致有三种基本类型。

(1) 从引文数量上进行研究，主要用于评价期刊和论文等。

(2) 从引文间的网状关系或链状关系进行研究。科技论文间存在一种引用关系网[72]，如 A 被 B 引用、B 被 C 引用、C 又被 A 引用等。研究这种关系主要用于揭示学科的发展与联系，并展望未来前景等。

(3) 从引文反映出的主题相关性方面进行研究，主要用于揭示科学的结构和进行文献检索等。

若从引文的其他不同特征出发，还可派生出许多类型的引文分析。例如，从引文的语种、国别、年份、作者等进行的引文分析。

（三）引文分析的基本步骤

利用引文分析法进行研究时，一般都有以下几个基本步骤。

(1) 选取统计对象：根据所要研究的学科的具体情况，选择该学科中有代表性的、较权威的期刊，确定若干期及若干篇相关论文作为统计对象。

(2) 统计引文数据：在选取的若干篇论文中，分项统计每篇论文后面的引文数量、引文的出版年份、语种、类型，以及论文作者的自引量等。统计项目可根据具体的研究目的和要求，灵活掌握，自行确定；或者直接从 SCI 等工具中，选取有关的引文数据，作为引文分析的基础。

(3) 引文分析：在获取的引文数据基础上，根据研究的目的，从引文的各种指标或其他不同的角度进行分析。例如，引文量的理论分布分析，引文量的集中、离散趋势分析；引文量随时间增长规律的分析，引文的主要指标分析，包括自引量、引文语种、文献类型、年份、国别等项目的分析。

(4) 做出结论。根据引文分析原理和其他一般原则进行判断和预测，从而做出相应的分析结论。

（四）引文分析的机理

科学文献的引用与被引用，说明了科学知识和情报内容的继承与利用，标志着科学的发展。科学文献的作者总不会在论文中无缘无故地引用与其论述主题完全无关的文章。文献的相互引用有多方面的原因。温斯托克（M. Weinstock）在进行系统归纳后曾经指出，文献被引用有以下 15 种原因[73]：①对开拓者表示尊重；②对有关著作给予荣誉；③核对其所用的方法及仪器；④提供背景阅读材料；⑤对自己的著作予以更正；⑥对别人的著作予以更正；⑦评价以前的著作；⑧为自己的主张寻求充分的论证；⑨提供研究者现有的著作；⑩对未被传播、很少被标引或未被引证的文献提供向导；⑪鉴定数据及物理常数等；⑫核对原始资料中某个观点或概念是否被讨论；⑬核对原始资料或其他著作中的起因人物的某个概念或名词；⑭承认他人的著作或概念；⑮对他人的优先权要求提出争议。

从根本上说，文献的相互引用是由科学本身的发展规律和研究活动规律所决定的。科学学的研究反复表明，科学知识具有明显的累积性、继承性，任何新的学科或新的技术，都是在原有学科或技术的基础上分化、衍生出来的，都是对原有学科或技术的发展；也就是说，科学技术的发展是连续的。同时，由于科学的统一性原则，现有的各个学科之间都是彼此联系、相互交叉、相互渗透的。因此，任何一项科学研究，都必须在前人成果的基础上，吸取他人的经验来进行。这样，作为科学知识的记录和科研成果的反映的科学文献也必然是相互联系的。在创作科学论著时，作者不可避免地要引用其他有关的文献，为论证自己的观点寻找依据、查考资料。在发表科学论著时，作者列出其所引用过的参考文献，一方面是为了说明引用资料的出处，以强调其可靠性；同时也便于读者查考、核对，或在此基础上进行更深入的研究；另一方面也说明作者讲究科学道德、尊重他人劳动。这都是科学活动中必须遵循的行为准则。由此看来，科学文献的相互引用是科学发展规律的表现，也是科学活动中普遍存在的一种必然现象。

二、书目分析

书目分析是一种以书目信息的统计数据为基础的分析研究方法。广义地说，书目信息是指书目中的所有著录项目和符号，但一般主要是指分类号、书(篇)名、作者、出版项、主题词、语种、稽核项等。书目信息统计数据，也就是对上述项目的统计结果。

一般来讲，书目信息可起到两种作用：对文献内容的说明作用和对检索文献的指示标记作用。但是，书目信息与书目外部的包括情报现象在内的社会现象之间存在内在的联系。书目信息之间实际上存在着环环相扣的链条。书目信息的结构往往反映出知识或学科的结构，它的数量变化往往反映社会现象和情报现象的动态变化。例如，文献的数量与学科发展阶段有关，也与科学家数量和科技成果的数量有密切联系。因此，利用书目信息数据进行情报分析是文献计量学的重要研究内容之一。

从目前的情况来看，书目分析主要是对书目文献本身的数量分析。这种方法就是选用适合某一研究领域的书目、文摘或索引，按照一定的要求进行数量统计，分析有关这种研究的那些款目的特征，从而引出一定的结果。许多文献计量研究都属于这种类型，例如，科尔、伊尔斯、休姆和洛特卡所进行的早期文献计量研究，都是以书目数据为基础的书目分析。书目分析法也是文献计量学中常用的分析方法之一。

引文分析与书目分析都是文献计量学中常用的分析方法。它们都要以文献计量数据为基础，一般都要经历选取对象、统计数据、进行分析、做出结论等基本步骤。其主要区别在于：用于分析的数据资料的来源和性质不同。前者是对编写科技论文时实际被利用过的文献的统计分析，而后者则是以书目数据为基础所进行的分析。在这里，区分“引文”与“参考文献”(被引文)的概念是重要的。但从目前实际情况来看，人们习惯上所说的“引文”实际上往往是指“参考文献”。对此，著名情报学家普赖斯曾经提出：“我建议采用这样一个规定：如果论文 R 包含一个论文 C 的书目注释，那么论文 R 则有一篇参考文献 C，而论文 C 则有一篇引用文献 R。一篇论文的参考文献数量可通过其中的书目款项，如尾注、脚注等数目来测度；而一篇论文的引文数量则是通过查找引文索引，看有多少篇其他论文注释它来确定的。”可见，“参考”定义于来源单位，“引用”则定义于接收单位。因此，专门书目中的那些款目是书目分析的对象，而不是被引文。

SCI、JCR 等大型工具的诞生以及电子计算机在图书情报领域的广泛应用，给引文分析和书目分析提供了强有力的工具，使得大量的引用数据或书目数据和有关指标方便可得，新的测度单位和研究方法不断产生，为引文分析和书目分析的研究及应用开辟了极为广阔的前景。

第二节　引文统计与测度指标

一、引文统计

在引文分析的基本步骤中，引文统计是关键的一环。无论采用哪种类型的引文分析，都必须在引文统计数据的基础上进行。因此，引文统计是引文分析的前提。

在进行引文统计、搜集引文数据时，首先必须选准统计对象，即可提供引文资料的文献源。可供引文统计时利用的文献源有许多种，如述评性期刊以及其他基本出版物等；还可以直接从原始期刊中的论文来统计引文数据。目前，国外最为有用的可供进行引文分析的工具主要是 SCI 和 JCR。事实上，也只有引文索引能够反映科技论文之间的引用和被引用关系；只有期刊引文报告能够反映期刊之间的引用和被引用关系。在进行引文分析时，可根据分析所要达到的目的和要求，选择适当的工具作为统计分析的对象。

根据统计的具体对象不同，引文统计主要有以下几个方面：

(1) 学科文献之间的引文统计；

⑵某篇文献的被引情况的统计；

⑶某种期刊被引情况的统计；

⑷某类期刊或论文被引情况统计；

⑸某学者的专著或论文被引情况统计；

⑹某科研机构发表专著或论文被引情况统计；

⑺某出版社发表的出版物被引情况统计；

⑻某期刊编辑部出版的期刊被引情况统计等。

二、引文测度的指标概念

随着分析对象的不同，引文测度(citation measure)也有所不同。例如，对科技期刊进行分析常用的测度指标主要有6种，即引文率、影响因子、自引证率、自被引率、当年指标、*h*-指数等，在对专业或学科结构进行研究时，除用引文率外，还可用引文耦合和同被引等测度指标进行分析。引文是由测度指标来衡量的，可以根据不同的需要而规定出可从不同角度进行引文测度的各种指标。但这些指标都是由一篇篇科技论文之间的引用关系建立起来的，或者说是由引文率演变而来的。因此，引文率是各种引用分析中最基本的测度。下面介绍一些引文分析中常用的测度指标概念。

⑴引文率：期刊引文率等于该刊中参考文献数除以载文量。

⑵期刊载文量：在抽样时间内，某刊登载论文的数量。

⑶期刊被引量：在抽样时间内，某刊被别的期刊引用的数量。这是一个最基本的量度，目前有以下几种不同的计算方法。

①凡属某刊的论文一经引用，就算作一个单位，即使是同一篇来源文献重复引用该篇文献，均做独立次数计算；

②期刊被引量只包括引用该期刊的来源论文的数量，同一篇来源论文如果引用该期刊的多篇文献，即使不同也只能计算为一个单位；

③期刊被引量就是该期刊的论文被引用的次数，但同一篇来源论文重复引用的同一参考文献只作为一次计算。实际上是被引用的期刊论文数。这是SCI的计算方法。它把这一指标称为“期刊引用率”(citation rate of a journal)。

⑷期刊引用量：这是与期刊被引量相对应的指标，即某刊引用它刊的次数。

⑸影响因子(impact factor)：也称效果系数，这是一种期刊中论文的平均被引率，等于期刊论文被引量与可引论文总数之比。通常，影响因子的实际计算方法是：设 n_{K-1}、n_{K-2} 分别表示第 K 年对某刊前一年和前两年发表论文的引用次数，N_{K-1} 和 N_{K-2} 分别表示该刊前一年和前两年发表的论文数，则影响因子为

$$I=\frac{n_{K-1}+n_{K-2}}{N_{K-1}+N_{K-2}}$$

$$\text{某年度某刊的影响因子}=\frac{\text{该年引用该刊前两年论文的总次数}}{\text{前两年该刊所发表的论文总数}}$$

例如：

$$\text{2017年度某刊的影响因子}=\frac{\text{2017年引用该刊2016年和2015年论文的总次数}}{\text{2016年和2015年该刊所发表的论文总数}}$$

但在实际计量活动中，对期刊论文被引量与可引论文总数的规定不尽相同，例如，期刊论文被引量可以是论文被引的次数，也可以是论文被引的篇数，可引论文总数是指该刊发表的可供引用的论文总数，或者是该刊发表的实际被引用的论文数。因此，“影响因子”还可分为以下两种：“每篇被引用文献的影响因子”(per cited item impact factor，PCI 影响因子)和“可供引用及被引用文献的影响因子”(citable-item-cited impact factor，CIC 影响因子)。其具体计算方法如下：

$$\begin{matrix}\text{某年度某刊的}\\ \text{PCI影响因子}\end{matrix}=\frac{\text{该年引用该刊前两年论文的总次数}}{\text{该年引用该刊前两年论文的篇数}}$$

$$\begin{matrix}\text{某年度某刊的}\\ \text{CIC影响因子}\end{matrix}=\frac{\text{该年引用该刊前两年论文的篇数}}{\text{前两年该刊所发表的论文总数}}$$

显然，以上三种影响因子存在一定的数量关系，而后两者一般使用较少。

在引文分析和期刊评价中引入“影响因子”的概念有着重要的意义。因为期刊的被引用要受到许多因素的影响，不仅与该刊发表的论文在科学上的重要性和传播程度有关，而且与该刊每年发表论文数量有直接联系。这分别是由对该刊中论文的引用次数和该刊载文量来反映的。因此，大型的、历史较悠久的期刊与小型的、创刊较晚的期刊相比，被引用的可能性要大得多。这主要是因为前者发表的文献远远多于后者，而且不同质量的论文对期刊质量有着不同的影响。而“影响因子”指标的应用，可以消除由载文量不同和质量不等的论文所造成的对期刊被引率的影响，抵消较大或较老的期刊在被引率上所占的优势。这样，就能够对不同期刊的引用次数和质量进行比较，以说明其利用效率和在科学上的重要性。

(6)学科影响因子：学科影响因子与上述影响因子相类似，所不同的是，影响因子是测度某一给定期刊中论文的平均被引次数，而学科影响因子则是测度某刊中论文被某一学科的核心期刊所引用的平均次数。

(7) 当年指数(immediacy index)：这是用于测度期刊被利用速度的指标，也是衡量期刊重要性的一种判据。它一般为期刊某年发表的论文及当年被引用的平均次数。如果用 n_K 表示某刊在第 K 年发表的论文及当年的被引次数，N_K 表示在第 K 年发表的论文总数，IM 表示当年指数，则有

$$\mathrm{IM}=\frac{n_K}{N_K}$$

即

$$当年指数=\frac{某年度对该刊当年发表论文的引用次数}{当年该刊发表的论文总数}$$

例如：

$$\begin{matrix}2017年度某刊\\的当年指数\end{matrix}=\frac{2017年度对该刊当年发表论文的引用次数}{2017年该刊发表的论文总数}$$

(8) 引证系数和被引证系数：各种期刊或各学科文献之间引用关系的测度，可从引用或被引用的角度反映出科学文献相互引用的分类结构和关系。

对于期刊，引证系数(引证率)是指某种(类)期刊引用另一种(类)期刊的次数在该种(类)期刊总引用次数中所占的百分比，可表示为

$$引证系数=\frac{某种（类）期刊引用另一种（类）期刊的次数}{该种（类）期刊的总引用次数}\times 100\%$$

被引证系数(被引证率)是指某种(类)期刊被另一种(类)期刊引用的次数在该种(类)期刊被引用的总次数中所占的百分比，可表示为

$$被引证系数=\frac{某种（类）期刊被另一种（类）期刊引用的次数}{该种（类）期刊被引用的总次数}\times 100\%$$

(9) 自引证系数和自被引证系数：它们是引证系数和被引证系数的特例，可表示为

$$自引证系数=\frac{引用本种（类）期刊的次数}{该种（类）期刊的总引用次数}\times 100\%$$

$$自被引证系数=\frac{被本种（类）期刊引用的次数}{该种（类）期刊被引用的总次数}\times 100\%$$

(10) h-指数：将作者发表的所有 N 篇论文按被引频次的大小递减排序，当且

仅当排序前 h 篇论文每篇论文的被引频次至少为 h，同时排序第 $h+1$ 篇论文的被引频次小于 $h+1$，则这个 h 值被定义为该作者的 h-指数。如果设 c_i 为第 i 篇文章的被引频次，h-指数的数学表达式可写成：

$$h=\max(i):c_i\geqslant i$$

h-指数是 2005 年 Hirsch[74]提出的，它将出版量和引用量合并为一个指数，既能清晰反映出作者主要研究工作及其学术水平，又操作简单，因此，受到人们广泛的关注和研究。随着研究的深入已形成了 h-指数与类 h-指数体系，丰富、发展了 h-指数的内涵，弥补了其不足。其中最有代表性的是 Egghe[75]提出的 g-指数。

g-指数即将一个作者发表的 N 篇论文按照被引频次从高到低递减排序，当且仅当这 N 篇论文中有 g 篇论文，总共获得了不少于 g^2 次的引频总数，而 $g+1$ 篇论文总共获得的引文总数少于 $(g+1)^2$，其数学表达式为

$$g=\max(i):\sum_i c_i\geqslant i^2$$

显然，g-指数是引频累积数量大于等于序号平方的最大序号。g-指数打破了文献总数的限制，而且按引频排序靠前的文章的被引频次越大，g-指数越大，因此，对文献产出少但引频高的学者和机构更为公正。

第三节　引文分析的主要工具

一、SCI

（一）SCI 的概况

SCI 是由 ISI 编辑出版的，加菲尔德是引文索引的创始人[76]。

引文索引，就是从被引文献去检索引用文献的索引。SCI 是将被选用的期刊上的每篇科技论文或其他文献及其所附的被引文献一一著录，并按照一定的规则编排起来的一种独特的索引系统。它创刊于 1961 年，到 1965 年共出版了三卷；1966 年起改出季刊；1979 年改为双月刊；按 A、B、C、D 四卷出版，并另出年刊本和五年累积本(如 1965～1969 年、1970～1974 年、1975～1979 年等)；1984 年还出版了 1955～1964 年的十年累积本。

随着计算机技术、通信技术和高密度存储技术的发展，美国 SCI 又出现了磁带版、联机版、光盘版和网络版等多种版本。需要指出的是，一般来说，SCI 指印刷

版和光盘版，而磁带版、联机版和网络版均为 SCI 的扩展版（SCI-Expanded，SCI-E）。

SCI 是一种国际性的、多学科的综合性索引，它包括的学科有数学、物理、化学、农学、林学、医学和生物学等，其中以物理、化学和生命科学所占比例最大，所收学科又按主题分为 186 类。它所选用的出版物来自以美国、英国为主的 50 个国家；主要摘录期刊中的实质性论文和专利文献，也有部分图书、科技报告、会议录等，收集的引用文献主要是当年的，少部分是上一年度的，而被引文献则包括历年发表的文献。据 ISI 称，1985 年 SCI 共摘录来源出版物 3367 种，报道引用文献 620448 篇、被引文献达 9719986 条。

SCI 的意义，就在于它揭示了科学技术的文献之间、作者之间的引用与被引用的相互关系，从而反映出科学的继承和发展的某些特点与规律性。SCI 的每一部分索引的内容都与文献的相互引用密切相关。因此，SCI 不仅是一种大型的文献检索工具，而且是引文分析极为重要的主要工具之一[77]。它的研制、完善和开发利用大大促进了文献计量学的全面发展。

（二）SCI 的结构

SCI 主要由四个部分组成[78]，即引文索引（citation index，CI）、来源索引（source index，SI）、团体索引（corporate index，CoI）和轮排主题索引（permuterm subject index，PSI）。

1. 引文索引

由于文献类型和作者情况的不同，引文索引又分为作者引文索引（citation index，arranged by cited author）、匿名引文索引（citation index，anonymous）和专利引文索引（citation index，patent）。

1）作者引文索引

这是按照被引文献的第一位作者姓名字顺编排的一种索引，由被引证项和引证项组成。在被引文作者姓名下，按年份列举了被引文的发表年份及原文出处；其下再按字顺列出引用作者姓名及原文出处、年份等，其结构形式如下：

VOL PG YR

ANSARI AH①………

69AM J.OBSTET GYNSC 103 51 1②

PENTTILA IM　　HORMONE MET 8’299 84

VECCHI TJ③　　ΛDV STER B R⑤5　1 84④

70FERTILITY STERILITY 21 873

STRUVE FA　　OBSTET GYN 3S 741 84

YOUNG JK　　"⑥　　322 84

说明如下：

①被引文作者姓名；只列第一作者，不列合著者；

②被引文发表的年份、刊名缩写、卷数、起始页；如果被引文出版年份不详，则用双星号(★★)表示；

③引用文献作者姓名；

④引用文献的刊名缩写、卷数、起始页、年份；

⑤引用文献的类型代号，印在引用期刊的刊名后；“R”表示该文是评论性文章或文献目录；

⑥“"”表示该期刊刊名与上述期刊名相同。

该索引的作用就是从被引作者出发查找引用作者姓名及其文献的出处，可用于回答某作者的文章在近期内被哪些作者引用过、被引用文献和引用文献发表在何种期刊的何年、何卷、何页上。

2)匿名引文索引

凡原来没有注明作者姓名的匿名引文款目，都列入匿名引文索引。它是按照被引论文的期刊名缩写字顺排列的；刊名相同的，按卷数从小到大排列；卷数相同，则按起始页从小到大排列。通过该索引，从被引期刊名称出发可以查得哪些“无名氏”论文被哪些人引用过；其引用文献发表在何种期刊的何年、何卷、何页上。

3)专利引文索引

该索引收录被引用过的专利文献，严格按其专利号码顺序排列，其结构形式如下：

3 410 81 7①　　　　　　　　VOL PG YR

1968 ②MCCLELLAN JM③APPL④US⑤

FRISCH KC⑥　　POLYIM-PLA⑦ R⑨4 i 84⑧

说明如下：

①被引用专利的号码；

②被引用专利公布年份；

③专利发明人；

④说明被引用专利文献是申请说明书(APPL)还是公告说明书(Reiss)；

⑤被引专利国别简称；US 代表美国；

⑥引用作者姓名；

⑦引用期刊名称缩写；

⑧引用期刊的卷、起始页和年份；

⑨引用文献的类型代号。

“专利引文索引”排在“匿名引文索引”之后。根据专利号查阅这一索引，可以查得某专利被哪些和被多少作者在期刊文献上引用过；不仅能获得引用文献的作者及原文出处，而且可用于评价有关专利的价值。

2. 来源索引

“来源索引”是根据来源文献(引用文献)作者的姓名字顺编排的一种索引。其索引项目来源于 CI 的引证项，并在第一作者下列出完整的著录项目，如合著者、语种代号、文章标题、文献类型、刊名缩写、卷、期、页次、出版年份、参考文献篇数，以及第一作者所在单位和地址。其格式如下：

CHEKUNOV A V①

KUCHMA VG②—(RS)③ ABYSSAL ASYMMETRY OF GEOLOGICAL STRUcTURES④

DAN SS3R⑥ 233 (1)：211—213⑦ 84⑧ 8R⑨

ACAD SCI UKSSR，EGOPHYS INST，KIEV UESSR⑩

CHENG TC①

SULLIVAN J T②—ALTERATIONS IN OSMOREGULATl0N OFPULMONATE GASTROPOD BIOMpttALARIA GLABRATA DUE

TO COPPER④ NOTE⑤

J INVER PAT(⑥ 29(1):101—104⑦ 84⑧ 5R⑨

LEHIGH UNIV, CTR HLTH SCI, INST PATFIOBIOT，BETHLEHEM, PA 18015 USA⑩

说明如下：

①第一来源作者姓名；

②合著者姓名，最多只列出 9 位合著者；

③文献的语种代号；

④文献标题；

⑤文献类型；

⑥期刊名称缩写；

⑦期刊的卷、期、页次；

⑧期刊的出版年份；

⑨该文所引用的参考文献篇数；

⑩第一作者所在单位和地址。

如果论文未署名作者或以团体机构署名发表，则以刊名代替作者姓名，并按刊名缩写(排在文章标题下)字顺排列在“来源索引”的最前面。若一篇文章有多个作者，在非第一作者姓名项下只作 “参见”，但列出原文出处。为了便于从刊名缩写或专著丛书简称查出其全称，在“来源索引”之前还附有“来源出版物目录”(lists of source publications)。

“来源索引”是 SCI 的一个关键部分。因为无论首先使用 SCI 的何种索引，最终都需查阅“来源索引”，才能获得一篇论文的完整的著录项目。利用这种索引，可以了解到某作者在某一时期内发表论文的篇数、论文的标题及原文出处，从而可以获知该作者主要从事的研究工作及成就等。

3. 团体索引

“团体索引”是根据“来源索引”中的作者所属单位的所在地及名称编制的一种索引。1978 年以前，该索引以作者所属机构为标目，其下列出该机构近期发表过论文的作者姓名及文章出处。1978 年以后，它分成“地区”和“机构”两个组成部分。

1) 地区部分(geographic section)

根据机构所在地的州名(美国)或国名的字顺排列。在一级标目下依次列出城市名称、机构名称、第一作者及原文出处。其格式如下：

MARYLAND①

GREENBELT②

  · NASA③

    · GOODARD SPACE FLIGHT CTR④

BROWN OS⑤IEEE mOMED⑥M⑧29 613 84⑦

    · ASTRON＆ASTROPHYS LAB⑨

BHATIA A.K J：App'L PHYS　53 471 1 84

说明如下：

①美国州名；

②城市名称；

③机构名称，其前均用“·”表示；

④机构下属部门名称；

⑤第一作者；

⑥期刊名缩写；

⑦卷、起始页、年份；

⑧文献类型代号；

⑨机构下属部门名称。

在同一机构内按部门大小依次列出，其从属关系用缩格来表示；机构名中的缩写字可在本索引前的“缩略语表”中查出全称。

2）机构部分（organization section）

根据机构名称的字顺编排，其下仅列出该机构所在的州名（或国名）和城市名。因此，它只是“地区部分”的辅助索引。

通过“团体索引”（地区部分）可以查得某一学术机构或研究单位有哪些人、在何种刊物上发表过文章，从而可了解这些机构的研究动态和学术水平。

4. 轮排主题索引

“轮排主题索引”是1967年开始编制的一种篇名关键词索引。它将“来源索引”报道的论文标题中所有能表征论文内容特征的词按字顺进行相互组配轮排；在“主要词”下的每个“配合词”后均列出作者姓名（未署名作者的，列出期刊名缩写）；再根据作者姓名查阅“来源索引”，便可获得有关论文的完整著录项目。其结构形式如下：

ACONITASE①

	ACTIVTTY	...........◆	**SUZUKI·T**
	③	...........◆	**WRIGRT·JA**④
	ALTERED	....	**WRIGHT·JA"**⑤
	BACILLUS	...........◆	**AGRAWAL·PK**
	CELLS	....	**WRIGHT·JA**
②	**STUDIES**	....	**AGRAWAL·PA**
		....	**SUZUKI·T**
	SYNTENY	...........◆	**WESTERVE·A**
	TRANSFERASE	....	**WESTERVE·A**
	URIDYL	....	**WESTERVE·A**
	YEAST	....	**SUZUKI··T@**⑥

说明如下：

①主要词（黑斜体字）；

②配合词（黑正体字）；

③空格表示该处配合词与上面一行配合词相同；

④论文作者。作者姓名前的符号“◆”表示该作者在主要词下的配合词中第一次出现。无符号的作者表示该作者姓名在上面的配合词中已经出现过。因此，要查找主要词下的全部论文，只要根据带箭头的作者姓名转查“来源索引”，就可查得全部论文的完整著录项目；

⑤符号“"”表示该配合词的作者与上面一行配合词的作者是同一人；

⑥作者后面的符号“@”表示该作者发表过两篇或两篇以上具有相同主要词和配合词的文章。

“轮排主题索引”的特点是可以从多个主题词出发查到同一篇文献，为不掌握作者姓名的查阅者提供了一种根据文献的主题特征来检索文献的途径。

（三）SCI 的特点和情报功能

SCI 具有以下主要特点。

(1) 编制独特。SCI 是利用引文作为检索语言而编制的别具一格的索引系统，它提供了一种不同于传统的分类、主题及其他方法的新颖的检索途径。

(2) 引得深度较大，便于计算机处理，大大提高了索引编制出版的效率。

(3) 可进行顺时序检索，即由较旧的文献出发检索较新的文献，其检索方向与科技发展的时序相一致，同时打破了传统的学科分界线，能从多维的角度反映学科之间的相互交叉和渗透的关系；因此，对新的、交叉的、边缘的或多学科的综合性课题的检索更显示出优越性。

(4) 检索简单、方便，还可利用“循环法”不断扩大检索范围，像滚雪球一样可以掌握越来越多的更新的文献。

(5) 涉及的专业面广、综合性强，具有多种功能和特殊作用。

SCI 的情报功能主要表现在两个方面：一是情报检索功能；二是引文分析功能。

在情报检索方面，SCI 的职能是回答某作者发表的某些论文曾被哪些人的哪些文章所引用，这些文章刊登在何种期刊的何年、何卷、何页上，同时还能检索近期内某些作者或学术机构发表了哪些文章及其出处等。

在引文分析方面，SCI 更是一种必不可少的有力工具，利用它可以进行各方面各种类型的综合性引文分析和研究。

SCI 的主要作用有以下方面。

(1) 定量研究科学情报的规律。SCI 中展示的“引文网络”反映了科学情报传递的过程、状况和趋向，对情报流中的相互引用关系进行定量研究，可发现、总结情报的分布、传递、老化和利用的规律。

(2) SCI 能够提供大量的有价值的文献引用数据和资料，是进行情报分析与研究的有效工具。

(3) 能广泛应用于科学学研究。利用 SCI 提供的丰富素材，可以探讨科学的结构特点、发展过程、科技史、科技政策与预测、科学和技术评价、科技管理等。

(4) 能为科学人才的识别、评价和预测提供定量依据和新的途径；利用 SCI 中的“作者网络”研究科学著述和人才学规律。

(5) 有利于科学地定量评价文献，如期刊评价等；通过文献的被引用率与持续时间，可以估计这些文献的价值和学术影响。

(6) SCI 是研究文献学、情报学、图书馆学发展规律的重要工具。

（四）SCI 的利用

SCI 的主要使用方法和步骤具体如图 10-1 所示。

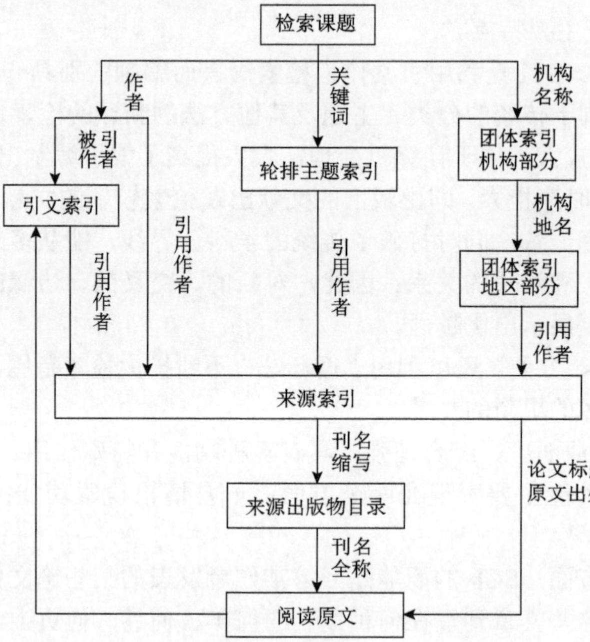

图 10-1　SCI 的主要使用方法和步骤

（五）美国 SCI 印刷版的发展变化

从 1961 年创刊至今，SCI 在不断地发展变化着，主要体现在以下几个方面。

(1) 从 1996 年第二期开始新增加了团体作者引文索引（corporate author citation index）部分。

(2) 各种代码及其含义的变化。语言代码方面：1993 年第四期之前语言代码只有 37 种，而从第四期开始猛增到 48 种。专利国别代码方面：1995 年第二期前只有 40 种代码，且代码大写字母数为 2～4；从 1995 年第二期开始猛增到 53 种，且都统一用两个大写字母表示。文献类型方面：其文献类型和各类型收录范围等都有所变动。例如，从 1989 年开始，SCI 只收录选出的 500 种出版物的会议论文摘要，而以前收录所有来源出版物的论文摘要；1991 年新增再版类型（reprints），1996 年另新增新闻、消息类（news items）；1989 年之前，书目（bibliographics）被归入评论性文献（reviews），而 1989 年独立成为一种类型；1996 年，讨论性文献（discussions）被归入编辑型文献（editorial material），技术札记（notes）被归入论文（article），而这两种类型都消失；从 1996 年开始，年鉴（chronologies）不再被收录。

这些代码的变化显示了 SCI 收录范围逐步扩大，著录更加规范，代码的含义更加明确。

(3) 著录格式也有所变化。在引文索引中，引证文献年份现在给出全称，如 1997，而原来则只给出后两位数字，如 97。在来源索引中，现在新增了 ISI 的索取号，而原来没有此项。著录格式的变化使得用户区别引证项和被引证项更容易，检索文献更方便，获得原始文献的渠道更多。

(4) 卷数及其内容的变化。随着收录范围的扩大，SCI 的卷数也在不断变化。1988 年第五期前，只有 A、B、C、D 四分册。A、B 为引文索引，C 为来源索引，D 为轮排主题索引；1988 年第五期到 1996 年第二期增加到五分册 (A、B、C、D、E)，A、B、C 为引文索引，D 为来源索引，E 为轮排主题索引；而 1996 年第三期开始到现在一直为六分册 (A、B、C、D、E、F)。

(5) 其他方面的变化。每期的第一部分 (概括性的总体介绍) 在 1990 年第一期前位于来源索引所在分册，即 1988 年第五期前位于 C 分册，而 1988 年第五期到 1990 年第一期前位于 D 分册，但 1990 年后则一直位于每期第一分册 (A 分册)。另外，页脚的著录也有所变化，从 1996 年第三期第一分册的中间 (P477) 开始，页脚下有 SCI BIMONTHLY AUTHOR CITATION INDEX、PG.I、SCI BI-MONTHLY SOURCE INDEX、PG.323 等著录。此著录告诉用户当页的位置以及所属类型，而以前的没有，不熟悉的用户必须翻到各部分的起始页才能知道他在查的是什么索引。这些细小的变化给用户带来了极大的方便。

(六) SCI 网络版及其使用

汤森路透 (Thomson Reuters) 集团出版的 SCI 的网络版，收录了 5900 余种期刊文摘和引文，内容涉及自然科学、工程技术的各个领域。ISI Web of Knowledge 是一个基于 Web 所建立的整合的数字研究环境，为不同层次、不同学科领域的学术研究人员提供信息服务。目前，ISI 推出了增强的跨库联合检索功能，用户不仅可以同时检索所在机构订购的基于 ISI Web of Knowledge 平台上的所有资源，而且可以通过 WebFeat 提供的跨库联合检索功能，检索数据不在 ISI Web of Knowledge 平台上但对研究者来说是非常重要的学术信息资源。目前该平台有 10 个数据库，包括 ISI Web of Science—Science Citation Index Expanded、ISI Current Contents Connect、ISI Proceedings、ISI Derwent Innovations Index、ISI Biosis Previews、INSPEC、ISI Medline、ISI Journal Citation Reports、ISI Essential Science Indicators 、ISI Highlycited.com。

1. ISI Web of Science—Science Citation Index Expanded

ISI Web of Science 是 ISI 建设的三大引文数据库的 Web 版，由三个独立的数据库组成(既可以分库检索，也可以多库联合检索)，分别是 Science Citation Index Expanded (简称 SCI Expanded)、Social Sciences Citation Index (简称 SSCI) 和 Arts & Humanities Citation Index (简称 A&HCI)，其内容涵盖自然科学、工程技术、社会科学、艺术与人文等诸多领域内的 8500 多种学术期刊。其中的 SCIE 数据库——SCI 网络版，收录了 5900 余种期刊文摘和引文，内容涉及自然科学、工程技术的各个领域，数据每周更新。

2. ISI Journal Citation Reports

JCR 依据来自 ISI Web of Science (Science Citation Index Expanded 和 Social Sciences Citation Index) 中的引文数据，提供可靠的统计分析方法，对全球学术期刊进行客观、系统地评估，帮助用户以定量的方式了解全球的学术期刊，并且通过这些分析数据可以了解某本学术期刊在相应研究领域中的影响力。JCR 从世界上经同行评议的学术期刊中，筛选出被引次数最高近 8000 种期刊，涵盖了 200 多门学科，提供自 1997 年以来的期刊引文统计分析数据。用户可以根据需要，对检索到的期刊群进行以下各种方式的排序：影响因子、立即指数、总引用次数、刊载论文总数、被引半衰期或期刊名称。

JCR 具有两个版本：①自然科学版，覆盖 ISI 数据库中的 6100 多种国际领先的科学技术领域期刊；②社会科学版，覆盖 ISI 数据库中 1800 多种国际领先的社会科学领域期刊。

3. ISI Current Contents Connect

ISI Current Contents Connect 包括近 8000 种经同行评议的学术期刊，以及涉及自然科学、社会科学和艺术人文学科的 100 多个学科的 1900 多本书籍和 5000 多个网站；可分为七个子库[生命科学(Life Sciences)——1360 多种期刊；临床医学(Clinical Medicine)——1200 多种期刊；工程学、计算与科技(Engineering，Computing & Technology)——1150 多种期刊；农学、生物学和环境科学(Agriculture，Biology & Environmental Sciences)——1100 多种期刊；物理、化学与地球科学(Physical，Chemical & Earth Sciences)——1160 多种期刊；社会与行为科学(Social & Behavioral Sciences)——1690 多种期刊；艺术与人文学科(Arts & Humanities)——1100 多种期刊]和两个合集[商业合集(Business Collection)——230 多种期刊；电子与电信合集(Electronics & Telecommunications Collection)——200 多种期刊]。另外，Current Contents Connect 还提供了 ISI eSearch；研究人员可以在检索学术出版物的同时，立刻了解某一研究课题相关的研究基金(funding)、Pre-Print、研究活动，并阅读相关的全文。

4. ISI Biosis Previews

ISI Biosis Previews (简称 BP) 是著名生物学信息检索工具之一，由美国 Biosis

公司出版。它由 Biological Abstracts (BA)、Biological Abstracts / RRM (Reports, Reviews and Meeting)组合而成。数据库来自 5000 多种期刊以及国际会议、综述性文章、书籍、专利文献、图书和报告等，收录的文献涵盖世界 90 多个国家和地区。数据最早可回溯到 1969 年，记录总数超过 1450 万条，数据每周更新，每年新增数据量超过 56 万条。数据还包括来自美国专利及商标局的 21000 条专利信息，这些专利的年份为 1986～1989 年和 1995 年至今。

5. ISI Proceedings

ISI Proceedings 通过网络的方式提供会议论文的书目信息和作者摘要，其内容收集自著名国际会议、座谈会、研讨会、讲习班和学术大会上发表的会议论文，覆盖了从 1990 年至今召开的 60000 次会议上发表的约 200 万篇论文，学科涉及自然科学和社会科学两大领域，覆盖 250 个学科，包括工程学、物理、生物学、化学、精神病学和经济学等。数据库每周更新，每年新增超过 385000 条记录。

6. ISI Derwent Innovations Index

ISI Derwent Innovations Index（简称 DII）是由 Thomson Scientific 出版的基于 Web 的专利信息数据库。Derwent Innovations Index 4.0 将 Derwent World Patents Index 和 Patents Citption Index 有机地整合在一起，用户不仅可以通过它检索专利信息，而且可以通过这个数据库检索到专利的引用情况，还可以利用 Derwent Chemistry Resources 展开化学结构检索。该数据库收录了来自全球 40 个专利发行机构的 1200 多万个基本发明，专利覆盖范围可追溯到 1963 年，引用信息可追溯到 1973 年，是检索全球专利的最权威的数据库。

7. ISI Highlycited.com

该数据库依据 ISI 数据库中各学科领域的总被引次数收录科研人员信息，主要是来自 21 个科学领域的核心人物，包括：神经系统科学、工程学、物理、化学、计算机科学、地球科学、分子生物学、遗传学和空间科学等。目前每个科学领域的入选者是 250 个。网站每周更新，可提供科学家的个人信息、研究兴趣和出版物信息，该资源为免费资源。

8. ISI Medline

ISI Medline 是美国 NLM 的书目信息数据库，其收录了 1950 年至今的生物医学和生命科学、生物工程学、公共健康、临床护理以及植物与动物科学方面的生命科学文献。它拥有来自生命科学领域 30 种语言，4900 多个全球出版物中期刊文章的近 1300 万个参考书目，此资源包括了期刊、报纸及时事通信。通过 ISI Web of Knowledge 平台，用户可以使用或不使用 MesH 词表以及 NLM 可控词表叙词检索 Medline；也可以使用标准化学名称或 CAS 登记号检索化学物质。此外，他们还能够连接到 NCBI 数据库获取基因序列信息，并且可以从 Medline 全记录链接到 PubMed 相关文章。

下面重点介绍 SCI 网络版(SCI-Expended)，它收录了覆盖 150 多个学科领域的 6000 多种重要期刊，比印刷版和光盘版多 2300 余种，并包括其全部的参考文献，是权威的科学技术文献检索工具。它不仅可用于查找最新的研究成果(文摘和所引证的参考文献)，还提供文献被引证情况的检索。独特的引文检索体系，使它成为普遍使用的学术评价工具。SCI 网络版数据库每周更新。SCI 网络版提供最新文献的检索和回溯检索，回溯数据到 1945 年，英文文摘到 1991 年。每周除了新增加文献记录约 17750 条外，新增约 362000 条引证参考文献，以及 700 余条引证专利记录，目前总计 1700 万余条文献中约 70%可检索到英文摘要。目前，北京大学、清华大学、武汉大学和中国科学院等单位的图书馆订购了 SCI 网络版，可在以上各校的校园网或院域网进行检索访问。

1) SCI 网络版的检索

美国 SCI 网络版可以通过两种网络途径检索：一种是 Web 版的 ISI Web of Science(登录网址为 http://www.isiknowledge.com)；另一种是联机版的 SCI Search，可在美国 Dialog 信息服务系统中进行联机检索。其数据库提供两种检索方式：一种是简易检索(easy search)；另一种是全面检索(full search)。

(1) 简易检索。简易检索提供三种检索途径，即主题(topic)、人名(person)和地名(place)，系统通过一系列简单的提示符或者提问式引导检索。

主题检索可输入题名、文摘或关键词等中的有关词汇；人名检索可输入来源作者、引文作者以及文献中涉及的人物，其中通过来源作者及引文作者进行人名检索时，允许使用截词符，可输入人物的姓的全称、空格及人物名字的首字母，也可只输入姓，在“姓”后加截词符；地名检索则可输入作者单位名、国家、城市甚至邮编信息等。以上三种途径都可以使用逻辑运算符 AND、OR、NOT、SAME 等。检索结果的显示由用户设定，可按相关程度或日期排序。检索条目显示限于 100 篇以内。

这种方式方便、快捷，一般适用于初学者，或对查新率或系统响应时间有较高要求的检索用户。

(2) 全面检索。全面检索可以根据需要设定不同的限制条件，使用户可以查到最新、最全、最准确的信息，是比较专业的检索方法。全面检索有五个检索选项，即一般检索(general search)、被引文献检索(cited reference search)、结构检索(structure search)、高级检索(advanced search)和查看历史记录(open histories)。

①一般检索。使用该检索选项可通过主题、作者、期刊和作者地址展开检索。在一个或多个检索途径中，输入关键词或短语，用布尔运算符相连(AND、OR、NOT、SAME)。用通配符(*或？)可扩大检索范围。不同的检索途径自动用 AND

运算符相连。检索结果可对语种、文献类型和排序方式进行限制。检索结果显示在概览(summary)页。

a. 主题(topic)检索途径。输入检索词或词组，默认在论文题目、文摘、关键词三个字段中进行检索：如果只选择题目检索框，则可限定只到论文题目字段中进行检索。

b. 作者(author)检索途径。输入作者/编者姓名，“姓”在前，后跟一个空格和“名”的首字母，“名”的首字母最多取 5 个。如果作者“名”的首字母不能完全确定，则可以在已知的首字母后用截词符号“”(空格)截断，没有“名”首字母也可只输入姓。

c. 来源期刊名(source title)检索途径。输入来源期刊名称的全部或部分(可用截词)，也可以从期刊表中调入期刊名，检索期刊中所刊登的论文记录。

d. 作者地址(address)检索途径。输入地址词，如机构名称、城市、国家或者邮政编码，检索某个机构发表的文章。机构名和地名通常被缩写，查在线帮助系统获取地址缩写表。

检索的结果输出有两种格式：题录概览(summary)格式和全记录(full record)格式。前者给出文献的题名、作者、来源期刊名称及其卷期、页码，每屏显示 10 条记录，可链接到全记录格式；全记录格式除了概览格式的信息外，还有文献语种、类型、参考文献数和被引文献数。在全记录格式中，可对选中的文献做标记，单击“馆藏状态(holdings)”的图标可了解本地已加入馆藏的记录；单击“相关记录(related records)”的图标可浏览与该文献引证同一篇文献的文献信息，这种功能显示了学科交叉渗透的情况。

②被引文献检索。被引文献检索是 ISI Web of Science 的一个功能强大的检索方法。通过被引文献检索可查询文献被引证的情况，找到引证了某篇文献(或专利、专著、会议文献)的各种文献。被引文献检索分两步：第一步，首先根据需要了解其被引证情况的文献展开检索，然后在这一检索结果中选择该参考文献以查找引证了该文献的所有文章。在查找(lookup)页，输入被引作者姓名、被引期刊(或被引专利号、专著名称等，通称被引研究工作)，以及被引文献发表的时间，还可用通配符(t 或?)扩大检索范围。查找后出现一个引文列表，这些引文都包含输入的检索词。第二步，进行引文索引后首先会找到并显示引文，有些相同的引文会有不同的书写形式。

通过被引文献检索可了解一个已知观点，或一项发明是如何被证实、利用、延伸和完善的。引文检索包括被引作者、被引著作(专著、期刊、专利等)以及引文年份等检索途径，或任意组合检索。

a. 被引作者(cited author)检索。输入被引文献第一作者的姓名，如果引文涉及 Web of Science 收录为来源文献的期刊论文，可以输入被引文献作者中任何作者的姓名。作者“姓”最长不能超过15个字符，15个字符后进行截词，“姓”后跟空格和最多3个“名”首字母，第一个首字母后可用截词符。

b. 被引著作(cited work)检索。通过刊登被引文献的期刊或图书名称检索被引文献。被引出版物名称最多只能输入20个字符，期刊名使用缩写，图书可以输入书名中前面一些重要的字符。对于专利，可以在被引出版物字段中输入专利号。

c. 引文年份(cited year)检索。通过引文出版物的出版年份检索被引文献。输入4位数字的出版年，或者输入用OR逻辑运算符连接的一系列出版年、专利公布日期。

③结构检索。结构检索用于检索化学反应和化合物的化学结构。

④高级检索。高级检索用允许使用检索项标记进行更复杂的检索，并能进行检索系列组合。

2) SCI网络版的特点

和其他版本一样，SCI网络版主要也是用以检索论文被收录和被引证的情况。然而，它不是简单地把其他版本照搬到网上，无论从检索功能、收录范围，还是从更新周期等方面来看，它都比其他版本强大得多。更重要的是，它将传统的引文索引和先进的Web技术相结合，不仅使数据库内的所有信息都相互链接，而且允许链接到许多其他信息数据库，构成了一个具有无限扩展能力、灵活、强大的浏览工具，而非传统意义上的数据库。总结起来，美国SCI网络版的特点主要体现在以下几个方面。

(1) 特色链接。它又分为内部链接和外部链接。

①内部链接。内部链接包括被引次数、参考文献和相关记录的链接。在一条被检中的来源记录即一篇论文的全记录中可以看到该篇论文的被引次数(times cited)、参考文献(cited reference)和相关记录(related record)。用鼠标单击这三项就会相应地显示引证该篇论文的文献的列表、该篇论文引证的其他文献的列表和不同年份中与该论文共同引证同一篇或几篇参考文献的文献列表(按共同引证参考文献的多少，即相关度排序，和当前记录引证的相同文献越多，该文献与当前记录在主题上越靠近，在列表中的位置就更靠前，检索结果数目没有任何限制，命中几条，显示几条)。一般来说，列表中的记录都是带下画线的，如果继续单击某条记录，它又会相应地链接到一篇新的文献，这时又可以看到该篇文献的全记录格式。这样就可以实现层层深入挖掘，方便地检索到更多的对口文献。另外，随着ISI数据库的更新，各种数据也会做相应的变动。但是，列表中有些记录可能没有下划线，而无法进一步查看，这是因为此条记录未被ISI收录，或者该记录发表的年份不在所购买的年限内。

②外部链接。外部链接包括与原始文献、图书馆馆藏OPAC系统和其他二三次文献信息资源数据库的链接。单击文献全记录中的“Full Text”按钮就可以直

接看到当前记录的原始文献，不过前提是同时购买了该论文所在期刊的电子版。单击“Holdings”按钮即可自动接入图书馆的馆藏 OPAC 系统，了解其馆藏记录(此链接必须是在用户的要求下，由 ISI 专门定制)。

与二三次文献信息资源数据库链接包括以下内容。

a. 与 ISI Chemistry Server(SM)的链接。该链接使 SM 进行的文献调研可以经过 Web of Science 获得更多的相关参考文献及其全文的资料，而在 Web of Science 中找到的文献通过 SM 可获得更进一步详细的化学反应信息，只需单击全记录界面中的“Reaction”按钮，便可了解有关的化学反应的过去、现在和将来。

b. 与德温特专利文献索引数据库 Derwent Innovations Index 的链接。该链接提供基于 Web 的自 1963 年以来的 40 多个专利发布权威机构的专利文献信息。

c. 与 Web of Science Proceedings 的链接，包括 STP(Science and Technology Proceedings)和 ISSHP(Social Science and Humanities Proceedings)两大会议数据库。

d. 与 Biosis Previews 的链接，帮助研究人员迅速、全面地获得生命科学及其相关领域的学术信息。

e. 与 NCBI Gen Bank 的链接。Gen Bank 是由美国国立卫生研究院维护的基因和蛋白质序列数据库，其中包括由 NCBI 提供的所有公开的 DNA 和蛋白质序列信息，有 400 多万条基因序列的记录。

(2)充分利用万维网的强大威力，SCI 网络版彻底改变了传统的文献检索方式：通用的浏览器界面，无须安装任何其他软件；全新的超文本格式，所有的信息都相互关联。

(3)SCI 网络版每周更新，并且每次更新即更新整个系统中的所有链接，包括被引次数、参考文献、相关文献的链接；而 SCI 光盘版带摘要的每月更新，不带摘要的每季度更新，并且只更新当年的资料和数据，过去的光盘无法被更新。

(4)SCI 网络版允许检索整个数据库或指定检索年份，目前数据可回溯到 1945 年，并且可以检索所有被引证的作者，而非仅仅是第一作者；SCI 光盘版回溯到 1980 年，可以基于每个年度进行跨年度检索，但其检索结果必须加以再整理，并且只能检索第一作者。

(5)SCI 网络版可以直接收录纯电子期刊，便于及时反映相关研究成果。但是，电子期刊的表现格式多样(PDF、HTML)，版本繁多(手稿、预打印稿、提交稿、修改稿、定稿等)，且有些纯电子期刊不够正式，有时难以对其内容等做出正确判断，影响链接内容的准确性，需要制定统一的标准和规则。

二、社会科学引文索引

ISI 在出版 SCI 的基础上，将引文索引法扩大应用到其他学科领域，使之发展成为一个更加广泛的、完整的引文索引系统。1973 年起，ISI 编辑了《社会科学引文索引》（Social Sciences Citation Index，SSCI），每年出版三期。它搜集了世界各国主要社会科学期刊 7000 余种，将其中的参考文献汇编成引文索引，由引证索引、来源索引和轮排主题索引三个部分组成。该索引不仅为检索社会科学文献提供了一种新颖的有效途径，而且是社会科学领域中开展引文分析以及文献计量学研究的重要工具。

1976 年，ISI 还编辑出版了《艺术与人文科学引文索引》（Arts & Humanities Citation Index，A&HCI），收集并索引世界上 1000 多种主要的艺术与人文科学期刊及部分新书，从中可以了解当前较重要的期刊论文、论题及其相互引用的情况，为这方面引文分析提供了必要的数据和素材。

三、JCR

（一）JCR 的概况

ISI 不仅编辑出版 SCI，而且还设有科学引文索引数据库；后来又以该数据库储存的信息为来源，编辑出版了一种新型的期刊引用分析工具——JCR[79]。

JCR 是从 1975 年开始，在 SCI 的年度索引中出现的一个新的部分，因此它是 SCI 的产品。它是在多年累积的 SCI 的数据库的基础上，借助电子计算机，对期刊的引用与被引用进行系统归类、整理、分析的结果。

JCR 是引文分析的重要工具。根据它报道的有关数据，可以定量评价期刊的相互影响和作用。例如，在分析引文的基础上，可以弄清所研究的期刊在一定时期内是怎样被引用的，哪些期刊引用它，引用频率如何，而它又以怎样的频率引用哪些期刊，引用与被引用按年份的分布、自引率情况等。这样，JCR 可以为客观评价科技期刊提供可靠的依据，从而使我们能够比较科学地评价某种期刊在科技期刊体系中乃至在整个科学交流体系中的作用与地位。因此，JCR 是利用引文分析法，开展文献计量学和科学计量学研究的有力且方便的工具。

（二）JCR 的结构

JCR 主要由三大部分组成：期刊排队部[80]（journal ranking package）、引用期刊部（citing journal package）和被引用期刊部（cited journal package）。

(1) 期刊排队部：这个大部分又由六部分组成，在第 1 部分中，按被引期刊刊名字顺排列，列出了 SCI 所包含的所有期刊源；在其余的 5 个部分，同样的期刊源按 5 个不同的指标排列，这些指标依次用 a_1～a_5 表示，其含义分别如下。

a_1：某一期刊被某年的期刊源(SCI 所包括的)引用的总次数可在一定程度上作为期刊重要性的量度。例如，Science 期刊被 1974 年的期刊源引用了 47505 次。

a_2：影响因子。

a_3：当年指数。

a_4：某期刊某年发表的论文总数。

a_5：某年的期刊源引用某期刊前两年期间所发表的论文的次数。例如，1974 年的 SCI 所包含的期刊源引用 Science 共 47 505 次，其中引用 1972 年 Science 上的文章 6660 次，引用 1973 年 Science 上的文章 5121 次。因此，Science=6660+5121=11781 次。表 10-1 是 1975 年的 JCR 中期刊排队部的示例，其中，六个小部分都包括以下数据项目：期刊被 1974 年的期刊源引用总次数；1974 年对该刊 1972 年、1973 年和 1972 年+1973 年的引用次数；1972 年、1973 年和 1972 年+1973 年排队期刊发表的文章数、影响因子；1971 年对 1974 年排队期刊的引用次数；1974 年排队期刊发表的文章数、当年指数。

表 10-1　JCR 期刊排队部示例

部分	期刊排位	期刊名称(缩写)	期刊被 1974 年的期刊源引用次数				该刊发表的文章数			影响因子	引用 1974 年的文献数	1974 年该刊发表的文章数	当年指数
			总数	1973 年	1972 年	1973 年+1972 年	1973 年	1972 年	1973 年+1972 年				
			1(a_1)	2	3	4(a_5)	5	6	7	8(a_2)	9	10(a_4)	11(a_3)
Ⅰ	2325	Science	47 505	5 121	6 660	11 781	1 025	1 151	2 176	5.412	1 208	919	1.314
Ⅱ	2325	Scot.MED	360	39	41	80	35	60	95	0.842	66	48	0.125
Ⅲ	8	P.NAT. ACADSCI USA	46 917	6 866	8 451	15 317	849	855	1 704	8.989	1 268	1195	1.061
Ⅳ	21	Physiol Rev	3 996	227	272	499	18	18	36	13.861	25	19	1.36
Ⅴ	23	Bell.Syst. Tech.J.	2 521	168	145	313	95	108	203	1.557	122	93	1.312
Ⅵ	6	J.CHEM. Phys.	62 041	4 496	5 966	10 462	1 725	1 860	3 585	2.918	1 022	1 631	0.627

根据五种不同的指标排列，一方面从不同的角度反映了期刊引用的特征；另一方面是为了全面考虑这些特征的综合影响，以利于确切评价该期刊的重要性。应当指出的是，在每种排列中，期刊的位数只是表示这种期刊在其他许多期刊中的相对地位，因为 JCR 并不是期刊情报量的评价，而只是作为这种评价的工具。

(2)引用期刊部：引用期刊按刊名字顺排列，第 1 列为影响因子，第 2 列为刊名缩写，第 3 列为该期刊某年引用其他文献的总数，以后各列为以前引用文献数按年份的分布，最后一列“其他”是引用 1965 年以前的文献数。在引用期刊下面，列出被该刊引用的期刊，被引期刊以引用次数渐减排列，最后一行“其他”包括引用不到 6 次的匿名期刊的引用总数。

表 10-2 中，以美国情报学会期刊 JAM SOC INFORM SCI 为例，说明 JCR 的引用期刊部的格式。

表 10-2　JCR 引用期刊部示例

影响因子	引用期刊 被引期刊	1974 年该刊引用各年的文献数											
		合计	1974 年	1973 年	1972 年	1971 年	1970 年	1969 年	1968 年	1967 年	1966 年	1965 年	其他
0.65	JAM SOC INFORM SCI	416	6	42	78	49	62	39	32	15	10	19	64
0.65	JAM SOC INF SCI	45	5	9	15	7	9	0	0	0	0	0	0
1.22	J.DOCUMENTATION	31	0	3	6	5	9	2	3	1	0	0	2
5.41	Science	24	0	1	8	0	2	1	3	3	0	2	4
…	…							…					
	其他(140)	217	1	15	39	27	31	24	19	8	5	11	37

(3)被引用期刊部：其结构原则与上面相同，只是将引用期刊部中的引用期刊换成被引用期刊，按刊名字顺排列。第 1 列为影响因子，第 2 列为刊名缩写，后面为期刊被引总数及各年份部数。在被引期刊下，按引用次数渐减顺序排列引用期刊，最后一行“其他”也是包括引用不到 6 次的匿名期刊的引用总次数。其具体格式如表 10-3 所示。

表 10-3　JCR 被引用期刊部示例

影响因子	被引用期刊 引用期刊	期刊被 1974 年的期刊源引用各年的次数											
		合计	1974 年	1973 年	1972 年	1971 年	1970 年	1969 年	1968 年	1967 年	1966 年	1965 年	其他
0.65	JAM SOC INFORM SCI	140	9	35	46	27	23	0	0	0	0	0	0
0.65	JAM SOC INF SCI	45	5	9	15	7	9	0	0	0	0	0	0
1.22	J.DOCUMENTATION	26	3	7	7	6	3	0	0	0	0	0	0
…	…					…							
	其他(140)	35	1	7	12	6	9	0	0	0	0	0	0

（三）JCR 的情报功能与利用

通过 JCR 可以获得大量引文数据和资料，从而为文献学、情报学和科学学的许多定量研究提供了便利的条件和新的途径。JCR 的情报功能及其应用主要有以下几个方面。

(1)期刊研究和选择。JCR 的主要职能，就是揭示期刊之间相互引用的关系、程度及分布。因此，利用 JCR 中的期刊被引率等数据，可对科学期刊的重要性进行定量的综合评价，确定单学科的或多学科的核心期刊；通过某学科的被重要期刊引用的期刊表和引用重要期刊的期刊清单的比较分析，可确定和选择应收藏的非本专业的相关期刊；分析不同学科之间文献的利用上的联系程度；还可以学科引用率的大小判断某些特殊期刊的专业性质，如果期刊影响因子较大，一般说明该期刊更面向基础研究，具有理论性质，等等。

(2)根据 JCR 中被引文的年份分布和持续时间，可以判断某种期刊的老化速度和利用规律，有利于确定适当的文献服务方式和保存年限等。

(3)利用 JCR 分析期刊之间的相互作用，有助于对文献情报流的结构及变化规律进行深入的研究，并能从数量上分析情报流传递的特点，从而探求科学交流过程的一般规律。因此，JCR 是情报科学研究的有力工具。

(4)对于科学学研究，JCR 具有重要的作用。通过分析期刊之间的相互作用，可以在一定程度上认识学科之间的相互交叉和渗透的情况，有助于揭示科学发展的一般规律。

四、国内引文分析的主要工具

我国目前有 5 家文献情报单位研制出版自己的引文数据库产品，以印刷型出版物或数据库等形式发行。

（一）《中国科学引文数据库》

《中国科学引文数据库》(Chinese Science Citation Database，CSCD)是由中国科学院和国家自然科学基金委员会共同资助，由中国科学院文献情报中心创建于 1989 年，其网络版建于 2002 年，在中国产生了巨大影响。《中国科学引文数据库》先后被中国科学院学部主席团、国家自然科学基金委员会等在重要的科研管理工作中指定为查询库，同时被多所高等院校和科研院所指定为人才选拔和绩效评估的查询库。由此可见其权威性，并被誉为“中国的 SCI”。

2002 年版《中国科学引文数据库》收录了我国数学、物理、化学、天文学、地学、生物学、农林科学、医药卫生、工程技术、环境科学和管理科学等领域出版的中英文科技核心期刊和优秀期刊 1000 余种，其中核心库来源期刊 670 种，扩展库期刊 378 种，已积累从 1989 年到现在的论文记录近 100 万条，引文记录近

400 万条，内容丰富、结构科学、数据准确。系统除具备一般的检索功能外，还提供新型的索引关系——引文索引，使用该功能，用户可迅速从数百万条引文中查询到某篇科学文献被引用的详细情况，还可以从一篇早期的重要文献或作者姓名入手，检索到一批近期发表的相关文献，对交叉学科和新学科的发展研究具有十分重要的参考价值。《中国科学引文数据库》除提供文献检索功能外，其派生出来的《中国科学计量指标数据库》等产品，也成为我国科学文献计量和引文分析研究的强大工具。

《中国科学引文数据库》不仅可查询专著、期刊论文、会议文献、专利和其他非正式出版物的被引用情况，还可查询科技期刊被引情况、论文发表情况和专题文献。

《中国科学引文数据库》网络版从 2002 年开始研制，与中国科学学科文献库、中国科学文献目次库集成为“中国科学文献数据库服务系统”提供统一服务。《中国科学引文数据库》网络版提供两种途径的检索：来源文献检索和引文检索。

1999 年 6 月，《中国科学引文数据库》与清华大学的中国学术期刊（光盘版）电子杂志社联合成立了中国科学文献计量评价研究中心。

《中国科学引文数据库》目前提供网上免费查询服务。通过《中国科学引文数据库》可查询某作者、某期刊被其他期刊论文引用的情况，查询结果可用于产生各期刊的被引频次和影响因子。登录网址：http://sdb.csdl.ac.cn/index.jsp。

（二）《中国科技论文与引文数据库》

《中国科技论文与引文数据库》（Chinese Science and Technology Paper and Citation Database，CSTPC）是在中国科学技术信息研究所历年开展科技论文统计分析工作的基础上，由中国科学技术信息研究所和万方数据创建、开发的一个具有特殊功能的数据库（1989 年）。其收录范围为中国自然科学统计源刊和主要社会科学类核心源刊，涉及自然科学领域的各个专业。该数据库集文献检索与论文统计分析于一体，既是科技人员查找有关参考文献的重要依据，又是各级科技管理部门和各科研机构、高等院校了解全国和各单位、各部门科技论文发表情况的重要工具。

《中国科技论文与引文数据库》的主要功能有：查找国内发表的重要科技论文；了解历年来我国科技论文统计分析与排序结果；了解各地区、部门、单位、作者以及各学科及基金资助论文发表的详细情况；开展科技论文的引文分析。

（三）《中文社会科学引文索引》

《中文社会科学引文索引》（Chinese Social Sciences Citation Index，CSSCI）由南京大学中国社会科学研究评价中心与香港科技大学于 1998 年研制，其网络版也建于 1998 年，它是教育部重点课题攻关项目，并作为我国社会人文科学主要文献信息查询与评价的重要工具，填补了我国社会科学引文索引的空白。CSSCI（2001）严格挑选了中国大陆出版的中文人文科学、社会科学学术期刊 419 种，海外出版的期刊 17 种，论文 57 000 余篇，可以检索论文收录和文献被引用情况。光盘数据自 1998 年起年度更新，2001 年数据于 2003 年 11 月提供上网。

CSSCI 的主要功能如下。

⑴利用 CSSCI 开展人文、社会科学研究。CSSCI 主要从来源文献和被引文献两个方面向用户提供信息，还可提供特定论文的相关文献情况，为科研人员的研究工作提供了方便。

⑵利用 CSSCI 进行社会科学研究评价与管理。CSSCI 所收的期刊是严格按期刊影响因子分学科排序位次和国内知名专家的定性评价相结合而产生出来的。因此，CSSCI 所收录的论文和被引情况可作为社会科学研究评价指标之一。

⑶利用 CSSCI 进行人文、社会科学期刊评价与管理。CSSCI 系统可以提供期刊的多种定量数据，由期刊的多种定量指标可得相应的统计排序，由此可评价期刊的学术影响和地位。

（四）《中国人文社会科学引文数据库》

《中国人文社会科学引文数据库》由中国社会科学院文献情报中心研制，该数据库 2002 版收录了 1999 年至 2001 年的学术文献记录 34 万条，引文记录 120 万条，学科范围涉及人文社会科学研究的各个领域。收录的来源期刊 600 多种，产品年度更新。

（五）《中国引文数据库》

CNKI《中国引文数据库》（Chinese Citation Database，CCD）由《中国学术期刊（光盘版）》电子杂志社出版。其收录范围来源于《中国学术期刊（光盘版）》电子杂志社出版的源数据库产品中的文献和参考文献，如目前世界上最大的连续动态更新的 CNKI《中国期刊全文数据库》《中国优秀博硕士学位论文全文数据库》《中国重要会议论文全文数据库》《中国重要报纸全文数据库》《中国图书全文数据库》《中国年鉴全文数据库》等。目前实现了 CNKI 的期刊、图书、论文、报纸类文献的引用文献和被引用文献的链接，现已达到 360 余万篇。随着数字资源的扩增，CNKI《中国引文数据库》中的文献类型及数量也将随之不断增长，相应地，各类型引用文献和被引用文献的链接也将动态增长。CNKI 中心网站的《中国引文数据库》的数据为日更新。

第四节　科学引文的结构与分析

科学引文虽然由众多作者所引用，又分别出自不同的来源期刊或文献中，而且在很大程度上受到人为控制因素的影响，具有较大的随机性，但是，对大量的科学引文进行统计分析时，便可发现科学引文具有一定的分布结构和规律性。对科学引文的分布理论和规律进行研究，是文献计量学的重要内容之一。

一、引文分布的类型

众所周知，科学文献是科学技术发展的客观记录，也是科学技术体系结构的反映。科学文献的引用与被引用，从文献使用的角度反映了科学与技术之间、学科之间的相互联系。由于科学技术体系结构的影响，各个年份各种类型的数量繁多的科学引文也形成了相应的分布结构。许多研究表明，科技论文之间的引用和被引用现象具体地、定量地体现着科学在纵向上的继承与发展关系，以及横向上的各学科之间的差别与联系。由引证关系形成的科技论文之间的引文链(citation link)和引文网络将小至一项项具体研究课题、大至一个个学科彼此联系在一起，使整个科学成为一个跨越时间和空间范围的立体的、完整的系统。科学引文的体系结构，可从不同的角度以各种基本要素来描述。科学引文都具有一些基本要素，如引文的文献类型、学科内容、语种、年份、引文出处等。按照不同的要素和指标来描述，科学引文的分布主要有以下一些类型。

(1)引文量按频数的分布。
(2)引文按年份的分布。
(3)引文按学科或主题的分布。
(4)引文按文献类型的分布。
(5)引文按语种的分布。
(6)引文按国别的分布。
(7)引文按作者的分布。
(8)引文按期刊的分布。

下面分别讨论各种类型的引文分布及其规律性。

二、引文量的分布规律

引文量是某一主体对象含有的参考文献(被引文)数量。它是引文链的基本特征之一。通过引文数量的分析，不仅可以揭示引用与被引用双方的相互联系，而且可以从定量的角度反映出主体之间的联系强度。如果两篇论文或两种期刊之间的引文数量大，就可以认为它们之间的引文强度大，说明其联系较紧密。因此，对引文数量进行分析研究，是揭示科学文献引用规律的重要内容和途径。从目前研究来看，引文量的分布规律可从下列几个方面来分析。

(1) 引文量的理论分布。将一定量的论文的引文量数据进行分析比较，发现其变化规律表现为以平均数为中点，接近中点的频数最多，离平均数远的频数趋于减少，形成中间高、两极低的正态理论分布。如果频数的分布不对称，则理论分布就呈偏态。例如，农业科学研究论文中的引文量频数分布，属于正向偏态分布。如果研究对象的引文量平均数难以直接从统计中获得，也可以根据数理统计的方法，用样本的平均数来估测总体的平均数，并用一个可靠的区间范围来表达，同样可以达到预期的目的。

(2) 引文篇数分布。即每篇研究论文平均占有的引文篇数的分布。它不仅反映了论文作者引用文献的广度和程度，而且能说明引文与被引文的学科内容之间的联系强度。因此，引文篇数分布是引文分布结构的一个重要方面。在进行引文分析时，一般都要开展引文篇数分布规律的分析。

对某些学科论文的引文分析表明，一篇研究论文的引文篇数以 5～15 篇的频数最高；而引文分布在 5 篇以下或 15 篇以上的论文数量是逐渐减少的。据国外统计，大约 90%的期刊论文列出了被引文献，每篇论文所引用的参考文献平均为 15 篇，其中约有 12 篇来自定期刊物。

一篇科学研究论文的引文数量，原则上取决于“以需设引”。引文过多可能使新的科技信息不突出，过少又不能提供足够的引文背景线索。文献的信息含量与冗余程度对引文数量关系极大。引文篇数分布要受到许多因素的影响，主要有以下几个方面。

①引文篇数分布与论文的学科性质有关。经引文调查分析可知，在我国科学文献中，理论研究论文的引文篇数大于开发与应用研究论文的引文量，如表 10-4 和表 10-5 所示[81]。在统计的七年间，《科学通报》的每篇论文平均引文量为 6.3 篇；而《锻压机械》等十七种行业性和专业性技术刊物的平均引文量为 2.8 篇/篇。前者约是后者的 2.3 倍。这说明我国理论研究界文献建设基础较强，从事这类研究工作的科技人员相对地善于使用文献，而且理论研究论文的引文量基本稳定，大体上在 6～7 篇/篇；反之技术性刊物引文量相对要少一些，但有递增的趋势，而且增长迅速。期刊平均引文量的增加，反映了我国科学文献的流通与利用效率的提高，也说明从事开发与应用研究的科技人员加强了情报观念，提高了情报意识，更多地利用科学文献。

表 10-4 《科学通报》论文的平均引文量

年度 / 项目	1973 年	1974 年	1975 年	1976 年	1977 年	1978 年	1979 年	合计
论文量/篇	51	64	82	53	79	153	299	781
引文量/篇	216	473	504	324	573	1153	1738	4981
平均引文量/(篇/篇)	4.2	7.3	6.1	6.1	7.2	7.5	5.8	6.3

表 10-5 《锻压机械》等十七种期刊论文的平均引文量

年度 / 项目	1973 年	1974 年	1975 年	1976 年	1977 年	1978 年	1979 年	合计
论文量/篇	518	460	584	570	513	570	567	3 782
引文量/篇	729	1 248	1 360	1 444	1 482	1 950	2 540	10 753
平均引文量/(篇/篇)	1.4	2.7	2.3	2.5	2.8	3.4	4.4	2.8

②引文篇数分布与论文语种有关。一般来说，外文文献的平均引文量比中文每篇论文的引文量要大。例如，对当前农业科学研究论文中引文的抽样统计分析表明，100 篇外文论文共引用文献 1604 篇，引文最多的一篇为 42 篇，最少的一篇为 3 篇；每篇论文的平均引文量为 16 篇，其中，13～17 篇的最多，占 35%，其次为 18～22 篇，频数为 22(占 22%)，而在 100 篇中文论文中，共引用了文献 1055 篇，引文最多的一篇引用 39 篇文献，最少的一篇论文，引文为 2 篇；每篇论文平均引文量为 10 篇，其中以 7～11 篇的最多，其频数为 37，其次为 2～6 篇，频数为 31。可见，每篇外文论文的引文数量平均比国内要多 6 篇。这反映了国内外论文作者在文献利用上的差距。

③引文篇数分布与人为因素有关。有些科技人员在进行某项研究时纵然查阅了许多科学文献，对他来说也并不是没有启发和收获，但在撰写论文时，却未能全部体现在“引用文献”中，最后出现在参考文献之列的引文数量，一般只是所查阅的全部文献的 1/3～1/2。

三、引文的集中与离散规律

许多研究都表明，科学引文的分布具有集中与离散的特征。引文分布的这种集中性与离散性，是相对于一定的测度指标而言的。引文按年度、按语种、按文献类型等的分布，都表现出这种集中与离散的趋势。这里主要讨论引文按被引期刊的分布、引文篇数的频数以平均数为中心的分布所表现的集中与离散规律。

(1) 加菲尔德引文集中定律：美国加菲尔德的引文计量研究表明，SCI 数据库中所有参考文献的 75%来自不到 1000 种被引期刊；500 种期刊发表的被引文献占 1969 年 SCI 收录参考文献的 70%。该年出版的 3850000 条被引文的 50%只是发表在 250 种期刊上；与之相反，另外 50%引文却分散在 2000 多种期刊中。加菲尔德发现，一个学科的非核心期刊在很大程度上是由其他学科的核心期刊构成的。他认为实际上所有科学学科的核心期刊合在一起不会超过 1000 种，或许甚至少于 500 种。这就是加菲尔德引文集中定律。

对中文科学引文的分析也得出了同样的结论，发现我国的引文分布情况不仅符合加菲尔德引文集中定律，而且被引期刊集中化的趋势更加明显。图 10-2 表明，《中国科学引文索引》(CSCI) 的参考文献的 50%来自被引期刊总数的不到 3%；而被引期刊总数的 25%就承担了 90%的引文量，被引文总数的 75%只涉及 712 种被引期刊[82]。

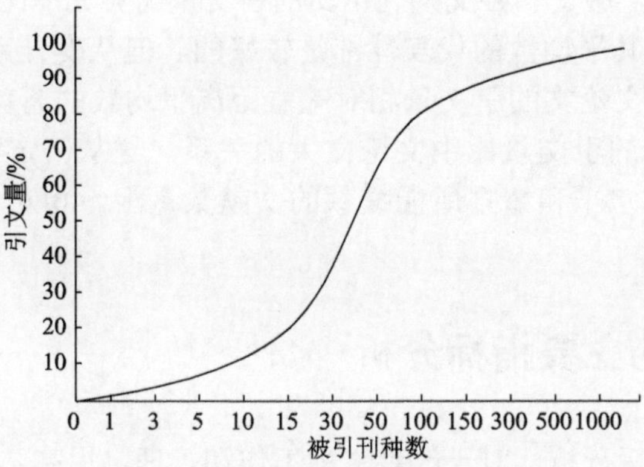

图 10-2　中文科学期刊引文的分析

(2) 引文在不同类期刊中的集中与分散：根据布拉德福定律，一个科学家需要参考和阅读的期刊论文有三个来源：1/3 来自本学科数量很少的一组核心期刊；1/3 来自数量较多的另一组期刊，它们主要由本学科的非核心期刊构成；另外的 1/3 来自数量更多的一组非本学科领域的期刊。如果将这三类期刊依次称为 A 类、B 类和 C 类期刊，很明显，某一学科的引文主要集中来自数量很少的 A 类期刊，而另一部分引文却分散在数量很大的其他类的期刊中。同时，对某一学科来说，C 类期刊的分布情况可以从各学科期刊之间的引用关系反映出来。通过对各学科期刊相互引用次数和引证系数的测定，可以确定某一学科 C 类期刊的分布范围。一般来说，自然科学各学科的 C 类期刊主要是综合学科期刊和技术学科期刊。

(3) 引文量的集中与离中趋势。对每篇论文所占有的引文平均数和标准差 (S)

的测定，可以反映出某一学科平均引文量的集中与离中趋势。例如，对当前农业科学研究论文中引文的抽样调查表明，中文引文量的平均数 $\bar{X}$=10.55 篇/篇，外文引文量的平均数 $\bar{X}$=16.04 篇/篇，这在一定程度上代表该组资料的集中趋势。但这样所得的平均数是否真正代表该组资料的集中趋势，还必须进一步测定它的离中趋势。离中趋势越小，表明平均数所代表的集中趋势越精确。“离中趋势”即“离势”的大小，一般以标准差(S)表示。

在实际工作中，求平均数（$\bar{X}$）和标准差(S)最简单的方法是利用频数分配表按等级差法计算。中文期刊的 $\bar{X}$=10.45，S=6.75；外文期刊的 $\bar{X}$=16.2，S=6.82。S 是表示绝对离势的大小，它与平均数的大小有一定的关系。如果平均数不同，还要计算其相对离势。相对离势的大小用变异系数 V 表示，中文论文引文量 $V=\frac{S}{\bar{X}}\times 100\%=64.6\%$。同样，求得外文论文引文量 V=42.1%。

从标准差来看，中文和外文期刊论文的引文量离势大小比较一致，说明无论是中文还是外文，其平均数的代表性都是较好的。但从变异系数 V 来看，中文大于外文，说明外文论文的引文量相对来看距离平均数的离势要比中文论文小，这是因为外文论文的引文量比中文论文大的关系。这从一定程度上反映了外文论文在研究工作的水平和情报所能提供的文献数量上，相对于中文论文来说，占有一定的优势。

四、引文的主要指标分析

科学引文的指标分析，对于改善文献工作和管理、提高文献定量研究的水平都具有重要意义。引文指标分析包括引文年份、引文语种、引文的文献类型、引文国别、引文作者(特别是著作大师)、引证经典作品等的分析。下面选择引文中几项主要指标加以分析。

1. 引文年份分析

从时间的角度对引文分布规律进行分析是引文分析的主要内容之一。它可以反映出被引文献的出版、传播和利用情况，特别是在文献老化和科技史的研究中，引文年份分布的分析更是一种广泛应用的有效方法。

早在 1965 年，普赖斯在对引文进行大量统计分析工作以后就提出了“最大引文年限”的问题，并指出文章被引用的峰值是该文章发表以后的第二年。也就是说，当年发表的文献，所用的被引文大量来自前两年的。“最大引文年限”反映了科学文献最活跃、最有生命力的时期。这一重要参数的确定，不仅对于文献规律等理论研究产生重大影响，而且对于有效地确定各学科领域文献剔旧的最佳时限、使文献利用达到最佳值、指导文献出版发行工作等都具有指导作用。因此，这一课题引起了许多学者的研究，并提出了一些修正性意见。例如，苏联学者柯果塔特可夫提出，文献被引用的峰值在其发表后的2～4年，在不同时期、不同学术环境条件下，各学科文献的最大引文年限是不同的，所以应当用发展的观点来对待普赖斯的结论。

许多研究表明，引文随时间的分布呈现出一定的规律性。一般来说，随着年度的由远及近，引文量呈增长趋势，即时间越近，被引用的文献越多。

如果以引文年份为横轴、各年引文量为纵轴，在坐标图上描绘各年数据点，然后用一条线连接起来，便可得到一条引文年份分布曲线。通过对造成曲线曲率变化原因的分析，不仅可以了解文献的传播利用情况，而且可以研究科学发展的进程和规律。

通过对有关引文年份分布曲线的分析，可以大致确定被引文献投入使用的周期。中文被引文献从出版到被利用的平均时间差大约是半年，而外文文献要两年左右。科学文献被引用的最佳年限是：中文文献为出版后的2～5年，而外文文献为出版后的3～8年。科技工作者使用的引文大多是近一二十年内发表的文献，而二十年以前的文献就很少被人利用了。

根据以上结论，可以从文献利用的最佳年限出发，确定文献的服务方式和保存年限，从而为文献的科学管理提供定量依据，同时也从一个侧面反映出科技事业的发展水平。这是因为引文数量在很大程度上受文献源的限制，而科技论文发表的多少又从一个角度反映科技事业本身的状况。因此，引文年份分布规律的分析是研究科学文献的出版和交流情况乃至研究科技进程的一个重要途径。

引文随时间的分布规律，要受到许多因素的影响，如学科性质、文献类型、文献语种、文献服务质量，以及一些人为的社会因素等。大体上说，新兴学科、边缘学科文献的平均被引用时间要比其他学科长一些，理论性文献比应用文献引用时间长，科学文献比技术文献引用时间长，原始研究文献又比其他文献引用时间长；专著的引用时间长，而期刊论文则较易过时，等等。表10-6是从农业科学的中、外文各四种期刊中抽取1980年的各100篇论文，统计其引文情况所获得的数据，既反映了引文年份分布状况，又将中、外文引用情况进行了对比。

表10-6　农业科学引文年份分布

组	年度区间	中文文献频数	频率/%	外文文献频数	频率/%
1	<1930	10	0.9	9	0.6
2	1930～1934	4	0.4	7	0.4
3	1935～1939	7	0.7	13	0.8
4	1940～1944	9	0.9	18	1.1

续表

组	年度区间	中文文献频数	频率/%	外文文献频数	频率/%
5	1945～1949	11	1.0	36	2.3
6	1950～1954	24	2.3	39	2.4
7	1955～1959	98	9.3	64	4.0
8	1960～1964	164	15.5	148	9.3
9	1965～1969	121	11.5	258	16.1
10	1970～1974	185	17.5	424	26.4
11	1975～1979	415	39.3	568	35.4
12	>1979	7	0.7	20	1.2

这一比较研究结果显示，在引文年份分布中，国内文献与国外文献存在差异，值得注意。简言之，引文中的中文文献集中在最近几年，一般近 5 年的文献就占 70%～80%；外文虽然也比较集中，但下降比较平稳。20 年以前的中文文献在引文中所占比例极少，而外文的则仍占相当大的比例。

从表 10-7 可以看出，利用引文法确定的几个学科的中文文献的半衰期均为两年左右，而外文则在 7～8 年，差距甚大。这些引文年份分布的数据，对于文献的搜集、剔旧、确定中外文期刊资料的服务方式等都具有指导意义。

表 10-7　四类文献的中外文半衰期比较

文种	物理学（1982 年）	物理学（1979 年）	自动化技术及计算机（1982 年）科学	中国科学（1982 年）
中文	1.8	2	2.0	2.2
外文	7	6.4	7.3	8.5
总体	6.1	5.9	6.3	7.1

2. 引文语种分析

引用文献是由不同语种的文献构成的。某一语种的文献被引用量越大，说明该语种比较重要和常用。考察和分析引文语种的分布，对于人们有计划地引进外文文献、译文选题、外语教育等，都颇有参考价值。对《大气科学》《金属热处理》等十种期刊 1979 年 367 篇论文的 3054 篇引文的调查分析表明，中文文献占整个引用文献的 27%，英文文献为 58%。这说明在目前情况下，只要掌握英文和中文，就足以查阅所需文献的 85%。英文引文所占百分比特别高，一方面说明国际上以英文发表的有关学科文献数量多，另一方面说明我国科技工作者多数是以英语为工具检索国外资料的。此外，也与图书情报部门订购英文书刊比其他文种多有关系。

引文语种分布的一个特点是：对于不同学科或专业，引文语种分布是不尽相同的。例如，《数学学报》61 篇论文的 435 篇引文中，没有一篇日文文献；相反，德文与法文却占一定比例；《环境科学》41 篇论文的 442 篇引文中，中文比例最大，高达 47%。

3. 引文的文献类型分析

科学研究中引用的文献面很广，有期刊、图书和特种文献。《科学通报》是我国综合性学术刊物，它发表我国各个学科或专业的理论研究论文，具有广泛的代表性。因此，以《科学通报》为样本，进行引文的文献类型分析是比较合适的。《科学通报》中出现的特种文献有专利说明书、科技报告、会议文献、技术标准、产品样本和目录及学位论文。引文类型的分布如表 10-8 所示。

表 10-8 《科学通报》中引文的文献类型分布

年份 / 文献类型	1973 年	1974 年	1975 年	1976 年	1977 年	1978 年	1979 年	合计	百分比/%
图书	37	72	69	61	77	206	354	876	18
期刊	170	351	408	256	454	916	1292	3847	76.8
特种文献	3	1	4	5	16	10	24	63	1.2
中文内部资料	6	12	23	2	29	61	65	198	4

表 10-8 中的数字说明，大量提供情报信息、及时反映科研动态的是期刊，期刊论文占整个引文的 76.8%。可以肯定，在我国目前条件下和未来一段时期内，期刊将始终是我国科技工作者第一位的文献来源，可见广辟期刊情报源有很大的意义。此外，特种文献的引用率很低，说明这类文献的宣传和服务是一个薄弱环节。其实，会议录、科技报告等非书非刊资料，所反映的内容更新、动态更快，作为情报服务部门千方百计加强这类文献的搜集和服务是很重要的工作之一。

4. 引文的国别分析

由于科学研究的需要，任何一个国家的科技工作者都不可避免地要引用别国的科学文献，这样就形成了引文按国家分布的情况。对引文的国别分析，特别是各国文献互引情况的统计分析，可以探明各国互引文献的状况、弄清国际文献交流的数量和流向。这对于研究各国的科学发展水平和技术实力、制定合理的技术引进政策，都具有较为重要的意义。

引文的国别分析一般采用抽样分析法进行。1975 年，弗雷姆和鲍姆合作研究了国际上超导电性文献的引用情况。他们对 1975 年《物理文摘》刊登的文章所引用的参考文献分层随机抽样，调查了美国、苏联、英国、日本、法国、联邦德国、东欧(除苏联外的经济互助委员会会员国)和所有其他国家相互之间的文献引用情况。他们的具体做法是以期刊对期刊，当参考文献中提到某篇文章时，不必实地去调查作者的国籍，而是按期刊中各国作者的百分比赋值给参考文献。例如，如果在某种期刊中有 40%的作者是英国人，那么在参考文献中只要引到这种期刊，就认为有 40%的文献出自英国人之手。这种方法大大简化了引文统计的过程。弗雷姆和鲍姆的统计数据如表 10-9 所示。

表 10-9　1975 年《物理文摘》刊登的各国超导电性文献互引统计

引用国＼被引国	美国	苏联	日本	法国	联邦德国	英国	东欧	其他	总数
美国	681.4	171.9	40.1	28.1	145.6	86.5	26.4	182.9	681.6
苏联	295.6	307.4	23.5	13.3	78.8	36.7	24.6	95.5	568.0
日本	71.5	22.0	5.4	3.1	18.3	9.1	3.5	22.0	149.5
法国	26.1	8.1	1.9	1.3	6.6	4.2	1.3	8.4	56.8
联邦德国	208.5	71.5	15.5	8.7	55.2	24.6	10.5	65.2	404.4
英国	92.7	30.1	6.9	4.9	23.3	18.2	4.7	30.9	193.5
东欧	46.7	22.6	3.4	2.1	11.9	6.3	2.8	15.0	108.0
其他	265.1	84.5	17.5	11.5	64.4	35.6	12.8	81.5	491.4
总数	1006.2	410.7	108.8	71.7	348.9	203.0	83.8	419.9	—

注：总数不包括本国自引的数字。

根据表 10-9 中的数据，可以求出文献交流比 α 和引用参考文献的偏离值，进行各国文献互引的深入研究。

A 国与 B 国文献交流比的定义为

$$\alpha = \frac{\text{A国引用B国的参考文献总数}}{\text{B国引用A国的参考文献总数}}$$

如果 α>1.0，那么 A 国引用 B 国的文献较多；如果 α=1.0，那么 A、B 两国彼此引用文献数目相等；如果 α<1.0，那么 B 国引用 A 国的文献较多。根据表 10-9 中的数据，可以计算出一个国家相对于其他各国的 α 值，以及各国相对于其他所有国家的 α 值(表 10-10)。从求得的值可以看出，在超导电性领域内，美国和法国是“文献输出国”，而苏联、日本是“输入国”。可见，文献交流比是衡量不同国家互相引用文献的一个相对量度指标。

表 10-10　1975 年《物理文摘》刊登的各国超导电性文献互引的 α 值

被引国 引用国	美国	苏联	日本	法国	联邦德国	英国	东欧	其他	总数
美国	1.000 0	0.581 5	0.560 8	1.076 6	0.698 3	0.933 1	0.565 3	0.689 9	0.677 3
苏联	1.719 6	1.000 0	1.068 2	1.642 0	1.102 1	1.219 3	1.088 5	1.130 2	1.383 0
日本	1.783 0	0.936 2	1.000 0	1.631 6	1.180 6	1.318 8	1.029 4	1.257 1	1.374 1
法国	0.928 8	0.609 0	0.612 9	1.000 0	0.758 6	0.857 1	0.619 0	0.730 4	0.789 4
联邦德国	1.432 0	0.907 4	0.847 0	1.318 2	1.000 0	1.055 8	0.882 4	1.012 4	1.159 4
英国	1.071 7	0.820 2	0.758 2	1.166 7	0.947 2	1.000 0	0.746 0	0.868 0	0.953 2
东欧	1.768 9	0.918 7	0.971 4	1.615 4	1.133 3	1.340 4	1.000 0	1.171 9	1.288 8
其他	1.449 4	0.884 8	0.795 5	1.369 0	0.987 7	1.152 1	0.853 3	1.000 0	1.170 3
总数	1.476 4	0.723 1	0.727 8	1.266 8	0.842 5	1.049 1	0.775 9	0.854 5	—

某一个国家的科技工作者在特定时期内所发表文章的总数，可在一定程度上衡量一个国家科研能力的大小。如果这个国家的科研力量能够单独决定该国引用文献数量，那么可以推断出该国所引用的文献量与被别国引用的文献量一样多。例如，在超导电性领域中，美国引用了世界上参考文献的 35.8%，那么在正常情况下可以推知美国被别国引用的参考文献也将占世界参考文献的 35.8%；如果英国作者引用了超导电性方面的 212 篇文献，则其中有 35.8%(75.8 篇)的文献将出自美国。人们可以根据一个国家科研力量的大小推出一个国家引用别国的参考文献期望值，利用文献引用统计数据计算期望值的公式为

$$C'_{KP}=\frac{(\text{来自引用国}K\text{的文献数})\cdot(\text{来自被引用国}P\text{的文献数})}{\text{总文献数}}$$

$$=\frac{\sum_{i}^{n}C_{Ki}\sum_{j}^{n}C_{Pj}}{\sum_{i}^{n}\sum_{j}^{n}C_{ij}}$$

式中，C 是两国间互引参考文献的实际数目；C'是期望值；K 是引用国代号；P 是被引国代号；n 是被研究国家数目。

为了确定参考文献的引用值与期望值之间的偏离程度，特引出引用参考文献偏离值 DRV 的概念，即

$$\mathrm{DRV}_{KP}=\frac{C_{KP}}{C'_{KP}}$$

通过计算得出的各国引用超导电性参考文献的偏离值如表 10-11 所示。

表 10-11　1975 年《物理文摘》刊登的各国引用超导电性参考文献的偏离值

引用国＼被引国	美国	苏联	日本	法国	联邦德国	英国	东欧	其他
美国	1.396 2	0.548 4	0.723 9	1.350 5	0.884 4	1.141 7	0.665 2	0.891 9
苏联	0.943 0	1.526 9	0.659 9	0.993 6	0.745 3	0.754 4	0.965 0	0.725 0
日本	1.288 9	0.618 9	0.855 3	1.304 0	0.979 2	1.057 7	0.771 0	0.942 9
法国	1.253 3	0.627 3	0.805 2	1.429 1	0.940 8	1.297 9	0.775 5	0.957 6
联邦德国	1.266 8	0.676 3	0.826 3	1.235 4	0.995 3	0.961 6	0.786 4	0.942 1
英国	1.223 3	0.617 3	0.767 0	1.502 3	0.912 0	1.548 2	0.797 0	0.970 1
东欧	1.176 7	0.885 9	0.747 4	1.244 4	0.892 8	1.014 5	0.882 8	0.900 6
其他	1.292 4	0.641 6	0.751 7	1.312 0	0.931 0	1.118 4	0.765 9	0.944 7

由表 10-11 可知，$DRV_{英美}$=1.2233，这说明英国引用美国的参考文献比按英美研究力量估计的期望值高 22.33%。总的来看，对于美国，除了被苏联引用的情况外，DRV 总是大于 1，说明美国的文献被世界大量引用，比按国家科研能力估计的期望值要高；而对苏联来说，除了本国自引的情况外，它的 DRV 值对 1 的偏离比其他国家都高，其文献引用量比按国家科研能力估计的期望值低 30%～40%。事实上，美国人的研究成果已被世界各国大量利用，而苏联研究成果的利用普遍不足，西欧、日本和东欧的情况则介于美国和苏联之间。

第五节　科学文献的自引分析

一、文献自引的概念

在被引文献中，有的是别的作者所写的论文或著作，有的则是作者自己以前发表的文献。在引用文献的行为中，限于主体本身范围内的引用称为“自引”。对于科学文献的各种内部的和外部的特征，均有可能发生自引现象。因此，自引这个概念有着广泛的含义和多向的应用。

自引的最主要原因是作者把目前的工作与先前的工作相联系。一个从事某一学科或专业研究的科技工作者，在正常情况下如果研究是连续不断的并陆续有所进展，则作者在发表新作时，必然要回顾本人以前的论点，引用自己过去的论文或著作。这一过程表示作者研究探讨上的顺藤摸瓜、继续深入，并发展自己以往的成果，使之更趋完善；或者提供一些背景资料，避免重复。因此，自引是一种必然的文献现象，也是科学文献的基本属性之一。

在引用文献的过程中，自引是一种重要而常见的引文形式。与其他引文一样，其被引证规律对揭示学科之间的相互关系是非常有用的。尤其是自引过程的特殊规律，对揭示各个国家、各个学科、各类专业、各个团体、各个语种、各种期刊等之间的关系有其独到的贡献。作者在论文中的自引量往往反映科学研究的进展水平和动态。从自引出发，可以定量地考察科学家的著述动态和征兆，掌握某一研究课题的进展情况，把握学科的发展，并能阐明科学社会的一些趋势和规律。另外，还可以将自引频数用来选择利用期刊，实现文献情报的计量管理。因此，对于自引的研究已经成为研究学科、期刊、科技论文作者、科学合作等问题的重要途径。自引分析是引文分析的一个组成部分。自引分析立足于同一主体的自身过程，因此它的特殊的研究方法可以说是引文分析的深入和继续。自引及其自引分析是文献计量学的重要研究内容和方法之一。

二、文献自引的类型

(1) 同一学科文献的自引。某一学科或技术领域的科学文献引用本门学科或专业的文献，就称为同一学科文献的自引。同一学科文献的自引率定义为

$$自引率=\frac{引用本学科文献的次数}{某学科引文总次数}\times 100\%$$

这种自引过程是在同一学科的文献中进行的。学科范围的大小可以根据具体研究目的来确定。国外学者厄尔(P. Earle)和维克里(B. Vickery)曾经分别对社会科学、自然科学和技术科学三大学科领域的自引情况做过统计分析，其结果是：在社会科学论文的参考文献总数中，有58%的引文来自本类学科(社会科学)，即社会科学文献的自引率为58%；自然科学文献的自引率为70%；而技术科学的自引率则为81%。表10-12系取自我国1980年出版的自然科学方面重要期刊的自引情况。

表 10-12　几门学科的自引情况

被引用 引文数/篇 引用	社会科学	自然科学	数学	物理	化学	地学	生物	医药卫生	农业	科学技术	合计	自引率/%
自然科学	16	992	215	134	149	272	368	122	52	258	2 570	38.48
数学	1	146	208	15	—	3	1	—	—	25	399	52.12
物理	—	133	12	468	2	7	2	—	—	93	717	65.27

续表

引用 \ 被引用 引文数/篇	社会科学	自然科学	数学	物理	化学	地学	生物	医药卫生	农业	科学技术	合计	自引率/%
化学	—	163	1	4	647	14	12	10	—	315	1 166	55.49
地学	20	260	15	19	21	1 867	310	6	29	52	2 599	71.84
生物	6	227	1	1	23	101	1 557	218	165	28	2 327	66.91
技术科学	7	60	20	78	36	13	2	3	—	400	619	64.62
合计	50	1 981	472	719	878	2 277	2 252	359	246	1 171	10 405	—

应当指出，同一学科在不同地区、不同时期的自引率可能是不一致的，因此在实际统计中，往往要确定时间区间和范围。

(2)同一期刊的自引。刊载在某一种期刊上的论文，引用同一期刊以前发表的论文时，该期刊自己援引自己的这种现象，称为期刊的自引。JCR 是这样计算期刊的自引率的：

$$自引率=\frac{该刊自引的引文数量}{期刊的所有引文总数}\times 100\%$$

例如，American Journal of Physics 在 1980 年总共引用 1090 篇文献，其中引自该期刊本身的 151 篇，那么自引率为 13.8%。期刊自引率是评价期刊质量的一种重要指标。

(3)同一作者文献的自引。某一作者在其著作中，援引他本人所写的或和别人合作写的论文或著作，这种引用就称为作者自引。其自引率公式为

$$同一作者文献的自引率=\frac{引用本人的论文数}{本人论文中的总引文数}\times 100\%$$

在实际统计中，常常是指某一时间范围而言(如三年内的文献)，即统计该作者在这段时间内，在各刊物或出版物发表的论文中所有参考文献的总数，以及其中由该作者本人所写的论文篇数，然后通过上述公式就可以得出同一作者文献的自引率，如植物生理学作者自引率约为 16.6%，神经学为 17.5%。作者自引是一种大量而常见的现象，也是研究和讨论得最多的一种自引。在目前文献中，作者自引占整个引用的 10%左右。

(4)同一机构的文献自引。这种自引过程是在同一机构的文献中发生的，凡是表现同一机构成果的文献，引用本机构或其人员发表的科学文献(不管是否是同一作者)，这就是同一机构的文献自引。其自引率公式为

$$某一机构的文献自引率=\frac{引用本机构发表的论文数}{参考文献总数}\times 100\%$$

其中两个指标的统计，可以采用这样的方法和步骤：①确定统计区间(如三年)；②统计本机构学者这三年内在各种杂志上所发表的论文及其所附的参考文献；③统计参考文献总数；④统计所有参考文献中由本机构人员写的文献篇数，代入上述公式计算，便可得到该机构的文献自引率。

(5) 同一语种文献的自引。某一语种的文献引用该语种文献的现象，就称为同一语种文献的自引。其自引率公式为

$$某一语种的文献自引率=\frac{引用同一语种的论文数}{参考文献总数}\times 100\%$$

(6) 同一时期文献的自引。某一时期所发表的论文，被同期出版的论文所引用，这就是同一时期文献的自引。这里所说的时期，通常指的是一年，因此同期文献自引也就是“当年指数”。例如，Science 1980 年共发表 929 篇文章，同年即被各种杂志的科技论文引用 1304 次，则同期文献自引率为 1.40。同期文献自引反映了期刊文献所引起的响应和引用的速度，也就是期刊被引用的快慢程度。它是评价期刊重要性、新颖性和及时性的指标，特别是评价期刊新颖性的充分必要条件。

(7) 同一地区文献的自引。某一地区或某一国家出版的文献中，引用本地区或本国的文献，这就是同一地区(国家)文献的自引。其自引率公式为

$$某一地区（国家）的文献自引率=\frac{引用同一地区的文献数}{参考文献总数}\times 100\%$$

在进行同一语种文献的自引率或同一地区文献自引率统计时，一般都要首先确定统计的时间跨度和学科范围。

通过对同一语种某专业文献自引或同一地区(国家)文献自引率的统计，可以分析该国的学者在该学科专业研究领域中的水平和所处的地位。一般情况下，如果一个国家在某学科领域中占领先地位，则其同一国家、同一语种文献的自引率就较高。例如，在 20 世纪 50 年代，联邦德国、日本在医学科学研究领域中占领先地位，所以联邦德国和日本出版的该学科文献中，本国文献的自引率较高。又如，我国的中医、针灸等传统的科学研究在世界占领先地位，所以我国出版的这方面的文献中，我国文献的自引率是比较高的。

为了更好地认识、把握作者自引，可以根据作者自引的外部标志或外在联系加以划分与概括。这样，自引可以分为两大类。

①直接自引：也称同步自引或同时自引。意指在作者的一篇论文中，由作者

本人所列举的参考文献里有作者本人的著作，这种引用称为直接自引。

作者的直接自引应考虑他本人的全部文章。在指定的时间内，若作者的全部论文所附的参考文献数量为 A，参考文献中作者本人之作的数量为 B，则直接自引率 $W=B/A$。对于每一篇论文，都会有确定的直接自引率，其取值范围为 0～1。

②间接自引：也称异步自引或历时自引。它是指包括在由他人采用的引文中的本人自引，也就是说在作者文章的参考文献中，有他人的著作，但该著作（即被引用的文献之一）援引了作者的科技论文，这种通过他人建立的自引，就称为间接自引。与直接自引不同，间接自引需要有被引文献的参考文献，才能发现这种间接自引的关系。

在特定的时间内，若某作者的论文被其他人所引用的次数为 C，后又被该作者复引回其他作者的次数为 D，则间接自引率 $S=D/C$。由于有些作者的著作既不被他人所引用，也不被自己所引用，因此很多作者的间接自引率是不确定的，而且其数值一般较小。

如果以自引的内部联系为依据，还可以把这两大类自引细分而展开为四小类。直接自引和间接自引均具有四个子类（表 10-13）。

表 10-13　自引的四个子类

子类	引用文献	关系	被引文献
Ⅰ	第一署名作者	是	第一署名作者
Ⅱ	合著者之一	是	第一署名作者
Ⅲ	第一署名作者	是	合著者之一
Ⅳ	合著者之一	是	合著者之一

三、文献自引的分析

在文献计量学中，引文分析是一种非常重要的研究方法，而自引分析又是引文分析中一个值得重视的分支。因此，从以下几个方面对文献自引及其规律进行剖析，从而得出相应的结论。

1. 自引量的分析

科学文献的自引与作者本身的科学研究活动有着密切联系。作者在论文中的自引量往往反映科学研究的深度和进展水平。当一位学者、一个团体、一个国家的科学技术基础较好、科研上有成就时，其自引量也必然大一些，因此比较国内外文献自引量的大小，在一定程度上可以反映科研的进展水平及差距。

2. 学科自引的分析

通过对同类学科文献自引率的统计，可以进行以下三个方面的分析研究工作。

(1)评价某学科的相对稳定性：学科自引率的大小，可用来评价其稳定性。一般来说，学科自引率较高，说明该学科比较成熟、稳定。从表10-12中可以看出，地学较之数学更多地援引本学科的文献，意味着其知识来源偏向于自给或排他。这一点从情报学和图书馆学的自引情况看得更为清楚，情报学自引率为48%，图书馆学自引率为78%(以上学科的自引率均系对图书情报学文献的计算)。图书馆学的引用文献大部分来自自身学科的文献，说明该学科比较密封紧固，反之，情报学引用文献来源则较广泛，有18%来自计算机科学，其次来自化学、数学和医学等学科。情报学引文开放，说明该学科与其他学科交叉渗透频繁而又深入，具有强烈的综合性，易于吸收和采纳其他学科的新思想、新技术、新方法。因此，学科自引率还可以衡量某一学科与其他学科的联系程度。

(2)分析某学科的相对独立性：若某学科的自引率较高，则该学科的相对独立性大，反之，则相对独立性小。例如，社会科学的自引率为58%，则称社会科学这一类学科的相对独立性为58%。而自然科学的相对独立性为70%，也就是说自然科学类文献相对社会科学类文献有更大的独立性。通过对某学科独立性的分析研究，可给图书情报工作带来许多有价值的应用，如根据某学科的自引率和相对独立性，可大致确定该学科专业图书馆中核心文献的比例。

(3)分析某学科的吸收能力：若某学科的自引率高，则较少吸收外界的成果；反之，则说明该学科的吸收能力强，例如，情报学的自引率比图书馆学低，而情报学的引文很广，能较快地吸收其他学科的成果。通过对某学科吸收能力的分析研究，可以了解该学科与外界的相关程度。而通过对同一学科在不同时期的不同吸收能力的分析，可以掌握该学科的发展、分化、渗透等规律，从而为科学学的研究提供可靠的分析素材。

3. 期刊自引的分析

对同一期刊的文献自引率可进行如下分析。

(1)评价期刊在本学科领域的地位：同一期刊的文献自引率，可用以分析期刊的报道方向、用稿标准和选材范围是否稳定，从而评价期刊的质量。如果期刊的自引率高，表明该刊的用稿有连续性，前后衔接较好，逐渐形成了自己的学术风格和独到的特点，成为指导某专业或课题的权威刊物，使该期刊在本学科领域中占领先或领导的地位。

(2)自引率高可能体现了某期刊所载论文反映的专业面较窄，对口期刊较少。

4. 作者自引的分析

作者自引包括个人作者和作者群的自引。某一机构的作者文献自引率不仅可用于分析某一机构团体在本学科领域中所处的学术地位，而且可以分析该机构的学者的科研水平。一般来说，若某机构作者的文献自引率较高，则说明该机构的学者在本领域有较高的学术水平，其科学研究富有连续性。关于作者文献自引率分析，要涉及作者的引文态度问题。为了对作者的引文态度进行客观评价，提高作者自引分析的合理性和可比性，这里再引入两个统计自引率的概念，即本篇论文自引率和平均自引率。本篇论文自引率是指作者的某一篇论文的参考文献中，引用自己以前发表的文章所占的比例。而某作者文献的平均自引率是指该作者在某一段时间内所发表的各篇论文的“本篇论文自引率”的平均值。在某一段时间内(如五年)，某作者的个别论文的“本篇论文自引率”较高，而其“平均自引率”却较低，则是正常的。这样，使用作者文献的这两个自引率指标，就能为从定量的角度评价作者、选拔人才提供较为科学的方法。

5. 自引子类的分析

前面关于四个子类的划分是对自引两大类区分的深化，更加本质地反映了自引的结构和规律。为了讨论自引子类划分的意义，这里以表 10-14 中的数据来说明。此表选取发表于 1979 年的农业文献 237 篇，附有 3469 篇参考文献，其中自引 511 篇；共有作者 615 名，每篇论文平均作者 2.59 人。同样又选取发表于 1974 年的防治肿瘤的文献 109 篇，每篇论文平均作者 3.43 人；其全部参考文献为 2432 篇，其中，自引 246 篇。通过引文作者的内部关联的分析和计算，得到表 10-14 中的有关数据。

表 10-14　两个科学领域的直接自引子类分布

子类	农业文献			防治肿瘤文献		
	各自类引文数量	占自引的百分比/%（N=511）	占总引文的百分比/%（N=3469）	各自类引文数量	占自引的百分比/%（N=246）	占总引文的百分比/%（N=2432）
Ⅰ	220	40.05	6.34	66	26.83	2.71
Ⅱ	152	29.75	4.28	109	44.31	4.48
Ⅲ	50	9.78	1.44	26	10.57	1.07
Ⅳ	89	17.42	2.57	45	18.29	1.85
合计	511	97.00	14.63	246	100.00	10.11

由表 10-14 中的数据，可进行以下分析。

(1) 自引中的子类相对量，取决于作者的合作程度和所属学科的性质。低合作水平和高个人能力的一些学科和领域，如数学等会有大量的子类Ⅰ的自引，而其他子类的自引则很少。单一作者的论文绝不可能导致子类Ⅰ和Ⅳ的出现。论文的合著者数目越多，形成合著者之一是第一署名作者的机会也越大，也就是说合作程度加强，子类I的自引比例便增加。

(2)自引与每篇论文的作者数目(即合作程度)有关。

(3)作者的相对位置，也是影响四个子类自引相对量的因素。

第六节 科学文献的双引分析

一、“引文耦合”与“同被引”的概念

科学文献的引用与被引用，使得大量文献分群聚类。引文聚类包括“双引”、“三引”以及“三引以上”的引文聚类。科学文献的双引聚类分析涉及两个最基本的概念，即引文耦合与同被引。本节主要讨论这两种引文聚类关系的概念、分析方法及其意义。

1. 引文耦合

在科学文献的被引文中，人们可以经常看到不同文章的作者在不约而同地引用某篇或某几篇完全相同的文献。针对这种现象，美国学者凯斯勒(M. M. Kessler)博士于 1963 年首次提出了文献耦合(bibliographic coupling)(也称文献合配)的概念。“文献耦合”是指引用文献通过参考文献(被引用文献)建立起来的耦合(故也称“引文耦合”)。具体地说，如果 *A* 和 *B* 两文献共同引用了一篇或多篇相同的文章，或者说它们共同具有一篇或多篇同样的参考文献，则称 *A* 和 *B* 两文献在引文上具有耦合关系。引文耦合的文献总有这样或那样的联系，其联系程度可用“耦合强度”(或称耦合频率)的指标来衡量。耦合强度取决于 *A* 和 *B* 共有的参考文献的数量。如果两篇文献(引用文献)具有一篇相同的参考文献，那么这两篇论文就具有一个引文偶(或称耦合单位)；如此类推，若两篇论文有几篇相同的参考文献，那么这两篇文献就有多个引文偶。显然，引文越多，则耦合强度越大，说明这两篇论文的联系越紧密。

一般来说，引文耦合是指在两篇引用文献之间建立的关系，但也不局限于两篇，可以是多篇。引文耦合是相对而言的。耦合的对象不同，会有不同的耦合标准，则可形成具有不同特点的引文耦合群，其耦合范围可用“耦合幅度”的指标来衡量。因此，引文耦合现象，使大量科学文献分群聚类，不仅提供了从文献被使用的角度检索文献的可能性，从而提高了文献情报服务的针对性和效率，而且为研究文献的引用结构和规律、主题相似性及学科结构等问题开辟了新的途径。

文献耦合理论的基本出发点是，凡共同引用一篇或多篇参考文献的两篇引用

文献之间必有相互联系。其实，耦合概念不仅局限于同时引用的两篇论文本身之间的关系。它揭示的是一类普遍存在的关系，即两个（或两个以上）不同主体与同一对象之间的关系。因此，可以将凯斯勒提出的文献耦合概念予以推广，相对于文献的学科主题、期刊、作者、语种、国别、机构、发表时间等特征对象来说都可以发生耦合关系。也就是说，耦合概念还能反映同时引证的两个（或多个）学科之间、两种（或多种）期刊之间、两个（或多个）作者之间等的耦合关系。例如，如果不以文献为单位，而以期刊为主体，若两刊同时引用了另一期刊的论文，则称这两种期刊具有耦合关系。同时，可把两刊同引某刊一次记为一个引文偶（或称刊偶）。刊偶越多，表明这两种期刊的亲缘关系越密切。

科技论文及其相关媒介的广义上的耦合现象，使一些表面看来没有联系的主体对象客观地被耦合起来，从而揭示了科学文献体系的内在联系和结构关系。因此，从广义上来理解和分析耦合概念，对于全面理解文献计量学的研究对象和范围、促进文献计量学在科学学等领域的更为广泛的应用，都具有一定的理论和现实意义。

2. 同被引

在分析文献的引证关系时，不仅可以从论文具有相同参考文献的角度来看，而且可以从已知论文被后来的文献共同引用的角度来研究文献结构的动态规律。1973 年，美国情报学家亨利・斯莫尔（Henry Small）和苏联情报学家依林娜・玛莎科娃（Irina Marshakova）分别在研究文献的引证结构和文献分类时，同时首次提出了文献同引（cocitation）（也称同被引）的概念。同被引就是指两篇（或多篇）论文同时被别的论文引用时，则称这两篇论文（被引用论文）具有同被引关系。具体地说，如果 A 和 B 两篇（或多篇）文献，不管其发表的时间如何，只要同时被后来的一篇或多篇论文所引用，则称 A 和 B 两篇文献具有同被引关系。另外，以引用它们的论文（引用文献）数量多少来测度其同被引程度。这种测度称为同被引强度（cocitation strength）或同被引频率（cocitation frequency）。若同时引用这两篇论文的文章越多，则它们的同被引频率就越高，说明它们之间的关系越密切。同时，文献的同被引相关群跨度可用同被引幅度指标来衡量，若群内的同被引文献越多，则其同被引幅度就越大。

与文献耦合的概念相类似，同样可以将同被引的概念推广到与文献相关的各种特征对象方面，从而形成各种类型的同被引概念，如期刊同被引、作者同被引、主题同被引等。广义上的同被引现象使一些无外部联系的特征对象客观地被同时引用它们的作者联系起来，从而从不同角度揭示了文献引用之间的复杂的结构关系，为全面进行引文分析、研究引文结构提供了新的途径。

3. 引文耦合与同引的异同

科学文献的引文耦合与同被引是既有联系又有区别的两个重要概念。它们都是指两篇论文依靠另外一篇或多篇论文建立起来的关系，都能不同程度地反映文献之间的引用规律和结构关系。从引文或被引文反映出的主题相似性方面进行研究，都可用于研究文献关系、进行文献检索、揭示学科结构等。但是，两者也有明显区别，归纳起来有以下几点。

(1) 引文耦合反映的是两篇引用文献之间的关系，同被引反映的是两篇被引用文献之间的关系。前者是由两篇文献的作者共同建立的，后者是由引用它们的作者各自建立的。

(2) 引文耦合强度是固定不变的，同引强度则随时有可能发生变化。这是因为对于任意两篇已发表的论文，其后的参考文献是固定不变的。因此，引文耦合后的关系就不会改变，也就长期地得到固定和承认。对于具有同被引关系的两篇文献，同被引的特性决定了它们始终处于“被动”地位，它们之间的关系总是等着其他文献来建立，其强度也是依赖其他文献的需要量来增加，所以同被引后的关系仍处于变化之中。

(3) 引文耦合反映的文献间的关系是一种固定且长久关系，而同被引反映的则是变化的或暂时的关系。因此，引文耦合形成的模型是静态结构模型，而同被引则是动态结构模型。

(4) 引文耦合是回溯性的，属于“回向引用”，而同被引则是展望性的，属于“前向引用”。

(5) 对于研究和揭示科学文献的内在联系与规律，以及描绘科学发展动态结构来说，“同被引”比“引文耦合”更具有优越性，更适应当代情报科学所研究的对象是不断变化和发展的特点。为了便于比较，这里把引文耦合与同被引概念的情况进行归纳，如表 10-15 所示。

表 10-15 引文耦合与同被引比较

序号 \ 内容 \ 项目	引文耦合	同被引
1	反映引用论文之间的关系	反映被引用论文之间的关系
2	必须由两个(或两个以上)引用论文的作者共同建立	可以由一个引用论文的作者单独建立
3	媒介是被引用论文	媒介是引用论文
4	其程度以“耦合单位”(或引文偶)指标衡量(共有的被引用论文数)	其程度以“同被引频率”指标衡量(共有的引用论文数)

续表

项目 内容 序号	引文耦合	同被引
5	其强度固定不变	其强度随时可能改变
6	表示引用论文之间固定且长久的关系；反映的是静态结构	表示被引用论文之间变化而暂时的关系；反映的是动态结构
7	引文关系处于主动地位	同被引关系处于被动地位
8	回溯性的，属于“回向引用”	展望性的，属于“前向引用”
9	被引文(*C*)　引文(*A*,*B*) *A* ↙ *C*←*B* *C* 先发表；*A*,*B* 后发表 *A* 与 *B* 为引文耦合关系	引文(*C*)　被引文(*A*,*B*) *A* ↗ *C*→*B* *C* 后发表；*A*,*B* 先发表 *A* 与 *B* 为同被引关系

二、耦合分析

对以文献引用为中心的各类耦合关系的分析和研究，不仅可以丰富文献计量学的研究内容和方法并开拓其新的应用领域，而且能为科学学、预测学、科技管理等方面的研究提供新的有效途径。耦合分析包括对引文耦合、期刊耦合、作者耦合等各种类型耦合分析。下面分类型讨论耦合分析及其意义。

1. 引文耦合分析

引文耦合是最基本的耦合关系。它以被引用文献为耦合媒介，把众多引用文献联系起来，从而体现引用文献之间的相互关系，在一定程度上揭示了科学文献体系的内在规律。这对于文献学、情报学、科学学、预测学等方面的研究都有一定的意义。

对于文献耦合，可以从以下几个方面进行分析。

(1)通过引文相关群分析学科之间的联系。在引文耦合中，有可能形成两类引文相关群：一是闭式结构的，即在一群引用文献中，如果其中每篇论文都与群内任何一篇论文至少有一个耦合单位，则这群论文就形成一个群内的相互关联的闭式结构；二是开式结构的，即在若干论文中，如果每篇论文都与另一篇基准论文(如属于 A 学科)至少有一个耦合单位，则这些引文就形成一个与群外任意一篇论文相关联的开式结构。显然，这些引文相关群在一定程度上揭示了学科文献之间的相关关系，从而反映出学科之间的某些联系。例如，上述论文相关群和群中的论文在内容上必然与 A 学科有某种联系，或者与 A 学科同属一个学科，或是 A 学科中的一个分支，也可能是与A学科有关的交叉学科或边缘学科，等等。

(2)通过引文网络分析文献体系结构和学科结构。引文耦合现象在客观上把已发表的论文联系起来，形成一个个相关论文网络。事实上，具有耦合关系的论文网络必然具有某些共同属性。这种由论文之间的引证关系决定的网络属性把无外部联系的众多论文组成有序结构。分析这些网络结构，对于研究文献情报流的结构、规律，以及研究学科结构，都具有一定意义。

(3)为文献检索提供新的途径。因为引文耦合现象能够把科技论文按其引证关系组合为具有各种属性的相关群，所以提供了从文献使用的角度进行检索的可能性。这种从耦合关系出发查找相关文献的方法在一定程度上弥补了传统文献检索方法的不足，扩展了检索范围，从而大大提高了文献的检准率和检全率。

2. 期刊耦合分析

期刊耦合是指以每种科技期刊为统计单元进行的耦合。具体地讲，就是$n(n\geqslant 2)$种科技期刊同时引用了别的期刊的论文时，则称这n种科技期刊之间的关系为“期刊耦合”。其耦合程度以同时被引证的期刊种数(或次数)来衡量。这种测度称为期刊耦合频率或期刊耦合强度。科技期刊耦合现象在客观上把众多的期刊按照引证关系结合为一个个有序的相关群，在一定程度上揭示出期刊之间的相互关系，从而为研究文献情报流的结构和规律以及学科之间的联系，提供了客观的基础和条件。对期刊耦合的分析主要有以下三个方面。

(1)判断期刊之间的关系和联系程度。当某两种科技期刊具有耦合关系时，说明这两种科技期刊在某种属性上有一定联系，或者同属某一专业领域，或者虽属不同学科的期刊，但其中的论文有某种联系；揭示出它们在学科内容上的相互交叉关系，而且，其耦合强度的大小及增减，反映着它们之间联系的强弱及其变化。

(2)判断期刊的专业性质。通过期刊引用论文的“耦合强度”和“耦合比例”，可以判断出科技期刊的专业性质。

(3)从期刊耦合关系出发，通过期刊论文的内容分析，可以判断学科之间的相互关系和联系程度。

3. 作者耦合分析

作者耦合是指以一个个作者为基本单元进行的耦合。具体地说，就是$n(n\geqslant 2)$个作者在文献中同时引用了某一个(或多个)作者发表的文献时，则称这n个作者具有耦合关系。这种耦合的媒介是被引用文献作者，其耦合程度可由被引用作者的数量来衡量，这种测度称为作者耦合强度或作者耦合频率。

文献作者耦合现象体现了作者之间的客观联系，在一定程度上反映出学科专业人员的组成结构。因此，作者耦合关系的分析在图书馆学、情报学，乃至科学学、人才学等领域都可广泛应用。

(1)通过作者群体网络分析学科研究的状况和发展趋势。作者耦合现象在客观上把无外部联系的众多作者组合成一个个有序的群体网络，这些有序群体都是按其中作者所写的论文的属性来进行分类的。某学科论文作者群体在数量、质量及结构形式等方面的状况和发展变化，反映着该学科研究的队伍状况、学科发展过程及其趋势，从而为文献计量学和科学学的研究提供新的途径。

(2)根据相关作者群的组成，可以建立必要的科研同行通信网络，从而促进情报传递和学术交流。

(3)在情报检索中，可以从耦合作者群中的作者姓名出发，利用"作者目录"则能找出某专业课题的同行作者所发表的全部有关文献，从而为该学科专业课题的研究提供针对性较强的定题检索服务。

4. 学科耦合分析

学科(或专业)耦合是指以学科为基本单位进行的耦合。具体地讲，就是属于某 $n(n\geqslant 2)$ 个学科(或专业)的文献共同引用了别的学科(或专业)的文献，则称这 n 个学科具有耦合关系。其耦合程度以被引用的学科数量多少来测度。这个测度称为学科耦合强度或学科耦合频率。显然，学科耦合属于展望性的耦合，它所形成的是有关学科的相关群。利用这种耦合关系，可进行以下分析。

(1)利用学科耦合结构判断学科之间的关系。通过引文统计，可以确定学科之间的耦合关系结构及其耦合强度。很明显，耦合相关群中的学科之间以及与被引用学科之间，必然有一定的联系；另外，若某两个学科的耦合强度较大，则说明这两个学科之间关系密切，有着交叉渗透的趋势。如果某些学科不耦合或者耦合强度不大，则表明它们之间的关系不密切。

(2)从学科耦合关系的变化了解学科发展的状况和变化规律。如果统计并确定不同时期的某些学科耦合关系及其耦合强度，不断跟踪并比较分析学科耦合结构的变化，则能了解该学科发展的来龙去脉以及复杂的变化关系。另外，耦合强度的增大，说明相关学科的关系加强了；反之，则意味着它们朝分化独立的趋势发展。

(3)为专科文献的选择和搜集提供定量依据。利用学科(或专业)耦合强度来判断学科之间的相关程度，从而为文献选择和收藏提供依据。

此外，还有文献所属的国别耦合、地区耦合、机构耦合、语种耦合等。

三、同被引分析

对广义的各种类型的同被引关系的分析和研究，是引证分析的重要内容之一。它不仅能丰富文献计量学的研究内容和方法，而且对于科学学、人才学、预测学等方面的研究都有一定的意义。

1. 文献同被引分析

文献的同被引是一类最基本的同被引关系。它主要体现了同被目的参考文献之间的结构关系，从而反映学科之间的某些联系。对这种文献间的同被引关系进行分析，主要有以下几个方面的意义。

(1) 通过文献的同被引相关群的分析，可进行文献学方面的理论研究。例如，从分析同被引文献的类型、语种等方面的组成及联系入手，可以研究科学文献体系的特征结构、分布，以及利用等方面的规律。

(2) 通过文献同被引群体网络及其变化，可进行科学学方面的研究，如研究学科之间的相互关系、联系特征和发展变化状况与趋势等。

(3) 为制定文献采购策略和模型提供依据，为文献检索开辟新的途径。

2. 期刊同被引分析

期刊同被引是指以期刊为基本单元而建立的同被引关系。具体地说，就是 $n(n\geqslant2)$ 种科技期刊的论文被别的期刊同时引用时，则称这 n 种科技期刊具有同被引关系。其同被引程度以引用它们的期刊（引用期刊）种数（或次数）多少来衡量，这个测度称为期刊同被引强度或期刊同被引频率。显然，期刊同被引数量把数量众多的科技期刊按被引证关系联系起来，从而从利用的角度揭示了各学科期刊之间的相互关系和结构特征。对期刊同被引关系可做如下分析。

(1) 根据期刊的同被引关系及其强度，可以判断某些期刊的学科（或专业）性质。

(2) 为确定核心期刊提供依据。期刊的同被引反映了它们之间的某种学科或专业上的联系；而且，若同被引频率较高，则说明这种专业关系比较密切，从而为确定学科的核心期刊提供依据和新的途径。

3. 作者同被引分析

作者同被引就是把 $n(n\geqslant2)$ 个作者发表的文献同时被别的文献作者所引用，则称这 n 个作者具有同被引关系。其同被引程度可由引用文献的作者（引用作者）数来衡量，这种测度称为作者同被引频率或作者同被引强度。作者同被引与文献同被引是紧密相关的，但它是以文献的一个个作者为基本单元而建立的同被引关系。它使为数众多的作者按照被引证的关系聚集成一个个作者相关群，从而揭示学科专业人员之间的联系和结构特点；并进而反映出他们所从事的学科专业之间的联系及其发展变化的趋势。

(1) 通过同被引作者群的构成了解同行作者的情况。当 n 个作者被某一专题文献的作者同时引用时，则可以认为这 n 个作者以及引用作者都是该专题研究的同行，而且若同被引频率越高，则说明他们之间的学科专业关系越密切。从同被引作者群可以获知同行作者的数量、构成、活动规律等方面的许多情况。若把某专题研究的同行作者(科技人员)联合起来组成协作网，开展合作攻关，将大大促进该课题研究的深入和发展。

(2)通过同被引作者群的数量变化推测学科的发展趋势。作者的数量和结构的变化，在一定程度上反映了学科的兴衰起伏、分化渗透等趋势。在同被引关系网络中，作者数量和结构方式的变化可作为判断学科变化动态的一个依据。如果能定期考察和分析这些方面的变化，就可以跟踪和推测学科或专业的发展去向和趋势，因此，作者同被引关系的分析是进行科学学、预测学等方面研究的一种新方法。

(3)为文献检索提供新的途径。从具有同被引关系的作者出发，可进行某专题的定题检索服务，并能提高文献检索的针对性和效率。

4. 学科同被引分析

学科的同被引是指以学科为基本单元而建立的同被引关系。如果属于 $n(n\geq 2)$ 个学科的文献被别的学科文献同时引用，则称这 n 个学科具有同被引关系。其同被引程度以引用它们的学科(引用学科)的数量多少来衡量，这种测度称为学科同被引频率或学科同被引程度。同被引频率越高，说明这些学科的关系越密切，从而揭示了各学科之间或者一个学科的各分支之间的结构关系和联系程度。对此，可进行如下分析和研究。

(1)根据同被引学科群的构成分析学科间的关系和科学体系结构。通过同被引关系，众多学科(或专业)聚集成一个个学科群体，形成一种网络。这种学科群体网络关系和结构，不仅在微观上能揭示某些学科间的相互交叉和依赖关系，而且从宏观的角度，在一定程度上反映了科学体系的学科构成和结构特征，从而为科学学的研究提供了新的方法和途径。

(2)根据同被引学科群的数量变化，推测学科的发展趋势。具有同被引关系的学科群在数量、结构方式等方面的变化，在某种程度上反映了学科(或专业)的分化、渗透和综合趋势。如果统计并分析不同时期的学科(或专业)同被引关系，就能追溯或跟踪学科发展过程及趋势。这对于科学学、预测学的研究具有一定的意义。

(3)通过学科同被引关系的分析，可以了解和研究学科情报的来源、组成和交流规律，从而为情报学的研究提供素材和依据。

四、双引聚类分析

按照引文的不同特征，都可以进行引文的分群聚类和分析。一般来说，引文聚类分析主要是指专业聚类的分析。众所周知，引文之间都具有一定程度的学科专业相关性。按照专业属性，引文可聚集成为一个个聚类群体。对引文的专业聚类进行分析是引用分析的重要内容之一，无论对于文献学、情报学还是科学学的研究都具有重要的意义。这里主要讨论双引的专业聚类分析。

双引聚类分析方法是近些年才发展起来的一种情报分析技术，是引文分析法的一个重要组成部分。这种分析方法，主要是从文献计量和专业聚类的角度来分析科学研究的动态结构或测定科学家的成就。通常，它以 SCI 和 SSCI 作为研究的出发点，通过调查、统计、分类、整理、分析等一系列步骤，最后达到一定的研究目的。

1. *主要原理*

根据双引概念，可以这样来理解双引聚类分析法的原理。如果一个作者在他的某篇文章中至少同时引用了两篇文献(也称文献对)，那么这两篇文献就被认为对作者同时起了作用。当同样的文献对被许多作者的文章共同引用时，便聚集成引文的类群。也就是说，被同引用的文献对不仅具有引用文献内容专业上的共性，而且充当了引用作者之间的媒介，使他们建立一种彼此可以相互认识的联系基础。从另一个角度上讲，当一个作者创作论文时，他需要科学传统，必须参考与他的论文有关的过去发表的文章。这些参考文献的被利用，是为了鉴别作者在创作自己的论文中吸取的或引用的早期研究者的概念、方法等。因此，引用作者提供的被引文在某种程度上正式表达和解释了他们在从事科学研究时的思想方法和理论实质。因此，在研究科学文献的引文时，通常只需浏览被引的有关条目就可知引用作者所从事的科研领域和研究方向。

当然，实际上每篇学术论文一般不止引用两篇参考文献。据美国耶鲁大学教授普赖斯在 1970 年的调查，每篇科技论文参考文献的数量通常为 10～22 篇。1980 年，通过对大量正式论文的调查统计，SCI 更精确地指出，平均每篇科技论文引用参考文献为 15.9 篇。此外，在一篇文章中，作者同时引用不同专业聚类的文献也是可能的。一般来说，双引的常常是两个聚类的文章。当代科技论文的这些特征不仅为考察和揭示科研活动的内部结构及规律提供了充分必要条件，同时还从根本上保证了引文聚类的来源。

2. *方法步骤*

就方法而言，双引聚类分析的基本步骤如下。

(1) 寻找双引论文对、编制双引总目录。实际上，双引聚类指的就是一个按照一定的双引强度将文献对分类处理的技术过程。具体来说，聚类就是利用论文间的同被引关系把本来无外部联系的论文“聚”在一起而形成“类”的过程。其中，同引强度是具有同引关系的论文能否有资格聚为一类的判断标志。因此，双引聚类分析的第一步是寻找具有双引关系的论文对。为此，首先必须对所要研究的学科中已发表的文献进行全面的调查统计。摘出被引用频率较高的文章及其参考文献中各有关条目，分类编排并制成索引目录，以便从中寻找它们之间的双引关系。对于任意两篇文章，只要具有双引关系，就把它们单独抽出来作为一个文献对编排在一起。在此过程中，将发现许许多多的文献对，因而编排工作必须分步进行。编排时，一般采用双向注录法，就是分别按照 AB 顺序或 BA 顺序，将每个文献对（两篇文献）单独注录，并制成两个目录表，最后把它们汇集成双引文献总目录表。

⑵进行专业聚类。利用双引文献总目录，进行专业聚类，从中产生各学科的专题文献来完成聚类的过程。在双引聚类过程中，如何选定合理适中的阈值是保证聚类顺利进行的“隘口”，同时也是决定聚类规模大小及其成败的关键所在。在许多论文对中，谁有资格参加聚类，需要规定一个入类标准。这就是选定双引强度的阈值问题，一般认为，当同引强度大于所选定的阈值时，该论文对就可聚集成束，形成一个专题。该束中所反映出来的文献也就是该专题的核心文献，而同引强度小于阈值的论文对不能入类，则用来表示束与束之间的关系。阈值的选定不可太低也不能太高，若太低，势必影响聚类水平及其分析精度；若太高，又会使整个聚类系统失去平衡。一般来说，选定阈值应根据具体情况，以每个专题束中的文献比较纯一、相互间的关系比较明朗清晰为原则。实际上，聚类项目越多，规模越大，选定阈值问题也就越复杂。

⑶进行各种专项性研究和分析。双引聚类分析方法，可用于分析和研究学科之间的关系与动态结构；考察科学活动的规律与结构；评估科学家的能力与表现，衡量他们对实际经济效果的影响，为评奖遴选工作提供重要的参考依据；同时还为科学学、科技史的研究提供了一种重要手段。

科学引文来源广泛，数据量浩大，加上论文间的双引关系错综复杂，因此引文聚类过程通常需要借助和运用计算机系统来实现。通过计算机用预先编好的程序进行加工、整理、分类、编目以后，大量的引文就将按照各自所属的学科专业归类，形成专业课题的聚类束。最后由通过调查产生的高引用率的文章把它们各自引用的聚类束有机地组合并联络起来，利用计算机屏幕上显示的聚类映象，就可鉴别各专业学科的分布形态以及联系的远近程度，从而实现考察科技活动的目标。

第七节 引文分析法的应用

引文分析法自 20 世纪 20 年代产生以来，获得了普遍重视和应用。特别是 SCI 和 JCR 的问世，为引文分析法的应用提供了极为有利的条件和工具。目前，引文分析技术日趋完善，应用不断扩大，已发展成为文献计量学的重要方法之一。本节主要讨论引文分析法的应用范围和评价，并举例说明引文分析法的步骤问题。

一、引文分析法的应用领域

(1) 测定学科的影响和重要性。通过文献引用频率的分析研究可以测定某一学科的影响和某一国家某些学科的重要性。从图 10-3 可以看出其他国家引用联邦德国的科学文献的情况。由图可见，高度位于 10 以下的学科，其文献引用频率低于其他国家文献的平均引用频率而高于 10 的学科，则大于平均引用频率。据此可以得出，联邦德国的化学研究对其他国家的影响较大，而医学研究对其他国家的影响较小。

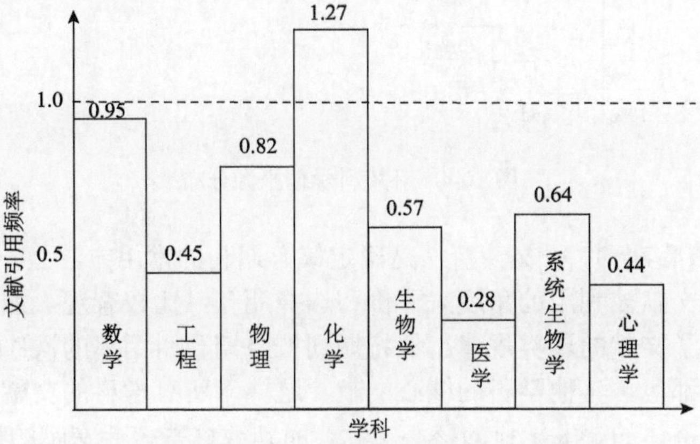

图 10-3 其他国家引用联邦德国科学文献的频率

(2) 研究学科结构。科学引文与被引文之间往往有着学科内容上的联系。通过引文聚类分析，特别是从引文间的网状关系进行研究，能够探明有关学科之间的亲缘关系和结构、划定某学科的作者集体，分析推测学科间的交叉、渗透和衍生趋势，还能对某一学科的产生背景、发展概貌、突破性成就、相互渗透和今后发展方向进行分析，从而揭示科学的动态结构和某些发展规律。1974 年，加菲尔德运用计算机系统，通过引文分析，描绘出 1972 年和 1973 年生物医学领域各主要课题、各课题相互间的关系以及新课题产生的示意图，从而反映出生物医学研究的内部结构。

(3) 研究学科情报源分布。通过文献间的相互引证关系，分析某学科(或专业)文献的参考文献的来源和学科特性，不仅可以了解该学科与哪些学科有联系，而且能探明其情报的来源及分布特征，从而为制定本学科的情报管理方案和发展规划提供依据。例如，通过引文统计分析，可以看出环境科学的情报源分布非常广泛，来自农业科学、卫生学、生物化学等 12 个学科的文献只占总引文量的 75%（图 10-4）。根据这一特点，可制定相应的情报工作策略。

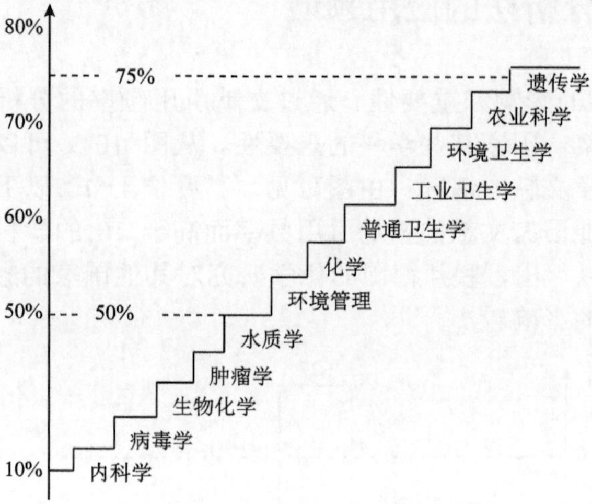

图 10-4　环境科学情报源分布

(4) 确定核心期刊。引文分析法是确定核心期刊的常用方法之一。这种方法的主要特点是从文献被利用的角度来评价和选择期刊，比较客观。加菲尔德通过引文分析，研究了文献的聚类规律。他将期刊按照期刊引用率的次序排列，发现每个学科的文献都包含其他学科的核心文献。这样，所有学科的文献加在一起就可构成一个科学整体的、多学科的核心文献，而刊载这些核心文献的期刊不过 1000 种左右。据 1974 年的 JCR 分析，在这约 1000 种期刊中，其中约 206 种期刊所发表的文献就占整个核心文献的 50%。利用期刊引文的集中性规律可以确定核心期刊。对中文科学期刊引文的分析表明，占引文总数 75%的文献来自 72 种被引期刊。这些期刊不仅被本学科中的期刊频繁引用，它们往往也是其他类期刊引用的对象，因此可以认为它们构成了中文自然科学期刊的核心。

(5) 研究科学交流和情报传递规律。利用科学文献的“引文链”和“引文网络”研究情报流的方向、过程、特点和规律，从而分析科学发展的历史和规律。

(6) 研究文献老化和情报利用规律。目前，有关文献老化的研究一般是从文献被利用的角度出发的。普赖斯曾利用引文分析探讨文献的老化规律，通过对“当年指数”和“期刊平均引用率”分析，他认为期刊论文是由半衰期截然不同的两大类文献构成的，即档案性文献和有现时作用的文献。科学文献之间引文关系的一种基本形式是引文的时间序列。对引文的年份分布曲线进行分析，可以测定各学科期刊的“半衰期”和“最大引文年限”，从而为制定文献的最佳收藏年限等管理方案、对文献利用进行定量分析提供依据。某学者根据引文法测定的中文各学科期刊的半衰期如表 10-16 所示，可供参考。

表 10-16　中文科学期刊的半衰期(率)

学科	半衰期	学科	半衰期
社会科学	3.8	地学、天文学	4.7
自然科学	3.3	生物	4.8
数学	5.2	医药、卫生	4.2
物理、力学	2.5	农业、林业	5.9
化学	4.7	技术科学	3.2

研究表明，一个学科的引文年份分布曲线与其老化曲线极为相似。这有力地说明文献引用分布反映了文献老化的规律性。因此，从文献引用的角度来研究文献老化和情报利用规律是一种有效的途径和方法。例如，1980 年“生物化学”引文的年份分布曲线就呈现出负指数曲线形式(图 10-5)。

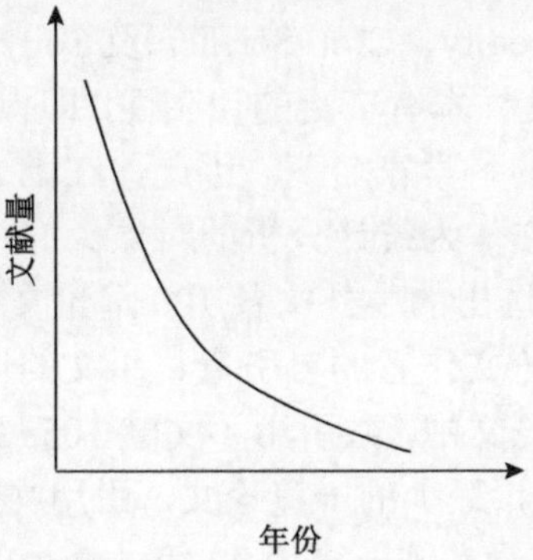

图 10-5　1980 年“生物化学”引文的年份分布曲线

(7)研究情报用户的需求特点。利用引文分析法进行情报用户研究是一种重要途径。根据科学文献的引文可以研究情报用户的情报需求特点。一般来说，附在论文末尾的参考文献是用户(作者)所需要和利用的最有代表性的主要文献。因此，从引文的特点，可基本上反映出用户利用正式渠道获得情报的主要特点。尤其是某特定的情报中心对其所服务的用户所发表的论文的引文分析，更具有直接的指导意义。通过对同一专业的用户所发表的论文的大量引文的统计，可以获得与情报需求有关的许多指标，如引文数量、引文的文献类型、引文的语种分布、引文的时间分布、引文出处等。这些指标在一定程度上能说明用户情报需求的主要特点。

(8)科学水平和人才的评价。通过对科学文献的被引率和持续时间等指标的分析，可以对有关国家或学术机构的科学能力和学术水平进行比较与评估。在人才评价方面，也常采用引文分析法。这是因为某作者的论文被别人引用的程度可以是衡量该论文的学术价值和影响的一种测度。同时，也从科研成果被利用的角度反映了该作者在本学科领域内的影响和地位。因此，引文数据为人才评价提供了定量依据。

二、引文分析法的应用举例

为了说明引文分析法的应用及其步骤，这里举一个利用引文分析法进行文献情报利用规律研究的例子。

根据文献计量学的原理，对当时农业科学研究论文中文献资料利用动态的引文分析，可按以下步骤进行。

(1)选取分析对象：在国内期刊中选择农业科学研究牵涉面较大的《中国农业科学》《遗传学报》《作物学报》《土壤学报》四种刊物 1980 年各期，国外期刊选择 Agrionomy Journal、Heredity、Crop Science 及 Soil Science 四种刊物的 1980 年各期。由于随机抽样可以使样本有广泛的代表性，即代表一般的农业科学家水平，而不是集中在少数有名望的科学家名下。因此，在上述国内外各四种期刊中，随机抽样，各取出 100 篇论文作为统计分析的对象。

(2)统计引文数据：在选出的中外文各 100 篇论文中，分项统计每篇论文的引文数量、引文出版年份、论文作者的自引量、引文的语种、引文文献的类型等。在随机选取的 100 篇中文论文中，共引用了文献 1055 篇，其中引用文献最多的一篇论文，共引用文献 39 篇，最少的一篇论文，引用文献为 2 篇。100 篇外文论文共引用文献 1604 篇，引文最多的一篇为 42 篇，最少的一篇为 3 篇。从以上统计中可粗略地看出，同样是 100 篇论文，外文文献的引用量多于中文 549 篇；每篇外文论文作者的引文数量，平均比国内作者要多 6 篇，它反映了国内外论文作者在文献利用上的差距。

为了进一步分析，一般需要对原始统计数据进行分组处理。通常分组组数 (K) 是按 $K=1+3.3\ln N$ 求得的，其中 N 为样本容量，这里 $N=100$。因此，$K=7.6$，即大约可分为 8 组。组距 (i) 由每篇论文的最高引文量和最低引文量之差除以 8 求得。然后分别定出组限和组中点值以及相应的频数、等级差等，详见表 10-17 和表 10-18。

表 10-17　100 篇中文论文的引文频数分布和简化计算表

组	组限	组中值	频数 (f)	等级差 (d)	fd	fd^2	$f(d+1)^2$
1	2～6	4	31	–3	–93	279	124

续表

组	组限	组中值	频数(f)	等级差(d)	fd	fd^2	$f(d+1)^2$
2	7～11	9	37	−2	−74	148	37
3	12～16	14	16	−1	−16	16	6
4	17～21	19	9	0	0	0	9
5	22～26	24	5	1	5	5	20
6	27～31	29	0	2	0	0	0
7	32～36	34	1	3	3	9	16
8	37～41	39	1	4	4	16	25
合计			100		−171	473	231

注：最后一项 $\sum f(d+1)^2$ 作为校对，称为 Charlier 校对法；

$\sum f(d+1)^2 = 473 + 2\times(-171) + 100 = 231$。

表 10-18 100 篇外文论文的引文频数分布和简化计算表

组	组限	组中值	频数(f)	等级差(d)	fd	fd^2	$f(d+1)^2$
1	3～7	5	12	−3	−36	108	48
2	8～12	10	14	−2	−28	56	14
3	13～17	15	35	−1	−35	35	0
4	18～22	20	22	0	0	0	22
5	23～27	25	14	1	14	14	56
6	28～32	30	1	2	2	4	9
7	33～37	35	1	3	3	9	16
8	38～42	40	1	4	4	16	25
合计			100		−76	242	190

注：据 Charlier 校对法，$\sum f(d+1)^2 = 242 + 2\times(-76) + 100 = 190$。

(3) 引文分析：从表 10-17 和表 10-18 中可以看出，每篇中文论文的引文量以 7～11 篇的最多，其频数为 37(占 37%)，其次为 2～6 篇，频数为 31；每篇外文论文的引文量以 13～17 篇的最多，其频数为 35，其次为 18~22 篇，频数为 22。从频数分配所得的印象，要比平均数的意义更为深刻。根据表中的数据，可以进行各个项目的引文分析。本例进行了以下几个方面的分析。

①引文量的集中趋势与离中趋势。

②引文量的理论分布。

③引文的主要指标分析，包括自引量的分析、引文语种的分析、引文文献的类型分析和引文量的增长分析。

(4) 做出结论：在引文数据及其分析的基础上，可以得出以下相应的结论。

①农业科学书刊情报资料的利用情况可以通过农业科研论文的引文量分析加以探讨。其结果表明，目前我国农业科研工作者在引文数量和情报工作在提供文献的利用水平上都有待于提高。

②为了提高农业科研和图书情报工作者的服务能力与研究水平，掌握英语和日语，可以获得 90%的情报量，值得提倡。

③在所分析的 2659 篇引文中，期刊占 50%以上。因此，各图书情报部门应加强期刊订购和流通工作，适当增加期刊的经费，同时应做好常用期刊的相关期刊和边缘期刊的调查研究工作，为定题服务及选择期刊提供依据。

④对 50 年来引文量的分析表明，以近 20 年来的引文量占优势，为 80%，占近 10 年的 60%。因此，做好近 20 年来图书、期刊及新近资料的提供工作是很重要的，同时对研究书刊资料老化剔旧工作有一定的参考意义。

⑤引文量随时间进展而迅速增加，呈指数函数曲线，其数学模型为 $y = ae^{bx}$ 。本例计算国外文献近 50 年来的利用趋势曲线方程 $\hat{y} = 4.39e^{0.098x}$ ，同时根据这个模型可估测近 50 年中任何一年的引文量，从而分析文献资料的利用动向。

三、引文分析法的局限性

虽然引文分析法具有广阔的应用和意义，但是也存在一定的局限性。作者引用文献是一个人为控制的思维和判断过程，而作为其表现形式的引用文献，仅仅是宏观的表面测度。因此，引用规律的研究有待深化。引文分析受到许多限制因素的影响，下面介绍几种常见的限制因素。

(1) 文献被引用并不完全等于重要。例如，有些具有错误观点或结论的论文，后人出于批评商榷，被引次数可能很高。另外，被引次数较少的文献也不能一概认为不重要。它受到许多因素的限制，如发表的时间、语种、学科专业等。被引次数上的微小差别也不能完全说明质量上的优劣，它有很大的随机性，只有当这一差别很大时，才能说明问题。

(2) 作者选用引文受到可获得性的影响。索普（M.E.Soper）研究指出，作者引用的文献，大部分是个人收藏的文献，小部分是在本部门和就近图书馆的资料，而其他城市和国家的资料所占比例甚小。这说明作者选用参考文献以方便为准则，以占有为前提。同时，还要受到作者语言能力、文献本身年龄和流通状况，以及二次出版物报道上的影响。

(3) 引文关系上假联系的影响。引用文献的原因多种多样，两篇论文可能出于完全不同的原因或从不同的角度引用同一篇早期文献，一篇可能是引用其方法，另一篇可能是引用其结果，那么这两篇文献在内容上的联系就可能是虚假的。引文有些是发生在前言和篇名中，有些是发生在正文中，有些发生在结论或讨论中。在这些情况下，作者对原著的引用内容和程度是不相同的。引文对原著的关系和重要性也各不相同，但在目前的引文分析中，对它们都是同等看待、不加区分的。这样也容易造成假关系，新刊的论文得不到大量引用；小型期刊被引率往往低于大型期刊；引而未用或用而未引的情况也有发生。文献引用中的这些现象都会影响引文分析法的应用和效果。

(4)马太效应的影响。有的研究者认为，在文献引用方面也存在马太效应的影响。人们往往以“名著”“权威”作为选择引文的标准，有的确是出于需要，也有的则是为了装饰门面、抬高自己论文的身价。一种期刊因为发表名人的文章而为众人所引用，以至引起连锁反应，结果其被引率很高。这种马太效应的心理作用，掩盖和影响着文献引用的真实性。

第十一章

文献计量学在图书情报管理与研究中的应用

文献计量学有着非常广泛的应用领域，主要包括两个方面。一是在本体领域，即图书情报领域中的应用；二是在相关领域，如在管理学、科学学、政策学、预测学、人才学、社会学、历史学，以及科技管理工作中的应用。文献计量学在图书情报领域中的应用，既涉及它在图书馆学、情报学、文献学和档案学的理论规律研究中的应用，又包括它在图书情报管理与工作中的实际应用。它不仅是图书情报学规律研究的有力工具，而且可以作为图书情报工作科学管理的一种基础理论。文献计量学的所有定律和计量分析方法都可应用于图书情报工作中，如在文献评价与选择、收藏方针的制定、书目的编制与评价、经费分配、采编决策、流通管理、书刊剔旧、馆藏优化、信息检索、读者工作、信息服务、图书馆集成管理系统建设与评价、网络信息收集与服务等方面，都具有普遍意义和指导作用，其应用范围非常广泛、内容十分丰富。

第一节 文献计量学与核心期刊的测定

核心期刊的研究和测定是文献计量学在图书情报领域中应用的重要组成部分，也是应用较早、较为成熟，且使用和影响都十分广泛的一个重要的应用领域，具有一定的代表性和说服力。这里，运用文献计量学的理论和方法，讨论核心期刊的理论基础和形成机制、核心期刊的概念和测定的意义，以及测定核心期刊的文献计量方法体系。

一、核心期刊的理论基础和形成机理

各种期刊的情报价值有大有小，在情报信息交流中所发挥的作用各不相同。这种情报价值交流作用的大小往往取决于相关论文在期刊中的分布状况。那么这种分布到底是怎样的呢？它是否遵循一定的规律性呢？

长期以来，许多学者都围绕这些问题开展了广泛的探讨。在这方面研究最早并卓有成效的学者当首推英国著名文献学家布拉德福教授。他在长期的科学研究和文献工作中感受到，对于某一课题、专业或学科领域，相关论文在期刊中的分布是极不均匀的。一种面向某一专业学科的期刊，除了集中发表本学科的论文外，还可能刊登别的学科的论文。换句话说，对一个专家有用的论文，不仅会集中在本学科的专业期刊上，而且时时可能分散在其他学科的期刊上。这些“其他学科”期刊的数量，随着它们研究领域与学科的关系密切程度的变小，以及本学科的相关论文在每种期刊中的分布密度的减小而变大。在这种定性分析的基础上，布拉

德福还进一步做了定量的统计研究，揭示了论文在期刊中的分布规律，即著名的布拉德福定律。这一定律不仅说明了核心期刊的客观存在，而且揭示了文献分布的集中与离散规律。

事实上，在期刊论文的实际分布中，这种分布现象具有普遍性。对于某一特定学科或专业，少数期刊所含的相关情报量很大，而多数期刊的相关情报量却较小，或者说，某一学科的大量论文高度集中在少数期刊中。这就是“核心期刊效应”，其结果是产生了各个学科或专业的“核心期刊”。

这种文献分布的集中规律还可用许多统计数字来说明。据文献报道，对法国《文献通报》(物理学)的统计表明，90%的文摘条目集中来自只占总数30%的期刊；美国《化学文摘》摘录的 9%的期刊，就提供了文摘条目总数的 75%；日本《科学技术文献速报》的统计数据也说明，各学科的大多灵敏相关论文都集中在少数的核心期刊上，如果掌握化学化工期刊的 13%～15%，就可以从中得到 70%以上的相关论文。因此，只要掌握本专业或本学科的核心期刊，就能较快地、比较集中地获得所需要的大部分情报[83]。

但与此相反，仍有少量的相关论文却高度分散在大多数的非核心期刊中。这些期刊报道的相关论文往往是学科交叉、分散性大、情报量小，或者仅与本专业间接相关。这不仅从反面说明了掌握核心期刊的重要性，而且证明了科学文献分布具有离散性特点。事实上，文献分布的集中规律与离散规律是对立统一、相互依存的。因此，人们将其统称为文献分布的集中与离散规律。

由于科学文献分布的集中与离散规律是客观存在的，而且具有普遍适用性，这就必然会导致核心期刊的形成。很显然，科学文献分布的集中与离散规律是核心期刊存在的理论基础，也是核心期刊测定工作的基本依据。从这一规律出发，对核心期刊的形成机理至少可进行两方面的理论解释。

(1) 受科学发展客观规律的制约。这是因为科学期刊的产生是由学科发展的客观需要所决定的，而且每一种期刊都有自己的学科和专业性质，它的编辑方针、报道内容、稿件选择、发行对象等都是为相应的学科和专业服务的。因此，这些专业期刊势必会集中报道各自学科的研究论文；再加上各种期刊自身能力和特性的差异，使得学科文献高度集中于少数核心期刊上，形成文献分布中的“堆加效应”。

(2) 某些人为控制的主观因素也会影响文献的分布和核心期刊的产生及发展，如“马太效应”的影响。科学活动中的“马太效应”是对有声誉的科学家社会心理影响的形象概括和称呼。这种作用表现在文献领域，就是著名科学家、著作家的论著能很快进入交流渠道，并能畅通传递；出版家竞相约稿，尽快编辑出版；发行机构积极宣传，打开销路；图书情报部门以作者的名望为重收集文献资料，加大复本量，优先加工，迅速投入阅览、外借、宣传、报道等服务项目；他们的论文容易受到广大读者的重视，大家先睹为快，在写作时也竞相引用。这种强化荣誉的趋势也为作者或出版者所利用，声誉高的期刊，作者争先投稿，使之更容易吸引和获得大量的高质量稿件。由于马太效应的心理影响，大量的文献“堆加”在少数核心期刊上，形成文献分布上的集中现象。同时，在文献生产和交流过程中，许多现象要受到人为选择因素的影响。而人的选择要受“最省力原则”（求近律）的支配。例如，论文的作者一般要选择专业相近、声誉较高且又“最省力”能发表的期刊投稿；各种期刊都要选择专业相符、质量较高、影响较大的论文发表。当某一新兴学科的第一批论文写出后，它们分别被几种合适的期刊发表，结果这些期刊随着该学科的发展吸引并刊登着越来越多地反映该学科的论文；与此同时，其他期刊也开始发表这一学科的论文。但是，由于质量、专业、心理以及获得的途径等，一些期刊总在人们的心目中享有较高的威望。于是，作者在选择期刊发表他们的论文时，总是想把自己的文章发表在本专业的已发表过高质量或名人文章的那些刊物上。由于投稿数量的增加，期刊对新投来论文的质量要求提高，期刊的质量和威望也随之提高。同时，由于期刊出版的实际情况和编辑标准对每种期刊进行限制，这意味着它们要排除可以刊登的文章。正是这种限制的结果产生了布拉德福分布中核心区的曲线以及被高质量的相关论文所占据的期刊核心。这种人为选择的结果，导致了文献分布中的堆加效应，使大量相关论文集中于一些具有核心性质的期刊上，它们构成了某个专业的核心期刊。如果把每一次选择看成一次成功，则这种成功的累积势必容易导致新的成功。这种“成功产生成功”的机理，被认为是核心期刊形成的基本原因之一。

二、核心期刊的概念和测定的重要意义

核心期刊（core periodicals）是指针对某一学科或专业领域来说，刊载大量专业论文和利用率较高的少数重要期刊，就称为该学科（专业）的核心期刊。从测定的指导思想和目的来看，核心期刊有两种基本类型：一是“学科核心期刊”；二是“馆藏核心期刊”。尽管这是两个不同的概念，但它们都具有核心期刊的共同特征和优势。在没有特别说明的情况下，这里所说的“核心期刊”，一般是指学科的核心期刊。从特性来看，核心期刊都具有客观性、相对性和动态性等共同特点。

如前所述，在文献生产和信息交流过程中，核心期刊是客观存在的，它既受文献分布集中与离散规律的制约和影响，也会因测定方法的不同而异；这些期刊对某一学科来说是核心期刊，而对另一学科来说就可能不是核心期刊了；另外，核心期刊也不是一成不变的，它会随着学科的发展和文献领域的变化而呈现出动态性的特点。因此，核心期刊的测定不能一劳永逸，而要不断地加以调整和完善，或者隔 5 年左右重新修订一次，以便及时反映期刊的最新变化。

核心期刊的测定是文献计量学实际应用的一项重要内容。研究和评价期刊质量，科学地确定核心期刊的范围，对于获得高密度的情报源、对于图书情报单位建立基本的核心馆藏、对于广大科技工作者重点阅读本专业期刊内容等，都有着重要的意义。具体表现在以下 3 个方面。

1. 图书情报单位科学管理上的需要

目前，期刊的发行量很大。任何一个单位要把这些期刊订全，既没有必要，也不可能。这是因为各学科、各专业确实存在着少数主要的核心期刊。只要有选择地订购少数核心期刊，就能满足读者大部分的信息要求。此外，若订刊上没有重点，不分主次，势必给文献的储藏、管理和服务等造成困难，必然带来人力、物力、财力和书库利用上的浪费。因此，研究和评价期刊的质量，科学地确定核心期刊，不断提高订刊的合理性和准确性，仍是图书情报领域的重要研究课题，也是提高图书情报单位科学管理水平的一个重要环节。

2. 科技工作者重点阅读的需要

目前全球期刊论文达几百万篇且呈现快速增长趋势。一个科学家或工程技术人员，面对数量如此庞大的文献，要想将本学科范围内的文献全部浏览或阅读一遍几乎是不可能的。毫无疑问，任何科研人员都只能有选择地重点阅读本专业的核心文献。若掌握了核心期刊，则查找和利用科学文献可以事半功倍，能花较少的精力，获得更多的情报量，为达此目的，就必须研究和掌握有关学科的核心期刊。

3. 提高信息检索和文献情报服务效率的需要

只有了解各种期刊的特点与优缺点，掌握重要论文的出现规律与搜集途径，把握一批高质量的核心期刊，才能有针对性地做好信息检索和文献情报服务工作。在解答咨询和定题服务时，也必须充分利用各专业的核心期刊，提高文献情报服务的工作效率。因此，研究和测定核心期刊是建立合理馆藏、开展文献情报服务的一项重要的基础工作。

三、核心期刊的测定方法——文献计量方法体系

就期刊数量而言，核心期刊只占期刊总数的一小部分。目前，无论是基础学科还是技术领域，与之有关的期刊数量都相当庞大。如何从大量的期刊中选择和确定少数的核心期刊，确实不是一件轻而易举的事情。有关的研究和实践表明，测定核心期刊的关键是要选准一种比较科学的、适用的方法。自从提出核心期刊的概念以来，就有一个如何测定核心期刊的方法问题。

目前测定核心期刊普遍采用文献计量学方法，已经形成了一个方法体系。虽然测定方法多种多样，但基本上有两种类型：一是利用文献计量学工具和指标直接选定各学科的核心期刊。例如，美国的 SCI 及其副产品 JCR 提供了期刊被引量、影响因子等计量指标，比较这些数据的大小便可直接选定核心期刊；二是利用文献计量学方法，按照一定的基本步骤来测定核心期刊。如果从测定的标准来划分，主要包括以下 4 类方法(6 种具体方法)：①以载文量为标准的方法，包括布拉德福定律法及百分比补偿和累积百分比法(80%法)；②以摘引率为标准的方法，包括文摘法和引文法；③以流通量为标准的方法；④综合评价法，主要是将几种方法同时运用，综合判断核心期刊。下面介绍测定核心期刊的各种具体方法。

1. 布拉德福定律法及百分比补偿

布拉德福定律法为测定核心期刊提供了一种科学方法。目前，这种方法已广泛应用于测定各学科的核心期刊。一般来说，利用布拉德福定律法测定核心期刊又有 3 种具体做法。

(1) 区域分析法。首先，将某一时期内某一学科或专业的期刊，分别统计各刊的相关论文载文量；其次，应用布拉德福的等级排列技术，按照载文量从大到小的顺序依次将期刊进行排列；最后，根据具体情况将这些期刊分成若干个区(一般为 3 个区)，使每个区的文献数量大致相等。这时，第 1 区的期刊即为该学科领域或专业的核心期刊。

(2) 图像分析法。这是根据等级排列的统计数据作图，利用图像分析来确定核心期刊的方法。其具体做法是，首先统计各种期刊的相关论文数，并累计两组数据：n 和 $R(n)$；然后以 $\ln n$ 为横坐标、$R(n)$为纵坐标作图，得到布拉德福曲线；接着找到上升曲线部分与直线部分的交点 C，C 对应于 $\ln n_C$，则 n_C 为核心期刊数；最后列出排在前面的 n_C 种期刊。这些期刊就是某学科的核心期刊。

(3) 百分比补偿。虽然布拉德福定律已成功地用来测定核心期刊、编制核心期刊目录，但它也有一定的局限[84]。这是因为布拉德福定律对期刊的排列，是以其刊载某一主题的论文的绝对数量为依据的。这种统计方法，对于每期刊载论文较少，但是对对口的小型专业期刊来说，就有可能被排除在核心期刊之外。为了弥补布拉德福定律在测定核心期刊方面的这个缺陷，国外有人提出了“百分比分布”(percentage distribution)的方法。这种方法就是：首先，统计并计算每一种期刊所刊载的某一主题的论文占该期刊全部论文的百分比；其次，将各种期刊按其百分比的大小次序排列；最后，选定一个合适的比例(如 50%)作为标准，高于这个百分比值的期刊可确定为该学科的核心期刊。显然，这种方法的优点是：百分比的计算与期刊的规模无关，因此就使得那些小型的，然而却是对口的专业期刊不致被淘汰于核心期刊之外，使确定的核心期刊更能符合本专业领域内使用的实际情况。实践证明，利用百分比补偿来测定核心期刊是一种行之有效的方法。

2. 累积百分比法(80%法)

这种方法是将某一领域的期刊按相关载文量的多少递减排列，然后依次累计排在前面的 n 种期刊的载文量，并求出前 n 种期刊的累积载文量与所统计的全部期刊总载文量的百分比；若达到了选定的要求，则前 n 种期刊为核心期刊，否则，还需要计算 n 以后的期刊，直到达到这个比值。由于一般要求百分比达到 80%，所以这种方法也称为“80%法”。

以上两种方法都是以期刊的相关论文载文量为标准来测定核心期刊的。由于考虑了期刊载文的数量，在一定程度上能够满足测定核心期刊的要求，而且比较简便、直接。但是，布拉德福定律法和累积百分比法存在一些缺点，主要是单纯强调了数量，无法对每一种期刊的质量进行评价，而质量也应是确定核心期刊的一个重要标准；同时只考虑了期刊刊载某一主题文献的绝对数，而忽视了每种期刊中某专业文献在该期刊所载文献总数中的百分比(即相对数)，这就造成了一些专业性很强，但载文量不大或刊期较长的重要期刊不能入选为核心期刊。而百分比补偿能够较好地弥补这一缺陷(对累积百分比法也可进行相对百分比补偿)，使上述两种测定核心期刊的方法更趋完善和实用。

3. 文摘法

文摘法是测定核心期刊的常用方法之一[85]。其基本思想是：根据被二次文献摘录的频率大小将期刊依次排成顺序目录，并以此作为期刊重要程度及选择的依据。凡期刊中被摘录或索引的论文数量较大者，可选为核心期刊。利用文摘法测定核心期刊的具体做法如下。

(1)选准统计的文摘杂志。采用文摘法必须选择该学科领域内国际上著名的带有权威性的文摘杂志、题录或索引作为统计分析的依据。当一个学科拥有两种以上的文摘杂志时，选准用作统计分析的文摘杂志尤为重要，一般以选用中等文摘杂志为宜。在确定用作统计分析的文摘杂志的年代和期限时，应尽量采用该刊最近的卷、期，一般以统计一年为妥。统计的时期太短，所得核心期刊欠准确，带有一定的偶然性；统计的时期越长，所得出的核心期刊自然越准确，但费时太多。因此，一年期限是比较适中的。

(2)统计期刊的被摘录量并排序。统计一年内该文摘摘录某学科的各种期刊的文献量，并将它们按文摘量大小排序。

(3)计算累积文摘率。由高位往低位计算，排在前面的累积文摘量占期刊文献总摘录量的比例(即累积文摘率)达到 70%时(一般取此标准)，则相应的期刊可确定为该学科的核心期刊。

(4)进行交叉对比。如果某学科有多种著名文摘杂志时，取其一种作为主体，采用上述方法进行统计，并做出该文摘杂志的核心期刊表(称为主表)。同时取另一种著名文摘杂志做辅助，以同样方法做出其自己的核心期刊表(称为副表)。然后，用副表和正表进行对比，加以验证。如果两张核心期刊表中均含有某刊，则保留；如果一张表中有，另一张表中没有，则删除。经核对验证之后，重新整理主表中所保留的核心期刊，并重新给以序号(若某刊在两表中序号不同，则以主表为准)。经过这样两道工序所得出的核心期刊，其准确度、可信度都比较高。文摘法的局限性主要有以下三点。

(1)文摘是按照期刊的绝对文摘量来排序的，因此一些小型专业期刊很难进入核心期刊的行列；

(2)一些具有较多读者和较高使用价值的科普性、广告性、技术性的应用期刊，由于往往不被文摘杂志所摘录，被排挤在核心期刊之外；

(3)文摘率往往要受到文摘源和文摘员素质等种种条件的限制，实际上比较重要的期刊和重要文章被漏摘的现象时有发生，这也会影响核心期刊测定的准确性。

尽管如此，文摘法仍不失为确定核心期刊行之有效的方法。这种方法的统计比较单一和可靠，其结果比较准确和可信，是一种最基本的常用方法。

4. 引文法

引文法是测定核心期刊的常用方法之一。其基本思想是：根据期刊在一次文献中被引用的频率大小将期刊排列成顺序目录，靠前的、被大量引用的期刊被认为是某学科的核心期刊。根据其具体做法不同，引文法又分为以下 3 种情况。

(1)分析多种期刊的引文法。首先选择某一学科的多种期刊作为母本，统计它们全年发表的论文及其参考文献数量；然后分析这些参考文献的出处，并将这些原始期刊按被引次数排列，排在前面的可定为该学科的核心期刊。

(2)分析单一期刊的引文法。选择某一学科领域中的一种较权威、较常用的期刊作为母本，按照上述方法统计 1～3 年的全部引文数据，被引次数多的可定为该学科的核心期刊。被引次数的标准可根据具体情况自行规定。这些方法又可分别采用“一步法”或“二步法”来进行。上述两种情况只需做一次引文统计和排序便可完成。因此，通常又称为“一步法”。“二步法”是在“一步法”的基础上，选择数量更大的一组核心期刊作为母本期刊，再进行一次引文统计和排序，以便得到更为全面和准确的核心期刊结果。

(3)利用引文工具的引文法。SCI 为人们利用引文法测定核心期刊提供了有力的工具和条件。通过分析 SCI 一定时期内的被引文数量及其来源分布，结果发现其中 500～1000 种期刊是最重要的。这些期刊基本上可满足人们 80%的需要，因此可将 SCI 的前 500 种期刊列为多学科核心期刊。这个多学科核心期刊表往往也是测定专业性核心期刊的参考依据，可以供人们直接利用。

根据 JCR 提供的数据，不仅可以分析某种期刊被引用的次数，而且可以分析该刊每篇论文平均被引用次数和当年指数等。以这些指标为依据，可以评价期刊质量，确定核心期刊，因此形成了许多具体的引文分析法[86]。

利用 JCR 确定单学科核心期刊极为方便，只需从某学科公认有代表性的一种期刊源出发，查引用期刊部可得到若干种被引期刊。再将这些期刊各年的被引次数相加，取被引总次数较多者，可确定为该学科的核心期刊。

对于公共图书馆和综合性情报中心，由于涉及专业和学科较为广泛，往往需要确定多学科核心期刊。若利用 JCR 测定多学科核心期刊，则可查其被引期刊部，选被引次数较高者做成期刊排队表。这种期刊表一般是利用 SCI 数据库由计算机直接输出的，从而避免了直接查表。例如，加菲尔德对 2000 种期刊引用情况的分析和马丁(Martyn)等对英国全部科技期刊的评价，就是利用这种方法进行的。

引文法从期刊被作者利用的角度来评价期刊的质量，其结果比较客观；同时这种方法不仅可以测定专业性核心期刊，而且可用于测定多学科综合性的核心期刊；若利用 SCI 和 JCR 等大型工具，则可大大减轻手工统计的繁重负担，提高引文分析的精度和效率。总之，依据引文来确定核心期刊，的确是图书情报部门选择期刊的一种重要方法，因此它得到了比较广泛的应用。但是必须指出，引文法也存在其局限性，主要表现在以下方面。

①被引率只是衡量期刊优劣的一个参考性标准，而不是唯一标准。只有使用率高的期刊才算是质量高的期刊。被引率高并不完全等于使用率高；而只有被引率高，阅读率也高，才表明该刊的使用率高。例如，有些期刊被引率高，部分原因是自引率高，有些利用率高的实用性刊物但其被引率并不一定是高的。

②新刊得不到大量引用，有的作者用而未引。规模较大的期刊利用的概率显然要高一些。因此，引文数据在反映期刊实际使用率方面存在误差。

③引文分析往往只注意分析期刊论文的引文，而对会议录、论文集、科技报告等类型的出版物中的引文却没有给以足够的重视。

5. 流通率法

根据期刊被读者使用(借阅)的频率，也可以产生一个反映读者实际需要的顺序目录，可作为确定核心期刊的依据。具体来说，就是对馆藏期刊在一定期间内的出借次数、馆内阅览次数、复制量及外借文献的使用次数进行统计分析，流通频率较高者即核心期刊。在分析期刊流通情况时，还应考虑拒绝率较高的期刊、本馆对外申请复制和互借的情况。

根据期刊流通情况衡量其质量、确定核心期刊的方法简单易行，比较符合实际。但是此法只能测定本馆既有期刊的质量，受本单位、本地区情况的局限；而且存在相同读者间的重复借阅、借了不用、指导性期刊的借阅次数少等情况，因此其统计结果也不能全面反映使用情况。

6. 综合评价法

从以上讨论中可以看出，期刊被引用、被摘录、被流通的次数都说明了期刊的利用情况，可以用来作为判断期刊的重要性、确定核心期刊的依据，但它们又各有短处。为了取长补短、提高核心期刊测定的准确性和有效性，可以综合上述3种方法，提出一个较为理想的综合评价法。综合法的原理如图11-1所示。

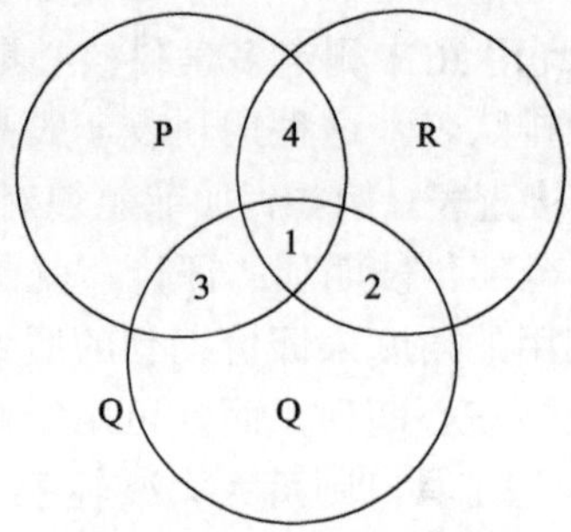

图 11-1　综合法原理

图11-1中P、Q、R分别代表引文法、文摘法、流通法所得到的核心期刊，将P、Q、R三个圆相交，组成七个区。

(1) P∩Q∩R区：P、Q、R三部分相交的区域，代表同时被引用、被摘录和被流通的期刊，它们是异常重要的核心期刊。

(2) Q∩R区：Q、R两部分相交区，代表只被摘录、被流通而很少被引用的期刊，如新刊、科普性期刊、科技新闻等。

(3) P∩R区：代表只被引用、流通而很少被摘录的期刊，如内部刊物、私人交流的期刊等。

(4) P∩Q区：代表只被引用、被摘录，但很少被流通的期刊。

(5) R区：代表仅被流通的期刊，而它们被引用和被摘录的频次很低。

(6) P区：代表只被引用的期刊。

(7) Q区；代表只被摘录的期刊。

按照各区期刊的重要程度，可以排成下列顺序表。这个顺序可作为选取核心期刊的依据。

——被引用、被摘录和被流通的期刊。

——被摘录、被流通，但很少被引用的期刊。

——被引用、被流通，但很少被摘录的期刊。

——被流通，但既很少被摘录也很少被引用的期刊。

——被摘录、被引用，但很少被流通的期刊。

而其他两个区则不予考虑。在实际应用中，综合法一般都能收到较好的效果。

最后，值得指出的是，以上这些方法既是数量指标的衡量，也包含了质量标准的要求。这是因为论文能否被期刊发表，有一个选择过程。目前，许多期刊对投来稿件的录用率仅为10%左右；一般来说，被期刊正式发表的论文往往都达到了一定的质量标准。而期刊论文的被摘录、被引用，无疑也是一种选择的结果，其本身就是达到某种质量标准的具体反映。因此，那种认为利用文献计量学方法测定核心期刊是“只看重数量而不顾质量”的观点显然是片面的、不符合事实的。但是，也必须清醒地认识到，上述的每一种测定方法都只是从一个角度出发，用一种标准来测定，这就不可避免地会存在一定的局限性。这是不足为奇的，也是正常的。目前，在多种方法尚不能完全克服其固有的局限性的情况下，努力探索新的更为科学的测定方法尤为重要。因此，应提倡和推广综合评价方法，并做到两者结合：一是将几种定量测定方法相结合，同时运用；二是将定量测定方法与定性分析方法相结合，互相取长补短。只有这样，才能使测定的核心期刊更为准确，更加符合实际。

第二节　文献计量学与文献情报收藏管理

一、确定最佳期刊收藏方案

对于图书情报单位，如何确定文献收藏方案，使自己的馆藏始终保持最佳状态，这是做好图书情报工作的基础，也是一项经常性的重要任务。

苏联著名情报学家米哈依洛夫在《科学交流与情报学》一书中介绍了一个例子，把布拉德福定律与文献老化的负指数规律结合起来使用，以便求出某一学科的期刊收藏最佳方案，即布鲁克斯 $P\%$收藏方案。

按照布鲁克斯的定义，如果收藏了所有刊登一篇以上相关论文的期刊，就算是 100%的收藏。设期刊数量总数为 N，当 N 未知时，则可用图解法求出，先做布拉德福分布图，再求出斜率 K，该 K 值近似于 N。关键在于如何解决从 100%的期刊总数(N)中选购 $P\%$的期刊的最佳化问题。

布鲁克斯首先引进了一个“期刊效益”(utility)的概念。因为文献的情报价值或效益随它们“年龄”的增长而下降，刊登它们的期刊效益也随之下降。但是，期刊效益的下降不能直接用该期刊的年龄来衡量。因此，他以某一期刊的论文一年内被引用的次数当作该刊的效益，并假定：效益概念具有相对性，仅适合于具体学科的期刊收藏情况；所收藏的每种期刊的效益是以相同的速度减少的。根据上述效益概念和假设，可以制定出计算期刊相对效益和老化程度的可掌方法。为了确定从100%的期刊总数中选购 $P\%$的期刊的最佳方案，有三种可采用的方法。

1. 学科载文率最高控制方法

最简单的方法是从布拉德福分布中抽出 n 种载文率最高的期刊使

$$N\ln\left(\frac{n}{S}\right)=N\ln\left(\frac{N}{S}\right)\cdot P\%$$

由上式可求出 n：

$$n=S\cdot\left(\frac{N}{S}\right)^{\frac{P}{100}}$$

由于布拉德福分布中的 N、S 已知，对于确定的用户可求得 n。例如，若 N=600，S=1.5，$P\%$=50%，则 n=30，若 $P\%$=76%，则 n=90。也就是说，要搜集该学科的50%的论文，只要订购相关论文载文量最高的30种期刊就够了。

这种方法的优点是可以把订购 $P\%$的期刊经费控制到最小。但由于它不考虑剔旧，书架利用率低。

2. 剔除时间控制方法

较大量地收藏期刊，经过一段时间，当某些期刊的总效益低于某一最低值后，剔除这些期刊。剔除时间由下式计算：

$$a^t=\frac{U(t)}{U(0)}=1-P\%=f$$

式中，f 为未被利用效益的相对值。例如，若 a=0.87，$P\%$=0.5，则 t=5(年)，若 $P\%$=0.25，则 t=10(年)。

这种方法的优点是收藏全，缺点是用一个时间标准剔除期刊，会把核心期刊同别的期刊一起剔除，而实际上核心期刊的剩余效益比有的期刊初始效益还高。

3. 剩余效益控制方法

确定一个最低值 a，当某种期刊的剩余效益 $U(t)$ 降至原来的最低值时，便将该刊从收藏中剔除。同时，收藏中剩下的期刊应保证包括指定学科的 $P\%$的论文。

此外，根据布拉德福定律，一个科学家需要参考和阅读的期刊论文来源于A、B、C三类期刊。对于各类期刊的收藏策略应该根据单位的性质而有所区别。对于一个自然科学综合性情报机构或图书馆，应侧重收藏布拉德福定律中各学科的C

类期刊和 A 类期刊。C 类期刊主要是由综合性和技术科学方面的重要期刊构成的。A 类期刊是指各学科的核心期刊。一个专业性情报机构或图书馆应着重收藏本学科的 A 类期刊和 B 类期刊以及少量重要的 C 类期刊。尤其是 B 类期刊要尽量收齐。B 类期刊主要是指本学科领域的非核心期刊。当然，这只是原则性的划分。在实际工作中，要根据具体情况和上述方法制定合理的文献收藏的最佳方案。

二、选择文献搜集最佳方式

图书馆和情报机构的文献搜集工作有多种方式，如订购、交换、复制等。在什么情况下，采用哪一种方式更为经济、更为合理，这是值得研究的问题。例如，任何一个图书情报单位都只能订购有关学科期刊的一部分，如果读者需要另一些期刊中的论文，就可采取复制的方式来解决。问题是要求确定哪些期刊必须订购，而哪些期刊通过复制其中的论文更为经济和有效。人们可以利用布拉德福定律来定量地解决这类问题。

设 A 为某一种期刊的平均定价。P 为这一期刊全年刊登的关于某一学科的全部文章的复制平均价格，那么当 $A>P_r$ 时，复制这些文章比订购刊载这些文章的期刊更合算。这样，问题在于确定一种期刊在布拉德福分布中的等级序号。从这种期刊起，以后每种期刊全年刊登的关于该学科的文章累计量小于 r。如果 N 为期刊总数，则 N/r 是全年刊登的有关文章累积数不小于 r 的那种期刊最低级数。r 值可由式 $r=A/P$ 求出，N 为给定数。但 N/r 值可能要做某些修正，因为它是由布拉德福分布的直线段推出的。应满足 $N/r \geqslant c$ 的条件，其中 c 为核心期刊数。利用上述办法节约的经费由下式计算：

$$S=1-\frac{1}{r}-\frac{1}{N_r}\left[R(N)-R\left(\frac{N}{r}\right)\right]$$

式中，N 和 r 值已知，$R(N)$ 和 $R(N/r)$ 可用图示法算出，按所分析的期刊数据，做一个布拉德福分布图，确定图中直线部分的斜率 k，就可求出 $R(N)$ 与 $R(N/r)$，求出的 S 便是节约经费的比例。但在实际工作中，S 可用下列近似公式计算：

$$S=1-\frac{1+\ln r}{r}$$

例如，当 N=2000、r=5 时，图示法算得 S=0.48，即节约了 48%的经费。采用近似公式计算，从上式中可以看出，若 r 接近于 1，S 接近于 0。也就是说，订购期刊经费与复制其中有关文章的经费的比值不是很大时，采用这种方法无多大意义。目前，国外采用上述方法很普遍。在国内，随着情报服务技术的改进和复制费用的降低，这种方法将会得到推广应用。

三、利用布拉德福定律制定文献采购策略

一个图书馆或情报中心在进行情报搜集时，如何把有限的资金合理地分配在文献采购上，这是一个值得研究的重要课题。

就期刊而言，这里要解决两个问题：一是如何确定期刊的订购数量，二是如何优先选购高质量的对口期刊。也就是说，必须制定一个合理的文献采购策略。期刊采购策略应该是首先根据本单位的经费等条件确定一个可能的收藏目标(如覆盖论文总数的比例)，其次核定应订购的期刊数量，然后应用布拉德福定律选择那些最能达到这一目标的情报密度最高的期刊。

1. 确定适当的要求比例

为了得到有关某一主题的100%的文献，需要很大数量的情报源。对于大多数图书馆和情报中心，要达到这个收藏要求是不可能的。即使达到了这个比例，那么从成本-效益的角度来衡量也是不合算的。例如，为了使收藏范围从80%上升到接近 100%，就需要花很多经费。这后面的 20%的收藏范围，就很可能需要同前面 80%一样多的费用，甚至超过它的费用。因此，在进行文献采购时，应根据情报服务的需要和经费的可能确定一个适当的要求比例。一般来说，应收藏本专业领域的 50%～90%的文献。

2. 计算期刊订购数量

根据预先确定的论文比例要求，利用下式可以求出覆盖这些文献的期刊数量。例如，某一领域有 500 种期刊，现要求收藏该领域中相关论文数量的一半，即f=1/2，若 S=5，则应订的期刊数量为

$$n = S\left(\frac{N}{S}\right)^{f} = 5\times\left(\frac{500}{5}\right)^{\frac{1}{2}} = 50(\text{种})$$

即订购载文率最高的 50 种期刊便可满足要求。若每种期刊的平均年度订费为 11 元，则订 50 种期刊需 550 元。反之，如果订费和期刊数量已知，则利用上式同样可以求出其论文比例。

3. 优先订购核心期刊

根据布拉德福定律的原理，绝大部分的期刊论文却采自少量的核心期刊。文献情报搜集的基本原则就是优先收集那些情报密度最高的情报源。因此，为了达到预定的收藏目标必须优先采购相关领域的核心期刊。除了利用第一节中介绍的

方法确定核心期刊外，还可根据期刊论文的布拉德福分布曲线来确定优先采购的范围。在这方面，布拉德福定律具有实际指导意义。

四、利用文献老化规律指导剔除工作

科学文献的老化规律，对于及时剔除陈旧资料、建立最佳馆藏具有指导性的意义。

期刊收藏是需要成本的。为了节省经费，国外许多图书馆在期刊收藏到一定年限后，便着手剔除。

1. 利用文献老化指标指导文献剔除

文献老化数据是开展书刊剔旧的重要依据。对于一个学科、一个图书情报部门，有以下用处。

(1) 利用半衰期确定剔除时间。文献半衰期是文献老化的重要度量指标，是给出文献剔除时间依据。文献老化速度即半衰期是不容易改变的。文献老化规律具有长期守恒性趋势，因而在确定文献收藏年限时，可用已经获得的有关学科的半衰期数据来衡量。图书情报部门可以首先按照前面介绍的半衰期的计算方法确定文献的半衰期，然后根据部门的收藏重点库存容量等因素，确定文献收藏时间。

(2) 利用老化系数确定剔除方案。文献的老化系数是文献老化的重要指标，由于老化系数具有守恒性，图书情报部门在进行文献剔除工作时，可以根据前人统计研究得出的老化系数来制定计算期刊相对有益性和老化程度的方法，进而可以指导书刊的剔旧工作。制定出计算期刊相对有益性和老化程度的可靠方法，对于图书情报工作有着重要的实际意义。

(3) 利用普赖斯指数确定剔除方案。普赖斯指数是文献老化的重要度量指标，即可用于某一领域的全部文献，也可用于评价某种期刊、某一机构甚至某一作者和某一文章的老化特点，区分出“有现时作用的”与“档案性”文献，以指导文献剔除工作。

(4) 利用剩余有益性指标确定剔除方案。期刊剔除只有在期刊效益下降到一定限度后才能进行，否则，剔旧后节约下来的期刊收藏成本不够支付复制费用。如果不是剔除，而是将期刊缩微保存，也必须在期刊效益下降到一定值后才适宜进行。剩余有益性指标，为人们提供了衡量某一类型和内容的情报需求的期刊剩余有益性的指标。图书情报部门可以首先测定文献的剩余有益性，再做出是否提出的决定。

不管哪种方式，都涉及期刊管理的最佳化问题。利用文献老化规律可以确定期刊收藏的最佳方案。因此，文献老化规律在期刊管理中有很大作用。

2. 用于指导剔除工作的其他文献计量指标

除了文献老化数据以外，许多文献计量指标都可以作为指导剔旧的依据，下面介绍几种常用的指标。

(1) 载文量。期刊管理显然需要一个效益指标，而期刊效益的减少却不能直接用每一种期刊的年龄，即它们出版以来所经历的年数来衡量。举个简单的例子，设期刊甲全年刊登某一学科相关文章 100 篇，期刊乙全年刊登同类文章 50 篇，由于同一学科文章老化速度相同，过若干年后，甲的效益比乙高出一倍。因此，在期刊剔旧时必须考虑其载文量的多少。也就是说，对载文量多的“核心期刊”其保存年限显然应该长一些。

(2) 引文量。期刊效益的评价就是用引文数量来衡量的。根据引文数量来确定期刊保存期是一种常用的方法。

(3) 流通数据。科技人员利用文献，其时间分布是有规律性的。从期刊出借的统计来看，溯及 1～3 年的最多，以后就逐渐减少了。这个规律及流通数据完全可以作为图书馆剔除陈旧资料的一个重要依据。

(4) 读者反馈数据。读者的利用情况和意见，对于书刊剔旧很有参考价值。

根据以上计量指标的统计数据结合本单位的库房面积大小、基本馆藏的需要、本单位今后发展等具体情况，便可制定出文献剔旧的合理方案，从而确定自己的最佳馆藏。

五、文献购置经费的最佳分配

在图书情报单位，如何合理分配经费是一个必须解决的实际问题。尤其是在文献激增、价格上涨、经费紧缩的情况下，这个问题就更为突出了。一般来说，文献购置经费的分配原则是：既要少花钱，又要保证重点文献的购进、最大限度地满足广大读者的情报需求。这种文献购置经费的最佳分配方案，可利用文献计量学方法解决。其基本思想包括以下几点。

1. 合理控制新购文献的比例

新增文献与原有馆藏应有一个合理的比例，也就是说馆藏更新(包括剔旧)的速度要适当。对于某一学科或专业，其收藏文献的更新速度要与学科的发展速度相适应。众所周知，学科的发展速度与文献数量的增长有着密切的联系。因此，文献计量数据能为确定新购文献的比例提供定量依据。

2. 确定各学科文献的比例

这个比例的确定是以文献计量的各种指标统计为依据的。例如，对各学科文献的流通统计、各类读者的分析、读者流量的比较等，都可以说明对各学科文献需求上的差别。

3. 保证质量、重点选购

文献购进是以需要为前提的，但各学科文献、各种文献都有轻重缓急之分、质量高低之别。在经费分配上，必须既要照顾一般，又要保证重点。而重点文献的确定是以文献计量研究为基础的。例如，对期刊来说无疑应该重点选购评选出来的核心期刊。

在文献经费最佳分配的研究中，人们引入了两个概念：一是“边际效用递减律”。在文献领域里，其意思是说，随着文献的增加，其边际效用递减呈现一定的规律性。根据这一原则，可以合理地确定某种书刊的复本量以及掌握文献提供的最佳量。二是“期刊商品值”概念。某刊定价与本刊一年使用次数的比值称为该刊的商品值。商品值低的继续订购，高的则停订。这一概念把期刊使用次数与该刊定价结合起来分析，同时从使用和经济效益两个方面来评价期刊，为期刊订购和经费分配提供了一个综合性量度指标。

怎样建立一个文献购置经费最优分配的数学模型问题，自20世纪60年代以来便有人探讨，但至今还没有形成一个周密且实用的模型，这方面的研究有待深入。

六、图书上架预留位置的计算方法

图书上架时，在每类图书后面要预留多少位置才合适呢?这实际上就是要对每类图书今后的馆藏增长情况进行预测。这与文献计量学中的文献增长量变化的研究相类似，考虑的基本关系都是文献量随时间增长的关系。然而，这里的文献量是以厚度(厘米)为单位的，基础数据是历年来各类图书按年增加的厚度。在此基础上找出图书增长量随时间变化的关系曲线和方程式，再据此预测今后的趋势，从而计算出各类图书的预留位置长度。

目前，许多图书、情报部门在图书资料分类排架时，每类后边预留多长空位大都是无依据的。多数是在书库后边留空架，因此经常出现倒架现象，造成管理上的混乱。为了避免大的倒架，一般采用每类图书后面留一定空位的办法。预留空位长度的计算有以下两种方法。

1. 简易计算方法

(1) 求出比例常数 K：

$$K = \frac{\text{书架空位长度（厘米）}}{\text{已存图书总长度（厘米）}}$$

(2) 求出各类图书的预留空位长度：等于 K 与各类图书厚度的乘积。

(3)对计算结果进行个别调整，再确定各类图书的预留位置。

2. 回归分析法

(1)各类图书的厚度随时间变化，前者为因变量，后者为自变量。统计历年来这两个变量的数据，并作图，发现厚度随时间的增长而增厚，大致呈线性关系，可进行回归分析。

(2)根据统计数据，求出回归系数、确定某类图书的回归方程。

(3)从回归直线方程计算该类图书在今后几年所需的预留位置数值。

七、文献收藏工作的评价

文献的搜集和管理是图书情报部门的一项重要任务。这项工作的好坏直接影响图书情报服务的质量和效率。因此，有必要对各单位的文献收藏工作进行科学评价。文献收藏是否充分、合理、经济，是否能满足读者的情报需求，或者说文献利用率如何，这是评价文献收藏工作的一般原则。具体来说，其评价的内容和方法有以下几个方面。

1. 文献读者占有率

文献收藏决策优化定量标准的制定，是文献管理理论中的重要研究课题。有人提出用“文献读者占有率”作为其定量评价的标准。

文献收藏，既要使文献系统收藏文献的可能度满足一定的标准，又要使读者系统使文献的满足度达到一定的要求。文献采编与收藏的目的就是使用和占有一定的读者。文献收藏的可能度与读者使用文献的满意度两者并合的标准可以用文献的读者占有率来描述。文献读者占有率的变化具有马尔可夫性。利用读者占有率及其变化的逐年预测，可以精化期刊收藏，制定文献采编的优化决策方案。

下面从文献的使用频率出发，给出文献读者占有率的几个概念。

(1)全占有率。单位时间内(如一年)，某类文献的读者数与读者总数的比率，可用于评价和调整图书情报机构的文献收藏方向。

(2)部分占有率。单位时间内(如一年)，某种文献的读者数与同类同文种文献读者数的比率，可用来精选核心期刊。

(3)文种占有率。单位时间内(如一年)，某种文献的读者数与同类不同文种文献读者数的比率，可为期刊采编中的文种选择提供依据。

文献读者占有率的评价标准要受情报经济学的约束。因此，可以应用专家评估法和读者需求调查的统计数据相结合，确定一个标准值，高于该值的可以采编收藏一次文献，低于该值的可以通过收藏二次文献利用复制手段向其他文献中心索取。

2. 文献利用率

根据文献利用率数据来评价文献的利用效率如何，是对文献收藏状况的客观评价。因此，图书馆或情报机构的出借率、复制量等表达文献利用率的统计数据都可以作为评价文献收藏工作的依据。

3. 馆藏结构

应用文献计量方法分析和评价馆藏，主要是利用已确定的各学科核心期刊表和最佳图书目录与有关图书馆的馆藏目录逐一进行比较，便可对馆藏的完整性和质量做出评价。这样还可以评价一个城市、地区或国家的图书馆对某一学科或专业领域的书刊资料的入藏情况，重复入藏的范围和程度以及未入藏书刊的特点和原因等。

第三节　文献计量学与情报检索

一、检索工具完整性的测定

检索工具的质量直接关系到检索效率。因此，在文献情报检索中，应该对所使用的检索工具有一个基本的估价。对文摘、索引等书目检索工具完整性的测定，可利用布拉德福定律来进行。其具体做法是：①统计要检验的文摘或索引的实际数目数量和摘引的期刊数量；②根据从实际统计中得到的某学科期刊 n 和 $R(n)$ 的一组数据，利用 $R(n)=K\ln n$，求出期刊总数($N=K$)，再根据公式 $R(N)=K\ln N$ 求出该学科的论文总数；③以实际值与理论计算值比较，便能测定其完整性。

例如，按布拉德福定律公式计算，某年的某文摘期刊应摘录至少发表过一篇某学科文献的期刊是 643 种，应摘录的相关论文是 2784 篇。但实际上该文摘该年只摘录了 374 种期刊和 2284 篇论文。因此，该文摘漏摘期刊 269 种，漏摘率高达 41.8%，漏摘论文 500 篇，其漏摘率为 18%。换句话说，该文摘具有 58.2%的期刊完整性和 82%的论文完整性。

在图书馆和情报机构的管理中，检验期刊论文索引完整性是一项重要工作。一般的做法是，抽出几种载文量较高的期刊，统计其相关论文载文量和被索引率，并以此来估计索引的完整性。这种方法既费时又费力，且随机性大，不易估计准确，如果利用布拉德福定律来测定，就方便多了。其具体做法是，将期刊按布拉德福等级排列，若要检验的几种期刊所载的论文数与全部期刊的相关论文总数之比为 N/S，则有

$$N\ln\frac{n}{S}=fN\ln\frac{N}{S},\quad 0\leqslant n\leqslant N$$

则

$$\frac{n}{S}=\left(\frac{N}{S}\right)^f$$

所以

$$n=S\left(\frac{N}{S}\right)^f \tag{11-1}$$

利用式(11-1)，可以测定某一已知规模(已知 n)的索引，其报道量占论文总数的比例(求 f)，从而检验该索引是否达到原定覆盖面要求，反过来，如果要求一个索引(或文摘)要报道一定比例的论文量，则至少要摘引多少种期刊，从而确定该文摘索引的摘录范围，例如，若要求一个索引报道 2000 种期刊载文量的一半(已知 S=5)，那么它至少要摘录多少种期刊呢？这时，可将 N=2000、S=5、f=1/2 代入式(11-1)中，即

$$n=5\times\left(\frac{2000}{5}\right)^{\frac{1}{2}}=100(\text{种})$$

由此可知，只摘引 100 种载文率最高的期刊，就能报道 2000 种期刊所载全部相关论文的 1/2。

索引的完整性可由索引的实际数据与根据布拉德福定律计算的理论值的比较来确定。如果实际值的末端距理论计算值下降很远，则索引的完整性差。国外有人研究了计算机输出的关于肌肉纤维方面的 MEADLABS 目录和计算机科学目录，如图 11-2 和图 11-3 所示。

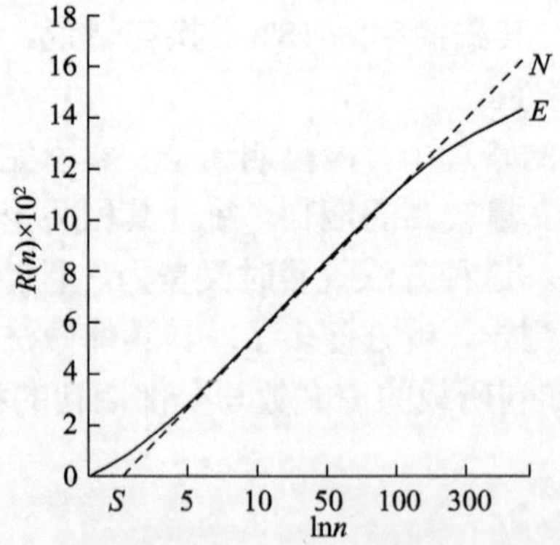

图 11-2 MEADLABS 目录的实际值与计算值比较

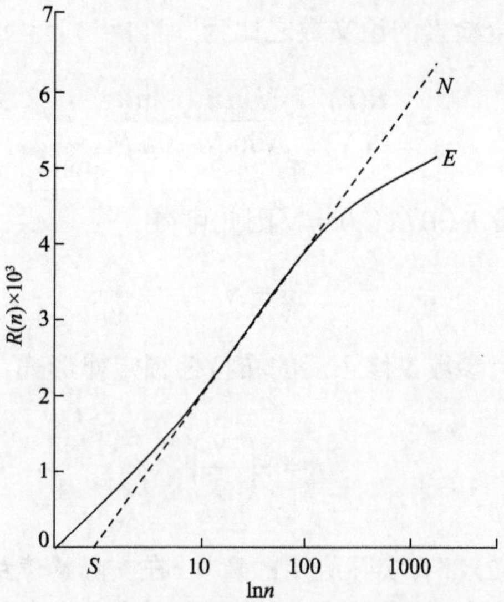

图 11-3　计算机科学目录的实际值与计算值比较

图 11-2 中，期刊数的实际值 N 与计算值 E 均为 313，$R(N)$=1402，$R(E)$=1346，S=3.6，C=18。而图 11-3 中，N=750，E=522，$R(N)$=4050，$R(E)$=3436，S=3.4，C=13。可见，实际值与计算值相差很大，因此该目录是不完整的。

二、布拉德福定律用于情报检索

布拉德福定律在文献检索中的应用，主要有以下三个方面。

1. 预计检全论文总数

在文献检索中，往往要预先估计一下，如果对 n 种期刊进行全面检索大致会得到多少篇相关论文。这样，可以做到心中有数，也便于对检索效果进行评价。这类问题可应用布拉德福定律的公式来计算。

根据布拉德福定律，可以预计全检率对应于 n 种期刊的关系。当 N 足够大时，则有 $K\approx N$。因此，预计完全检索 N 种期刊中的 n 种期刊的论文数为

$$R(n) = N\ln n\,,\quad c\leqslant n\leqslant N$$

同理，预计完全检索所有 N 种期刊的论文总数为

$$R(N) = N\ln N$$

2. 估计检索范围

由前面两个式子，可以得出，预计在 n 种期刊中完全检索的论文数量与预计

在全部 N 种期刊中完全检索的论文数之比为

$$\frac{R(n)}{R(N)}=\frac{N\ln n}{N\ln N}=\frac{\ln n}{\ln N}$$

在第二节中，已设 $R(n)/R(N)=f$，因此可得

$$n=N^f \tag{11-2}$$

如果将其推广到用参数 S 修正后的布拉德福定律形式，则可得到

$$n=S\left(\frac{N}{S}\right)^f$$

式(11-1)和式(11-2)都有实际应用的意义，在文献检索中可用来估计检索的范围。例如，某学科大约有 400 种期刊，如果打算从中检索出相关论文总数的 1/2 或 1/3，则至少要检索多少种期刊？这可利用式(11-2)计算：

$$N^{\frac{1}{2}}=400^{\frac{1}{2}}=20(\text{种})，\ N^{\frac{1}{3}}=400^{\frac{1}{3}}=7(\text{种})\ (\text{取最近的整数})$$

也就是说，只要查找载文率最高的前 20 种期刊，就能得到该学科文献的 1/2；若要得到该学科文献的 1/3，则只要在前 7 种期刊的范围内进行检索就能达到要求。式(11-1)、式(11-2)还可用来指导期刊订购工作。

3. 计算检全率

对于一组有关某一主题的期刊论文检索数据，可以考察它是否符合布拉德福定律。如果符合，则可求出该主题的期刊总数；然后与实际检索到的期刊数进行比较，便可求出相对于理论计算值的检全率。下面举一个实例来说明。

表 11-1 列出了有关维生素期刊文献的检索数据和计算值。

表 11-1　有关维生素期刊文献的检索数据和计算值

n	$R(n)$	
	实际查到值	计算值
5	269	268
10	386	383
15	463	452
20	509	500
25	537	537（参考点）
38	562	567

续表

n	$R(n)$	
	实际查到值	计算值
40	597	615
60	638	682
80	664	730
100	684	768
146	730	830
(167)	—	(853)

表 11-1 中，n 为按载文率渐减排序的期刊序号，$R(n)$为前 n 种期刊的累积论文数。表 11-1 中所列的实际检索数据是符合布拉德福定律的。这是因为

$$R(5)=269\text{（查到数）},\quad 2R(5)=538$$

而

$$R(5^2)=R(25)=537\text{（查到数）}$$

因此，选择 n=25 为参考点可求出维生素的全检期刊总数(N)。根据布拉德福定律的数学公式：

$$R(25)=K\ln 25=537$$

则

$$K=537/\ln 25=537/3.22=167\text{（以下均取自然对数）}$$

又有

$$N=K=167\text{（种）}$$

相应的 $R(N)$值为

$$R(167)=K\ln 167=167\times 5.12=853\text{（篇）}$$

因此，对表 11-1 中的数据，在一次完全检索中预计可以找到的有关期刊数为 167 种，但实际为 146 种；预计全检论文总数为 853 篇，实查到 730 篇。相对于理论计算值而言，可分别求出期刊和论文的查全率：

期刊查全率=146/167×100%=87.4%，　论文查全率=730/853×100%=85.6%

第四节 文献计量学与用户研究

读者(或称用户)是图书情报服务的对象，也是文献的使用者和情报的吸收者。读者是文献的相关媒介之一，文献计量学与读者研究有着一定的联系。文献计量研究能以“量”的概念宣传读者、服务读者，各种文献规律的定量描述和揭示有利于读者研究特别是定量研究的深入，文献计量学的某些方法也可用于读者研究中。文献计量学研究的深入，将大大改善读者工作，提高为读者服务的效率。

一、用户分布符合布拉德福定律

图书馆和情报中心的读者服务一直都是凭经验进行的，没有量的准确概念。利用文献计量学的方法，通过文献计量和读者统计可以得出一些规律性的结论。例如，统计某一时期内读者流量和每个读者利用期刊的次数，如果利用布拉德福的等级排列技术，按利用次数渐减的顺序将读者进行排列，然后分组，使各组的期刊利用次数大致相等，那么相继各组的读者数量之比成等比数列，也就是说，读者流量分布符合布拉德福定律。例如，对美国艾伦(Allen)纪念医学图书馆 1908 年 3 月读者利用期刊情况的统计表明，读者(用户)的最小核心包括 13 人，利用期刊 110 次，以下依次为 18 人，利用 108 次，24 人，利用 107 次，…。可见，相继八组的读者数之比成几何级数，$1:(1.4):(1.4)^2:\cdots:(1.4)^7$，即符合布拉德福分布。同时还可看出三月份在 1、2、3、4 组中有 86 个读者，76 种期刊被流通。根据读者的分布，可确定读者的最小核心(即主要用户)，并借助《医学索引》确定这一核心中读者所感兴趣的领域，即找出有关出版物。此外，通过建立期刊论文的分布，还可确定用户最感兴趣的核心期刊。通过读者分布和期刊分布的研究，就可以使图书馆或情报中心的馆藏保持一种有序状态，为读者提供最适用的文献情报资料。

二、指导用户利用期刊

布拉德福定律对于指导读者阅读文献具有实际意义。具体来说，就是利用布拉德福定律的原理，指导读者选择阅读重点文献，从而节省时间提高获取情报的效率。

对于某一学科的某一时期的期刊论文进行文献计量统计和处理，若用 y 轴表示发表论文数量的累计百分比，x 轴表示刊登这些论文的期刊数量的累计百分比，便可得到该学科期刊论文的布拉德福分布曲线。图 11-4 是某学科的 155 种期刊发表 375 篇论文的布拉德福分布曲线。从图中可以看出，有 155 种期刊共载论文为 100%，其中 30 种期刊刊登论文为 66%，5 种期刊刊登论文为 33%，这就是说，读者要了解这个学科的进展，只需阅读 5 种核心期刊，就可以得到这个学科 33% 的论文，如果经常阅读 90 种期刊，可以得到全部论文的 66%。用“核心期刊”这种量的概念指导读者，可大大提高读者利用期刊的效率。

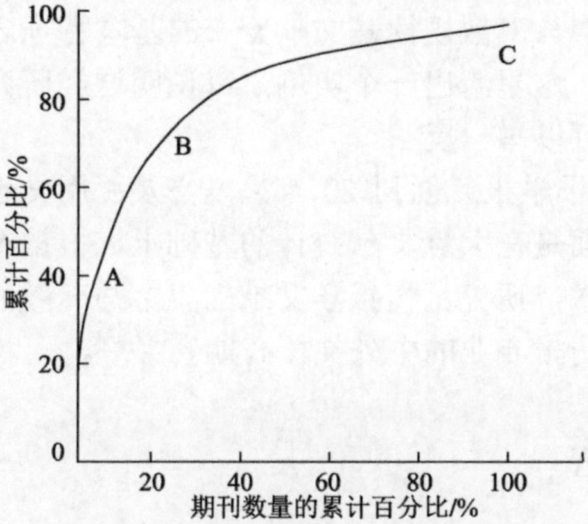

图 11-4　期刊论文布拉德福分布曲线

三、指导读者选购和阅读最佳图书

众所周知，从文献计量的角度可以评价和鉴定出版物质量，为书刊采购和指导读者阅读提供科学依据。图书情报单位指导读者选购和阅读重点图书，主要是为读者推荐和提供“最佳图书”以及相应的“核心出版社”。为此，必须确定各个学科的最佳图书清单。利用文献计量学研究确定核心图书时，其方法之一是先根据某一学科的原始期刊或文献索引期刊，统计其刊登的或被摘引的该学科的期刊论文，然后统计每篇文章后面被引文献中的被引图书的次数，最后按图书被引次数的多少排序，序位靠前的若干种图书即为该学科领域的最佳图书。例如，鲍曼(Baughman)从《社会科学和人文科学索引》(Social Sciences and Humanitics index 第 24 卷(1970～1971 年))中摘出社会学方面的 446 篇期刊论文，并统计其后面的被引文献总数为 11130 篇，其中图书资料(包括图书、技术报告、学位论文、政府文献等)有 6840 篇。在 6840 篇图书资料中，被引两次或两次以上者共 759 篇，被引五次或五次以上者仅 99 篇。鲍曼把这 99 种图书称为“社会学最佳图书”。因此，它们是有关社会学的图书馆必须购买和收藏的图书资料。同时，他还发现格伦科自由出版社(Free Press of Glencoe)是上述最佳图书的主要出版者，它出版的最佳图书占其总数的 26%。利用上述方法，可以确定各学科的最佳图书。这些最佳图书清单，既是图书情报部门采购图书的依据，也是读者选购和阅读重点图书的指南。

第五节　文献流集中与离散规律的研究及举例

文献情报流的集中与离散规律是文献分布的基本特征之一。布拉德福定律对此进行了揭示和描述。这里给出一个实例，以说明这类研究的基本过程和方法。在实际工作中，读者可以举一反三。

2002 年曾对《情报学报》创刊 20 年来发文及引用文献进行了系统的计量分析。其中一个重要方面是在大量文献统计的基础上，根据布拉德福定律，运用等级排列和图像分析技术，研究了情报学文献的集中与离散的分布规律，并根据图像分析结果，确定了情报专业的中外文核心期刊[87,88]。

一、研究方法

《情报学报》无疑是情报学的核心期刊，其引用文献的来源期刊分布，反映了情报学文献情报源的分布。因此，对中国科学技术情报学会、中国科学技术信息研究所编辑出版的《情报学报》创刊 20 年来的引用文献来源期刊按中外文分别进行了统计分析。

把统计数据按等级排列制成表 11-2 和表 11-3，表中 A 代表期刊种数，B 为引文量，C 为 A 的累积数，D 为 $A\times B$ 的累积数，E 为 lnC。并以 ln$n$ 为横坐标，$R(n)$ 为纵坐标，绘制成情报专业文献的布拉德福分布图(图 11-5 和图 11-6)。

表 11-2　中文来源期刊的等级排序分布统计表

A	B	C	D	E	1	28	21	3025	1.322
1	926	1	926	0	1	24	22	3052	1.342
1	485	2	1414	0.301	1	22	23	3074	1.362
1	320	3	1736	0.477	1	19	24	3093	1.380
1	218	4	1949	0.602	4	18	28	3165	1.447
1	153	5	2102	0.699	1	15	29	3180	1.462
1	132	6	2234	0.788	3	13	32	3219	1.505
1	127	7	2361	0.845	1	12	33	3231	1.519
1	103	8	2464	0.903	6	11	40	3297	1.602
1	80	9	2544	0.954	8	10	48	3377	1.681

续表

A	*B*	*C*	*D*	*E*	1	28	21	3025	1.322
1	69	10	2613	1	4	9	52	3413	1.716
1	67	11	2680	1.041	2	8	54	3429	1.732
1	47	12	2727	1.079	6	7	60	3471	1.778
1	46	13	2773	1.114	10	6	70	3531	1.845
1	36	14	2809	1.146	13	5	83	3596	1.919
1	35	15	2844	1.176	24	4	106	3692	2.025
1	34	16	2878	1.204	31	3	137	3785	2.137
1	33	17	2911	1.231	56	2	191	3897	2.281
1	31	18	2942	1.256	214	1	412	4118	2.615
2	29	20	3007	1.301					

表 11-3　外文来源期刊的等级排序分布统计表

A	*B*	*C*	*D*	*E*	1	14	14	772	1.146
1	183	1	183	0	2	12	16	796	1.204
1	155	2	338	0.303	3	11	19	829	1.279
1	96	3	434	0.477	3	10	22	859	1.342
1	78	4	512	0.602	4	8	26	891	1.415
1	54	5	566	0.699	7	7	33	940	1.519
1	41	6	607	0.788	4	6	37	964	1.568
1	36	7	643	0.845	10	5	47	1004	1.672
1	29	8	672	0.903	14	4	61	1070	1.785
1	23	9	695	0.954	16	3	77	1118	1.887
1	18	10	713	1	45	2	122	1208	2.086
3	15	13	758	1.139	163	1	285	1371	2.455

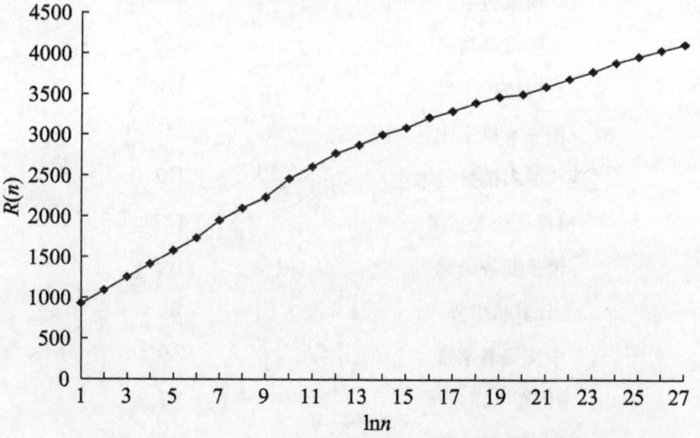

图 11-5　中文来源期刊的等级排序分布图

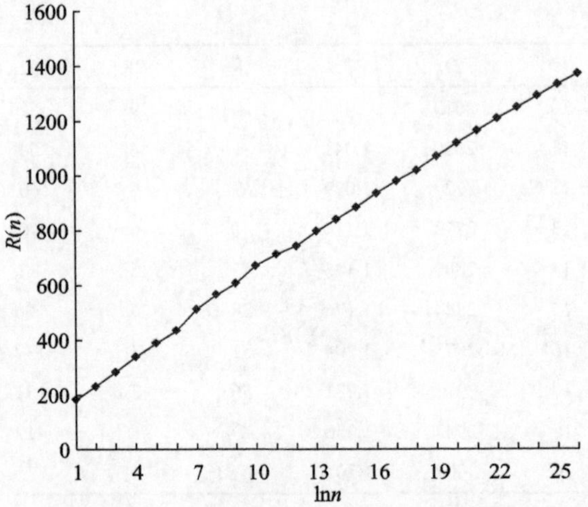

图 11-6　外文来源期刊的等级排序分布图

二、研究结果

通过统计发现，1982～2001 年《情报学报》的引用文献的中文来源期刊有 412 种，前 7 种来源期刊的引文量占总引文量的 57.5%，前 33 种来源期刊的引文量占总引文量的 78.6%，因此确定其按等级排序列入表 11-4；引用文献的外文来源期刊有 285 种，前 10 种来源期刊的引文量占外文总引文量的 52.01%，前 22 种来源期刊的引文量占外文总引文量的 62.66%，确定其按等级排列列入表 11-5。

表 11-4　中文重要来源期刊表

序号	刊名	引文量	累计引文量
1	情报学报	926	926
2	情报科学	485	1411
3	情报学刊	320	1731
4	科技情报工作	218	1949
5	图书情报工作	153	2102
6	现代图书情报技术	132	2234
7	情报理论与实践	127	2361
8	情报业务研究	103	2464
9	计算机世界	80	2544
10	中文信息学报	69	2613
11	中国图书馆学报	67	2680
12	图书情报知识	47	2727

续表

序号	刊名	引文量	累计引文量
13	情报科学技术	46	2773
14	大学图书馆学报	36	2809
15	中国信息导报	35	2844
16	国外情报科学	34	2878
17	计算机与图书馆	33	2911
18	计算机科学	31	2942
19	情报资料工作	29	2971
20	图书与情报	29	3000
21	情报杂志	28	3028
22	中文信息	24	3052
23	南京大学学报	22	3074
24	科学学与科学技术管理	19	3093
25	大学图书馆学通讯	18	3111
26	图书馆杂志	18	3129
27	系统工程理论与实践	18	3147
28	图书馆	18	3165
29	中国科技期刊研究	15	3180
30	计算机研究与发展	14	3193
31	世界图书	13	3206
32	图书馆论坛	13	3219
33	信息系统工程	13	3231

表 11-5　外文重要来源期刊表

序号	刊名	引文量	累计引文量
1	J. Am. Soc. Information Sci.	183	183
2	Information Process & Manage	155	338
3	J. Doc.	96	434
4	J. Inform. Sci.	78	512
5	Нти Сер（俄）	54	566
6	Commun. ACM	41	607
7	Online	36	643
8	情报管理（日）	29	672
9	Annual Review of Information Science	23	695

续表

序号	刊名	引文量	累计引文量
10	International Classification	18	713
11	Am. Doc.	15	728
12	J. ACM	15	743
13	Database	15	758
14	Scientometrics	14	772
15	ACM SIGIR FORUM	12	784
16	IBM J. Res. & Doc.	12	796
17	Computer	11	807
18	Decision Support System	11	818
19	Alib Proc.	11	829
20	Nature	10	839
21	Library and Information Science Reseach	10	849
22	The Electronic Library	10	859

第六节 文献利用规律的研究及举例

文献利用规律的研究有利于开发科学情报资源，提高情报服务的针对性和有效性，是图书馆学情报学领域普遍关注的重要课题之一。利用文献计量的方法，从定量的角度来研究文献利用规律可收到较好的效果。下面举例说明这类研究的方法和分析的内容以及一些规律性的结论。

一、文献利用规律的研究方法

1. 直接统计与调查法

这种方法就是直接对读者利用图书情报部门文献资源利用情况进行统计，或对读者群体发放调查表进行统计，从而得出规律性结论，用来指导图书情报工作。

在统计与调查中要对读者进行分类。一般可以按照以下方法。

(1) 按读者工作所属的学科范围进行读者分类。

(2) 按读者的职业进行分类。

(3) 按读者信息需求的表达情况进行分类。

(4) 按读者对信息的使用情况分类。

(5) 按读者的能力与水平分类。

(6) 按读者信息保证的级别进行分类。

(7) 按读者接受服务的方式进行分类。

例如，中国科技情报学会曾经进行了一次"科技人员利用文献情况综合调查"[89]。其中，将科技人员按能力与水平，依据其职称分为高、中、初级人员，调查了我国科技人员利用期刊的现状，并从科技人员常用期刊分类、科技人员利用期刊的一般情况、中文期刊利用情况、外文期刊利用情况、各种类型期刊利用比较、不同职称人员利用期刊情况、利用期刊的交叉情况等多个角度对科技人员利用期刊情况进行了分析。通过调查统计表明：期刊在我国科技人员所利用的文献源中占有重要地位，其中公开发行的中文期刊的利用率较高，外刊则以英文、日文、俄文刊物利用较为普遍。高、中、初级职称人员利用外刊率依次呈下降趋势，中文期刊利用情况则恰好与之相反。

2. 引文分析法

通过引文分析法可以把握文献利用规律，是文献计量学中最主要的方法之一。

例如，2002 年，曾对《情报学报》创刊 20 年来发文及引用文献进行了系统的计量分析。《情报学报》无疑是情报学的核心期刊，因此对其引用文献的系统计量分析一定程度上反映了情报学研究者对文献的利用情况。

(1) 引用文献数量的分析。首先对《情报学报》20 年来载文篇数、附参考文献的论文数量、参考文献条数、篇均引用量等项目逐年进行了统计。统计结果表明，情报学论文中附有参考文献的论文数量与比例呈现逐年增长的趋势，引用文献总量也在增加，呈现增长的趋势，说明在情报学研究中研究者越来越注重学习和吸收借鉴已有成果，尊重他人劳动，同时也反映出《情报学报》用稿与编辑的日益规范化以及质量的提高。有趣的是篇均引用量，并不呈现增长的趋势，并且 1993 年以后呈现微弱减少的趋势，这说明情报学研究从过去的引进、介绍、学习、继承向创新性研究发展。整个变化状况可以由图 11-7 看出。

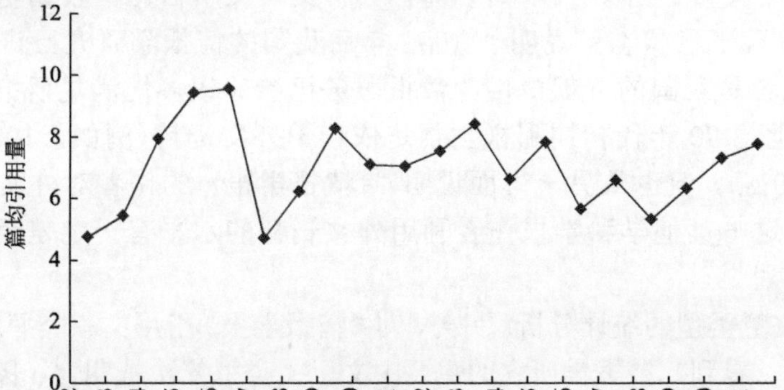

图 11-7　引用量年份分布图

由图 11-8 可以清楚地看到，《情报学报》中附参考文献的载文中，有 5 篇引文的文章为 124 篇，有 4 篇引文的文章为 120 篇，有 3 篇引文的文章为 115 篇，有 6 篇引文的文章为 111 篇，有 7 篇引文的文章为 92 篇，它们共占有参考文献文章的 40.87%。也就是说，是以 5 为中点，再向两边延伸的近似的正态分布，而不是以每篇论文附有的引文量平均数 9.01 篇为中点展开的，而有些学科的引文量分布规律是以篇均引文量的平均数为中点向两边展开的正态分布或偏正态分布。这种差异有很复杂的原因，可能主要是学科特征与期刊差异所造成的。

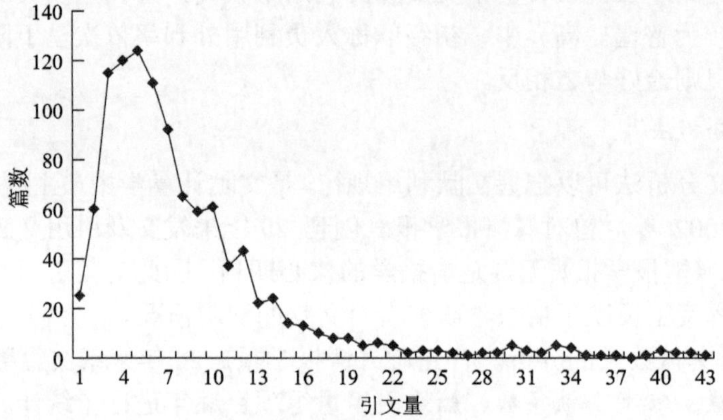

图 11-8　引文量分布图

(2) 引用文献的语种统计分析。统计表明，引用文献的语种主要有中文、英文、日文、俄文、法文、德文等，而其中中文文献平均占到 69.28%，而英文是最主要的外国语种，占整个引文的 28.13%，占外语引文的 91.57%，无论中文外文的引用文献数量都呈增长的趋势，外文中英文所占比例逐渐增加，其他语种逐渐减少，而集中于英文。由图 11-9 可以看出，中文引文所占比例较为稳定，特别是 1991 年后呈现平稳状态，说明从 1991 年后我国的情报学研究已进入稳定的发展阶段，或者是我国的文献提供的情报服务已能够较多地满足研究者的需要，而不像 20 世纪 80 年代初期那样主要是依赖于外文资料(例如，1982 年的引文中外文占 60%)。但也从另一方面说明，《情报学报》的作者对外文文献的利用有所下降，这与其他学科学报作者利用外文资料的水平有一定差距。这个问题值得我们深思。

(3) 引文量类型的统计分析。另外，对《情报学报》引用文献类型进行了统计。从统计中可以看到，情报学研究的主要中文引文类型依次是期刊、图书、会议论文、报纸、学位论文、科技报告、网络、标准等。其中，中文期刊论文最多，占 62.10%；图书占 21.40%。这两种类型的引文占了绝大多数，为 83.50%，这说明

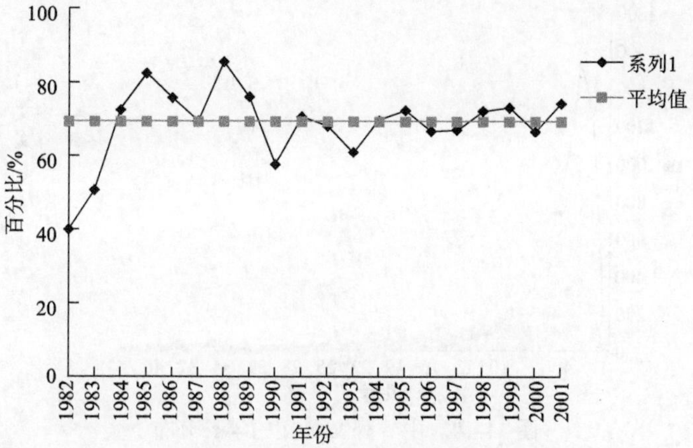

图 11-9　中文引文所占比例变化图

期刊、图书是我国情报学研究者利用最多的主要的文献类型，也是他们主要的情报来源。

从统计中还可以看出，情报学研究的外文引文来源依次是：期刊、图书、网络、科技报告、会议论文、学位论文、报纸、标准等。其中，外文期刊论文最多，占 46.62%；图书占 26.83%。这两种类型的引文占了绝大多数，为 73.45%，这说明期刊、图书是我国情报学研究者利用最多的主要的文献类型，也是他们的主要情报来源。

两者比较可以看出，对外文引文来源而言，网络文献与科技报告两种类型比在中文中更为重要，反映出我国情报学研究的科技报告较少，网络信息资源建设也不足，而网络文献无论是中文还是外文都是较新且日益重要的信息源。

(4) 引文年份的统计分析。图 11-10 给出了中外文引文各年合计的数量分布图，可以看出平均的最大引文年限为 2。这与普赖斯在 30 多年前研究英文引文的最大引文年限为 2 年的结论是一致的；还可以明显地看出中文引文分布的峰值高于外文引文分布，下降速度也快，大于 10 岁的中文引文量就不及外文引文量了。这说明中文文献传播利用快捷，并不能说明中文文献老化快而外文文献老化慢。这主要是：一方面是我国情报学研究发展的历史阶段的特殊性所决定的，我国情报学的历史短、发展快、统计数据的范围基本包括了我国情报学恢复和发展的整个时期，各年中文引文来源的时间范围就小，造成合计数据相对集中；另一方面引用的外文文献都是经过认真筛选的较为重要、较为著名、较为经典的文献，被引作者也相对集中于少数著名情报学专家；此外，统计数据只来源于国内中文期刊，这也是其原因之一。因此，比较中外文文献老化要有一定的前提条件。

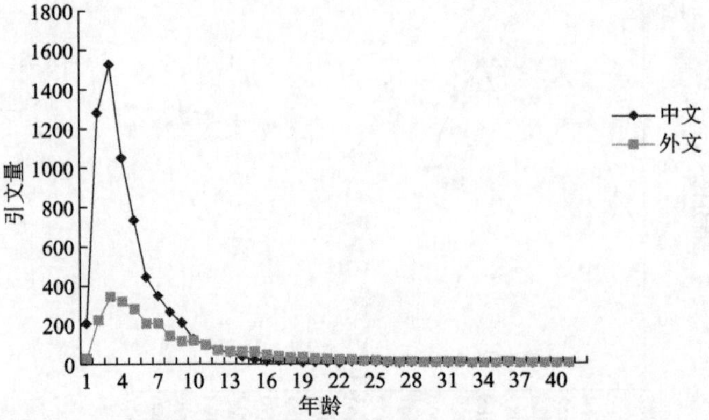

图 11-10　中、外文引文的年龄分布

(5) 引文学科的统计与分析。引用文献的学科分布受学科分类体系的影响，采取宜粗、明确、易分辨的原则，按引文的实际引用状况，对引用文献进行了分类并按引用量大小排序。从统计结果可以看到，引文所涉及的学科有 29 个，情报学的自引占了一半，为 50.78%。在相关学科中，计算机、图书馆学、经济学、语言学、科学学、文献学的引用文献占到了相关学科引用文献的 83.12%，它们是与情报学关系密切的主要相关学科，特别是计算机科学与图书馆学的引证率分别为 12.8%和 11.35%。其他所涉及的学科依次有系统论、法律、数学、哲学、社会学、统计学、管理学、教育学、出版学、工业技术、信息论、生物学、档案学、心理学、控制论、传播学、化学、未来学、物理学、医学、地理、军事等。情报学是开放的边缘性、综合性学科，在相关学科中社会科学与自然科学的学科数几乎各占一半，但在引用文献量中社会科学学科的引文量占绝对优势，为 66.49%，这说明情报学与社会科学的联系更为密切，具有较强的社会科学的学科性质；同时，也可能是《情报学报》的作者具有社会科学知识背景的居多，对社会科学文献更为熟悉，引用更为得心应手。

(6) 引文来源期刊的统计分析。通过来源期刊的统计分析可以掌握情报学研究者利用文献的范围及核心期刊，其研究结果已在上一节给出。整个研究结果反映了情报学研究者利用文献的规律性，有一定的指导意义，研究方法也有一定的示范性。

二、科技人员利用文献规律的研究

科技人员是图书情报部门的主要服务对象之一，为科技人员收集、整理和提供文献是情报工作的一项重要任务。因此，探索科技人员阅读文献的规律，将有助于图书情报部门提高服务质量，更好地为四个现代化服务。研究表明，科技人员利用文献的规律主要可从下列几方面进行分析[90]。

1. 目的性

科技人员利用文献有明确的目的性，因为他们一般都有自己的研究方向和课题，所承担的任务是明确的，因此，对文献需求的目的性很强，往往带着科研中的问题去查找资料，要求从文献上寻求答案或得到启发。这是科技人员利用文献的一个特点。

2. 全面性

任何科学研究工作，都需要占有充分的资料。为了研究一个科学技术问题，必须搜集和占有足够的、丰富的材料，才能为分析研究提供可靠的、充分的依据，才能反映问题的本质。为此，科技人员一般都注意以下几点。

(1) 考虑需要搜集哪些文献资料，怎样去搜集才能达到全面性的要求。

(2) 不从主观出发，唯客观事实是从。

(3) 必须保证文献资料最大限度的可靠性和准确性。

(4) 以冷静的、公正的、科学的态度对全部文献资料进行分析研究，不先入为主，不存成见和偏见，没有充足的根据不下结论。

(5) 在分析研究中，发现尚缺什么文献资料，或哪些材料不足，便积极寻找补充。

3. 系统性

科技人员对文献资料的要求，不仅目的明确，而且系统性很强。就内容来说，既需要有与研究课题有关的专业文献资料，也要有其他学科的文献资料。就文字、类型、时间、学派等方面来说，既要中文文献，也要外文文献。目前更多的是要阅读西文文献：既有图书，也有期刊，还有专利文献、会议文献等特种文献，既需最新的文献，也需要过去的文献，同时对各种不同派别、不同观点的文献资料也要求系统地查阅。只有这样，他们才能全面、系统地分析问题，使科研工作建立在较为宽广的基础上。

4. 时间性

科技人员从事某一课题研究时，最迫切需要的是尽快掌握这一课题的各国研究动态。由于科学技术的发展异常迅速，从研究、发明到应用的周期越来越短，同时，科学文献的老化现象也在不断加快。因此，科技人员对文献的时间性要求很强，注重利用最新的科学文献。

5. 阶段性

科技人员利用文献的另一个特点是阶段性。一般来说，科研工作要经过选题、调研、实验、总结、评议等阶段，各个阶段的具体要求不同，因此他们对文献的需求和利用有明显的阶段性。

首先，在普查文献的基础上选择科研课题：在课题确定以后，还要深入查阅文献。其目的如下：

(1) 了解前人对本课题做过哪些研究，以避免重复或重蹈前人的覆辙。

(2) 了解对本课题的研究有哪些可供参考的资料、数据、技术和方法。

(3) 从前人类似的研究中，吸取对研究方法、建立假说和进行分析有所帮助的思维方法。

(4) 了解有关科学领域的最新动向和进展，以扩大眼界，全面考虑问题。

在总结、评议阶段，科技人员也要引用别人的成果，参考有关同行的文献资料，以便撰写高质量的论文或书面报告，进行分析、对比和评价。

6. 技巧性

科技人员利用和阅读文献，首先一般要利用检索工具进行系统的检索，力求查准、查全并浏览有关的文献综述、文摘、书评、研究动态之类的资料，查找有哪些文献资料可以利用，做出自己的资料索引。其次对查到的文献进行阅读，阅读时，他们往往采用三种方法，即“侦察”、“浏览”和“精读”。

综上所述，科技人员利用和阅读文献的基本特点是：目的性十分明确，要求全面系统，时间要求快，内容要求新，而且有一定的阶段性和技巧性。研究和明确这些规律，图书情报部门就能有效地开展服务工作，提高服务质量。

第十二章

文献计量学在科技管理与预测中的应用

科技管理是研究现代科学技术管理的基本原理和方法的学科。它是在现代管理科学、科学学、科技史、人才学、系统论、自然辩证法等学科基础上发展起来的横跨自然科学和社会科学两大领域的综合性学科。

文献计量学与科技管理学特别是科学计量学有着十分密切的联系。从文献计量的角度来探讨科学学、人才学、预测学、科技史等方面的课题，是一个崭新的有效途径。本章主要讨论文献计量学在科学学研究、人才评价、科技预测等方面的应用。

第一节 文献计量学与科学学研究

科学学是研究科学本身发展规律的学科。科学的发展规律在很大程度上是由人才、经费与成果的消长演变、增长速度、学科构成及其比例关系来体现的，而这些方面的发展变化又集中反映在科学文献的各种变化上。这是因为科学文献是科技知识和成果的客观记录，是科学存在的表现形式。任何一项科学研究和技术创造，都要以拟写必要的科学文献为其最后阶段。同时，科学技术也是借助科学文献来继承和发展的。因此，科学文献的数量和质量无疑是对科学技术水平的一种量度。根据科学文献的内容构成和数量变化，可以估价或分析科学技术的历史和现状，以及预测其发展趋势。具体地说，有以下几个方面：①科学文献量可以反映科学或技术发展的程度和阶段；②科学文献量的国家分布或语种分布，反映不同国家某项科学技术的研究力量和技术优势；③科学文献量的增减变化速度反映科技发展的速度，文献量的翻倍周期一般可作为衡量科技发展的尺度；④文献量的突变反映了科技发展的转折性变化，即由增长趋势向平缓趋势、衰落的趋势转变，或从发展过程向衰退过程转变等；⑤科研机构发表的文献量可以反映该机构的技术实力和研究成果，等等。文献计量学对科学文献规律的揭示与描述，也充分反映了科学发展的一定面貌、特点和规律。因此，利用文献计量方法，可以研究科学的结构和发展规律，进行科技成果和人才的评价，开展科学技术预测等。综上所述，文献计量学不仅能够应用于科学学领域，而且为科学学研究提供了崭新的途径和有效的方法。

文献计量学在科学学研究中的应用，主要体现在以下四个方面[91]。

一、研究科学发展特点

现代科学的发展具有许多突出的特点，这充分表现在科学文献的数量及其变化上。因此，从文献计量的角度可以进行科学发展特点的研究。

⑴科学发展速度加快。文献计量学的研究表明，现代科学文献的数量是按指数规律增长的。美国《化学文摘》从1907年创刊以来，发表第一个100万条文摘用了32年，第二个100万条用了18年，……第五个100万条只用3年4个月，第六个100万条仅用了2年多一点的时间。这种科学文献的迅速增长是科学发展速度加快的具体体现。

⑵科学发展的继承性。科学发展的继承性从文献的内容联系和利用上都可以充分反映出来。从科学引文来看，其内容是前后连贯的。科技人员不仅要利用最新的文献，而且还要查阅过去的文献。也就是说，科学的发展具有明显的继承性特点，而科学技术的继承和发展正是借助科学文献来实现的。

⑶科学发展的阶段性。文献的数量、主题词的数量和学科的发展阶段有着密切的联系。在科学的萌芽阶段相关文献很少；随着学科的逐步发展，相关文献数量迅速增加；当学科发展到比较成熟的阶段时，文献数量有一个稳定时期，甚至略有下降，一直到该学科发生衍生综合趋势时，文献数量才又上升，开始一个新的循环。主题词的数量与学科发展阶段的关系也与此类似。史列捷尔曾尝试用“词库”体积的变化来定义情报量。按照他的理论，情报能使学科结构发生变化，因而使反映学科新分支新课题的主题词数量也会减少或增加。这就说明主题词数量与学科发展有一定的联系。

⑷学科的交叉渗透性。在科学研究中，各学科之间交叉渗透日益严重，边缘学科不断出现，使许多科研课题单靠某一学科的知识是难以完成的。事实上，单一学科的期刊也是很少见的。

⑸科学发展重点的转移。对各学科文献数量或文摘条数的统计，往往能反映各学科的比重和发展速度，从而说明科学发展重点的转移情况。例如，美国《化学文摘》中生物化学文摘条数所占比重越来越大，从1967年的28%增加到1979年的41%，远远高于有机化学等化学分支的文摘比重。这主要是生物化学上升为一门重要的热门学科所致。

⑹科学劳动的集体性。同一篇文献的作者数量的增加反映了科学劳动集体化趋势的加强。欧美工业革命前后，一个人往往可以单独胜任一个课题的研究，这时绝大多数文献是以个人名义发表的；随着科学不断向深度和广度发展，科研难度的加大，一个人再也难以单独胜任一个课题的研究了。许多研究项目都必须依靠集体的力量才能完成，其成果则是集体智慧的结晶。因此，合著的文献越来越多。普赖斯对美国《化学文摘》的统计分析表明，1910年，一个作者的化学文献占80%以上；而1963年，一个作者的化学文献只占32%，两个作者的占43%，三个作者的占15.5%，三个以上作者的占9.5%。在数学文献方面也出现类似的趋势。科学文献的合著性体现了科学劳动的集体化特点。

二、研究科学结构

科学作为一种系统，其结构具有层次性和动态性。著名科学学家贝尔纳指出：科学研究每前进一步，都要重新建立科学结构的模式。从文献计量的角度，利用书目分析法和引文分析法都可以阐明科学发展的某些规律和科学的结构。

（一）利用书目分析法研究科学结构

书目信息与学科之间在数量上和内容上都有一定的联系。这种联系是我们利用书目分析法进行情报分析、研究科学结构的依据。这方面研究的原理可从两个方面来理解。

(1)书目结构往往反映出学科结构。科学知识的各个领域、各个课题之间存在一定的联系，而知识的载体和文字表现形式如图书、期刊、主题词、分类号等在一定程度上反映了这种有机联系。人类知识的语义性质使书目信息在一定程度上反映了知识本身，因为书目信息是知识的一些概念的语言和符号表达形式，书目信息的结构(参见、属分、并列、组配、等同等)反映了这些概念之间的关系，也更形象、更简练地反映了知识(或学科)的结构。例如，各门学科领域内的期刊名称、主题词的数量之比，在一定程度上能反映各门学科知识增量(情报量)的比例或者人们对各门学科知识的需求程度；同时，主题词表达的各类知识之间的亲疏程度是不同的，因而同一学科的专有主题词常常在同一篇文献中出现，而不同学科的专有主题词则不轻易在一篇文献中相会。同样，在一部综合性大型文摘中，同一学科的期刊、作者、出版者等在正文和分类索引中总喜欢聚类在一起。因此，按类号统计文摘刊物中的文摘条数，往往能反映各学科或分支的比重和发展速度。

(2)书目的数量变化往往反映学科发展的动态特征。由于“人类社会具有对科学情报进行评价的某种机制”，而这种评价的结果是迫切为人们所需要的学科应运而生，迅速发展。这反映在书目现象中就是新的主题词产生、新的类号出现、热门学科的文献和主题词数量迅速增加。文献的数量、主题词的数量变化往往反映着科学发展的兴衰起伏，文献的数量与学科发展阶段也有密切的联系；文献数量与科学家数量和科技成果的数量同样是密切相关的。文章的惯用句式、常用词句及其搭配方式与作者的研究课题、习惯嗜好有关。因为对于常用词汇及其之间的搭配，不同作者由于课题不同、经历不同、习惯不同而有着不同的使用频率，从而产生其特有的“科学指信”。因此，从上述这些方面出发，对众多书目信息进行统计，并从整体上进行分析，就可以推断出科学学研究的一些很有意义的结论。

（二）利用引文分析法研究科学结构

众所周知，科学引文与被引文之间有一定的内在联系。首先，引文与被引文之间在科学内容上是相关的，使科学论文以学科构成脉络。我们可以通过它求本溯源，按学科分划，从而找到科学论文的学科联系，进行科学文献结构和科学结构的研究；其次，科学论文被引用，说明其情报内容在整个科学交流过程的末端被人利用了，而论文被利用的多寡是学术水平和价值的一种测度。因此，可以从引文的数量和结构来分析研究科学的结构。引文分析用于科学结构的研究，最明显的特点是客观性。例如，在同引聚类分析中，科学的专业结构都是从引用关联的数据获得的。这就避免了依靠主观判断的传统方法所带来的不准确性。

引文分析在科学结构研究上的应用，主要包括科学结构的静态研究、动态比较研究(时序研究)以及超结构的微观研究等。

(1)科学结构的静态研究。引文聚类中形成的网络图可用于微观科学结构的静态研究。当一个专业的文献处于同被引聚类，并通过同被引聚类已得到若干聚类时，它们分别代表某个专业。若用一结点(圆圈)代表一个聚类，结点中的数字为聚类号，结点间连线表示聚类间的关联，线弯上的数字为二聚类同被引强度。这样就可得到聚类之间的关联网络图。利用这种网络图便可分析有关学科或专业之间的联系及其程度。

(2)科学结构的动态比较研究。这种研究是在静态研究基础上进行比较。一般通过对几年的比较，找出其变化趋势。其使用的方法如下。

①等高线图法。若用点代表文献，点旁的文字为作者及发表年份，各点之间的距离取决于同被引强度，同被引强度越大，点间距离越近，等高线的高度正比于每篇文献的被引次数。因此，利用这种等高线图可以剖析几年间某项研究进展的动态结构。

②框图法。其原理是前述网络法和等高线图法的结合。首先从某一聚类出发，得到若干小聚类，然后取出同被引强度为某一定值的聚类，绘成框图，方框代表小聚类，并用数字标出所含文献数。框间连线即为同被引关联，在线旁标出二聚类同被引强度。这样形成的框图能反映出学科(或专业)的聚类结构及其学科之间的亲疏程度。

(3)超结构的微观研究。这是利用二维空间图来进行的。在聚类研究中发现，总会出现跨几个学科的宏观聚类，这种情况除见于专业子结构形成的超结构外，还见于方法性的论文。若用点表示方法性论文，则点间距离与它们的同被引强度成反比，距离越近，联系越紧密。这样便可得到某学科的方法性论文的二维空间图。

三、研究科技史

对于科技发展史的研究，文献计量学已经成为一门重要的研究技术。这是因为书目资料和引文数据都能提供历史情报资料，同时，每一篇论文都是科学发展过程中特定事件的记录，而各历史事件都是在不同的时间点上发生的。科学文献的引用能体现这些事件的由来和发展，揭示某些科学思想或实验技术的发展进程。特别是从引文按年份分布所构成的历史图和引文间的网状关系进行研究，能够探明某一学科的产生背景、发展概貌、突破性成就，以及今后发展方向等。

科学进展的时序研究是科技史研究的重要内容和途径。历史图形象地描述了科学进展的概貌，它是建立在不同时间的引文关系上的。论文之间引文关系的一种基本形式是引文的时间序列，也就是引文的时间分布。如果每篇论文都是科学进展中的一个重要问题，而被引次数多者为关键问题，那么若用小圆圈代表这些关键问题，并按时间先后标以序，用号连线代表关键问题之间的引文关联，用箭头表示引用关系，则可绘出其历史图。这种图对某一时期科学发展的具体环节不仅能够定量地描绘一种科学进展轮廓，还可实现编图计算机化。这是进行科技史研究的一种新形式。

四、研究科技政策

文献计量学在科技政策研究中的直接应用也较为广泛，如科学家的分布、科学生产率的测定等，都能为科技政策的制定提供依据。

普赖斯在统计分析世界各国科学家人数时发现，1967 年世界科学家的 90%居住在世界上最发达的 14 个国家中，最发达的 40 个国家的科学家人数占全世界科学家总数的 99%。也就是说，分布在其他 100 多个较落后的国家中的科学家人数仅占全世界科学家总数的 1%。因此，他的结论是：科学家的分布与一个国家的发达程度有密切的关系。

科瓦奇(Kovach)利用 1967～1976 年的《科学论文作者人名录》，统计正在发表论文的科学家的人数来测定各国的科学生产率，并分析了各国科学家的活动趋势，结果发现，西班牙的科学生产率的增长速度最快，大大超过了南非、新西兰、巴西、尼日利亚和伊朗的平均增长速度。他还发现，在大多数西欧国家中，虽然从事于研究和发展的人数在增加，但其科学生产率却明显低于上述平均增长速度。他认为，出现这种情况主要与这些国家严重的政治和社会动乱有关。

另外，英哈伯(Inhaber)按人口多少将世界上的城市分为五大类，然后统计各类城市每 1000 人中有多少个科学家，结果表明，科学家大都集中于各类大城市中。

因此，他提出了在一个国家里科学家在地理位置分布上应该怎样才算合理的重大政策性问题。

第二节　文献计量学与人才评价

科技人才是国家的宝贵财富。科技人才的数量和质量是科技能力的重要标志之一。如何识别和评价人才是一个值得研究的重要课题。

由于人的德才总会通过各种方式表露出来，因而就为评价和发现人才提供了各种途径和方法。国内比较通用的方法是：通过科技成果的评议和鉴定、定期考核、实践考验、各种竞赛等活动来评选和发现人才。通过各种学术会议和学术交流活动可以发现优秀论文，各种学术期刊编辑部门可以通过对来稿的审查发现具有创造才能、提出新理论、新思想、新观点的人才。上述这些方法虽然也是可行的，但一个共同的缺陷就是缺少定量分析。目前，文献计量学方法广泛用来评价科技人才。许多研究表明，从文献计量的角度定量地对人才进行评价，其结果比较客观、比较准确。特别是美国 SCI 及 SSCI 的问世，为文献计量学在人才评价方面的应用开拓了极为广阔的前景。

一、文献计量学评价人才的原理

在科学活动中，科学文献与科技人才有一定的内在联系。这种客观联系正是我们从文献计量的角度来评价人才的依据。利用文献计量学方法评价人才的原理主要有以下两点。

（一）科技人员的成就和学术造诣与其发表的文献数量有关

苏联著名情报学家米哈依洛夫曾经指出：每个科学家发表的文章数目，可以作为他的科学劳动效率足够准确和客观的指标（自然，这里讲的仅仅是相对的衡量）。这是因为科技人员的成就是以科技成果来体现的，而科技成果一定要用文献的形式表达出来才能推广应用，才能得到社会的承认。在应用技术方面，专利文献数量与发明创造的数量几乎是 1∶1；在基础理论方面，文献与发现虽然不是一一对应的关系，但总的来说，两者还是呈正比关系的，不过比例系数要小得多，因为一项理论的发现往往要多篇文献加以论述。从宏观上讲，整个文献的数量与社会生产力的发展成正比，从微观上来看，发表的文献数量是该作者科技成就和贡献的一种量度。一般来说，科技人员的发明越多，成就越大，他的文献，特别是专利文献以及在重要刊物上发表的文献就越多。因此，发表文献的数量可以作为评价科技人才的一种依据。

（二）科技人员的成就和学术造诣与其发表的文献的被引次数有关

科技人员发表的论文并不是每一篇都被引用为参考文献的。一篇文献被引用有多方面的原因，但不管怎样，总是因为其中有观点、有材料，也就是说有一定的价值，能帮助作者解决一定的问题。文献的被引次数越多，越能在一定程度上反映文献的质量和价值，同时也能说明该文献作者在学术界的影响和地位以及对社会的贡献。而且，对某一作者来说，发表的文献越多，被引的次数也可能会多。因此，作者的文献被引率既从质量上也从数量上反映了文献的价值，从而可以衡量作者的学术水平。因此，科技人员发表的文献的被引率是评价科技人才的重要指标之一。

二、文献计量学评价人才的方法

根据上述原理，利用文献计量学评价人才的方法主要有两种：书目分析法和引文分析法。

(1)书目分析法：统计某一时期内各位科技人员在公开出版物上发表的文章篇数，并作成书目，然后将各种书目进行比较，发表文章多的一般被认为成果较多。这种方法简单、直接，但不够充分，通常要和其他方法配合使用。

(2)引文分析法：这是一种主要的常用方法。其具体做法是：直接统计或者利用 SCI 数据库统计出在一定期间内科学家所写论文的总被引次数，谁的被引次数高，谁就中选。这种方法比较客观和可靠，因而在评选人才中得到了广泛应用。

三、利用 SCI 评选杰出科学家

加菲尔德利用 SCI 做了三次大规模的引文统计，以评选杰出科学家[92]。这为我们提供了利用引文法评价人才的典范。

（一）引文统计概述

(1)第一次统计是 1977 年，加菲尔德利用 SCI 中的引文索引，从 1961～1975 年的三千多万条引文中选出了 250 名科学家。当选者论文需被引用 4000 次以上，而一般作者在十五年内平均被引次数仅为 50 次。这次评选的特点是专用第一作者的论文统计，不涉及合著者。这当选的 250 人平均年龄为 63 岁；其中获诺贝尔奖者 42 人，占 250 人的 17%，有 151 人是至少属于一个科学院的院士，占总数的 60%；其中 1/4 的院士为诺贝尔奖获得者。这也可说明引文法评选人才是有成效的。

(2)第二次是 1978 年利用 SCI1961～1976 年期刊论文数据库，选出了 300 名科学家。这次的特点是将第一作者的“引文索引”以及有合著者记录的“来源索引”合并统计，当选者论文被引次数平均为 5496 次。第一作者平均被引数为 1794 次，合著者平均被引数为 3702 次，后者比前者高，说明将合著者计算在内比较合理。这 300 人平均年龄为 54 岁，有 160 人至少为一个科学院的院士，占总数的一半多；获诺贝尔奖者 26 人，占总数的 8.66%；有 177 人(占总数的 59%)得过各种奖励。因此，在 300 人中既非科学院院士，又非得奖者为数甚少。可见，引文法统计出的结果是比较可靠的。

(3)第三次是 1981 年根据 SCI1965～1978 年的数据库，选出活着的科学家所撰论文(包括第一作者或合著者)，算出其论文被引次数，再从中选出被引次数最多的千名科学家，占全世界百万科技研究人员的千分之一。在 14 年内，每个作者平均被引 3811 次，算是选中。然后查出每人的通信地址，通过信函调查其专业、出生年、现在服务单位、写过哪些著作、得过哪些奖、是哪些科学院的院士以及其正确的全名等。其基本情况如下。

①被引次数。千名科学家在 14 年内每人平均发表论文 121 篇，有 32 篇用第一作者名义发表，89 篇用合著者名义发表。被引用次数平均为 3811 次，每年平均 272 次。

②性别与年龄。千名科学家中女性约为 23 名；平均年龄为 53 岁，其中 42～61 岁的占 77%，最年轻的为 33 岁。一般认为，科学家发明最佳年龄为 37 岁左右，但由于种种原因，最佳年龄有向后推的趋势。

③诺贝尔奖获得者与科学院院士。获诺贝尔奖者共 44 人，超过了 1965～1977 年医学、化学、物理学获诺贝尔奖者总数的一半，可见获奖者都是撰写论文较多且被引次数也较多的。其中，有 378 人获得院士称号，最多的是有机化学家 R.B.Woodward，其获有 12 个院士称号。院士平均年龄为 58 岁，非院士为 51 岁。

④各学科科学家比较。将千名科学家按 38 个专业分类列出其论文被引次数、院士数、诺贝尔奖得奖数、出生年等情况，发现各学科之间差别较大，人数最多的为物理学家、生物化学家、免疫学家、内分泌学家等。

⑤工作单位的分析。调查表明，人才大都集中在各国著名单位中，越是有名的学府，拥有的科学家越多；科学家人数多少与其国势有关，科学发达、国势强盛者，所占科学家数量多，例如，美国有 147 个单位，拥有 736 名科学家。兹将国别机构数和科学家数列于表 12-1。必须指出的是，苏联只有 1 名科学家入选，这完全是 SCI 引文不全所致。SCI 对苏联和日本的引文统计是非常不够的。

表 12-1　千名杰出科学家所属单位量别表

国别	机构数	科学家数	国别	机构数	科学家数
美国	147	736	意大利	3	4
英国	28	85	比利时	2	3
瑞典	6	42	荷兰	3	3
法国	7	26	阿根廷	1	1
加拿大	9	23	捷克斯洛伐克	1	1
联邦德国	9	21	芬兰	1	1
瑞士	10	13	匈牙利	1	1
澳大利亚	6	12	挪威	1	1
日本	8	11	西班牙	1	1
以色列	4	10	苏联	1	1
丹麦	3	4	共计	252	1000

（二）引文分析结论

通过上述引文统计分析，可以得出如下结论：

(1) 引文法评选人才是可行的。从三次引文统计的评选结果来看，在广泛调查的基础上以被引次数为依据来评选人才是恰当的，其结果比较符合实际，总的趋势是对路的。引文法还可用于选聘人才、解决学术上的纠纷，无论是对个人还是单位的评价都有一定的成效。

(2) 引文法可用于预测未来获奖者。

(3) 引文法可用于评价团体的科研能力和效果。一般来说，列有被引次数最高的文献篇数越多，该单位的声望越高。

(4) 引证经典作。从 250 人表中选出每个科学家其文献被引次数最多的篇名进行分析，250 篇文献中有 13 篇被 CC 作为“被引文献经典作”(Citation Classics)。经典作是 CC1977 年创办的，按 CC 分册六个类报道，每类每周报道被引次数最多的一篇，生命科学类报道两篇。到 1981 年 7 月已发表了 750 篇经典作。经典作是引文分析的重点之一，从中可以获得许多有益的结果，如可用于评定最佳期刊。

(5) 合著文献的被引率高。从 300 人表中选出每个科学家其文献被引次数最多的 300 篇文献，只有 35 篇是一个作者，每篇论文平均作者为三人，被繁引文献的作者大都是合著者，其中，2～4 个作者的文献占多数。因此，合著现象确实是值得重视的，也就是说，300 人表比 250 人表更能反映事物的客观性。

（三）引文法评价人才的局限

引文法虽是人才评价的一种有效方法，但也受到某些因素的限制，如使用原始资料和引文习惯问题、制表时发生的问题、合著者的计分问题等。今后的发展趋势将是增加引文统计对象，扩大专业范围，增加专利、专著、标准等统计品种，合理处理合著现象，使引文法更趋完善。

四、引文法预测未来获奖者

（一）文献被引次数与作者的荣誉职称有关

上述三次引文分析都表明，被评选的杰出科学家中，诺贝尔奖获得者和科学院院士所占比例很大，而非得奖者为数甚少。据统计，1961～1971 年间诺贝尔奖获得者在前一年的平均被引数为 222 次；一位被选为美国国家科学院院士，被选前一年的平均被引数为 99 次；而一般作者仅 6.1 次。这个统计说明，荣誉越高，其文献被引次数越多。在一定程度上反映了文献被引次数与作者的荣誉职称的联系。

（二）预测诺贝尔奖获得者

科学家发表的文献被引用次数是一种客观的标准，既是对科学进展的量度，也是对未来科学预测的标志。加菲尔德不仅以此来评选杰出人才，而且据此来预测未来的获奖者。他于 1981 年所做的千人表中获诺贝尔奖的共 44 人，1981～1982 年获此奖的 13 人中有 6 人早就出现在这个表中，因此他正确地预测了将近半数的未来诺贝尔奖获得者。1982 年美国国家科学院提升了 60 名院士，其中有 17 名在千人表中有名。若对这些科学家的研究工作进行深入的探讨，便能得知一些未来的科研趋势和动向。

第三节　文献计量学与科技预测

一、文献计量与科技预测

（一）科技预测的基本概念

科技预测是根据预测学的基本原理以及科技发展的历史和现状，对科学技术的发展前景及其对社会进步的影响程度进行分析和推测，从而得出预见性的结论。对未来的正确分析和科学预测是正确决策和科学管理的重要前提和保证之一，对于推进我国科技进步和创新能力、提高综合国力具有十分重要的意义。

科技预测主要包括以下四个方面的内容。

(1)科学预测：关于科学发展前景的预测。主要预测整个科学体系的发展趋势，分析各学科的分化、交叉、渗透，综合的演变方向；预测现有学科的发展前景、可能出现的新学科特别是边缘学科和综合学科；预测某些科学理论的实用价值、科学技术化的发展趋势和周期演变的规律等。

(2)技术预测：关于技术的发展前景的预测。主要预测某些重大技术领域的发展前景及可能出现的技术发明、新材料、新工艺、新设备和新方法，预测新技术的应用领域等。

(3)科技事业预测：关于科学技术事业未来前景的预测。主要预测科研体制、科技队伍、科技图书、情报资料、科技交流、技术引进、技术转移等的发展前景。

(4)科技对经济、社会影响的预测。

科技预测的方法基本上可分为三大类：定性方法、定量方法和综合方法，如德尔菲法、类推法、趋势外推法、平滑法、回归分析法、决策树法等。文献计量方法是科技预测中新发展起来的重要方法之一。

（二）利用文献计量进行科技预测的基本原理

科技预测是通过对各种历史的和现有的素材的分析推测来实现的，而这些素材大都以科学文献的形式存在。科学文献的数量和结构的变化以及相互引用的规律反映了相应的科学技术领域的发展特征。因此，通过文献计量来预测科学技术的发展前景和趋势，是科技预测的一个新的重要途径。

众所周知，一个学科的成长一般要经历萌芽、发展、成熟、分化的过程。在这个过程中，表述该学科研究成果的文献在数量和内容构成上也要相应地发生变化。也就是说，当一个学科萌芽时，只有少数几篇文献，其内容也大多是一些实验事实和学科概念的讨论；当学科发展时，文献数量显著增长，内容日渐完整和成熟，理论性文献明显增多；当学科发展到成熟阶段时，文献增长变慢并逐渐达到饱和状态，应用文献的比例增大，这标志着该学科已经成熟，很少有新的发展。如果分化出新的知识领域，则该门学科的文献量又迅速减少。这说明一个学科本身的成长过程与其文献在数量和内容构成上的变化有密切的联系。这种联系正是利用文献计量来预测学科发展动向及前景的重要依据。此外，近代科学技术发展的一个明显特点，就是学科之间的相互渗透。学科之间的相互联系和渗透与文献之间的相互引用息息相关。科学文献之间的引用与被引用现象反映了科学专业或学科之间的相互联系，也标志着科学技术的继承和发展关系。由引证关系形成的科学文献之间的引文链具体而生动地体现了科学的结构。因此，利用学科成长与其文献在数量、内容构成和相互引用方面的变化之间的密切关系，就能追踪和预测某一学科的产生、发展、分化、相互渗透及其动向等。利用文献与技术之间、文献与科研课题之间的关系，同样可以进行相应的科技预测。

（三）利用文献计量进行科技预测的基本步骤

通过文献计量进行科技预测的基本步骤如下。

⑴分析预测对象，确定预测目标。

⑵搜集有关资料，统计文献数据。

⑶在对有关资料和数据进行归纳、分析的基础上，建立预测模型，并通过分析研究得出结论。

⑷检验其结论的可靠性、准确性。

二、利用专利文献进行技术评价和预测

（一）重要的技术情报源

专利文献是各种具有应用价值的技术发明的实际记录。它包含相当丰富的详尽的技术情报。由大量专利文献所组成的专利文献库不仅在最大范围内搜集了世界上各种科技情报，而且几乎把所有技术领域里的重大技术发明都按时间顺序存储起来了。因此，在现代科技情报工作中，专利文献是一种极其重要的技术情报源。

随着科学技术的迅速发展，作为发明家贡献给社会的知识财富的专利文献越来越受到科技界和情报界的重视，人们想从专利文献中获取所需要的技术情报的活动日趋频繁。实践证明，专利文献不仅告诉人们关于某一项专门技术的新发明或其改进，而且蕴藏着大量技术动向和经济情报。例如，通过对专利文献库内专利文献量的增长的分析，以及将各种专利文献进行重新组合、统计、分析，从中得到一些十分有意义的数据，以此来进行对某些专门技术的评价和预测；还可以从中获悉发明家正在积极开拓哪些新的科技领域，哪些科技领域近年来取得了更多的突破，同时也可以了解到各种技术领域里的各国技术水平，比较各国的发展速度、技术动向以及各专业领域里主要厂商的技术活动等。

（二）美国技术评价和预测办公室概况

为了更好地利用专利文献，开拓利用现有专利文献进行技术评价和预测的方法，美国专利及商标局于 1971 年开始设立技术评价和预测办公室（office of technology assessment and forecast，OTAF）[93]。该办公室的任务主要是：搜集、汇总、分析、整理资料，编写、出版有关技术评价和预测的出版物；根据政府机构或私人企业、公司提出的要求撰写和提供专题报告，其内容主要是利用专利文献数据开展技术评价和预测等。

OTAF 的工作方法和步骤大致如下。

(1)先确定需要着手研究的主题，再根据主题查找有关类别。确定类别是以后利用专利文献进行技术评价和预测的基础，也是技术评价和预测工作入门的第一步。

(2)类别确定后，分析人员提出数据要求，由计算机专利文献数据库提供有关类别所需要的数据。

(3)分析人员将根据这些数据进行统计、分析、对比、鉴别，从而得到一些十分有意义的结论，并书写分析报告。

美国专利及商标局的技术评价与预测计划的主要研究成果反映在 OTAF 的出版物上。其出版物可分为两大类，即公开出版的、有统一标题、编号的报告和专为某些用户编制的“特别研究报告”。第一类出版物在美国《政府报告通报与索引》(GRA&I)上有报道，这为检索提供了很大的方便。公开出版物主要有以下三种。

(1)《技术评价与预测报告》。这是 1973 年开始的一套具有连续编号的较完整的资料，其内容大体分为三部分：概貌性的统计评价，对特定领域的分析，有关专利活动分析的方法与数据选择标准的讨论。

(2)专利概述。到 1983 年初，这一出版物共报道了四种，即合成燃料、太阳能、微电子学与生物技术。每份“专利概述”集中讨论一个技术领域内专利活动的情况，其内容包括：活动概述，专利拥有情况分析，当年一年内有关专利的第一页，反映了所有的著录内容及摘要、插图、引用情况分析等。

(3)工业专利活动。该报告首次于 1981 年出版；至 1982 年再版，内容有所更新。它是 OTAF 与美国国家技术情报局(NTIS)合作的成果，主要是列出发明专利较多的机构名单，按时间或字母顺序排列分析。“特别研究报告”是只供提出要求的用户使用的。按标准程序编制的特别报告有以下几种形式。

①技术概貌报告。它先按国家、公司列出某一技术领域内一定年份里发表的专利件数和日期，再按公司列出若干专利号、名称。这种报告可以显示出某一具体技术领域内国家、公司所处的地位，由此可判断它们的技术实力。

②机构概貌报告。这种报告以专利分类为线索列出某国、某公司或若干公司

在一定期限内所获得专利的专利号与名称。

③多个公司专利活动概貌报告。

④由标准工业分类确定的产品报告。

十多年来，美国专利及商标局实行技术评价与预测计划取得了一定成果。这些成果有的可以直接为我们开展科研、发展对外贸易服务，有的对我国开展专利活动分析、促进专利文献利用、以获取更多的技术情报方面都具有借鉴作用。

（三）专利活动分析

专利文献的利用有两种基本方法：一种是通过对专利文献内容的分析获得情报，其重点集中在具体的一篇篇专利说明书的技术内容上，这是广大科技工作者、工程技术人员所熟悉的方法；另一种是通过对专利活动的分析获得情报，主要是利用文献计量分析的方法对专利文献从整体上加以研究，以了解技术发展的现状，预测技术发展的趋势。它所获得的情报包括：谁（或哪个公司、哪个国家的人）何时在哪一领域内发表了多少专利，某一领域内有关某一具体技术发表了多少专利，专利的利用情况，以及有关这种情况的预测；从而可以知道哪些技术领域内研究与发展工作特别活跃，或有了突破性的发展，据此还可以进一步预测市场上即将有些什么新产品问世。同时，可根据各公司的专利数推断它们的科研力量、技术实力和学术水平，大范围内的分析还可以揭示一个国家的技术能力与水平。例如，美国国家科学理事会（National Science Board，NSB）每年提出的“科学指标报告”中有关科技能力的分析就把专利活动作为一项重要指标。这些情报，对于我们开展技术引进、技术贸易、提高竞争能力都具有十分重要的意义。

专利活动分析的方法是可行的，其原因主要有：

(1) 专利文献具有新颖性、先进性、实用性。

(2) 社会上的研究发展工作能直接、全面而及时地反映在专利文献中，这种情报功能是任何其他形式的情报源不可能具备的。

(3) 专利文献数量巨大，形成了一个完整的专利文献库。

(4) 专利说明书都含有许多标准化了的著录项目和申请日期、批准日期、转让情况、优先权、分类等，这就有可能深入各篇文献内部，对不同的著录内容进行统计分析。

(5) 许多国家有了计算机控制的专利文献数据库，为利用计算机分析日趋频繁、活跃的专利活动创造了条件。

（四）开展技术评价和预测

利用专利文献开展技术评价和预测，是通过专利活动分析方法来进行的。在专利文献库提供的数据基础上，可进行下列技术评价和预测分析。

(1) 评价技术进展和动向：技术进展与专利文献之间有着十分密切的联系，这是利用专利文献来进行技术评价和预测工作的基本前提。通过对专利文献库里各小类中专利文献量的增长情况的分析，可反映出各科技领域里技术进展的情况、发明者的注意力、新技术动向等，对等同专利数量的分析能在一定程度上反映出其他一些国家的技术动向。

(2) 确定最活跃的技术领域：各类别专利文献量增长的速度可反映出当代世界技术发展的动向，从而确定最活跃的技术领域。首先按照化学、电子、机械三大领域各自排出文献活动最活跃的 50 个小类，便会发现电气领域的“通用可编程序数字计算机系统”在 1976～1978 年三年内增加了 693 项新专利，“混合型数字数据处理系统”三年内增加了 552 项新专利。这两个最活跃的类别三年内所增加的专利文献量约占电气领域所有最活跃的 50 个小类所增加文献量的 16%。在机械领域里，“太阳能加热器”“太阳灶和太阳炉”“用太阳加热源的加热系统”这三项有关太阳能的小类的专利文献量增长幅度最大，而且外国专利只占 10.7%～14.5%，而同一时期，总的外国专利所占的比例平均为 37%。这 50 个小类三年总共增加 6014 项新专利，其中约有 30%是有关能源技术的。综上分析可见，能源技术是飞速发展的技术领域，美国的能源技术特别在太阳能技术方面领先于其他国家。

（五）技术评价和预测举例

以半导体技术为例进行技术评价和预测分析。在美国专利文献库 1976～1978 年最活跃的 150 个小类中，特别令人注目的是半导体技术。在电气领域的最活跃的 50 个小类中，有 19 个小类是有关半导体技术的(固体器件、系统和电路等)，所增文献量约占整个 50 个小类所增文献量的 45%；而且在机械领域有 5 个小类、化工领域也有 2 个小类是有关半导体器件和技术的。由此可见，半导体技术仍然是目前世界上最为活跃的现代化技术之一。它是一门综合性技术，其高速度发展可从文献量的大幅增长反映出来。

通过上述各类专利中，国别、公司分布、增长速度比较等图表分析，可以得出以下结论。

(1) 高速度发展的半导体加工技术：从专利文献的申请和批准的相对增长率和实际增长量来看，大多数半导体加工技术是在 20 世纪 60 年代后期开始有了新的突破，并始终保持高速发展。

(2) 从美国专利文献库的所有类别来看，美国本身的专利量占一半以上，而在大多数半导体加工技术的类别里，美国本身的专利量比例为 70%～80%，有的甚至为 90%以上，绝对控制这一技术领域，但其他国家在半导体加工技术方面获取的美国专利也日趋增多，有急起直追的趋势。

(3) 大部分半导体加工技术的专利是控制在少数十几家公司中，这些公司之间的技术竞争十分激烈。因此，可以从历来各公司所获取专利量及其内容的变化看出它的技术活动趋向。

三、利用文献计量预测学科发展趋势

根据文献计量学应用于科技预测的基本原理，可以估测某一学科或知识领域的发展动向及其前景。这里仅举一例，说明其基本方法与过程。

(1) 确定目标。在化学中，色谱法是近二十年来迅速发展起来的一种新型分离分析物质的方法。它是利用吸附剂对各种待测组分的吸附程度不同而达到鉴定与分离的目的。我们曾利用文献计量学的方法，对国外 1965～1978 年间色谱法文献数量和内容构成的变化做过剖析，描绘出了该学科当时的发展轮廓及其趋势[94]。

(2) 文献统计与分析。为了掌握有关色谱法的全部文献资料来源，首先必须选择一种报道色谱法全部文献资料内容的检索工具作为分析研究的对象。美国《化学文摘》“分析化学”只报道了“无机分析化学”和“有机分析化学”两小类，而分析化学应用技术则散见于其他各部分，这就给文献统计工作带来很大困难。因此，我们选用英国《分析文摘》(Analytical Abstracts) 和《色谱杂志》(Journal of Chromatography) 中的题录部分作为分析研究对象，并统计《分析文摘》中摘录的条数，1965 年约 6640 条，1970 年约 9820 条，1975 年约 8980 条。表 12-2 列出了各种分析方法的文献在分析化学文献总量中所占百分比。

表 12-2　各种分析方法的文献在分析化学文献总量中所占百分比　(单位：%)

方法	1965 年	1970 年	1975 年
色谱法	24	30	27
色相色谱	8	11	9
光谱法(电子顺磁、核磁共光度法)	36	37	36
电化学法	10	13	20
重量法、容量法及其他	30	20	17

以上数字说明，在此前十年内，经典分析方法(重量法、容量法及其他)所占比例下降将近一半，光谱法应用最广，一直居于首位；色谱法由 1965 年的第三位跃居到 1975 年的第二位，有了较大的发展。

为了弄清色谱法各分支的发展情况，我们曾统计了《色谱杂志》中 1970 年、1975～1976 年(上半年)、1977～1978 年(上半年)三段时间内全部题录条数，它们是按照气相色谱法、液相色谱法、纸色谱法、薄层色谱法四大分支排列的。统计结果按各分支文献所占的百分比列于表12-3中。

表12-3 四种分析方法文献各自所占的百分比 （单位：%）

分支	1970年	1975～1976年(上半年)	1977～1978年(上半年)
气相色谱法	29	26	25
液相色谱法	26	39	45
纸色谱法	13	7	5
薄层色谱法	32	28	25

表12-3说明，在1978年以前的八年内，纸色谱法文献量显著减少，液相色谱法文献量增多，已居于第一位。

我们还统计了各种色谱方法按实验技术的文献量分布情况，结果列于表12-4中。

表12-4 各种色谱方法按实验技术的文献量分布情况 （单位：%）

实验技术	1970年	1975～1976年(上半年)		1977～1978年(上半年)	
	气相色谱法	气相色谱法	液相色谱法	气相色谱法	液相色谱法
检测器	21	19	16	19	17
柱效与柱子填充	17	22	33	28	33
设备与材料	22	24	14	18	20
物理、化学性质测定	10	9	4	5	5
自动化	13	16	8	17	—
其他	17	10	25	13	25

表12-4说明，在1978年以前的近八年，实验技术柱效与柱子填充方面的文献所占比例最大，这反映了国外色谱法当前研究的重点。

(3)结论。利用文献计量的方法剖析国外色谱法有关文献的结果，勾画出色谱法当前发展的轮廓，即近十几年来，国外液相色谱法取得显著进展，其科研重点是提高柱效与改进柱子填料。这也是色谱分析法近期研究的发展方向。

四、利用文献计量预测产品开发和应用前景

20世纪80年代初，日本科学技术情报中心的小森隆利用文献计量分析方法，研究并展望了80年代高分子材料的发展前景，提出了“从七十年代的情报来看八十年代的高分子工业”的分析报告，收到了较好的效果。

小森隆首先利用 JOIS-S 联机检索系统，调查统计了 1978 年 4 月～1979 年 12 月全套《科学技术文献速报》所发表的有关高分子材料的文献数量；然后从 JOIS-S 理工学数据库中检出了有关人造纤维、橡胶、塑料(包括涂料、黏结剂)、各种聚合体的文献 32000 件；并按照 JICST 叙词表选择关键词，统计塑料、橡胶、纤维等主要名词出现的次数，所得结果如表 12-5、表 12-6 和表 12-7 所示。

表 12-5　主要塑料关键词出现的次数

塑料名词	次数	塑料名词	次数	塑料名词	次数
热塑性塑料	10 314	聚烯烃	2 991	热固性塑料	2 993
丙烯树脂	1 777	聚乙烯	2 071	酰胺树脂	216
缩醛树脂	206	聚丙烯	851	环氧树脂	1 429
氟树脂	658	聚氯乙烯	1 391	不饱和聚酯	1 527
聚酰胺	1 129	聚碳酸酯	418	增强塑料	1 527
聚亚胺	305	聚苯乙烯	1 539		

表 12-6　主要橡胶关键词出现的次数

橡胶名词	次数	橡胶名词	次数
苯乙烯-丁二烯橡胶	268	氯丁橡胶	116
丙烯腈-丁二烯橡胶	177	硅橡胶	173
异戊间二烯橡胶	130	丁二烯橡胶	174
氯基甲酸乙酯橡胶	134	天然橡胶	286
乙烯-丙烯橡胶(包括 EPOM)	173		

表 12-7　主要合成纤维关键词出现的次数

纤维名词	次数	纤维名词	次数
丙烯纤维	315	人造丝	333
聚酰胺纤维	705	乙酸纤维	65
聚酯纤维	184	三乙酸纤维	22
聚烯烃纤维	189		

根据对塑料、橡胶和合成纤维的关键词出现次数的统计，小森隆对三大高分子材料的产品结构及前景进行了预测，得出了如下结论。

(1)20 世纪 80 年代塑料工业的产品品种形势是：热塑性塑料仍占主要地位，其中聚烯烃(包括聚乙烯)、丙烯树脂、聚苯乙烯仍是令人瞩目的产品；聚氯乙烯塑料仍不失“热门”品种。

(2) 20 世纪 80 年代橡胶品种趋势尚不明显，有待继续判断。表 12-6 的数据表明人们对天然橡胶产品的关注，说明正积极进行有关天然橡胶的改性、天然橡胶与合成橡胶混炼的研究；可以断定 80 年代天然橡胶的技术将有更大的发展。

(3) 20 世纪 80 年代的纤维品种中，聚酯纤维仍将占压倒性优势，聚酰胺纤维同样将引起人们的极大兴趣，乙酸纤维却越来越被冷落。

通过对有关橡胶、塑料主要用途的文献数量统计（表 12-8），可以预测它们的应用前景。

表 12-8　橡胶、塑料的主要用途的文献数量

用途	文献数	用途	文献数
包装材料	1098	其中：复合材料	127
其中：食品包装	337	汽车工业	584
建筑材料	820	航空、宇航工业	218

根据表 12-8 的数据，可以推断：

(1) 橡胶与塑料今后仍将作为包装材料而被大量利用；作为建筑材料的趋势已见明朗，主要是用作外装材料、配管材料、隔音与绝热材料。

(2) 增强塑料和其他复合材料作为结构材料的应用无疑将越来越多。

(3) 由于橡胶与塑料大量作为包装材料，20 世纪 80 年代必须特别注意其回收和综合利用的问题。

从以上分析可以看出，在利用文献计量学方法进行科技预测时，文献统计数据是制定预见性情报的基础，但有了数据还必须结合有关科技知识，灵活地运用，深入地加以分析，这样才能扩大预测结果。例如，从表 12-5 中可知，环氧树脂一词出现的次数颇多，这说明科研与生产部门都在重视它，环氧树脂是增强塑料的主要原料，所以它必将推动增强塑料的发展。与此同时，玻璃纤维生产亦应相应地跟上。为了生产具有高强、耐热、耐火等特殊性能的增强塑料，炭纤维、硼纤维、酰胺纤维也要有一个相应的发展。

小森隆利用文献计量方法进行的上述研究，虽然存在一定的误检和漏检，关键词也不一定代表文献等误差，但仍然正确地预测了高分子材料的总体发展趋势。他的结论还从有关品种的产量统计中得到支持与佐证，与 20 世纪 80 年代初日本化学工业的生产实际大体相符，因此，其预测结果基本上是准确和令人信服的。

参考文献

[1] Lawani S M. Bibliometrics: Its theoretical foundations, methods and applications[J]. Libri, 1981, 31(1): 294-315.
[2] 邱均平. 试论文献计量学的产生和发展[J]. 情报学刊, 1985, 6(4): 24-27.
[3] 卢太宏. 试论情报学的定量化趋势[J]. 科技情报工作, 1980, (12): 6-9.
[4] Brookes B C, Kemp D A, Davies J. Foundations of information science[J]. Journal of Information Science, 1982, 5(1): 45-48.
[5] 邱均平. 关于"文献计量学"术语及其定义[J]. 图书情报知识, 1985, (3): 22-25.
[6] 邱均平. 文献计量学的理论、方法和应用[J]. 图书情报知识, 1984, (4): 43-46.
[7] 邱均平. 略论文献计量学[J]. 情报科学技术, 1986, (5): 11-16.
[8] 邱均平. 文献计量学与相关学科的关系[J]. 图书情报知识, 1986, (2): 37-39.
[9] 刘达. 情报学的新领域——情报计量学[J]. 情报科学, 1981, 2(4): 48-51.
[10] Braun T, Glanzel W, Schubert A, et al. Scientometric Indicators[M]. Singapore: World Scientific Publishing Co. Pte. Ltd., 1985.
[11] Hanson C W. Introduction to Science Information Work [M]. London: Aslib, 1973.
[12] 邱均平, 等. 网络计量学[M]. 北京: 科学出版社, 2010.
[13] 邱均平, 文庭孝, 宋艳辉, 等. 知识计量学[M]. 北京: 科学出版社, 2014.
[14] 杨沛霆. 从《情报科学》杂志的征文评选工作看情报学研究的动态——《情报科学》1981 年征文评选工作的说明[J]. 情报科学, 1982, 3(2): 1-7.
[15] 邱均平. 对我国文献计量学教育的认识与实践[J]. 情报学报, 1987, 6(5): 375-380.
[16] 邱均平. 我国文献计量学的研究和发展[J]. 情报学报, 1987, 6(6): 466-472.
[17] 邱均平, 余厚强. 替代计量学的提出过程与研究进展[J]. 图书情报工作, 2013, 57(19): 5-12.
[18] 米哈依洛夫 A И. 科学交流与情报学[M]. 徐新民等译. 北京: 科学技术文献出版社, 1980.
[19] Price D S. Science Since Babylon[M]. New Haven: Yale University Press, 1961.
[20] 兰卡斯特 F W. 情报检索系统: 特性、试验与评价[M]. 陈光祚, 王知津, 王津生, 译. 北京: 书目文献出版社, 1984.
[21] 田夫, 王兴成. 科学学教程[M]. 北京: 科学出版社, 1983.
[22] Price D S. Little Science, Big Science[M]. New York: Columbia University Press, 1963.
[23] 《科技情报工作概论》编写组. 科技情报工作概论[M]. 北京: 科学技术文献出版社, 1984.
[24] 罗立. 数学在科技文献增长规律研究中的应用及逻辑曲线增长规律的修正[J]. 情报科学, 1981, 2(3): 17-23.
[25] Potter W G. Bibliometrics[J]. Library Trends, 1981, 30(1): 1-17.

[26] 邱均平. 信息计量学(三): 文献信息老化规律与应用[J]. 情报理论与实践, 2000, 23(3): 237-240.

[27] Gosnell C F. The rate of obsolescence in college library book collections as determined by an analysis of the three select lists of books for college libraries[D]. New York: New York University, 1943.

[28] 丁学东. 文献计量学基础[M]. 北京: 北京大学出版社, 1993.

[29] 俞培果. Burton-Kebler 文献老化测度方法及其测度结果的否定[J]. 图书情报工作, 1997, (10): 23-27.

[30] Burton R E, Kebler R W. The half-life of some scientific and technical literature[J]. American Documentation, 1960, 11(1): 18-22.

[31] 王宏鑫, 周九常, 李秀兰, 等. 对 Burton-Kebler 文献老化测度方法的否定要审慎——与俞培果同志商榷[J]. 图书情报工作, 1999, (1): 57-59.

[32] 邱均平. 文献计量学[M]. 北京: 科学技术文献出版社, 1988.

[33] Line M B, Sandison A. "Obsolescence" and changes in the use of literature with time[J]. Journal of Documentation, 1974, 30(3): 283-350.

[34] 王宏鑫. 文献老化及其 GM 模型的公理化结构[J]. 情报杂志, 2000, 20(5): 9-10.

[35] Stinson E R, Lancaster F W. Synchronous versus diachronous methods in the measurement of obsolescence by citation studies[J]. Journal of Information Science, 1987, 13(2): 65-74.

[36] 王宏鑫, 陶治, 余梅, 等. 文献老化的共时与历时观察比较研究[J]. 信阳师范学院学报(自然科学版), 1999, 12(4): 486-489.

[37] 王宏鑫, 谢海修. 文献老化与引文年代分布模型的研究[J]. 情报理论与实践, 1996, (5): 20-22.

[38] Bradford S C. Documentation[M]. Washington: Public Affairs Press, 1948.

[39] Bradford S C. Sources of information on specific subject [J]. Engineering, 1934, 137(4): 173-180.

[40] Vickery B C. Bradford's law of scattering[J]. Journal of Documentation, 1948, 4(3): 198-203.

[41] Wilkinson E A. The ambiguity Bradford's law[J]. Journal of Documentation, 1972, 28, (2): 122-130.

[42] 匡兴华. 布氏定律的维氏推论 维氏公式的布氏近似[J]. 情报科学, 1983, (1): 2-10.

[43] Maia M J F. On the unity of Bradford's law[J]. Journal of Documentation, 1984, 40(3): 206-216.

[44] Groos O V. Bradford's law and the Keenan-Atherton data[J]. American Documentation, 1967, 18(1): 46.

[45] Смолбков H A. Уравнение рассения публикаций B периодических Издамиях, НТИ. сер. 1977, 2 (1).

[46] Leimkuhler F F. The Bradford distribution[J]. Journal of Documentation, 1967, 23(3): 197-207.

[47] Brookes B C. The derivation and application of Bradford-Zipf distribution[J]. Journal of Documentation, 1968, 24(4): 247-265.

[48] Brookes B C. Bradford's law and the bibliography of science [J]. Nature, 1969, 224(5223): 953-956.

[49] 杨殿梅. 布拉德福分布理论的产生和发展[J]. 情报学报, 1983, 2(1): 85.

[50] 王津生. 浅谈布拉德福分散定律及其应用[J]. 情报科学, 1980, (2): 79-86.

[51] Worthen D B. The application of Bradford's law to monographs[J]. Journal of Documentation, 1975, 31(1): 19-25.

[52] Zipf G K. Human Behavior and the Principle of Least Effort: An Introduction to Human Ecology[M]. Cambridge: Addiso-Wesley, 1949.

[53] 冯志伟. 齐普夫定律的来龙去脉[J]. 情报科学, 1983, 4(2): 31-42.

[54] Condon E U. Statistics of vocabulary[J]. Science, 1928, 67(1733): 300.

[55] Zipf G K. The Psycho Biology of Language[M]. Cambridge: MIT Press, 1935.

[56] Wyllys R E. Empirical and theoretical bases of Zipf's Law[J]. Library Trends, 1981, 30(1): 53-64.

[57] Lotka A J. The frequency distribution of scientific productivity[J]. Journal of the Washington Academy of Science, 1926, 16(12): 317.

[58] 赵红洲, 蒋国华. 科学计量学的历史和现状[J]. 科学学研究, 1984, 2(4): 26-37.

[59] 王洵. 洛特卡定律[J]. 情报科学, 1981, 2(6): 74-78.

[60] Pao M L. Lotka's Law: A testing procedure[J]. Information Processing & Management, 1985, 21(4): 305-320.

[61] Allison P D, Griffith B C, Moravcsik M J, et al. Lotka's Law: A problem in its interpretation and application[J]. Social Studies of Science, 1976, 6(2): 269-276.

[62] 邱均平, 王宏鑫. 20 世纪文献计量学发展的层次分析[J]. 高校图书馆工作, 2000, 20(4): 1-8, 30.

[63] 王宏鑫, 邱均平. 21 世纪文献计量学的发展趋势[J]. 高校图书馆工作, 2000, 20(4): 9-16.

[64] 埃格希 L, 鲁索 R. 情报计量学引论[M]. 田苍林, 葛赵青, 译. 北京: 科学技术文献出版社, 1992.

[65] 王宏鑫. 信息计量学研究[M]. 北京: 中国民族摄影艺术出版社, 2002.

[66] 邱均平. 文献统计方法及其应用[J]. 图书情报知识, 1987, (1): 27-30.

[67] 张期明, 余海宪. 从文献量增长看我国情报学研究的发展[J]. 情报学刊, 1983, 4(4): 13-16.

[68] Ravichandra Rao I K. Quantitative Methods for Library and Information Science[M]. New Delhi: Wiley Eastern Limited, 1983.

[69] 中山大学数学力学系. 概率论及数理统计[M]. 北京: 人民教育出版社, 1980.

[70] 许欣. 传播学著作研究与分析(1981—2002)[J]. 淮阴师范学院学报(哲学社会科学版), 2005, 27(5): 692-695.

[71] Garfield E. Science and citation analysis[J]. Scientific World, 1983, (1): 21-24.

[72] Price D J. Networks of scientific paper[J]. Science, 1965, 149(3683): 510.

[73] Weinstock M. Citation indexes[M]//Kent A, Lancour H, eds. Encyclopedia of Library and Information Science. New York: Marcel Dekker, Inc., 1971, Vol. 5:16-40.

[74] Hirsch J E. An index to quantify an individual's scientific research output [J]. Proceedings of National Academy of Sciences, 2005, 102(46): 16569-16572.

[75] Egghe L. An improvement of the H-index: The G-index [J]. ISSI Newsletter, 2006, 2(1): 8-9.

[76] Garfield E. Citation Indexing: Its Theory and Application in Science, Technology and Humanitics[M]. New York: John Wiley & Sons, 1979.

[77] 杜宝荣. 《科学引文索引》及其应用[J]. 情报研究与文献信息, 1989, (4): 55-64.
[78] Garfield E. How to use the Science Citation Index[J]. Current Content, 1983 , 9: 5-14.
[79] 汤世国. 《杂志引用报告(JCR)》及其应用[J]. 科技情报工作, 1982, 11: 26-30.
[80] 严怡民. 情报学概论[M]. 武汉: 武汉大学出版社, 1983.
[81] 王崇德. 我国科技期刊文献的引文分析[J]. 情报科学, 1981, 2(5): 35-41.
[82] 孟连生. 中文科学引文分析[J]. 情报科学, 1983, 4(1): 11-21.
[83] 孙伯庆. 论核心期刊和情报量的关系[J]. 科技情报工作, 1981, (2): 9-11.
[84] 陈光祚. 布拉福德定律在测定核心期刊中的局限性[J]. 情报科学, 1981, (1): 54-57.
[85] 陆伯华. 用文摘法确定核心期刊及其局限性[J]. 情报科学, 1983, 4(3): 33-34.
[86] Garfield E. Citation analysis as a tool in journal evaluation[J]. Science, 1972, 178(4060): 471-479.
[87] 邱均平, 王宏鑫, 冯新霞. 《情报学报》与我国情报学发展(Ⅰ)——《情报学报》创刊 20 年来发文的计量分析[J]. 情报学报, 2002, 21(5): 514-523.
[88] 邱均平, 王宏鑫, 冯新霞. 《情报学报》与我国情报学发展(Ⅱ)——《情报学报》创刊 20 年来引用文献的计量分析[J]. 情报学报, 2002, 21(6): 642-655.
[89] 赫彦生, 江乃武. 我国科技人员利用期刊的现状与展望[J]. 情报学刊, 1982, 3(4): 23-32.
[90] 白国应. 科学研究人员阅读科技文献规律初探[J]. 科技情报工作, 1982, (11): 12-16.
[91] 邱均平. 文献计量学与科学学研究[J]. 情报业务研究, 1986, 3(3): 165.
[92] 吴尔中. 利用“SCI”评选杰出科学家的情况分析[J]. 图书情报工作, 1984, (3): 6-10.
[93] 王家斌. 美国专利与商标局的技术评价和预测工作[J]. 情报科学, 1984, 5(2): 87-92.
[94] 刘植惠. 文献的定量分析研究[J]. 情报科学, 1980, 1(4): 7-13.